高等职业教育智能网联
新能源汽车系列新形态教材

汽车构造

Qiche Gouzao

主　编◎李文博　王立超　侯　建
副主编◎李文娜　王小毓　李春彦
高伟健　刘　欢

同济大学出版社
TONGJI UNIVERSITY PRESS
·上海·

内容提要

本书围绕现代汽车整体结构，系统地阐述了现代汽车的基本结构、工作原理及车辆使用与维护方法，同时体现了"任务引领、模块驱动"的教学改革要求。全书包含六个任务：汽车生产制造工艺与结构特点认识；汽车发动机认识、使用与装调；汽车底盘认识、使用与装调；汽车车身结构的认识与车辆使用；汽车电气辅助系统的认识与使用；新能源及智能网联汽车技术认识。

本书教学配套资源丰富、讲解详细，可作为高等职业院校汽车制造与试验技术、汽车智能技术、新能源汽车技术、汽车造型与改装技术等相关专业的教材，也可作为相关技术人员、技术工人培训或自学用书。

图书在版编目(CIP)数据

汽车构造 / 李文博，王立超，侯建主编；李文娜等副主编. -- 上海：同济大学出版社，2024.5

ISBN 978-7-5765-1018-8

Ⅰ.①汽… Ⅱ.①李…②王…③侯…④李… Ⅲ.①汽车—构造 Ⅳ.①U463

中国国家版本馆 CIP 数据核字(2024)第 013125 号

高等职业教育智能网联新能源汽车系列新形态教材

汽车构造

主编 李文博 王立超 侯 建 **副主编** 李文娜 王小毓 李春彦 高伟健 刘 欢

责任编辑 任学敏 **助理编辑** 朱华茗 **责任校对** 徐逢乔 **封面设计** 渲彩轩

出版发行 同济大学出版社 www.tongjipress.com.cn

(地址：上海市四平路 1239 号 邮编：200092 电话：021-65985622)

经 销 全国各地新华书店

制 作 南京月叶图文制作有限公司

印 刷 启东市人民印刷有限公司

开 本 787 mm×1092 mm 1/16

印 张 16.75

字 数 367 000

版 次 2024 年 5 月第 1 版

印 次 2024 年 5 月第 1 次印刷

书 号 ISBN 978-7-5765-1018-8

定 价 58.00 元

前 言

高等职业院校的汽车类专业为汽车行业的发展培养了大量复合型技术技能人才。但是，随着汽车行业的发展，汽车新结构、新技术的不断变化，汽车类专业的教学目标、教学内容必须要及时更新才能符合企业生产实际，适应市场人才需求。为适应我国汽车工业的发展，满足汽车类专业人才对汽车构造知识的学习需求，编写团队编写了本书。

本书全面贯彻党的教育方针，落实立德树人根本任务，以培养德智体美劳全面发展的社会主义建设者和接班人为目标，紧跟行业、企业发展，结合实际用人需求，按照普通高等教育汽车类专业应用型人才培养目标与企业合作编写。本书分为六大任务，分别为汽车生产制造工艺与结构特点认识；汽车发动机认识、使用与装调；汽车底盘认识、使用与装调；汽车车身结构的认识与车辆使用；汽车电气辅助系统的认识与使用；新能源及智能网联汽车技术认识。本书主要内容包括汽车生产制造工艺、汽车结构特点、曲柄连杆机构、配气机构、燃料供给及空气进排气系统、润滑系统、冷却系统、点火系统、起动系统、传动系统、行驶系统、转向系统、制动系统、车身外壳与车辆部件、汽车的基本操作与使用、汽车照明系统、汽车仪表和信号系统、汽车辅助电气、新能源汽车技术及智能网联汽车技术。

本书为新形态教材，配套微课视频，每个任务都有具体的实训内容。通过相关模块的学习，学生能够掌握汽车构造相关的知识与技能，同时培养安全操作、沟通表达、团结协作等综合能力，提升职业素养。

本书由李文博、王立超、侯建任主编，李文娜、王小毓、李春彦、高伟健、刘欢任副主编。同时，陈思、姜舒也参与了本书的编写。

在本书编写过程中，编者检索了大量的汽车专业资料，参考了大量的文献，在此对文献作者表示深深的谢意！

由于编者水平有限，书中难免有不足之处，敬请广大读者批评指正，以便修订时改进。

编　者

2023 年 6 月

目 录

任务一

汽车生产制造工艺与结构特点认识

学习目标

1. 了解汽车制造的四大工艺；
2. 掌握汽车结构特点与相关参数。

典型工作任务

列举出汽车主要零部件的制造工艺，掌握汽车基本结构。

任务分析

本任务主要完成对汽车生产制造过程的学习，了解四大工艺特点，并能够掌握汽车的组成、结构及各主要部件名称等。

学习方式采用观看多媒体课件、相互讨论、现场教学等方式。

任务准备

汽车在生产过程中涉及的制造工艺与流程等相关知识。

模块 1 汽车生产制造工艺

一、汽车的生产过程

随着汽车制造技术及其智能网联技术的快速发展，汽车已不简单是一件沙发加四个轮子的产品，一辆汽车从设计研发到量产并出售给消费者是一个复杂且漫长的过程，其中包括市场调研、概念设计、工程设计、样车制造试验和量产 5 个主要阶段。

汽车的制造过程主要包括冲压、焊装、涂装、总装及检测等，即汽车生产制造四大工艺和检测。

二、汽车的生产制造四大工艺

1. 冲压工艺

冲压工艺在汽车制造工艺中占有重要地位，是整车制造的第一步。目前绝大部分汽车车身都采用钢板与合金制成，并采用冲压工艺成型出设计师想要的形状。目前汽车上常见冲压的零部件包括左/右前翼子板、左/右侧外板、侧围后部(左/右后翼子板)、四门、顶盖、后备箱板、地板、前围板等，冲压车间如图 1-1 所示。

图 1-1 冲压车间

(1) 冲压加工的概念

冲压加工是一种金属成型加工方法，它建立在金属塑性变形的基础上，利用模具和冲压设备对板料施加压力，使板料产生塑性变形或分离，从而获得具有一定形状、尺寸和性能的零件。

(2) 冲压的特点

冲压的特点是产品尺寸稳定、精度高、质量轻、刚度好、互换性好、高效低耗、操作简单、易于实现自动化。汽车上有60%～70%的零件是用冲压工艺生产出来的。因此，冲压技术对汽车的产品质量、生产效率和生产成本都有重要的影响。

(3) 冲压三要素

冲压三要素主要是指冲压设备、冲压模具、冲压板材。

① 冲压设备：一般指冲压机，可以实现切断、冲孔、弯曲、铆合、成型等操作。冲压设备的选择一般是按照生产数量、设备大小等来进行。整车厂的冲压设备一般分为 2 500 t、2 000 t、1 600 t、1 000 t、800 t、500 t 等。

② 冲压模具：模具是生产各类工业产品的重要组成部分，它以特定的形状来使原材料成型。模具已成为现代工业发展程度的重要指标，也是衡量一个国家制造水平的重要标志之一。冲压模具可分为四个基本单元：冲裁、弯曲、拉深、成型。根据工序组合程度，还可分为单工序模、复合模、连续模等。

③ 冲压板材：车身冲压板材一般都采用低碳钢，车身的骨架和覆盖件多采用钢板冲压而成，车身专用钢板具有深拉延时不易产生裂纹的特点。根据车身不同位置，易锈部位使用多镀锌钢板，例如翼子板、顶盖等。一些承受应力较大的部位使用高强度钢板，例如散热器支承横梁、上边梁、B柱等。轿车车身结构常用钢板厚度为0.6～3 mm，多数零部件厚度为0.8～1.0 mm，冲压用钢板如图1-2所示。

(4) 汽车生产冲压过程

首先要把整卷钢板裁剪成大小不等的几块后，分类整理备用；大小不等的钢材，要经过一道切边工序，然后分配到各个冲压机上，进行下一步工序；平整的钢材经过冲压机重新塑造，被压制成车身上的各种冲压部件，如图1-3所示。

图1-2　冲压用钢板

图1-3　汽车部分冲压部件

2. 焊装工艺

汽车焊装是指将冲压成形的钣金件彼此焊接起来形成白车身。焊接质量不过关可能会导致车身钣金变形开裂、产生异响，严重影响人身安全。焊装车间一般都与冲压车间连接在一起，方便物料运输。焊接工艺一般采用电阻焊、二氧化碳保护焊等，焊装车间如图1-4所示。

(1) 焊接的定义

焊接是通过加热或加压，或二者并用，并且用或不用填充材料，使两分离的工件在其接合表面达到原子间的结合，形成永久性连接的一种工艺方法。常用的焊接工艺有五大类近

图 1-4　焊装车间

20 种不同的工艺方法。

（2）焊接的工艺方法

车身上常用的焊接有电阻焊（包含单点焊、多点焊、缝焊），融化焊（包含气体保焊、氩弧焊、手工电弧焊、螺柱焊、气体焊），钎焊，特种焊接（等离子弧焊、电子束焊、激光焊、激光复合焊、摩擦焊），等等。

（3）车身焊接的顺序

车身焊接是从最散的零件开始，先焊接成合件，再将若干个合件焊接成分总成（如地板总成、侧围总成、顶盖总成等），最后将零件、合件、分总成共同焊接成车身总成。

3. 涂装工艺

涂装是指在汽车钣金件上喷涂一层特制的漆，起到保护金属、装饰美观等作用。涂装工艺比较复杂，对环境要求较高，其主要包含以下工序：漆前预处置和底漆、喷漆工艺、烘干工艺等，全程都需要定量的化学试剂和设置精确的工艺参数，对油漆及各项加工工艺的要求很高。汽车车身的涂装要保证车辆长时间在各种天气情况下行驶而不产生漆膜破裂、锈蚀等情况，还须保持其光泽、颜色和外观。一般的汽车车身涂装工艺是电泳底漆、中涂、面漆，电泳底漆与中涂之间若有焊缝，须进行密封和底板防护涂层的喷涂，以保障对车身的密封起降噪和防锈的作用，涂装车间如图 1-5 所示。

图 1-5　涂装车间

涂装的目的：第一是起保护作用，从主体上讲，制造汽车 90% 用的是钢材，车身涂漆可以保护汽车不受到腐蚀，延长汽车使用寿命；第二是起美观作用，从 20 世纪 50 年代至今，汽车油漆有了不同的颜色与种类（素色漆—金属漆—珍珠漆），汽车的美观程度得到提升；第三是起增值作用，不同颜色、不同种类油漆价格并不相同，一般金属漆、珍珠漆比素色漆价格要高，同时不同汽车品牌也有差异；第四是起识别作用，汽车车身的颜色体现不同的用途，包括国际上选用色彩来区别事物，例如部队用的军车、工程车、消防车等都涂装了不同颜色。

4. 总装工艺

总装是将各个零部件装配到白车身上的过程。由于所装配零部件较多，工艺复杂，零部件形状各异，目前无法完全实现机械化、自动化，因此总装车间是四大工艺车间中员工最多、工位最多的车间。一般来说，总装车间生产线按装配内容，可分为内饰线、底盘线、组装线、发动机线、四门线、仪表线、电池包线、机能线、淋雨线等。各个线体承担各自不同的工作任务，最终将所有零部件汇总到一起，经过加注、程序刷写，组装成一台合格的汽车。装配完成的汽车，还会经过路试等一系列测试，最后才被送往全国各地进行销售，汽车总装生产线流程如图 1-6 所示。

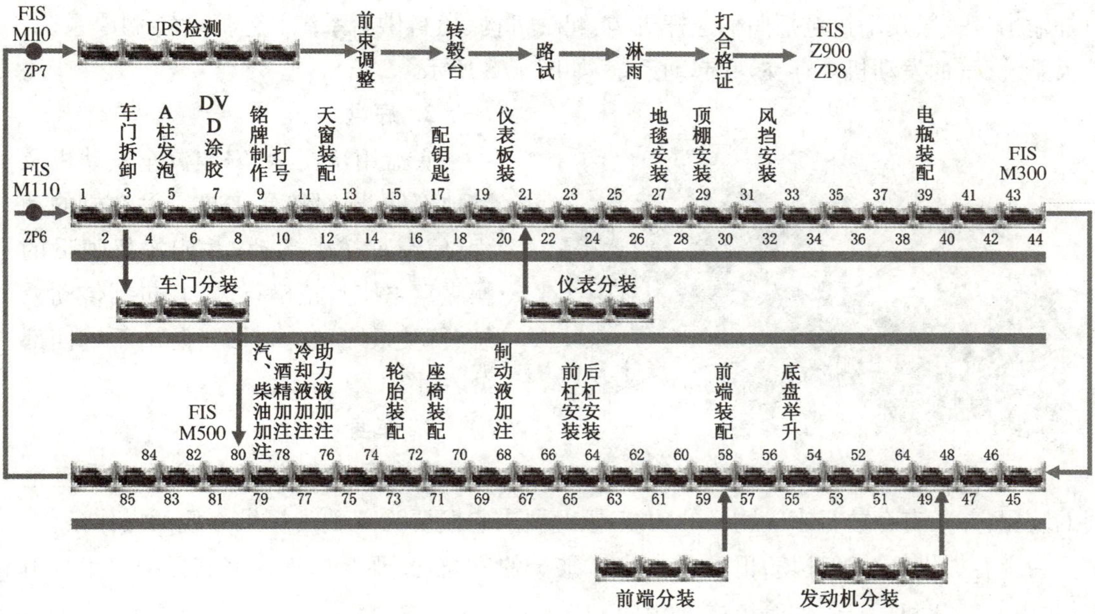

图 1-6　总装生产线流程

模块 2　汽车结构特点

一、汽车的定义及组成

汽车是指由动力驱动，通常具有四个或四个以上车轮的非轨道无架线承载的车辆，主要用于载运人员和货物，牵引载运人员和货物的车辆。

汽车通常包括发动机、底盘、车身和电气设备四个部分，汽车总体构造如图 1-7 所示。

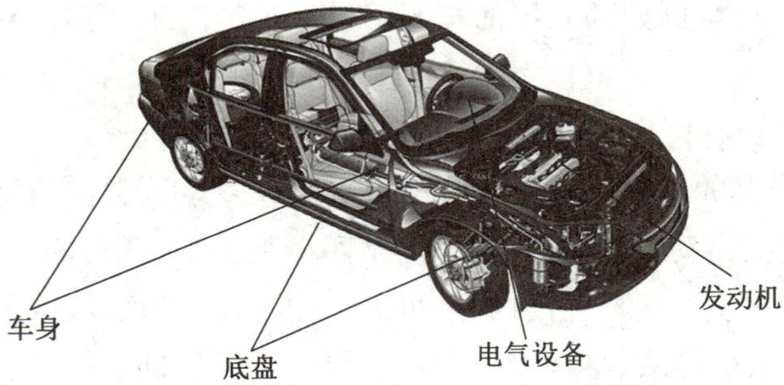

图 1-7　汽车总体构造

图 1-8　发动机

1. 发动机

发动机是为汽车提供动力的装置，其作用是将燃料燃烧释放出来的能量转化为机械能对外输出。一般发动机包括曲柄连杆机构、配气机构、燃料供给系统、冷却系统、润滑系统、点火系统（汽油发动机中存在）和起动系统，如图 1-8 所示。

2. 底盘

底盘用于支承、安装汽车发动机及其他部件，同时接受来自于发动机的动力，使汽车产生运动，并能按驾驶员的操纵意志使其正确行驶，其包括传动系统、行驶系统、转向系统、制动系统四部分，如图 1-9 所示。

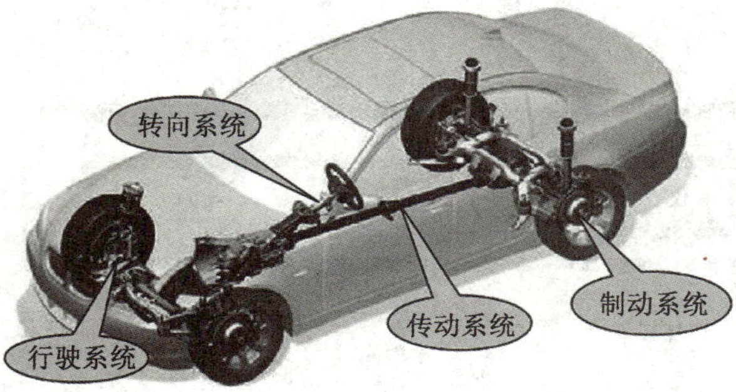

图 1-9　底盘

3. 车身

车身是形成驾驶员和乘客乘坐空间的装置，并具有存放行李等物品的功能，因此要求它既要为驾驶员提供方便的操作条件，又要为乘客提供舒适的环境；既要保护全体乘员的安全，又要保证货物完好无损。车身由本体、内外装饰和车身附件等组成，如图 1-10 所示。

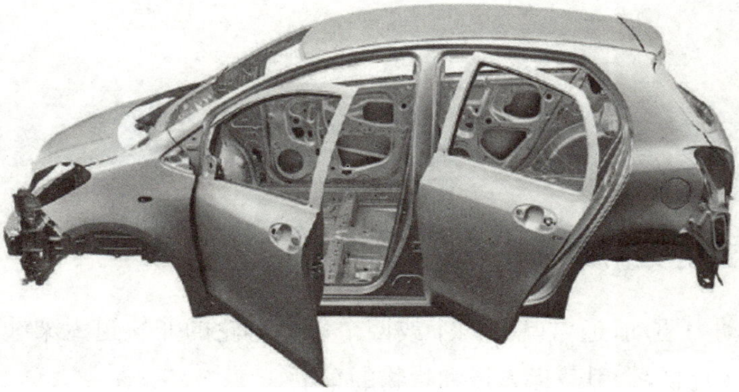
图 1-10　车身

4. 电气设备

电气设备是汽车的重要组成部分，它由电源、发动机点火系统（汽油机）和起动系统、照明和信号装置、仪表、空调和报警系统以及辅助电气等组成。现代汽车采用了很多新技术，如智能化技术显著地提高了汽车的科技感和舒适性。

二、汽车的分类

1. 按照用途分类

（1）按《汽车、挂车及汽车列车的术语和定义第1部分：类型》(GB/T 3730.1—2022)分类

汽车按用途可分为乘用车和商用车，如图1-11所示。

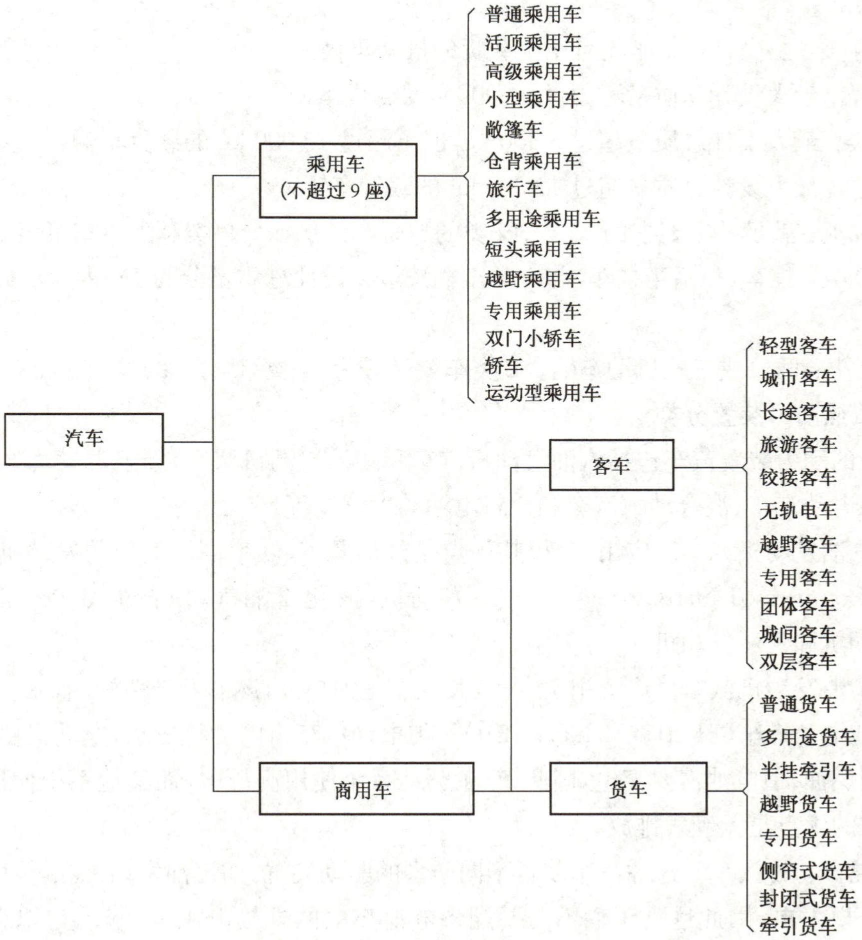

图1-11 《汽车、挂车及汽车列车的术语和定义第1部分：类型》(GB/T 3730.1—2022)对汽车类型按用途的划分

乘用车是在设计和技术特性上主要用于载运乘客及其随身行李和临时物品的汽车，包括驾驶员座位在内不超过9个座位，其也可以牵引一辆挂车。

商用车是在设计和技术特性上用于运送人员和货物的汽车，并且可以牵引挂车。

(2) 按《机动车辆及挂车分类》(GB/T 15089—2001)分类

《机动车辆及挂车分类》(GB/T 15089—2001)将机动车辆和挂车分为M类、N类、G类、O类和L类。

① M类：至少有4个车轮并且用于载客的机动车辆。M类车辆分为M_1类、M_2类和M_3类。

M_1类：包括驾驶员座位在内，座位数不超过9个的载客车辆。

M_2类：包括驾驶员座位在内，座位数超过9个，且最大设计总质量不超过5 000 kg的载客车辆。

M_3类：包括驾驶员座位在内，座位数超过9个，且最大设计总质量超过5 000 kg的载客车辆。

② N类：至少有4个车轮且用于载货的机动车辆。

N_1类：最大设计总质量不超过3 500 kg的载货车辆。

N_2类：最大设计总质量超过3 500 kg，但不超过12 000 kg的载货车辆。

N_3类：最大设计总质量超过12 000 kg的载货车辆。

③ G类：满足一定要求的M类、N类的越野车。例如，N_1类越野汽车可表示为N_1G。

④ O类：挂车(包括半挂车)。O类车辆按最大设计总质量分为O_1类、O_2类、O_3类和O_4类。

⑤ L类：两轮或三轮机动车辆。L类车辆又分为L_1类、L_2类、L_3类、L_4和L_5类。

2. 按照动力装置分类

传统的动力装置汽车包括汽油发动机汽车和柴油发动机汽车，新能源动力装置汽车主要包括纯电动汽车、混合动力汽车和燃料电池动力汽车等。

① 汽油发动机汽车。应用广泛，其优点是外形紧凑、功率高。类似的发动机还有压缩天然气(Compressed Natural Gas, CNG)发动机，液化石油气(Liquefied Petroleum Gas, LPG)发动机和乙醇发动机。

② 柴油发动机汽车。广泛用于卡车，其优点是力矩大，燃油经济性好。

③ 纯电动汽车(Electric Vehicle, EV)。纯电动汽车由电动机驱动，电动机由电池供电而不使用燃油，但电池需要充电，因此，车轮驱动系统使用高压电，而其他系统使用12 V低压电。它的优点是无废气排放。

④ 混合动力汽车。这种汽车装备不同类型的驱动装置，如汽油发动机和电动机。汽油发动机可以发电，因此这类车辆不需要配备电池充电的外接电源，在起动与熄火时刻，其速度较低，采用电动机运转，而车辆加速时，汽油发动机在较高转速下以更高效的方式运转。这样的方式转换，实现了两种动力类型的最佳利用，提高效率，减少废气排放，节约燃料。

⑤ 燃料电池动力汽车(Fuel Cell Vehicle, FCV)。燃料电池动力汽车是一种用车载燃料电池装置产生的电力作为动力的汽车，所使用的燃料为高纯度氢气或含氢燃料。燃料电池混合动力汽车(Fuel Cell Hybrid Vehicle, FCHV)以其能量利用率高、环境友好、续航里

程长等优势而成为未来汽车行业的发展方向。

3. 按照发动机和驱动桥在汽车上的位置分类

根据发动机和驱动桥在汽车上的位置不同，汽车主要分为四类，发动机和驱动桥在汽车上位置，如图 1-12 所示。

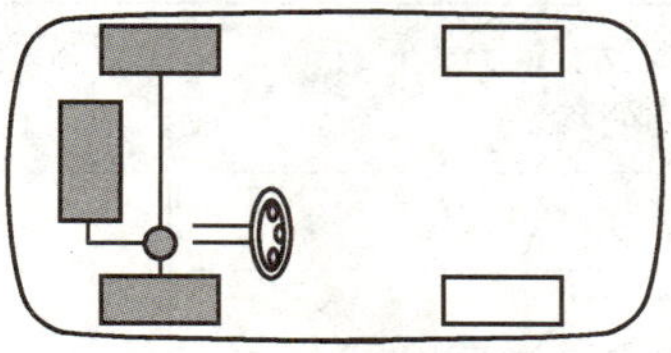

(a) FF(发动机前置/前轮驱动)

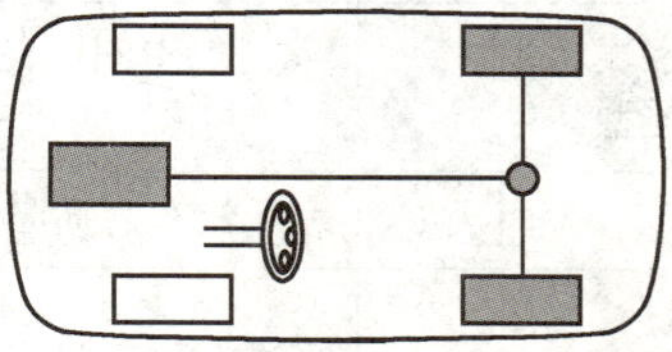

(b) FR(发动机前置/后轮驱动)

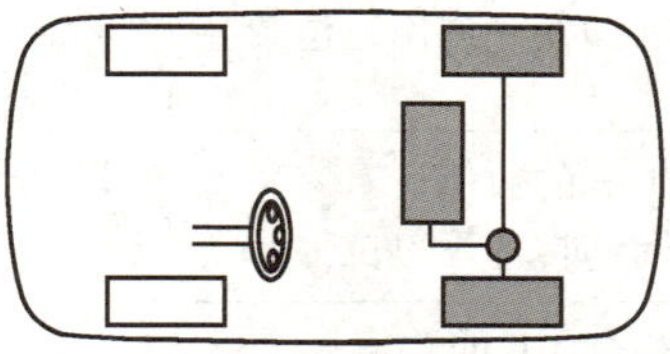

(c) MR(发动机中置/后轮驱动)

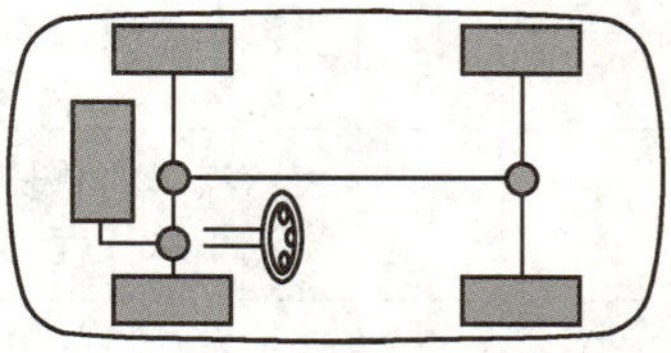

(d) 4WD(四轮驱动)

图 1-12　发动机和驱动桥在汽车上的位置

(1) FF(发动机前置/前轮驱动)

FF 车辆没有传动轴，室内宽敞，舒适性较好，中低端轿车采用较多。

(2) FR(发动机前置/后轮驱动)

FR 车辆整体重平衡较好，其控制性和稳定性表现出色，中高端轿车采用较多。

(3) MR(发动机中置/后轮驱动)

MR 车辆在前桥和后桥上有很好的重平衡，其控制性很好，跑车采用较多。

(4) 4WD(四轮驱动)

此车辆采用四轮驱动方式，可以在很差的路况下以稳定的方式行驶，但质量比其他类型车辆大，越野车采用较多。

三、汽车的编号规则

为了标明汽车的生产厂家、汽车类型及主要的特征参数等，1988 年我国颁布了国家标准《汽车产品型号编制规则》(GB 9417—88)，该标准规定国产汽车产品型号由汉语拼音字母和阿拉伯数字组成，包括首部、中部、尾部三部分内容(图 1-13)。

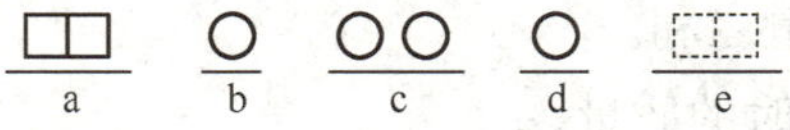

a—企业名称代号；b—车辆类别代号；c—主参数代号；d—产品序号；e—企业自定代号

图 1-13　汽车产品型号组成

首部由两个汉语拼音字母组成，是企业名称代号。例如，CA 代表中国第一汽车集团公司，BJ 代表北京汽车公司等。

中部由四位阿拉伯数字组成。左起首位数字表示汽车类型；中间两位数字是汽车的主要特征参数；末位是产品的生产序号，见表 1-1。

表 1-1　汽车产品型号中部四位阿拉伯数字代号的含义

<table>
<tr><th colspan="2">首位数字表示
汽车类型</th><th>中间两位数字表示各类汽车的
主要特征参数</th><th>末位数字表示企业
自定产品序号</th></tr>
<tr><td>载货汽车</td><td>1</td><td>表示汽车总质量(单位为 t)的数值</td><td rowspan="10">以 0,1,2,…依次排列</td></tr>
<tr><td>越野汽车</td><td>2</td><td rowspan="2">当汽车总质量小于 10 t 时，前面以“0”占位</td></tr>
<tr><td>自卸汽车</td><td>3</td></tr>
<tr><td>牵引汽车</td><td>4</td><td rowspan="2">当汽车总质量大于 100 t 时，允许用三位数字</td></tr>
<tr><td>专用汽车</td><td>5</td></tr>
<tr><td>客车</td><td>6</td><td>表示汽车的总长度 0.1 m 的数值；
当汽车总长度大于 10 m 时，计算单位为 m</td></tr>
<tr><td>轿车</td><td>7</td><td>表示发动机的工作容积 0.1 L 的数值</td></tr>
<tr><td>—</td><td>8</td><td>—</td></tr>
<tr><td>半挂车及专用半挂车</td><td>9</td><td>表示汽车的总质量(单位为 t)的数值；
当汽车总质量小于 10 t 时，前面以“0”占位；
当汽车总质量大于 100 t 时，允许用三位数字</td></tr>
</table>

尾部分为两部分：前一部分由汉语拼音字母组成，表示专用汽车分类代号，例如，X 代表厢式汽车，G 代表罐式汽车，C 代表仓栅式汽车等。后一部分为企业自定代号。当同一种汽车结构略有变化需加以区别时，可用汉语拼音字母或数字表示，位数由企业自定。基本型汽车一般没有尾部。

注：此编号规则已在 2001 年停止使用且无对汽车型号编制方法的新规定。因为汽车型号使用周期很长，其标示内容简单易懂，为多个行业所采纳和引用，所以现在汽车企业和产品大多数仍按照原国家标准的规定进行汽车型号的编制。

四、汽车的主要技术参数

为了说明汽车的主要技术性能，经常用下列参数表示。其中，主要尺寸参数如图 1-14 所示。

整车装备质量：汽车完全装备好的质量(kg，以下各质量参数相同)，是指完整的发动机、底盘、车身、全部电气设备和车辆正常行驶所需要的辅助设备(包括充足燃料、润滑油、冷却液及随车工具等)的质量之和。

最大总质量：汽车满载时的质量。

最大装载质量：最大总质量和整车装备质量之差。

最大轴载质量：汽车单轴所承载的最大总质量。

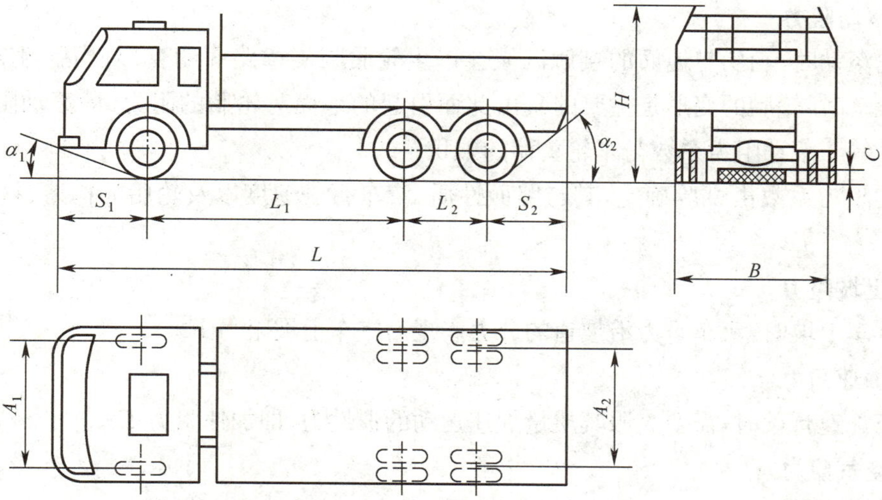

图 1-14　汽车主要尺寸参数

车长(L)：垂直于车辆纵向对称平面并分别抵靠在汽车前、后最外端突出部位的两垂直面间的距离(mm,以下各长度参数相同)。

车宽(B)：平行于车辆纵向对称平面并分别抵靠车辆两侧最外固定突出部位(除后视镜、侧面标志灯、方位灯、转向指示灯等)的两平面之间的距离。

车高(H)：车辆最高点与车辆支撑平面之间的距离。

轴距(L_1、L_2)：汽车前后轴中心线的水平距离。

轮距(A_1、A_2)：在支撑平面上,同轴左右车轮两轨迹中心间的距离(轴两端为双轮时,为左右两条双轨迹的中间的距离)。

前悬(S_1)：在直线行驶位置时,汽车前端刚性固定件的最前点到通过两前轮轴线的垂面间的距离。

后悬(S_2)：汽车后端刚性固定件的最后点到通过最后车轮轴线的垂面间的距离。

最小离地间隙(C)：满载时,车辆支撑平面与车辆最低点之间的距离。

接近角(α_1)：汽车前端突出点向前轮引的切线与地面的夹角(°)。

离去角(α_2)：汽车后端突出点向后轮引的切线与地面的夹角(°)。

转弯直径：转向盘转到极限位置,外侧转向轮的中心平面在车辆支撑面上的轨迹圆直径。

最高车速：汽车在平坦公路上行驶时能达到的最高速度(km/h)。

最大爬坡度：汽车满载时的最大爬坡能力,以百分数表示。

平均燃料消耗量：汽车在公路上行驶时平均的燃料消耗量(L/100km)。

五、汽车的行驶原理

要想使汽车行驶,必须对汽车施加一个驱动力以克服各种阻力。汽车行驶阻力 $\sum F$

包括滚动阻力 F_f、上坡阻力 F_i 和加速阻力 F_j、空气阻力 F_w。

1. 滚动阻力

车轮滚动时，轮胎与地面的接触区域会产生轮胎与支撑路面的变形（当弹性轮胎在硬路面上滚动时，轮胎的变形是主要的），由此而引起的地面对轮胎的阻力，即滚动阻力 F_f。滚动阻力等于滚动阻力系数与车轮负荷的乘积。

滚动阻力系数由试验确定，其与路面性质、汽车行驶速度以及轮胎的构造、材料、气压等有关。

2. 上坡阻力

当汽车上坡时，汽车重力沿坡道的分力表现为汽车上坡阻力 F_i。

3. 加速阻力

汽车加速行驶时，需要克服其质量加速运动的惯性力，即加速阻力 F_j。

4. 空气阻力

汽车直线行驶时受到的空气作用在行驶方向上的分力称为空气阻力 F_w。空气阻力与汽车的形状、汽车正面投影面积有关，特别是与汽车和空气的相对速度的平方成正比。当汽车高速行驶时，空气阻力的数值将显著增加。

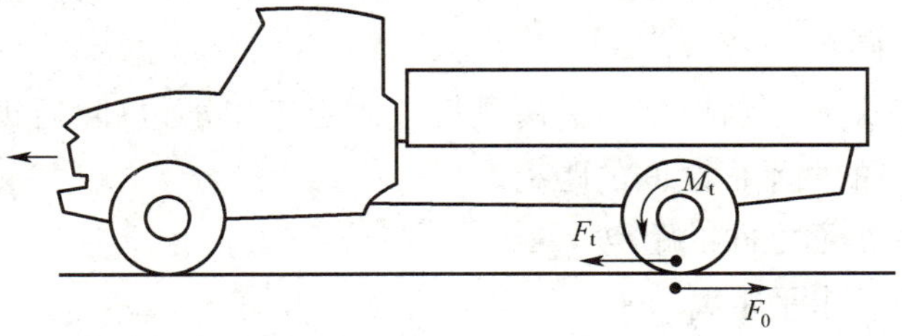

图 1-15　汽车驱动力的产生原理

为克服上述阻力，汽车必须有足够的驱动力。汽车驱动力的产生原理如图 1-15 所示。发动机经由传动系统在驱动轮上施加一个驱动力矩 M_t，力矩使驱动轮旋转。在 M_t 作用下，发动机在驱动轮和路面接触处对路面施加一个圆周力 F_0，其方向与汽车行驶方向相反，公式为

$$F_0=\frac{M_t}{R}$$

式中　F_0——对路面施加的圆周力(N)；

M_t——驱动力矩(N·m)；

R——驱动车轮的滚动半径(m)。

由于车轮与路面的附着作用，在车轮向路面施加力 F_0 的同时，路面会对车轮施加一个大小相等、方向相反的反作用力 F_t，即汽车行驶的驱动力。

当驱动力逐渐增大到足以克服汽车所受到的阻力时，汽车便开始起步行驶。汽车起步后，其行驶情况取决于驱动力和行驶阻力之间的关系。当驱动力等于行驶阻力时，汽车将匀速行驶；当驱动力大于行驶阻力时，汽车将加速行驶；当驱动力小于行驶阻力时，汽车将减速行驶直至静止。

但是汽车并不是在任何情况下都能产生足够的驱动力。驱动力的最大值固然取决于发动机的最大转矩和传动系统的传动比，但实际的驱动力还受到轮胎与地面之间的附着情

况的限制。例如，汽车在很滑的冰面上行驶时，加大油门可能只会使驱动轮加速滑转，而驱动力却不能增大。

若汽车在平整的干硬路面上行驶，驱动轮与接触面之间的附着性能好坏取决于轮胎和路面之间摩擦力的大小；而在松软路面上，除了驱动轮与路面之间的摩擦力外，嵌入轮胎花纹凹处的路面凸起部还能起到一定的防滑作用。

在汽车技术中，把轮胎与路面之间的相互摩擦以及轮胎花纹和路面凸起部的相互作用综合在一起，称为附着作用。由附着作用所决定的阻碍车轮打滑的力的最大值称为附着力，用 F_φ 表示。由此可知，汽车行驶时的驱动力受附着力的限制，即

$$F_t \leqslant F_\varphi$$

因此，汽车行驶的充分必要条件为

$$\sum F \leqslant F_t \leqslant F_\varphi$$

在泥泞或冰雪路面，由于附着力很小，汽车行驶的驱动力受附着力的限制，致使汽车减速以致于不能前进。即使加大节气门开度或换入低挡，车轮也只能滑转。为此，普通汽车在冰雪路面上行驶时，通常应增大附着力，即在驱动轮上绕装防滑链，或换装防滑轮胎。全轮驱动的越野汽车配有特殊的花纹轮胎可获得较大的附着系数，并可利用汽车的全部重力作为附着重力，这样越野汽车便可得到足够的附着力和驱动力，提高了通过性能。

六、汽车 VIN 码

汽车 VIN 码即车辆识别代号（Vehicle Identification Numbers，VIN），是国际上通行的标识机动车辆的代码，是制造厂对每一辆车设定的代码，具有在世界范围内对车辆的唯一识别性。VIN 码将伴随着车辆进行注册、保险、年检、维修与保养，直至回收或报废而载入每辆车的服役档案。

VIN 码一般位于容易看到并且能够防止磨损或替换的部位，如前风挡玻璃左下角处、左前门边或立柱上、发动机前横梁上、驾驶员左侧 B 柱等部位，如图 1-16 所示。

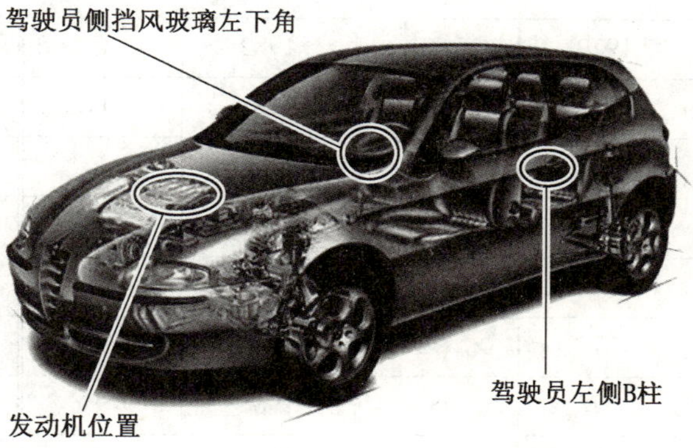

图 1-16　VIN 码的位置

VIN 码由三部分组成，如图 1-17 所示。

第一部分：世界制造厂识别代码（World Manufacturer Identifier，WMI），它具有唯一性。WMI 共有 3 位字码，由制造厂以外的组织预先指定，用来代表生产国、厂家、车辆类别。其中，第 1 位字码代表生产国，为国际汽车厂通用。如 1—美国、2—加拿大、3—墨西哥、J—日本、L—中国、Z—意大利等。

ISO 授权美国汽车工程师学会（Society of Automotive Engineers，SAE）作为其国际代

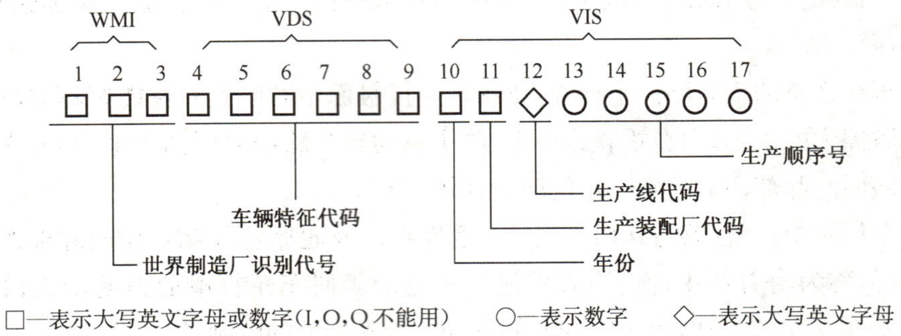

图 1-17　VIN 码组成

理,负责为世界各国指定地区代码及国别代码,负责 WMI 的保存与核对。我国国家发展和改革委员会获得授权,负责中国境内(包括大陆和港、澳、台地区)VIN 的统一管理,并负责 WMI 的分配。

第二部分:车辆特征说明部分(Vehicle Description Section, VDS),由 6 位字码组成,如果制造厂所用字码不足 6 位,应在剩余位置填入制造厂选定的字母或数字,以表现车辆的一般特征,其代码及顺序由制造厂决定。

第三部分:车辆指示部分(Vehicle Indicator Section, VIS),是 VIN 码的最后部分,由 8 位字码组成。一般情况下,VIS 的第 1 位字码指示年份(也有一部分汽车制造厂的 VIS 的第 1 位字码并不指示年份,如奔驰(欧款)、宝马(欧款)、雪铁龙、菲亚特、福特在欧洲及亚洲生产的汽车等。第 2 位字码指示生产装配厂址,后 6 位指示生产顺序号。汽车生产年份代码见表 1-2。

表 1-2　汽车生产年份代码

年份	代码	年份	代码	年份	代码	年份	代码
1971	1	1981	B	1991	M	2001	1
1972	2	1982	C	1992	N	2002	2
1973	3	1983	D	1993	P	2003	3
1974	4	1984	E	1994	R	2004	4
1975	5	1985	F	1995	S	2005	5
1976	6	1986	G	1996	T	2006	6
1977	7	1987	H	1997	V	2007	7
1978	8	1988	J	1998	W	2008	8
1979	9	1989	K	1999	X	2009	9
1980	A	1990	L	2000	Y	2010	A

例如,某辆凌志(LEXUS)轿车的 VIN 码为　J T 8 B D 1 0 U B Y O 0 1 5 6 7 8。其含义如下。

第 1 位：生产国别代码(J—日本)；
第 2 位：生产厂家代码(T—丰田汽车公司)；
第 3 位：汽车类别代码(8—乘用车)；
第 4 位：车身类型代码(B—4 门乘用车)；
第 5 位：发动机型号代码(D—2JZGE 3.0L V6)；
第 6 位：汽车系列类型代码(1—RX300)；
第 7 位：安全防护系统代码(0—双前部和侧向安全气囊)；
第 8 位：汽车型号代码(U—RX300)；
第 9 位：检验代码(制造厂家内部编码)；
第 10 位：生产年份代码(Y—2000)；
第 11 位：总装工厂代码(O—日本)；
第 12～17 位：出厂顺序代码。

实训任务　汽车的组成识别

一、常用工量具

序号	工具名称	图片
1	磁吸棒	
2	白色手套	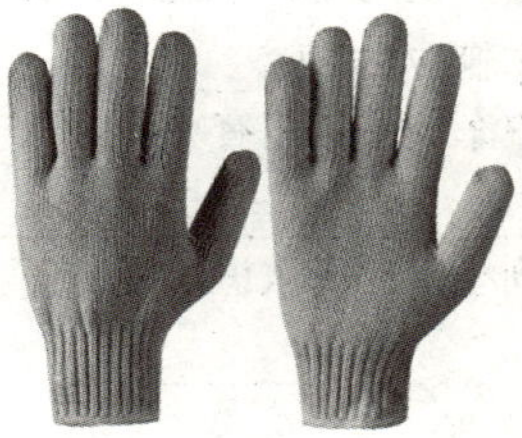

二、实训目的

1. 掌握汽车的结构和主要部件名称。
2. 能指出汽车主要部件的加工工艺。
3. 能积极主动参与任务的实施，能与小组成员团结协作，能执行 5S 管理规定。

三、实训实施

1. 学生分组

学生分3～6组，每组一名组长。

2. 任务分配

(1) 利用实训车辆现场演示，进一步掌握汽车的组成，汽车各主要零部件名称。

(2) 通过汽车制造工艺的学习，指出汽车主要部件的加工工艺。

3. 作业准备

(1) 领取实训防护装备及实训设备。

(2) 各小组人员分工。

(3) 实训前工具盘点。

(4) 穿戴实训防护装备。

(5) 查验实训设备。

任务工单

<table>
<tr><td>工作任务</td><td>汽车零部件识别</td><td>学时</td><td>1</td><td>组别</td><td>第____组</td></tr>
<tr><td>小组名单</td><td></td><td>班级</td><td></td><td>成绩</td><td></td></tr>
<tr><td>实训设备</td><td colspan="5">实训车辆4台；
工具：磁吸棒</td></tr>
<tr><td>任务描述</td><td colspan="5">通过实训车辆现实展示，采用行动导向教学法，引导学生了解车辆组成，各零部件名称及主要零部件制造工艺，培养良好的职业道德、工作态度、团队协作能力和责任感</td></tr>
<tr><td>基础认知</td><td colspan="5">1. 传统汽车由哪四部分组成？
(1) ________ (2) ________ (3) ________ (4) ________
2. 你所使用实训车辆品牌及型号：________________
3. 车辆VIN码：________________
4. 汽车制造工艺有哪些？
____
5. 列举出你所认识的零部件，并说出所属制造工艺是什么？
(1) ________________
(2) ________________
(3) ________________
(4) ________________</td></tr>
<tr><td rowspan="4">总 评</td><td colspan="2">项目内容</td><td colspan="3">项目反馈</td></tr>
<tr><td colspan="2">工单完成情况</td><td colspan="3"></td></tr>
<tr><td colspan="2">实训完成情况</td><td colspan="3"></td></tr>
<tr><td colspan="2">5S整理情况</td><td colspan="3"></td></tr>
</table>

任务二

汽车发动机认识、使用与装调

学习目标

1. 掌握发动机的基本组成。
2. 掌握发动机两大机构和五大系统的组成、作用及工作原理。
3. 会使用专用工具对发动机零部件进行拆装。

典型工作任务

发动机整体拆装。

任务分析

本任务主要包括汽车发动机的拆装与调试。通过理论学习和实际操作，学生应掌握发动机两大机构、五大系统的组成和作用；能对曲柄连杆机构、配气机构进行熟练的拆装；熟悉曲柄连杆机构、配气机构各组成零件的结构和装配关系。

任务准备

掌握发动机整体构造，会使用发动机拆装工具。

模块 1　汽车发动机构造基本知识

内燃机是一种热机，燃料在内燃机内部燃烧并放出大量的热量，使燃烧后的气体膨胀推动机械实现能量输出。内燃机的主要特点是热效率高、起动性能好、体积质量小，应用于飞机、船舶、汽车等各种形式的动力机械上。

内燃机根据其将热能转化为机械能的主要构件的形式不同，可分为活塞式内燃机和燃气轮机两类。前者又可按活塞运动方式分为往复活塞式和旋转活塞式两种。

汽车发动机是汽车的动力输出装置，属于内燃机。汽车发动机主要作用是将液体或气体燃料的化学能通过燃烧转化为热能，再将热能通过机械系统转换为机械能并对外输出动力，如图 2-1 所示为往复活塞式内燃机的工作过程。

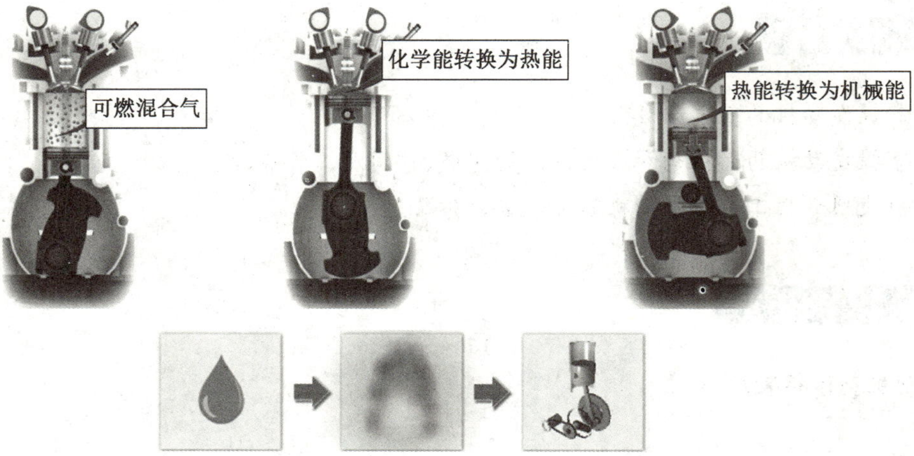

图 2-1　发动机功用

一、汽车发动机的类型

1. 按点火方式分类

汽车发动机按照点火方式分为点燃式发动机（汽油发动机、液化石油气发动机、双燃料发动机）和压燃式发动机（柴油发动机、重油发动机），如图 2-2 所示。

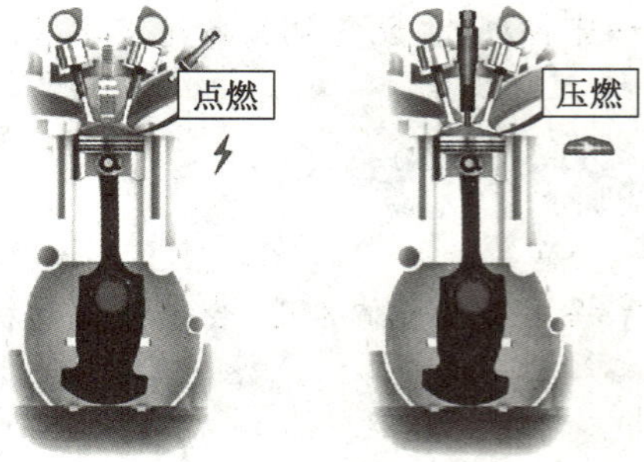

(a) 点燃式　　(b) 压燃式

图 2-2　按点火方式分类

2. 按行程数分类

汽车发动机按照完成一个工作循环所需的行程数可分为四行程发动机和二行程发动机，如图 2-3 所示。曲轴转两圈（720°），活塞在气缸内上下往复运动四个行程，完成一个工作循环的汽车发动机称为四行程发动机；曲轴转一圈（360°），活塞在气缸内上下往复运动两个行程，完成一个工作循环的汽车发动机称为二行程发动机。汽车发动机广泛使用四行程发动机。

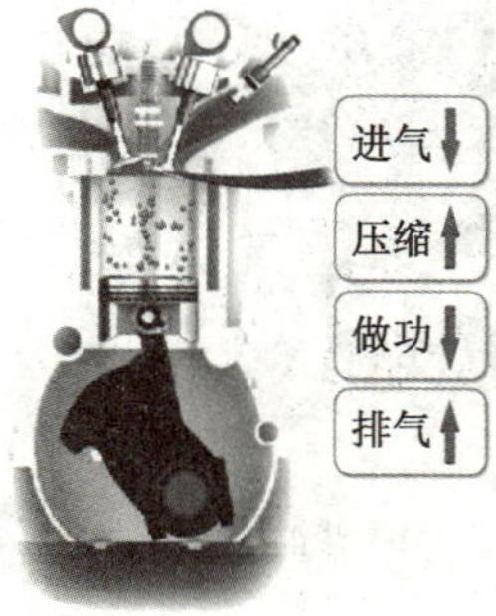

（a）四行程

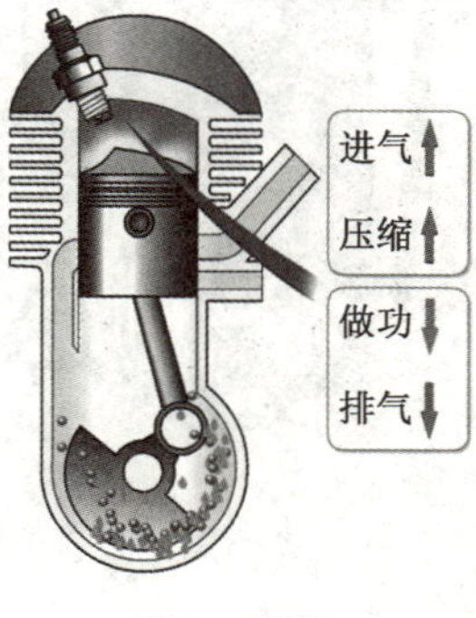

（b）二行程

图 2-3　按行程数分类

3. 按凸轮轴的位置及凸轮轴数分类

汽车发动机按照凸轮轴位置可分为凸轮轴上置式发动机、凸轮轴中置式发动机、凸轮轴下置式发动机，如图 2-4 所示；按照凸轮轴数又可以分为单凸轮轴发动机、双凸轮轴发动机。

（a）凸轮轴上置

（b）凸轮轴中置

（c）凸轮轴下置

图 2-4　按凸轮轴位置分类

4. 按照使用燃料分类

使用汽油为燃料的汽车发动机称为汽油机；使用柴油为燃料的汽车发动机称为柴油机，如图 2-5 所示。汽油机与柴油机各有特点：汽油机转速高，质量小，噪声小，起动容易，制造成本低；柴油机压缩比大，热效率高，经济性能和排放性能都比汽油机好。

5. 按气缸的数目及排列方式分类

（1）按气缸的数目分类

汽车发动机按照气缸数目不同可以分为单缸和多缸发动机，如图 2-6 所示。只有一个气缸的发动机称为单缸发动机；有两个或两个以上气缸的发动机称为多缸发动机。如双缸、三缸、四缸和六缸等都是多缸发动机。现代车用发动机多采用四缸、六缸和八缸发动机。

（2）按气缸排列方式分类

汽车发动机按照气缸的排列方式可分为直列式发动机、V 型发动机、水平对置式发动机、W 型发动机、星型发动机，如图 2-7 所示。

（a）汽油机

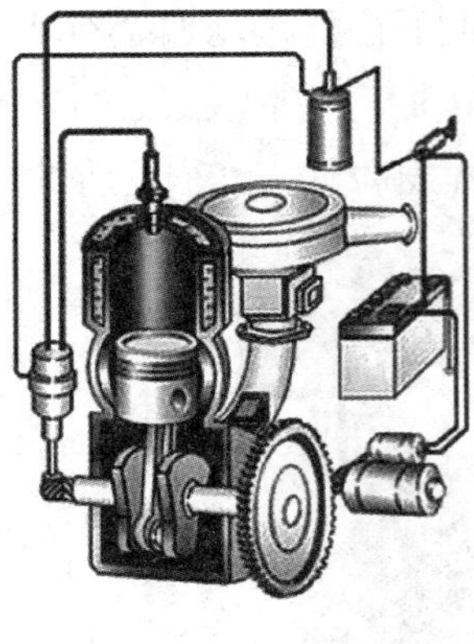

（b）柴油机

图 2-5　按使用燃料分类

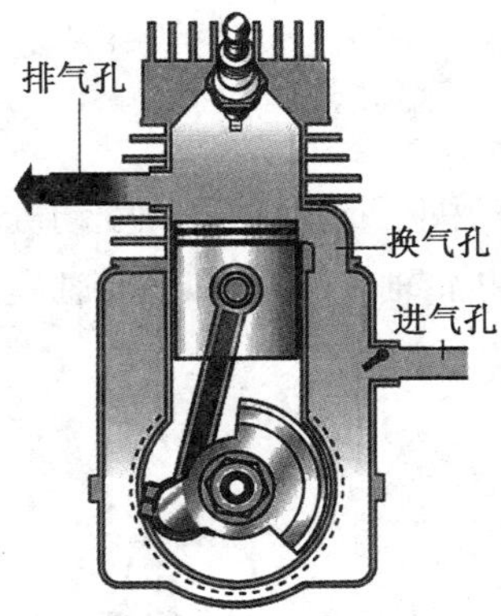

（a）单缸

（b）多缸

图 2-6　按气缸数目分类

（a）直列式

（b）V 型

（c）水平对置式

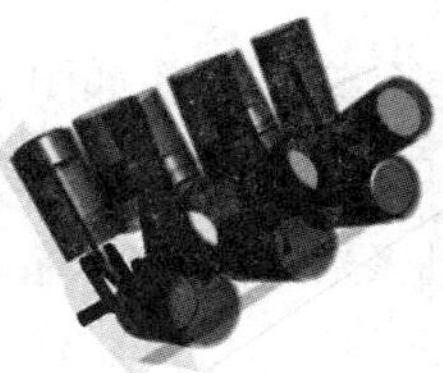

（d）W 型

（e）星型

图 2-7　按气缸排列方式分类

① 直列式

直列式发动机的各个气缸排成一列，一般是垂直布置的。直列式气缸体结构简单，加工方便，但发动机长度和高度较大。一般六缸以下发动机多采用直列式，如捷达轿车、宝来轿车、威驰轿车等所使用的发动机均采用这种直列式气缸体。

② V 型

V 型发动机的气缸排成两列，左右两列气缸中心线的夹角小于 180°。V 型发动机与直列发动机相比，缩短了机体长度和高度，增加了气缸体的刚度，减轻了发动机的重量，但其宽度增加，形状复杂，加工困难，一般用于八缸以上的发动机，六缸发动机也有采用这种结构形式的。

③ 水平对置式

水平对置式发动机的气缸排成两列，左右两列气缸在同一水平面上，即左右两列气缸中心线的夹角为 180°。它的特点是高度小，布置方便，有利于风冷，由于它的气缸为“平放”状态，降低了汽车的重心，有利于增强汽车的行驶稳定性。同时水平对置气缸布局是一种对称稳定的结构，这使得发动机的运转平顺性比 V 型发动机更好，运动时的功率耗损也更小。

④ W 型

W 型发动机是将 V 型发动机两侧的气缸错开一个小角度。W 型发动机相对于 V 型发动机，曲轴更短，质量更轻，但是宽度也相应增大。W 型发动机的缺点是其结构被分割成两个部分，更为复杂，在工作时会产生很大的震动，所以只在少数的车型上应用。

⑤ 星型

星型发动机是一种气缸环绕曲轴排列的往复式内燃机，其活塞通过一根主连杆连接到曲轴上，最上方活塞连接的连杆即为主连杆，其他活塞的连杆被称为活节式连杆，它们通过销孔连接在主连杆中央位置的环上。

星型发动机可靠性和可维修性高，重量轻，功率提升潜力大，一般星型发动机的气缸组数是奇数，有五缸、七缸、九缸，为了增加功率还可以将其多排叠加，将多个气缸组排成数排，最多能到四排七缸，如普惠公司的巨黄蜂 R-4360 达到 28 个气缸。

6. 按冷却方式分类

汽车发动机按照冷却方式分类可分为水冷式发动机和风冷式发动机，如图 2-8 所示。水冷式发动机是利用冷却液在气缸体和气缸盖冷却水套中的循环来控制发动机温度。而风冷式发动机是利用流动于气缸体与气缸盖外表面散热片之间的空气作为冷却介质进行温度控制。水冷式发动机冷却均匀，工作可靠，冷却效果好，被广泛地应用于现代汽车。

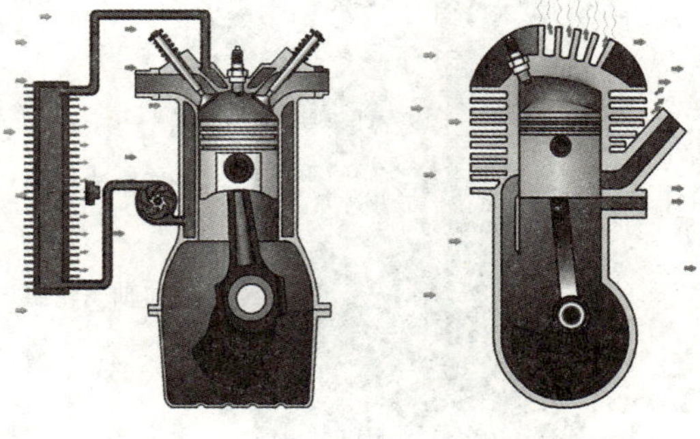

(a) 水冷式　　(b) 风冷式

图 2-8　按冷却方式分类

7. 按进气系统分类

汽车发动机按照进气系统是否采用增压方式可以分为自然吸气(非增压)式发动机和强制进气(增压)式发动机，如图 2-9 所示。若进气是在接近标准大气压的状态下进行的，则为自然吸气式发动机；若利用增压器将进气压力增高，进气密度增大，则为强制进气式发动机，发动机增压可有效提升功率。

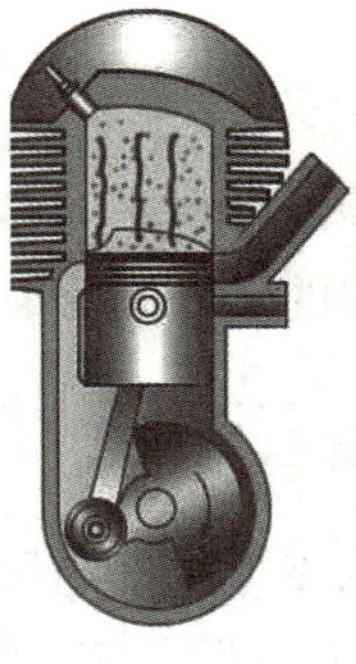
(a) 自然吸气

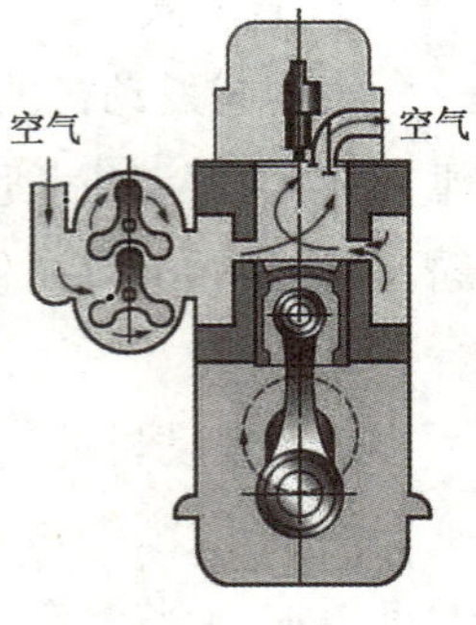

(b) 增压式

图 2-9 按进气系统分类

二、汽车发动机总体构造

发动机总成如图 2-10 所示，其由两大机构和五大系统组成：曲柄连杆机构、配气机构、冷却系统、润滑系统、燃油供给系统、点火系统、起动系统。

图 2-10 发动机总成

1. 曲柄连杆机构

曲柄连杆机构的作用是把燃料燃烧产生的热能转换为机械能，具体表现为气缸内的高温高压气体推动活塞在气缸内作直线往复运动，再通过连杆带动曲轴作旋转运动。而在进气、压缩和排气行程中，飞轮释放能量又把曲轴的旋转运动转化成活塞的直线运动。

图 2-11 曲柄连杆机构

曲柄连杆机构由机体组、活塞连杆组和曲轴飞轮组三部分组成，如图 2-11 所示。

2. 配气机构

配气机构的作用是根据发动机的工作顺序和工作过程，定时开启或关闭进气门和排气门，使可燃混合气或空气进入气缸，并使废气从气缸内排出，完成换气过程。配气机构由气门组、气门传动组和气门驱动组组成，如图 2-12 所示。

3. 燃料供给系统

燃料供给系统的作用是根据发动机各种

不同工况要求，配制出一定数量和浓度的可燃混合气，供入气缸，使之在临近压缩终了时点火燃烧而膨胀做功，最后将气缸内废气排至大气中。汽油机燃料供给系统通常分为化油器式（基本已经被淘汰）和燃油喷射式两种。

化油器式燃料供给系统主要由汽油箱、机械膜片式汽油泵、汽油滤清器、化油器等组成，如图 2-13 所示。机械膜片式汽油泵靠机械驱动、容积变化将汽油泵出，经滤清器至化油器，汽油因化油器喉管处的压力差而被吸入并雾化形成可燃混合气。

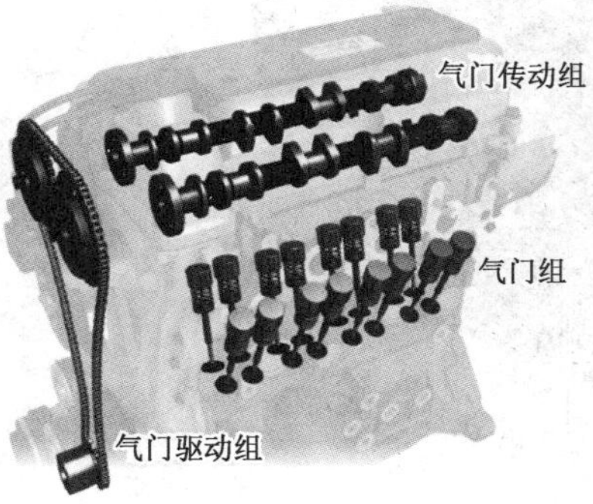

图 2-12　配气机构

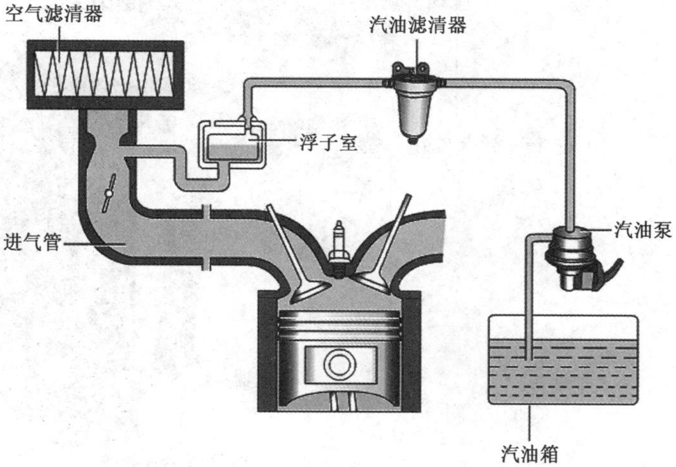

图 2-13　化油器式燃料供给系统组成

燃油喷射式燃料供给系统主要由汽油箱、电动汽油泵、汽油滤清器、油压调节器、喷油器、ECU 等组成，电动汽油泵将汽油泵送至滤清器，经油压调节器送至喷油器，喷油器将汽油喷射到气缸中，如图 2-14 所示。

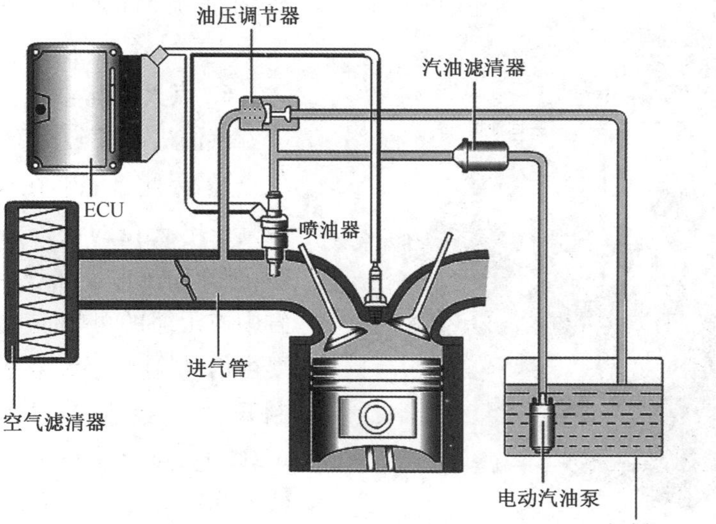

图 2-14　燃油喷射式燃料供给系统组成

4. 冷却系统

冷却系统是保证发动机在最适宜的温度下工作，一般由散热器、节温器、水泵、气缸体水套、风扇等组成，如图 2-15 所示。

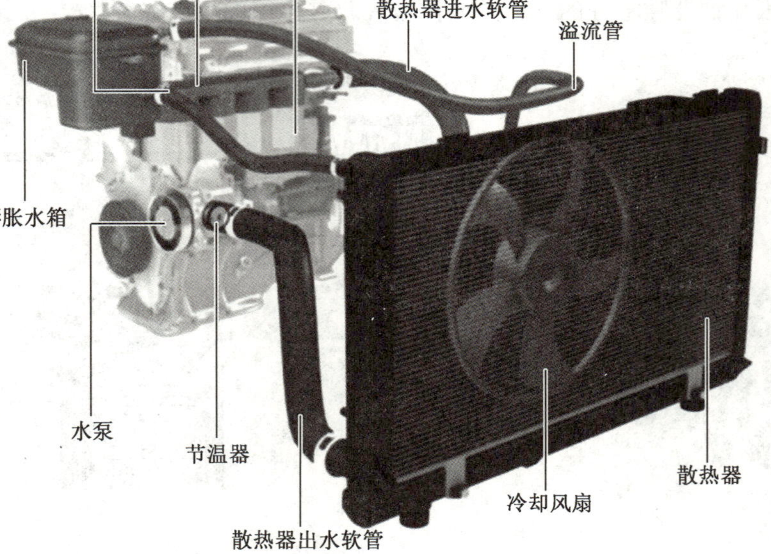

图 2-15　冷却系统组成

5. 润滑系统

润滑系统使高速相对运动的发动机内部各种摩擦都能得到有效润滑，降低摩擦力，减少磨损，带走摩擦产生的热量，延长发动机的寿命。润滑系统主要由机油泵、机油滤清器、机油滤嘴、油底壳等组成，如图 2-16 所示。

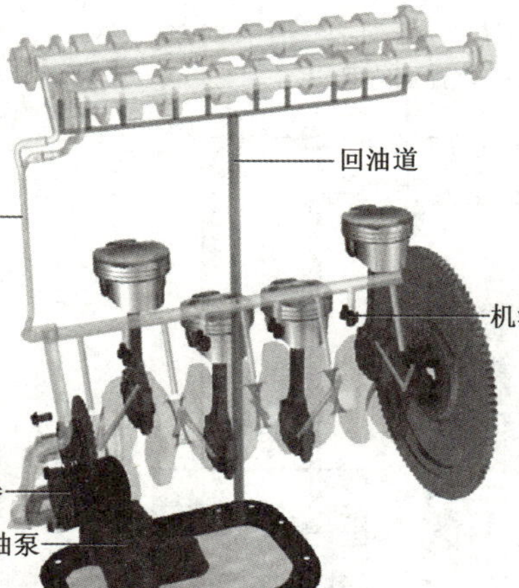

图 2-16　润滑系统组成

6. 点火系统

汽油机必须经过高压点火才能将燃气点燃，因此将能够在火花塞两电极间产生高压电火花的设备称为发动机点火系统，其作用是保证在规定时刻及时点燃气缸中被压缩的可燃混合气。点火系统主要由信号检测装置（各种传感器和各种控制开关）、控制装置［电子控制单元（ECU）］、点火执行装置（点火模块、点火线圈和火花塞）等部分组成，如图 2-17 所示。

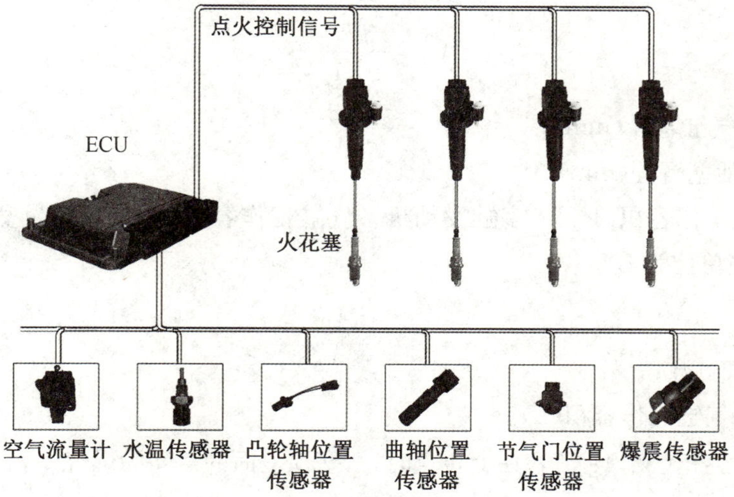

图 2-17　点火系统组成

7. 起动系统

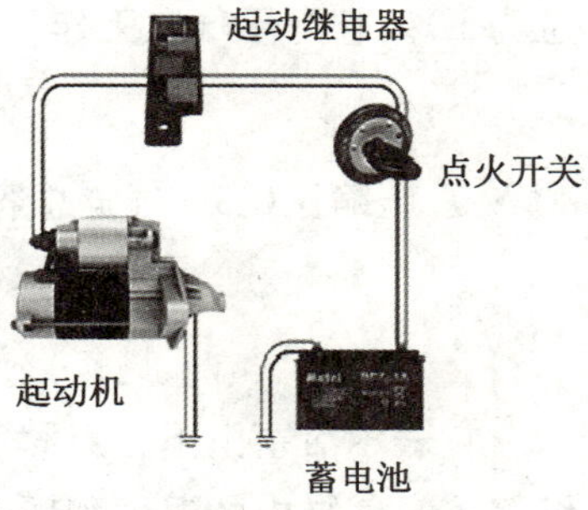

图 2-18　起动系统组成

要使发动机由静止状态过渡到工作状态，必须先用外力转动发动机的曲轴，使活塞作往复运动，气缸内的可燃混合气燃烧膨胀做功，推动活塞向下运动使曲轴旋转，发动机才能自行运转，工作循环才能自动进行。因此，曲轴在外力作用下开始转动到发动机开始自动地怠速运转的全过程，称为发动机的起动。完成起动过程所需的装置，称为发动机的起动系统。起动系统主要由蓄电池、点火开关、起动继电器、起动机等组成，如图 2-18 所示。

三、发动机结构基本术语

往复活塞式内燃机的活塞工作腔称为气缸，其内表面为圆柱形，活塞通过活塞销与连杆一端铰接，连杆另一端与曲轴连接，当活塞在气缸内作往复运动时，便通过连杆推动曲轴旋转，气缸的顶端用气缸盖封闭。在气缸盖上装有进、排气门，通过凸轮轴控制进、排气门开闭实现向气缸内充气和向气缸外排气。如图 2-19 所示为发动机基本结构。

① 上止点：活塞运动到最上端，离曲轴中心的最远处。

② 下止点：活塞运动到最下端，离曲轴中心的最近处。

③ 活塞行程（S）：上、下止点间的距离。曲轴每转动半圈（180°），相当于一个活塞行程。

④ 曲轴半径（R）：曲轴与连杆下端的连接中心至曲轴中心的距离。活塞行程 S 与曲轴半径 R 的关系：$S = 2R$。

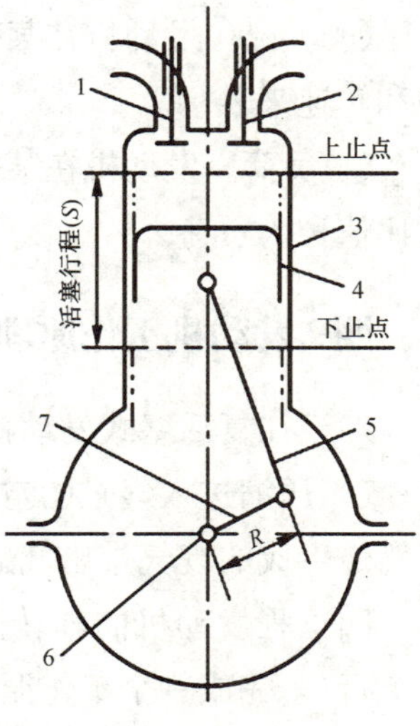

1—进气门；2—排气门；3—气缸；4—活塞；5—连杆；6—曲轴中心；7—曲柄

图 2-19　发动机基本结构

⑤ 气缸工作容积（V_s）：活塞由一个止点移到另一个止点所扫过的容积称为气缸工作容积。

$$V_s = \frac{\pi D^2}{4 \times 10^6} S$$

式中 D——气缸直径（mm）；

S——活塞行程（mm）。

⑥ 发动机工作容积（V_L）：多缸发动机各气缸工作容积的总和，即为发动机工作容积或发动机排量（单位为 L）。

$$V_L = i \cdot V_s$$

式中 i——气缸数；

V_s——气缸工作容积（L）。

⑦ 燃烧室容积（V_c）：活塞在上止点时，活塞顶上面的空间为燃烧室，它的容积称燃烧室容积（单位为 L）。

⑧ 气缸总容积（V_a）：活塞在下止点时，活塞顶上面整个空间的容积为气缸总容积（单位为 L）。它等于气缸工作容积与燃烧室容积之和，即

$$V_a = V_s + V_c$$

⑨ 压缩比（ε）：气缸总容积与燃烧室容积的比值，即

$$\varepsilon = \frac{V_a}{V_c} = \frac{V_s + V_c}{V_c} = 1 + \frac{V_s}{V_c}$$

它表示活塞由下止点移动到上止点时，气缸内气体被压缩的程度。压缩比越大，则压缩终了时气缸内的温度和压力就越高。车用汽油机的压缩比一般为 6～10，柴油机的压缩比一般为 16～22。

⑩ 工况。发动机在某一时刻的运行状况简称工况，用该时刻发动机对外输出的有效功率和转速来表示。

⑪ 负荷。发动机在某一转速下发出的有效功率与该转速下所能发出的最大有效功率的比值称为负荷。

四、发动机工作原理

对于往复活塞式发动机来说，都必须经过这样一个工作循环：吸入空气或可燃混合气（进气），压缩进入气缸的空气或可燃混合气（压缩），并点燃可燃混合气燃烧而膨胀（做功），将燃烧生成的废气排出气缸（排气）。

四行程发动机曲轴转两圈，活塞在气缸内依次往复运动，经过进气、压缩、做功和排气四个行程，完成一个工作循环。

1. 四行程汽油发动机工作原理

（1）进气行程

进气行程中，进气门开启，排气门关闭。活塞从气缸上止点运动到下止点，活塞上方的

气缸容积增大，气缸内的压力下降。当压力降低到低于大气压时，气缸内形成真空吸力，可燃混合气便经进气门被吸入气缸，如图 2-20 所示。在进气过程中，受空气滤清器、节气门体、进气管、进气门等产生阻力影响，进气终了时，气缸内气体压力略低于大气压，为 0.075～0.09 MPa，同时由于残余废气和高温机件加热的影响，温度为 370～400 K。

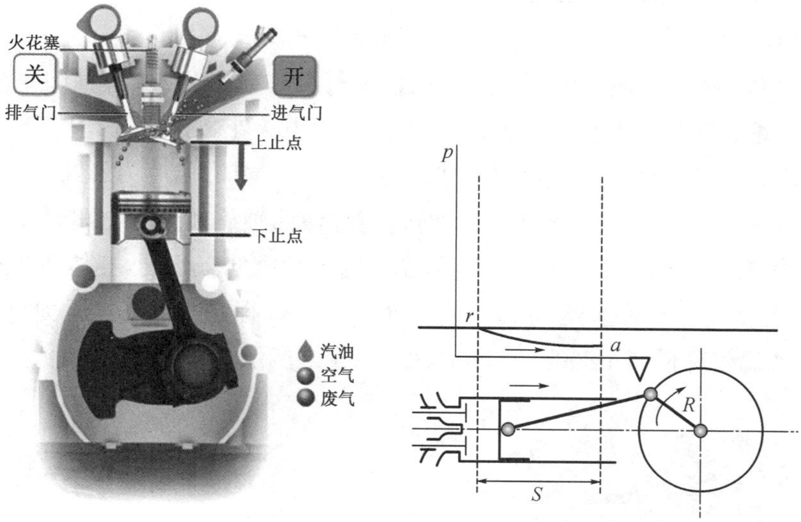

图 2-20　汽油发动机机进气行程

(2) 压缩行程

压缩行程中，进、排气门全部关闭，活塞从下止点向上止点移动将可燃混合气压缩，使其容积缩小，密度加大，温度升高，活塞到达上止点时压缩终了，混合气被压缩到燃烧室中，如图 2-21 所示。此时气体的压力和温度取决于压缩比的大小，一般来说可燃混合气压力为 0.6～1.2 MPa，温度为 600～700 K。压缩比越大，压缩终了时气缸内的压力和温度越高，

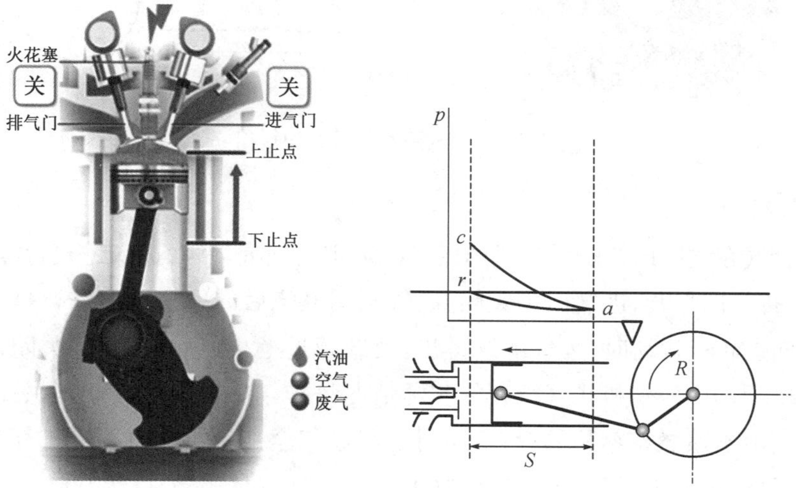

图 2-21　汽油发动机压缩行程

燃烧速度越快,发动机功率也越大,但压缩比太高容易引起爆震和表面点火。爆震是由于气体压力和温度过高,可燃混合气在没有点燃的情况下自行燃烧,且火焰以高于正常燃烧数倍的速度向外传播,造成尖锐的敲缸声。表面点火是由于燃烧室温度太高,由炽热表面点燃混合气的不正常着火方式。不正常燃烧时发动机表现为过热,功率下降,油耗增加,甚至会造成机件损坏。汽油机的压缩比一般为 8～14。

(3) 做功行程

做功行程包括燃烧过程和膨胀过程,在这一行程中,进气门和排气门仍然保持关闭。当活塞位于压缩行程接近上止点位置时,火花塞产生电火花,点燃可燃混合气,可燃混合气燃烧后使气缸内气体温度和压力急剧升高,压力为 3～5 MPa,温度为 2 200～2 800 K,气体膨胀来推动活塞从上止点向下止点运动,通过连杆使曲轴旋转并输出机械功,除了用于维持发动机本身继续运转外,其余用于对外做功。随着活塞向下运动,气体所处空间增加,气体压力和温度降低,当活塞运动到下止点时,做功行程结束,气体压力降低到 0.3～0.5 MPa,气体温度降低到 1 300～1 600 K,如图 2-22 所示。

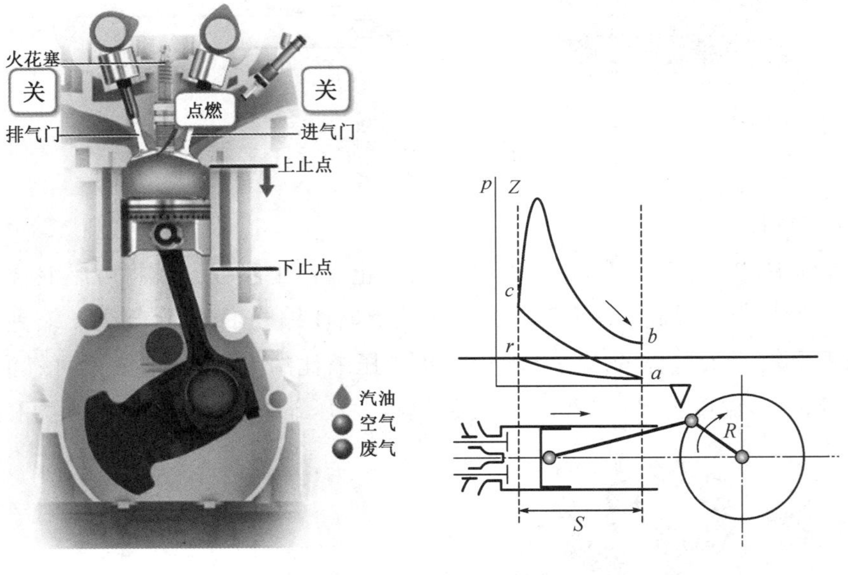

图 2-22　汽油发动机做功行程

(4) 排气行程

可燃混合气在气缸内燃烧后生成的废气必须排出气缸,然后进入进气行程。做功行程接近终了时,排气门打开,进气门仍关闭,废气利用燃烧后的残余压力进行排气,当活塞到达下止点并向上止点运动时,废气继续排出,活塞越过上止点后,排气门关闭,排气行程结束,如图 2-23 所示。汽油机排气行程的实际情况是排气门提前打开,迟后关闭,以便排出更多的废气。由于燃烧室容积的存在,不可能将废气全部排出气缸。受排气阻力的影响,排气终止时,气体压力仍高于大气压力,为 0.105～0.115 MPa,温度为 900～1 200 K。曲轴继续旋转,活塞从上止点向下止点运动,又开始了下一个新的循环过程。四行程汽油机经过进气、压缩、做功、排气四个行程完成一个工作循环，活塞在上、下止点之间往复运动两次，曲轴旋转两圈。

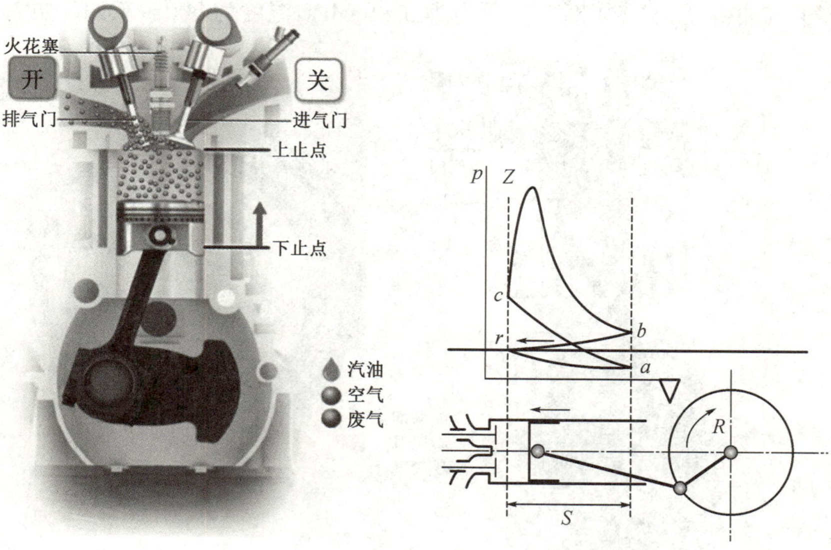

图 2-23　汽油发动机排气行程

2. 四行程柴油发动机工作原理

四行程柴油发动机和汽油发动机一样，完成一个工作循环也要经过进气、压缩、做功和排气四个行程，但由于柴油机使用的燃料是柴油，柴油相对于汽油来说，其黏度大、蒸发性差，自燃温度低，所以柴油发动机在混合气形成，点火方式上和汽油发动机有明显的不同之处。

(1) 进气行程

汽油机在进气行程中吸入的是可燃混合气，而柴油发动机吸入的是纯空气，如图 2-24 所示。

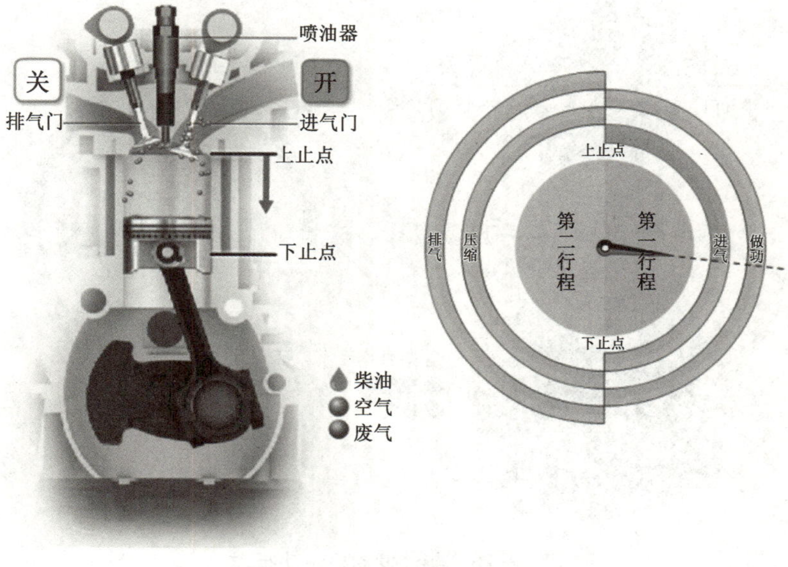

图 2-24　柴油发动机进气行程

(2) 压缩行程

汽油机在压缩行程中压缩的是可燃混合气,柴油机压缩的是空气。柴油机靠压缩自燃,其压缩比远大于汽油机,压缩终了时气体压力为 3～5 MPa,温度为 500～700 K,如图 2-25 所示。

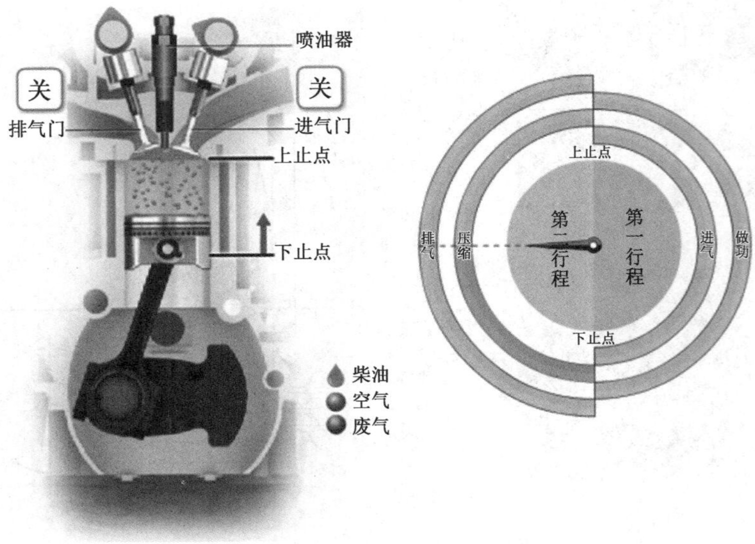

图 2-25　柴油发动机压缩行程

(3) 做功行程

压缩行程终了,喷油泵将高压柴油经喷油器呈雾状喷入气缸高压、高温的气体中,迅速形成混合气。混合气在高温下自行着火燃烧,同时保持边喷射边燃烧,由燃烧产生的高温、高压气体推动活塞做功。该行程中,瞬时压力为 5～10 MPa,温度为 1 800～2 200 K,如图 2-26 所示。

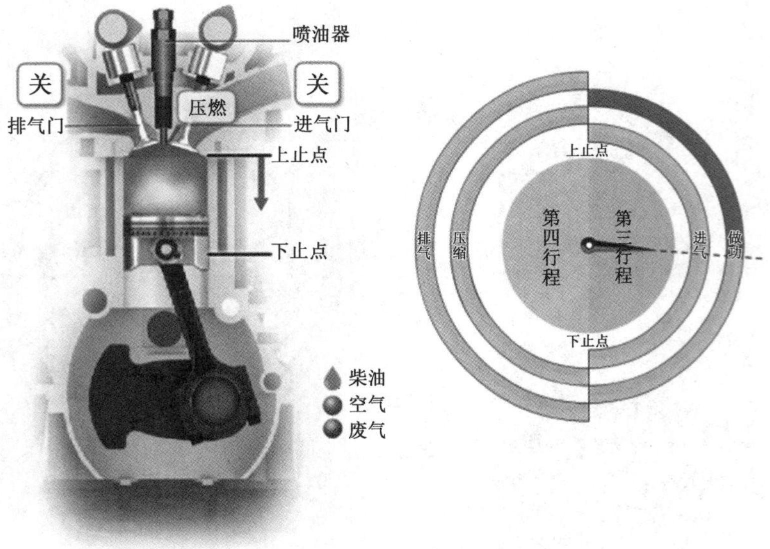

图 2-26　柴油发动机做功行程

(4) 排气行程

排气行程和汽油机基本相同，排气终了压力为0.105～0.125 MPa，温度为900～1 200 K，如图2-27所示。

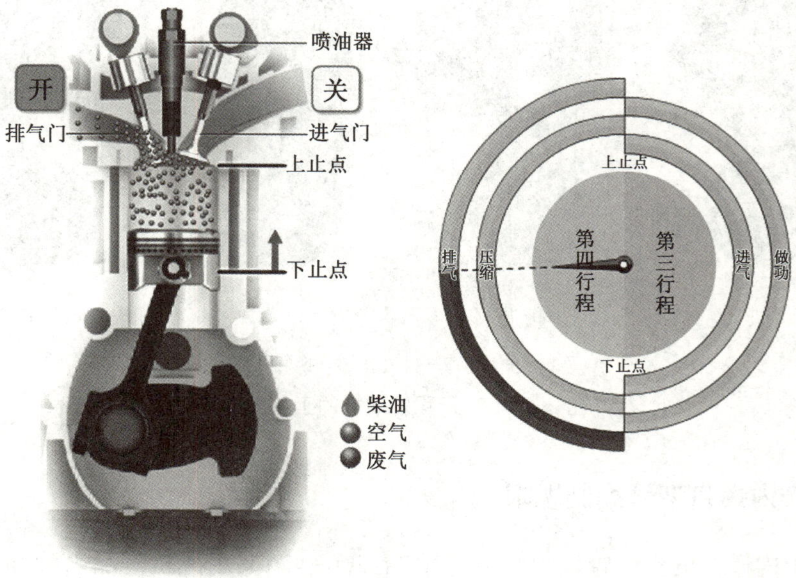

图2-27　柴油发动机排气行程

总之，四行程发动机完成一个工作循环，需要经历进气、压缩、做功和排气四个行程。曲轴每转两圈(720°)完成一个工作循环，一个行程对应曲轴转角为180°。做功和进气行程活塞从上止点向下止点运动；压缩和排气行程活塞从下止点向上止点运动。四个行程中，只有做功行程是有效输出动力行程；其余三个行程是辅助行程，靠飞轮惯性维持转动，因而飞轮转速是不均匀的，必须具有足够的转动惯量才能保证发动机运转平稳。现代汽车发动机采用多个气缸，按照一定的工作顺序来保证发动机运转平稳。

3. 二行程发动机的工作原理

二行程汽油机的工作循环也由进气、压缩、做功、排气四个行程组成，但它只在曲轴旋转一圈，活塞上下往复运动两个行程内完成。因此，二行程发动机与四行程发动机工作原理不同，结构也不同。

例如曲轴箱换气式二行程汽油机，气缸上有三排孔，利用这三排孔分别在一定时刻被活塞打开或关闭进行进气、换气和排气的。工作原理：活塞向上运动，将三排孔都关闭，活塞上部开始压缩[图2-28(a)]；当活塞继续上行时，活塞下方打开了进气孔，可燃混合气进入曲轴箱[图2-28(b)]；活塞接近上止点时，火花塞点燃混合气，气体燃烧膨胀，推动活塞向下运动，进气孔关闭，曲轴箱内的混合气受到压缩[图2-28(c)]；当活塞接近下止点时，排气孔打开，排出废气，活塞再向下运动，换气孔打开，受到压缩的混合气便从曲轴箱经进气孔流入气缸内，并排除废气[图 2-28(d)]。二行程柴油机和二行程汽油机工作类似，不同的是，柴油机进入气缸的不是可燃混合气，而是纯空气。

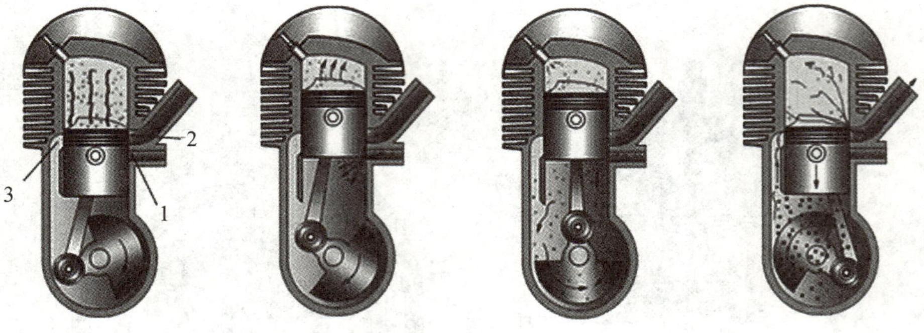

(a) 进气　　(b) 压缩　　(c) 做功　　(d) 排气

1—进气孔；2—排气孔；3—换气孔

图 2-28　二行程发动机的工作原理

五、国产内燃机型号编制规则

为了便于内燃机的生产管理和使用，我国在 2008 年将《内燃机产品名称和型号编制规则》(GB/T 725—1991)更新为 GB/T 725—2008，对内燃机的名称和型号的规定内容作了部分更新，主要内容如下。

① 内燃机名称均按所使用的主要燃料命名，例如汽油机、柴油机、煤气机等。

② 内燃机型号由阿拉伯数字和汉语拼音字母组成。

③ 内燃机型号应能反映发动机的主要结构特征及性能，由以下四部分组成。

首部：产品系列符号和换代标志符号，由制造厂根据需要自选相应字母表示，但需主管部门核准。

中部：由缸数符号、行程符号、气缸排列形式符号和缸径符号等组成。

后部：结构特征和用途特征符号，以字母表示。

尾部：区分符号。同一系列产品因改进等原因需要区分时，由制造厂选用适当符号表示。

具体的内燃机型号的排列顺序及符号所代表的意义规定如图 2-29 所示。

例如：

(1) 汽油机

1E65F——表示单缸，二行程，缸径 65 mm，风冷通用型；

4100Q——表示四缸，四行程，缸径 100 mm，水冷，车用；

CA488——表示中国第一汽车集团公司制造，四缸，直列四行程，缸径 88 mm，水冷；

CA6102——表示六缸，四行程，缸径 102 mm，水冷通用型，CA 表示系列符号；

8V100——表示八缸，四行程、缸径 100 mm，V 型，水冷通用型。

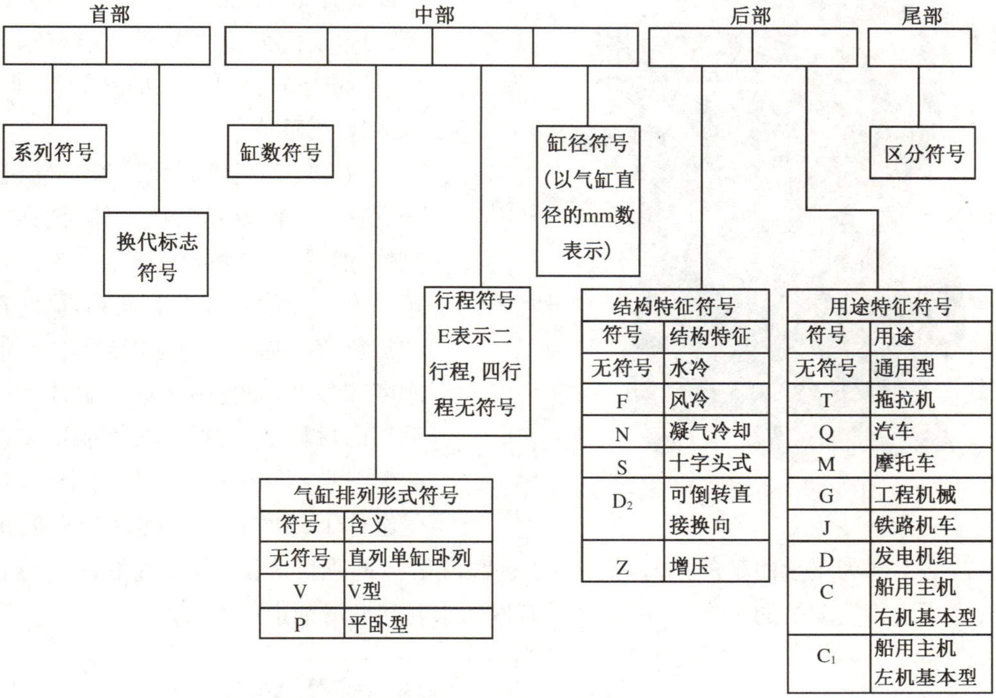

图 2-29 内燃机型号的排列顺序及符号所代表的意义规定

（2）柴油机

195——表示单缸，四行程，行缸径 95 mm，水冷通用型；

6135Q——表示六缸，直列四行程，缸径 135 mm，水冷，车用；

495Q——表示四缸，四行程，缸径 95 mm，水冷，车用；

X4105——表示四缸，四行程，缸径 105 mm，水冷通用型，X 表示系列代号。

模块 2 曲柄连杆机构

曲柄连杆机构是发动机主要机械结构部分之一，是发动机用来传递力和改变运动方式，实现工作循环，完成能量转换的机构。发动机工作时，燃料在燃烧室中燃烧并将热能转变为机械能，产生动力后曲柄连杆机构将活塞的往复直线运动转化成为曲轴的旋转运动，并以此对外输出动力。曲柄连杆机构的主要结构可以分为三部分，包括机体组、活塞连杆组和曲轴飞轮组，如图 2-30 所示。

一、机体组的结构与拆装

机体是构成发动机的骨架，是发动机很多零部件安装的基础，承受着各种载荷，因此，机体

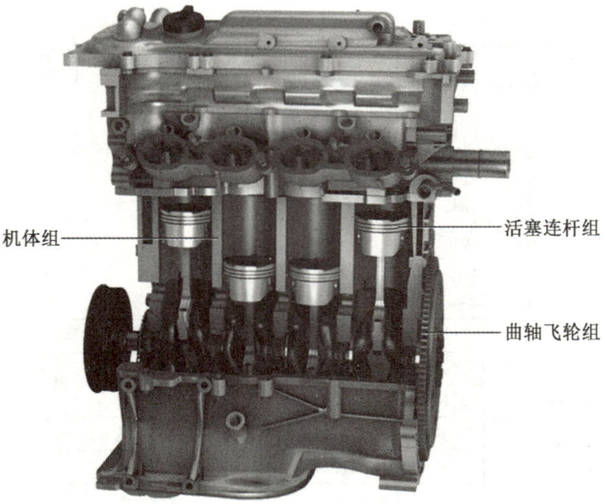

图 2-30　曲柄连杆机构组成

必须要有足够的强度和刚度。机体组主要由气门室罩盖、气缸盖、气缸垫、气缸体、油底壳等零件组成，如图 2-31 所示。

1. 气缸体

汽车发动机常采用水冷发动机，各个气缸与上曲轴箱铸成一体，被称为气缸体，如图 2-32 所示。气缸体在工作时承受拉、压、弯、扭等机械负荷，同时还存在热负荷，因此气缸体需要具备足够的刚度和强度，而且耐磨损耐腐蚀。一般采用的材料是灰铸铁，根据制造工艺和装配需求不同也有采用铝合金的，位于气缸体上部的若干个圆柱形空腔被称为气缸，下半部为支承曲轴的曲轴箱。为了提高气缸体的强度和刚度，在气缸体上铸有加强筋；为了改善发动机的工作条件，内部设有冷却水套和润滑油道等。

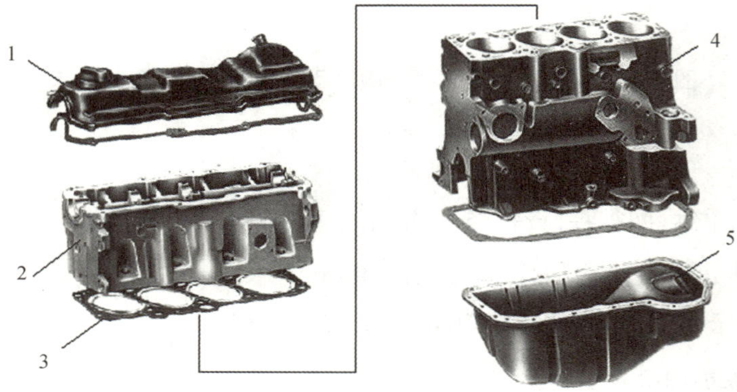

1—气门室罩盖；2—气缸盖；3—气缸垫；4—气缸体；5—油底壳

图 2-31　机体组组成

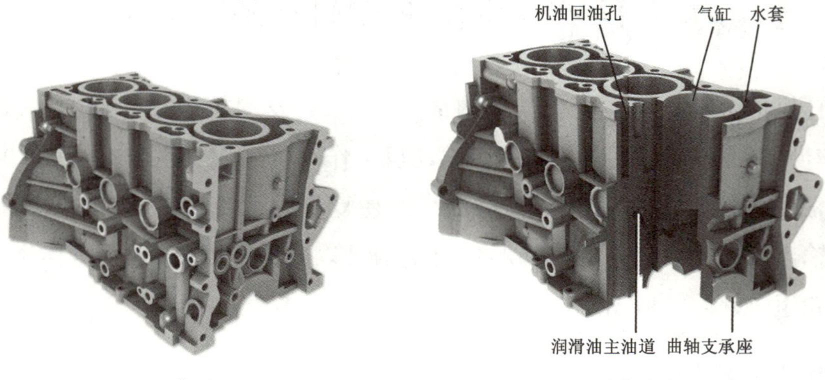

(a) 外观　　(b) 内部结构

图 2-32　气缸体

（1）气缸体结构形式

根据气缸体与油底壳安装平面的位置不同，通常把气缸体分为一般式气缸体、龙门式气缸体和隧道式气缸体三种形式，如图 2-33 所示。

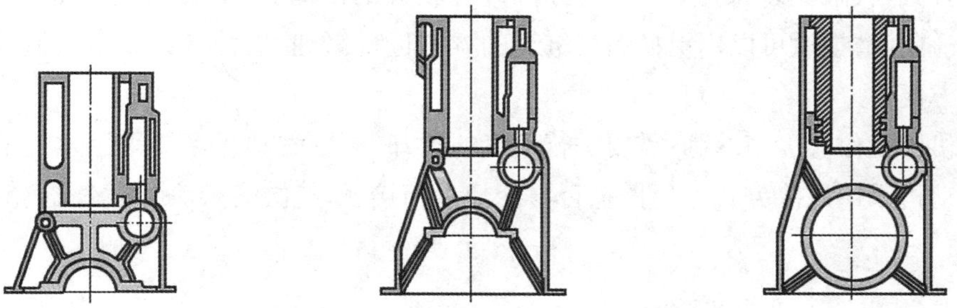

（a）一般式　　（b）龙门式　　（c）隧道式

图 2-33　气缸体形式

① 一般式气缸体的特点是曲轴旋转中心和油底壳安装平面在同一水平面上。其优点是机体高度小，质量轻，结构紧凑，便于加工，曲轴拆装方便，但是刚度和强度较差。

② 龙门式气缸体的特点是油底壳安装平面低于曲轴的旋转中心。其优点是强度和刚度较好，能承受较大的机械负荷，但它工艺性较差，结构笨重，加工较困难。目前在车用发动机上应用较为广泛，如桑塔纳、捷达等车型。

③ 隧道式气缸体曲轴的主轴承孔为整体式，采用滚动轴承，主轴承孔较大，曲轴从气缸体后部装入。其优点是结构紧凑、刚度和强度好，但是加工精度要求高，工艺性较差，曲轴拆装不方便。目前主要应用于大型发动机上。

（2）气缸排列形式

发动机气缸排列方式一般分为直列式、V 型和对置式，前文已有介绍，此处不再赘述。

奥迪部分车型的发动机当前采用双 V 型或 W 型布置形式（图 2-34）。W 型发动机的设计原理具有非常显著的特点，其气缸数量多、排量大，但是 W12 新型发动机的体积却与 V8 型一样大，而比传统的 V12 型要小得多，再加上采用铝合金等轻金属材料，使 W12 新型发动机也具有质量轻的优点。

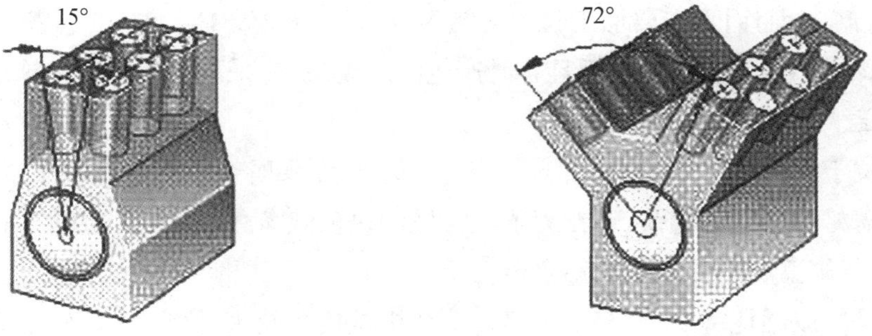

（a）V 型 6 缸发动机　　（b）W 型 12 缸发动机

图 2-34　奥迪 V 型和 W 型发动机

(3) 气缸套

机体常处于高温环境下工作,热量多集中在气缸体和气缸盖上,气缸盖承受较大的机械负荷,通常采用合适的材料、结构形式和加工精度来保证,现代发动机多采用气缸体镶嵌气缸套的方式,气缸套多采用合金钢制造,具有较好的耐磨、耐腐蚀、耐高温、耐高压等性能,而且气缸套磨损后可以用更换新气缸套的方法进行修理,这种方式成本较低,拆卸和维修都比较方便。

由于机体工作温度高,因此需要进行适度的冷却,多缸发动机主要采用水冷的方式,也有部分发动机采用风冷方式。根据是否与冷却水相接触,气缸套分为干式气缸套和湿式气缸套(图 2-35)。

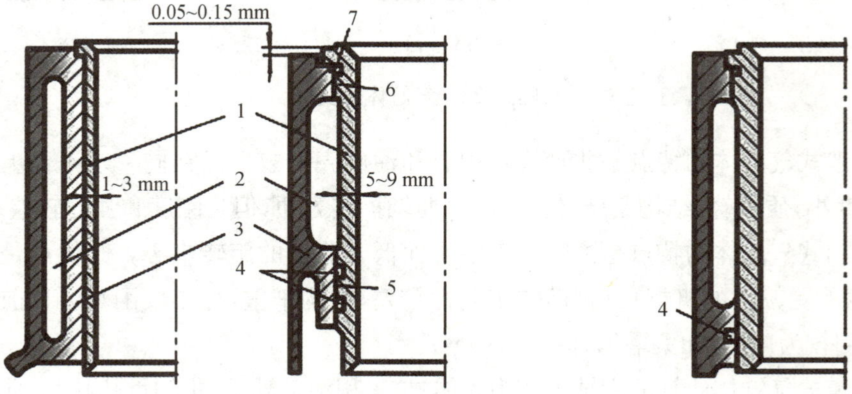

(a) 干式　　　　(b) 湿式

1—气缸套;2—水套;3—气缸体;4—橡胶密封圈;5—下支撑密封带;6—上支撑密封带;7—缸套凸缘平面

图 2-35　气缸套

干式气缸套的特点是气缸套装入气缸体后,其外壁不直接与冷却水接触,而和气缸体的壁面直接接触,壁厚较薄,一般为 1～3 mm。它具有整体式气缸体的优点,强度和刚度都较好,但加工方式比较复杂,内、外表面都需要进行精加工,拆装不方便,散热不良。

湿式气缸套的特点是气缸套装入气缸体后,其外壁直接与冷却水接触,气缸套仅在上、下各有一圆环地带和气缸体接触,壁厚一般为 5～9 mm。它散热良好,冷却均匀,加工容易,通常只需要精加工内表面,而不需要加工与水接触的外表面,拆装方便。湿式气缸套的缺点是其强度、刚度都不如干式气缸套好,而且容易产生漏水现象,应采取一些防漏措施。

2. 气缸盖

气缸盖位于气缸体上侧,用来封闭气缸上部,与活塞顶部和气缸壁共同构成燃烧室。以前的气缸盖材料主要为铸铁,现在为了改善发动机散热条件,增加发动机压缩比,实现发动机轻量化,气缸盖材料更多使用铝合金材质。

气缸盖是组成燃烧室的一部分,其热负荷和机械负荷较大,因此会安装冷却水套,同时还会安装进、排气门座圈,留有气门导管安装孔,如图 2-36 所示,汽油发动机缸盖上会留有火花塞安装孔,柴油机会留有喷油器安装孔。

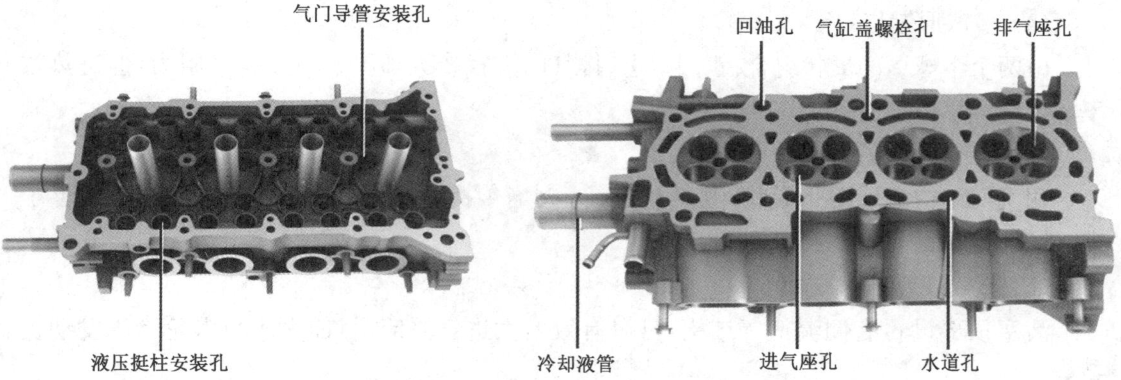

图 2-36 气缸盖结构

当发动机工作，活塞运动到上止点时，由活塞顶部和气缸盖上相应的空间构成燃烧室。燃烧室的形状对发动机的工作影响很大，由于汽油机和柴油机的燃烧方式不同，其气缸盖上组成燃烧室的部分差别较大。汽油机的燃烧室取决于气缸盖的构造，其活塞采用平顶设计；而柴油机的主燃烧室一般被布置在活塞上。

传统汽油机燃烧室主要采用以下六种，如图 2-37 所示。

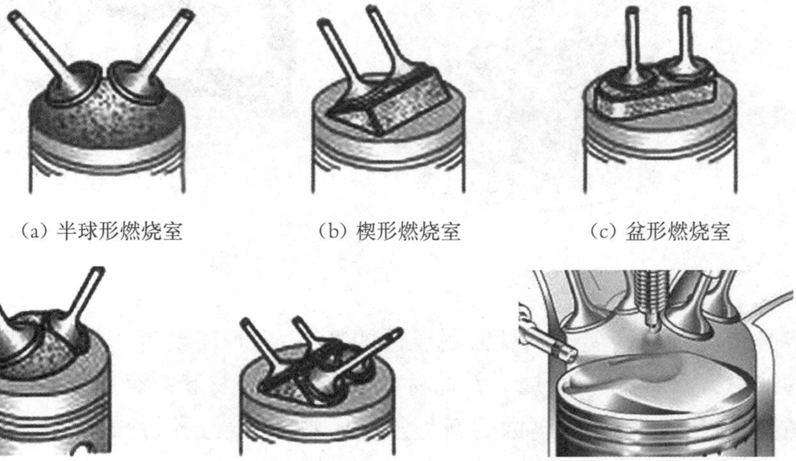

(a) 半球形燃烧室　(b) 楔形燃烧室　(c) 盆形燃烧室

(d) 多球形燃烧室　(e) 篷形燃烧室　(f) 直喷发动机燃烧室

图 2-37 汽油机燃烧室

(1) 半球形燃烧室

火花塞可以布置在燃烧室中央，缩短火焰行程，结构紧凑，能够在短时间内让火焰迅速扩张到整个燃烧室，并能防止爆燃。

(2) 楔形燃烧室

楔形燃烧室结构简单、紧凑，散热面积小，热损失也小。气门排成一列，使配气机构简单，整个进气阻力小，提高了充气效率，但是增大了火焰传播距离。

(3) 盆形燃烧室

气缸盖工艺性好，制造成本低，但因进、排气门正对活塞顶部，影响了充气效率。

(4) 多球形燃烧室

由两个半球形的形状组合在一起，进、排气门直径较大，降低了进、排气阻力，但是热效率较半球形燃烧室差。

(5) 篷形燃烧室

四气门结构多采用此形状，其结构紧凑，火焰传播距离短，进、排气道较平直，改善了进、排气阻力，目前较多发动机采用。

(6) 直喷发动机燃烧室

活塞顶部设置有倒流槽等结构，可以有效增大进气涡流，目前大多数涡轮增压发动机采用。

3. 气缸垫

气缸垫位于气缸体和气缸盖之间，其功用是保证气缸盖与气缸体接触面的密封，防止燃烧室气体、冷却液和机油的泄漏，如图 2-38 所示。

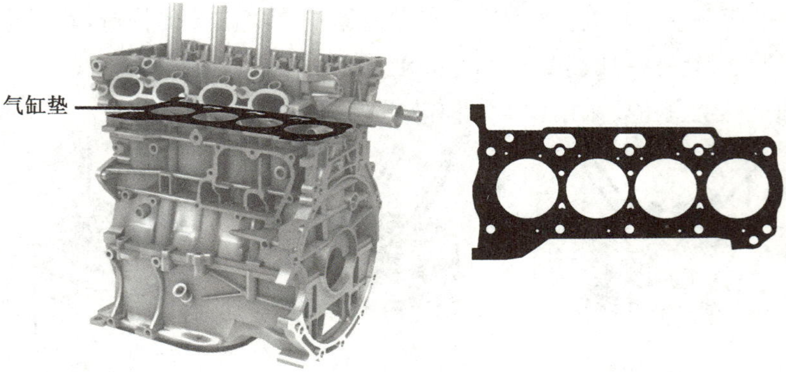

图 2-38 气缸垫安装位置及结构

气缸垫必须具备耐高温、耐腐蚀、耐压性的特点，而且需要有一定的弹性，在生产制造中常采用的结构为金属材料、金属—石棉材料和金属复合材料。金属复合材料衬垫是在钢板的两面粘覆，耐热、耐压和耐腐蚀的新型复合材料，在气缸孔、冷却液孔和机油孔周围用不锈钢皮包边；金属衬垫强度高，抗腐蚀能力强，多用于强化程度较高的发动机。

4. 油底壳

油底壳的主要作用是贮存机油并封闭曲轴箱，如图 2-39 所示。油底壳一般采用薄钢板冲压或者采用铝合金铸造，也有上部结构采用铝合金下部结构采用薄钢板的。

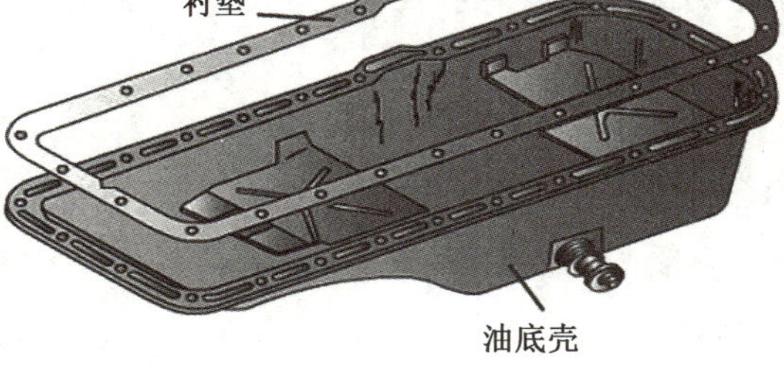

图 2-39 油底壳结构

为保证机油泵能够在发动机倾斜时吸入机油，油底壳在后部较深，同时为防止机油在壳内晃动，一般装有挡油板。通常在油底壳底部还会装有具备永久磁性的放油螺栓，以便及时吸附润滑油当中的金属屑，减少发动机磨损。在上下曲轴箱接合面之间装有衬垫，防止润滑油泄漏。

二、活塞连杆组的组成与拆装

活塞连杆组如图 2-40 所示，由活塞、活塞环、活塞销、连杆等组成。

1. 活塞

活塞的主要作用是承受气缸中的气体压力，并将此压力通过活塞销传递给连杆，以推动曲轴旋转。活塞顶部还与气缸盖、气缸壁等共同组成燃烧室。活塞工作在高温、高压、高速、润滑不良的条件下，瞬时温度可达 2 500 K 以上，顶部温度为 600～700 K，且散热条件差，所以活塞工作温度很高，同时承受很大的压力，尤其是在做功行程，汽油机压力为 3～5 MPa，柴油机压力为 6～9 MPa，还有一定的侧压力存在。

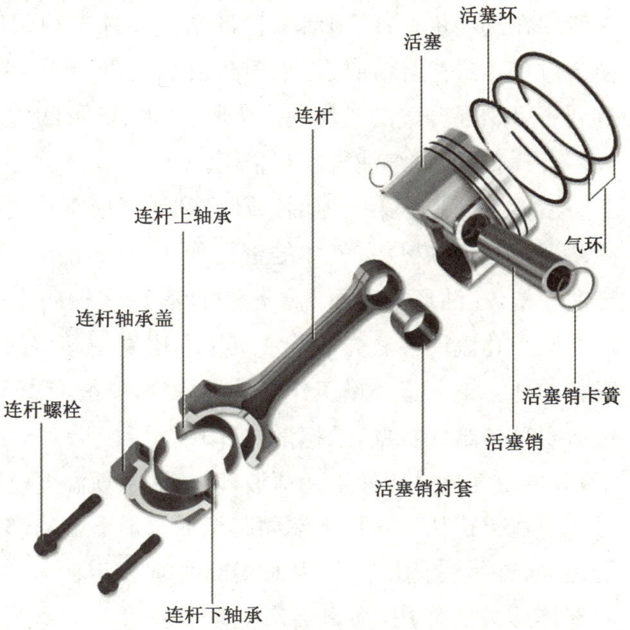

图 2-40　活塞连杆组

活塞在气缸内高速运动，伴随着加速度变化大，存在很大的惯性力，使活塞受到很大的附加载荷。活塞长时间在这种恶劣的条件下工作，会产生变形和磨损，还会产生附加载荷和热应力，同时还会受到燃气的化学腐蚀作用。因此，活塞常常采用高强度铝合金，其刚度和强度高，耐高压、耐高温、耐磨损，导热性好，同时其质量小，有利于减小往复惯性力。

活塞的结构如图 2-41，主要由活塞顶、活塞头、活塞裙三部分组成。

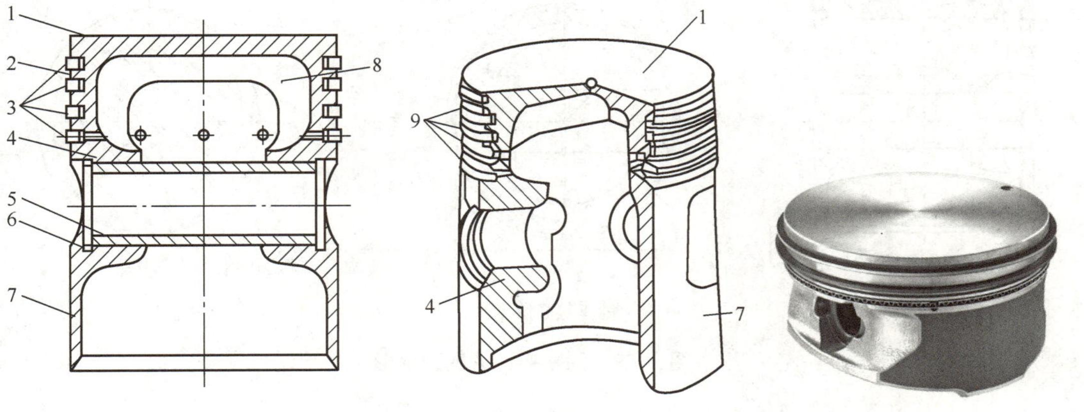

(a) 全剖　　(b) 部分剖　　(c) 实物图

1—活塞顶；2—活塞头；3—活塞环；4—活塞销座；5—活塞销；6—活塞销锁环；7—活塞裙；8—加强肋；9—活塞环槽

图 2-41　活塞的基本结构

活塞顶承受气体压力，是燃烧室的组成部分，常制成不同的形状。汽油机活塞顶部多采用平顶、凹顶、凸顶和成型顶。有的活塞顶部有装配标记，装配时要注意活塞方向，要使箭头方向指向发动机前端。

平顶活塞顶部是一个平面，结构简单，制造容易，受热面积小，顶部应力分面较为均匀，一般用在汽油机上；凸顶活塞顶部凸起呈球形顶，其顶部强度高，起导向作用，有利于改善换气过程，二行程汽油机常采用凸顶活塞；凹顶活塞顶部呈凹陷形，凹坑的形状和位置必须有利于可燃混合气的燃烧，有 W 形、球形、U 形凹坑等。凹顶活塞一般在柴油机上应用的比较多，目前直喷式汽油机也有采用。

活塞头是指从第一道活塞环槽到活塞销座孔之间的部分。一般有几道环槽，用于安装活塞环，主要起燃烧室气体的密封作用。汽油机一般有三道环槽，其中有两道气环槽和一道油环槽，在油环槽底面上一般设计有许多径向小孔，使被油环从气缸壁上刮下的机油经过这些小孔流回油底壳。柴油机压缩比高，一般有四道环槽，上部三道安装气环，下部一道安装油环。第一道环槽工作条件最恶劣，一般应离顶部较远。活塞顶吸收的热量大部分通过活寒环传给气缸壁，承担散热作用。所以活塞头的壁做得较厚，便于热量从活塞传给活塞环，再由气缸壁传递给冷却液，防止活塞顶温度过高。

活塞裙指从油环槽下端面起至活塞最下端的部分。其作用是引导活塞在气缸中作往复运动，并承受侧压力。因而裙部要有一定的长度和足够的面积。发动机工作时，因缸内气体压力的作用，活塞会产生弯曲变形。活塞受热后，由于活塞销座处的金属多，其膨胀量大于其他各处。此外，活塞在侧压力的作用下还会产生挤压变形。上述变形的综合结果使得活塞裙部断面变成长轴在活塞销方向上的椭圆，如图 2-42 所示。同时由于活塞头温度比活塞裙高，为了防止活塞受热膨胀时卡在气缸中，活塞头的直径要比活塞裙略小一些。

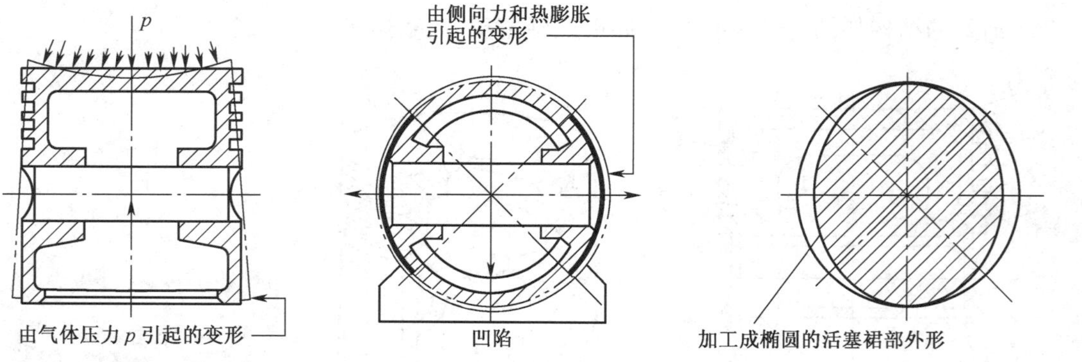

(a) 弯曲变形　(b) 销座热膨胀变形　(c) 裙部形状

图 2-42　活塞裙部的椭圆变形

活塞在气缸中做往复高速运动时，必须保证活塞与气缸壁之间存在合理的间隙，润滑油可以布置油膜，减小磨损和阻力。如果间隙过大，发动机冷车状态时会产生敲缸；间隙过小，发动机在热车状态下会使活塞卡在气缸中。为了防止上述情况发生，活塞在设计时采用了很多种结构，如在裙部沿轴线方向制成上小下大的锥形[图 2-43(a)]、将裙部制成长轴垂直于销座孔轴线的椭圆形[图 2-43(b)]或裙部开膨胀槽和绝热槽[图 2-43(c)]。

双金属活塞，在活塞裙部或销座内嵌入钢片，防止活塞裙部的膨胀。如恒范钢片式活塞[图 2-43(d)]，其膨胀系数仅为铝合金的 10%左右，活塞销座通过恒范钢片与裙部相连，故可减少销座的膨胀对裙部的影响。自动调节式活塞[图 2-43(e)]将低碳钢片贴在销座铝层内侧，不仅起到抑制作用，且利用双金属效应可减少裙部侧压力方向上的膨胀量。因双金属效应对膨胀的控制作用与温度有关，故称之为热膨胀自动调节式活塞。

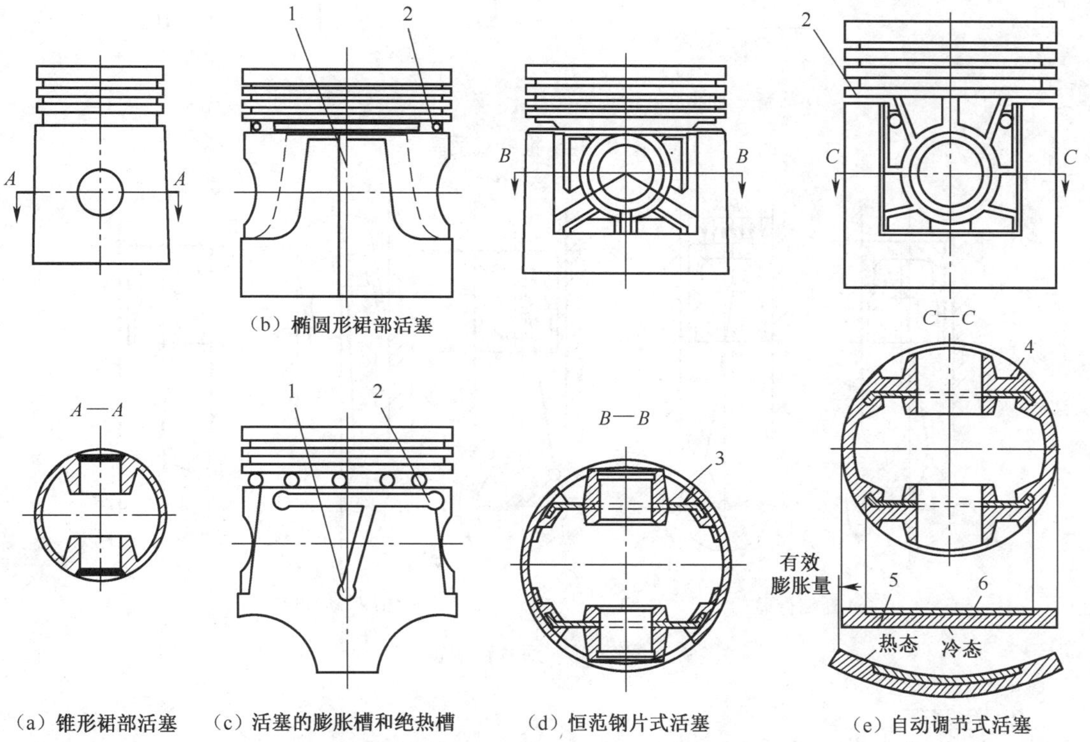

1—膨胀槽；2—裙部绝热槽；3—恒范钢片；4—低碳钢片；5—钢片；6—铝层

图 2-43　活塞裙部的不同形状和结构

现代汽车发动机上广泛采用半拖鞋式或拖鞋式裙部的活塞。在保证裙部有足够承压面积的条件下，将不承受侧向力一侧的裙部去掉一部分，即为半拖鞋式裙部；若全部去掉则为拖鞋式裙部，其优点是质量轻、裙部弹性好，且能避免与曲轴平衡重发生运动干涉，适应高速发动机的需要，如图 2-44 所示。

对于有些轿车上的汽油机，为了减小发动机噪声，其活塞销孔中心线是偏离活塞中心线平面的，向做功行程中受主侧压力的一方偏移了 1～2 mm(图 2-45)。这种结构可使活塞在从压缩行程过渡到做功行程时较为柔和地从压向气缸的一面过渡到压向气缸的另一面，以减小敲缸的声音。在安装时，这种活塞销偏置的方向不能装反，否则换向敲击力会增大，使裙部受损。

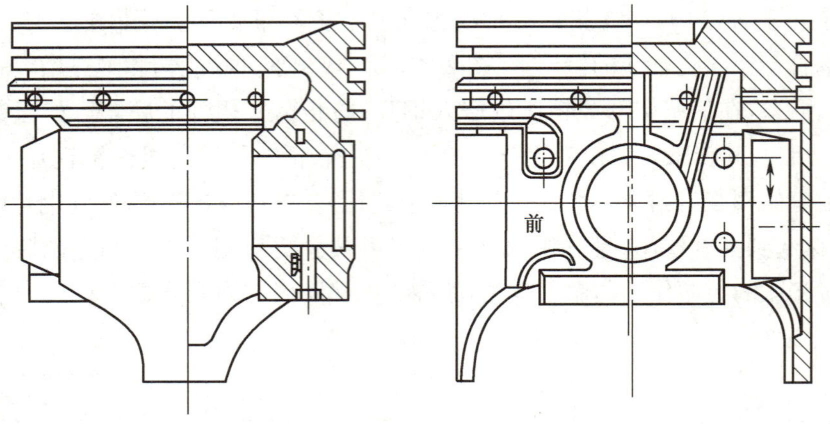

(a) 活塞主视图　　(b) 左视图

图 2-44　拖鞋式活塞

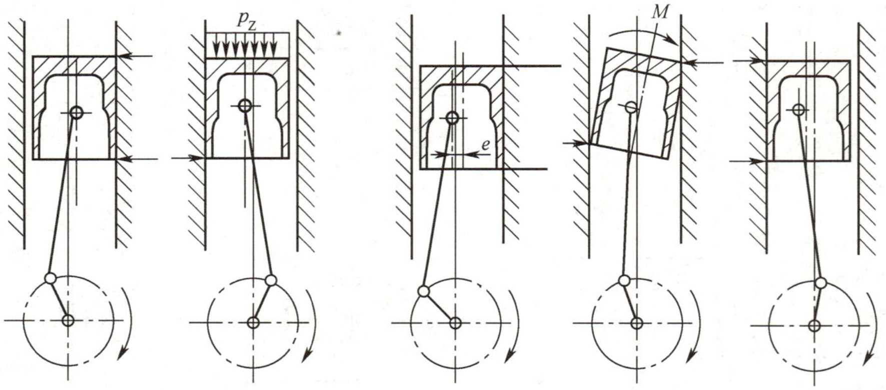

(a) 压缩行程　　(b) 做功行程

图 2-45　活塞销偏置

2. 活塞环

活塞环是中间断开的弹性金属环，安装在活塞头部的环槽当中，主要用于密封气缸与活塞之间的间隙，防止气缸中的气体向曲轴箱漏气，使压缩压力降低，发动机性能变坏；同时刮掉气缸与活塞之间多余的机油，避免机油窜入燃烧室，造成燃烧室积碳、排气冒蓝烟等不良后果。

活塞环一般为三道环，按其功用不同分为气环和油环，如图 2-46 所示。位于上部的两道活塞环为气环，用来密封活塞与气缸壁，并将活塞顶部的热量传给气缸壁由冷却水散走；位于下部的一道活塞环是油环，用来刮掉气缸壁上多余的机油，既可以防止机油窜入气缸燃烧，又可以减小活塞、活塞环与气缸壁的磨损与摩擦阻力。

图 2-46　活塞环

活塞环的工作环境是高温、高压、高速，且润滑困难，要求活塞环强度高、弹性好、耐磨损。目前广泛采用的活塞环材料是合金铸铁(在优质灰铸铁中加入少量铜、铬、钼等合金元素)，第一道环镀铬，其余环一般镀锡或磷化。

(1) 气环

气环在自由状态下外径大于气缸直径，因此气环随活塞装入气缸后便产生弹力而紧贴在气缸壁上，形成第一密封面，使气体不能从活塞环外圆与缸壁之间通过，环槽内少量气体的窜入会形成背压力，作用在活塞环的背面，加强了第一密封面的密封作用，同时将活塞环向下压紧至环槽侧面，形成第二密封面，使其密封性能显著提高(图 2-47)。因而，从最后一道气环漏出来的燃气量很少，其压力和流速很小。为了确保密封效果，一些发动机还需要将三道环的开口互相错开 120°，形成“迷宫式”密封通道，对气缸中的高压燃气进行有效的密封。

活塞装入气缸后，活塞环开口处两端的距离称为活塞环的开口间隙。若该间隙过大，则漏气量会增大，影响发动机的功率；若该间隙过小，则可能在受热膨胀后，因环端面间的撞击而使得活塞环断裂。一般设计该间隙为 0.25～0.80 mm，因第一道气环的工作温度最高，所以切口间隙预留最大。

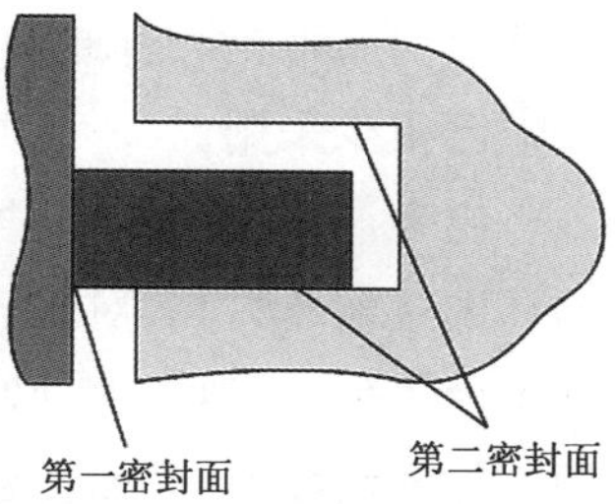

图 2-47　气环的封气原理

气环常见的断面形状有以下五种。

① 矩形环[图 2-48(a)]：结构简单、制造方便、散热性好，但有泵油作用。

② 锥面环[图 2-48(b)]：与缸壁为线接触，有利于密封和磨合，该环在活塞下行时有刮油作用，上行时有布油作用，并可形成楔形油膜以改善润滑；但其传热性差，不宜用于第一道气环。

③ 扭曲环[图 2-48(c)、(d)]：除具有锥面环的优点外，还能减小泵油作用、减轻磨损、提高散热能力，目前在发动机上得到广泛应用。

④ 梯形环[图 2-48(e)]：主要优点是能使沉积在环槽中的结焦被挤出，避免了活塞环被粘结在环槽中而折断，同时其密封作用强，使用寿命长；但上、下两面的精磨工艺较复杂。

⑤ 桶面环[图 2-48(f)]：上、下行都可形成楔形油膜而改善润滑，对活塞在气缸内摆动的适应性好，接触面积小，有利于密封，但凸圆弧表面的加工较为困难。

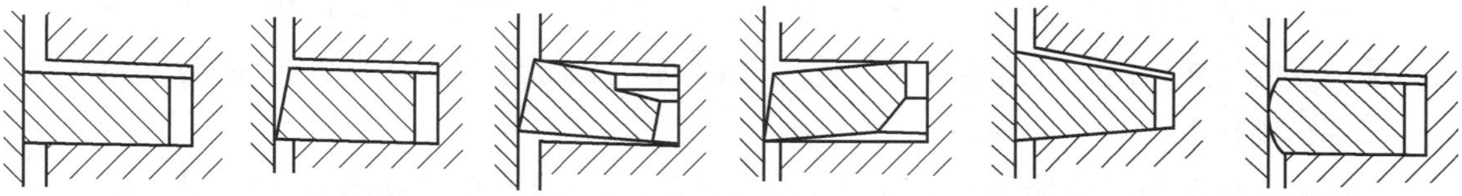

(a) 矩形环　(b) 锥面环　(c) 正扭曲内切环　(d) 反扭曲锥面环　(e) 梯形环　(f) 桶面环

图 2-48　气环的断面形状

矩形环的泵油原理如图 2-49 所示，当活塞向下运动时，环会因摩擦力和自身的惯性力作用而压紧在活塞环槽的上端面，而下部空间会充满机油，当活塞接着向上运动时，环会压

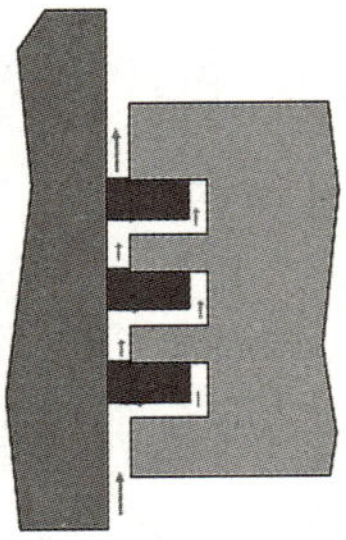

图 2-49　气环泵油原理

向活塞环槽的下端面，机油挤向上方，最终将机油压入燃烧室。窜入燃烧室的机油会在燃烧室内形成积炭，造成机油的消耗量增加，另外上窜的机油也可能在环槽内形成积炭，使环卡在环槽内而失去密封作用，划伤气缸壁，甚至使环折断，可见泵油作用是有害的，必须设法消除。为了消除或减少泵油伤害，主要采用在气环下方装油环的方式。

（2）油环

油环根据结构特点分为普通油环和组合油环。

普通油环一般用合金铸铁制造，其断面与矩形气环相似。为增强刮油效果，提高对缸壁的压力，在其外圆上切有环形槽，槽底开有若干回油用的小孔或狭缝。当活塞下行时，将缸壁上多余的机油刮下，通过小孔或切槽流回曲轴箱；当活塞上行时，刮下的机油仍通过回油孔流回曲轴箱。普通油环结构简单、造价低，但刮油效果差、寿命短。因此，在轿车发动机上已很少采用。

组合油环如图 2-50 所示，由上、下刮片和产生径向、轴向弹力作用的衬簧组成。这种油环的接触压力高，对气缸壁面适应性好，而且回油通路大，重量小，刮油效果明显，并且适合于大量生产，但是，它必须用高级钢材制造，成本较高，安装的困难较大，使用时也不太方便。如一汽奥迪、广州标致等轿车发动机上均采用组合油环。

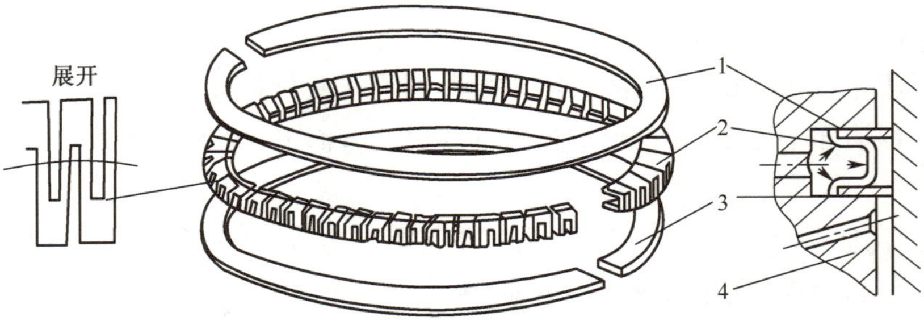

1—上刮片；2—衬簧；3—下刮片；4—活塞

图 2-50　组合油环

3. 活塞销

活塞销通常用低碳钢或低碳合金钢做成空心圆柱体，它的作用是连接活塞和连杆，将活塞承受的气体作用力传给连杆。装配时，活塞销的中部穿过连杆小头孔，而两端则支承在活塞销座孔中。

活塞销在高温下周期地承受很大的冲击载荷，其本身又作摆转运动，而且处于润滑条件很差的情况下工作，因此，要求活塞销具有足够的强度和刚度，表面韧性好，耐磨性好，重量轻。

活塞销的结构形状如图 2-51 所示，内孔有三种形状：圆柱形、截锥结合圆柱形和两段截锥形。圆柱形孔结构简单，加工容易，但从受力角度分析，中间部分应力最大，两端较小，所以这种结构质量较大，往复惯性力大；截锥形孔质量较小，往复惯性力较小，结构接近等强度梁，但孔的加工较复杂；组合形孔的结构介于二者之间。

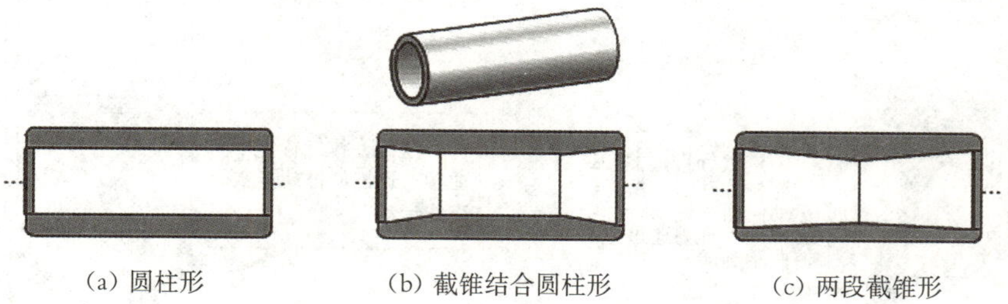

图 2-51 活塞销内孔形状

活塞销与活塞销座孔和连杆小头衬套孔的连接配合方式有两种，即全浮式装配和半浮式装配(图 2-52)。

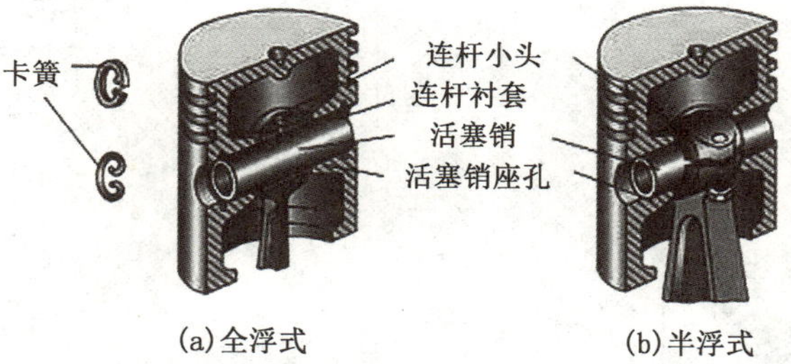

图 2-52 活塞销与活塞销座孔和连杆小头衬套孔的连接配合方式

全浮式装配方式的特点是活塞销、连杆小头和活塞销座都可以发生相对转动，保证活塞销沿圆周磨损均匀，因此应用较普遍。为防止活塞销轴向窜动而损坏气缸壁，在活塞销座两端装有弹性卡环用以限位。

半浮式装配方式的特点是活塞中部与连杆小头采用紧固螺栓连接，活塞销只能在两端销座内自由摆动，与连杆小头不能发生相对运动。活塞销不会作轴向窜动，不需要锁片。

4. 连杆

连杆是用来连接活塞和曲轴，把活塞的往复运动转变为曲轴的旋转运动，并将活塞承受的力传给曲轴的部件，如图 2-53 所示。连杆工作时，承受活塞顶部气体压力和惯性力的作用，因此连杆受到压缩、拉伸和弯曲等交变载荷周期性作用。连杆一般采用 45、40 钢等中碳钢或中碳合金钢经模锻或辊锻制成，然后经机械加工和热处理，也有少数连杆用球墨铸铁制成，尽量具备强度高，刚度大，重量轻的特点。

连杆分为连杆小头、杆身和连杆大头三部分，如图 2-54 所示。

连杆小头用来安装活塞销，小头孔内压有衬套，衬套一般用耐磨性好的锡青铜制造。为了润滑活塞销与衬套，在小头和衬套上铣有油槽或钻有油孔以收集发动机运转时飞溅的润滑油并用以润滑。

连杆杆身多采用“工”字形断面，以提高其抗弯刚度。对于全浮式活塞销，工作时连杆小头与活塞销之间存在相对运动，因此在连杆杆身内有纵向的润滑油通道，润滑油以压力润滑方式进入配合表面。

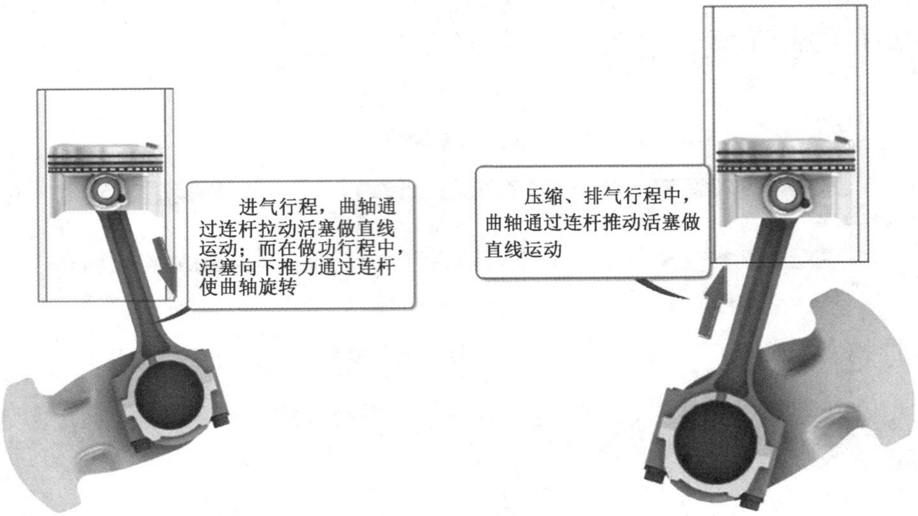

图 2-53　连杆与轴承功用

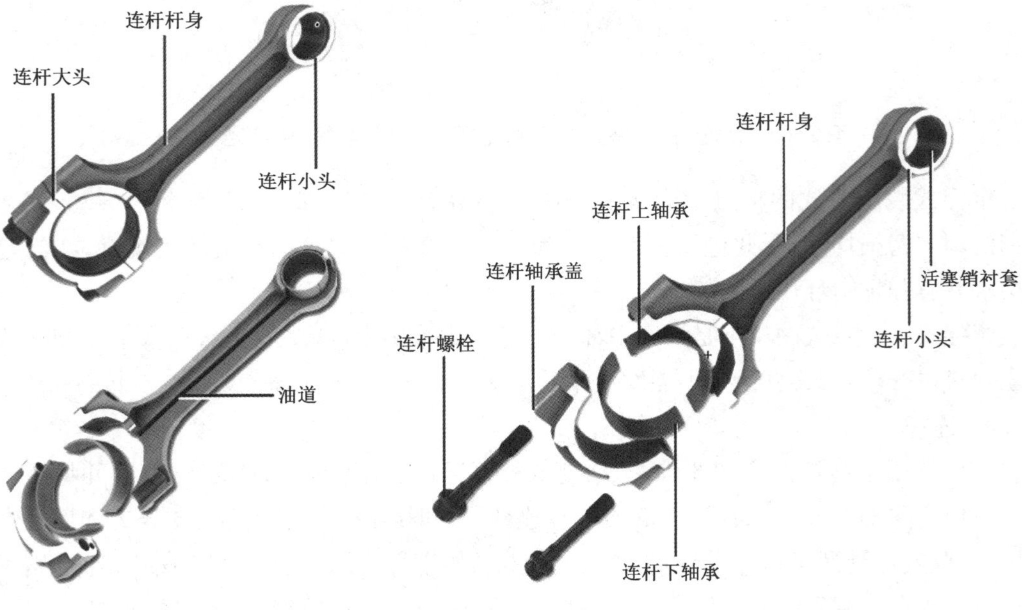

图 2-54　连杆结构

连杆大头通过轴承与曲轴的连杆轴颈相连。为便于安装，通常将连杆大头做成剖分式，上半身与杆身为一体，下半部即为连杆盖，两者通过螺栓装合，其中有油道通向活塞销。

连杆大头与曲轴的连杆轴颈相连。为便于安装，通常将连杆大头做成剖分式，上半部与杆身为一体，下半部为连杆盖，二者通过连杆螺栓装合。连杆盖与连杆大头是组合镗孔的，为了保证装配时位置对正，在同一侧刻有装配记号。有的连杆大头连同轴承钻有小油孔，从中喷出的压力机油用于对气缸壁和凸轮轴进行润滑。剖开式连杆大头分为平分式和斜分式两种。

平分式的特点是分面与连杆杆身轴线垂直，汽油机多采用这种连杆。因为一般汽油机连杆大头的横向尺寸都小于气缸直径，可以方便地通过气缸进行拆装，故常采用平切口连杆。随着现代技术与工艺的进步，连杆锻成整体毛坯，用涨断的方法将杆身与连杆盖分开。这样的切口面将不再是平面，而是不规则的山峦式表面，可提高杆身与连杆盖的定位精度。一汽大众 EA111 发动机便采用此种涨断式连杆，如图 2-55 所示。

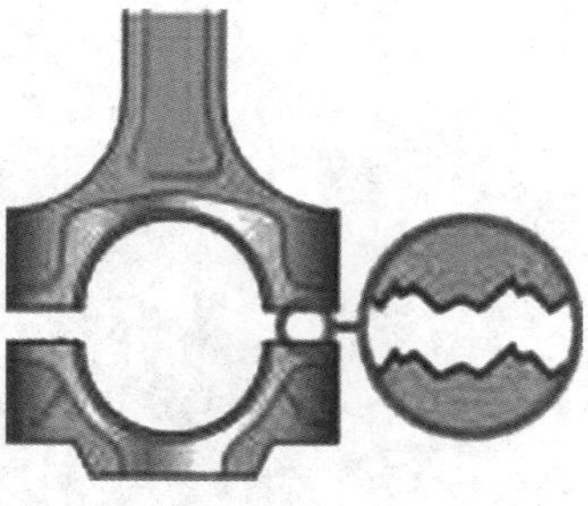

图 2-55　涨断式连杆

斜分式的特点是分面与连杆杆身轴线成 30°～60°夹角。柴油机多采用这种连杆。因为，柴油机压缩比大，受力较大，曲轴的连杆轴颈较粗，相应的连杆大头尺寸往往超过了气缸直径，为了使连杆大头能通过气缸，便于拆装，一般都采用斜切口，最常见的是 45°夹角。

将连杆大头分开，可取下的部分称为连杆轴承盖，简称连杆盖。一般来说连杆与连杆盖是配对加工的，加工完成后会在它们同一侧打上配对记号，安装时禁止互相调换或变更方向。为了防止错装，会在结构上设置定位措施。如平切口连杆盖与连杆的定位多采用连杆螺栓定位，利用连杆螺栓中部精加工的圆柱凸台或光圆柱部分与经过精加工的螺栓孔来保证定位，还有类似于涨断式连杆的定位方式；斜切口连杆常用的定位方法有锯齿定位、套筒定位、圆销定位和止口定位。

连杆轴承盖和连杆大头用连杆螺栓连在一起，连杆螺栓在工作中承受很大的冲击力，若折断或松脱，将造成严重事故。为此，连杆螺栓都采用优质合金钢，并精加工和热处理特制而成。安装连杆盖拧紧连杆螺栓螺母时，要用扭力扳手分 2～3 次交替均匀地拧紧到规定的扭矩，拧紧后还应锁紧。

连杆大头孔中装有连杆轴承，它是 1.5～2 mm 的薄壁零件，如图 2-56 所示，表面浇有减摩合金。连杆轴承也叫轴瓦，分上、下两个半片。半个轴瓦在自由状态下不是半圆形，当它们装入连杆大头孔内时存在过盈，故能均匀紧密地贴合在大头孔壁上，具有很好承受载荷和导热的能力，并可以提高工作可靠性，延长使用寿命。

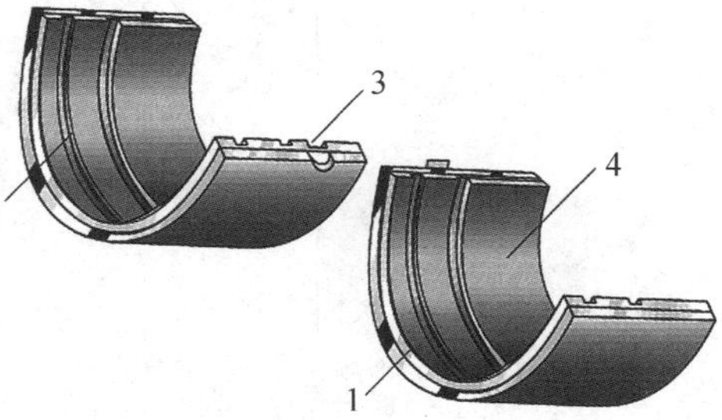

1—钢背；2—油槽；3—定位凸键；4—减摩合金

图 2-56　连杆轴承(轴瓦)

为了防止轴瓦在工作时松动，轴瓦上制有凸键，安装时凸键置于连杆大头相应的凹槽内。轴瓦背与瓦座要贴合紧密，以免轴瓦松动，散热不良而烧损。为此轴瓦在座中其一端与座的分开面对齐时，轴瓦的另一端高出座的分开面 0.05 mm 左右。当拧紧连杆螺栓时，轴瓦与瓦座因过盈而贴紧。可见，连杆螺栓的拧紧扭矩、连杆螺栓的强度和刚度，都直接影响连杆轴瓦的工作可靠性。连杆螺栓常用优质钢材制造，安装时按一定的拧紧扭矩拧紧。

图 2-57　曲轴飞轮组安装位置

三、曲轴飞轮组的组成与拆装

曲轴飞轮组承受连杆传来的力，并将其转变为扭矩，然后通过飞轮输出。它主要由曲轴和飞轮以及其他具有不同作用的零件和附件组成。如图 2-57 所示为曲轴飞轮组的安装位置，如图 2-58 所示为曲轴飞轮组的结构分解图。

1. 曲轴

曲轴承受由连杆传来的力，并转变为扭矩，传给被带动的工作机械，同时，也通过皮带、链条等驱动配气机构和其他辅助装置，如水泵、发电机等。

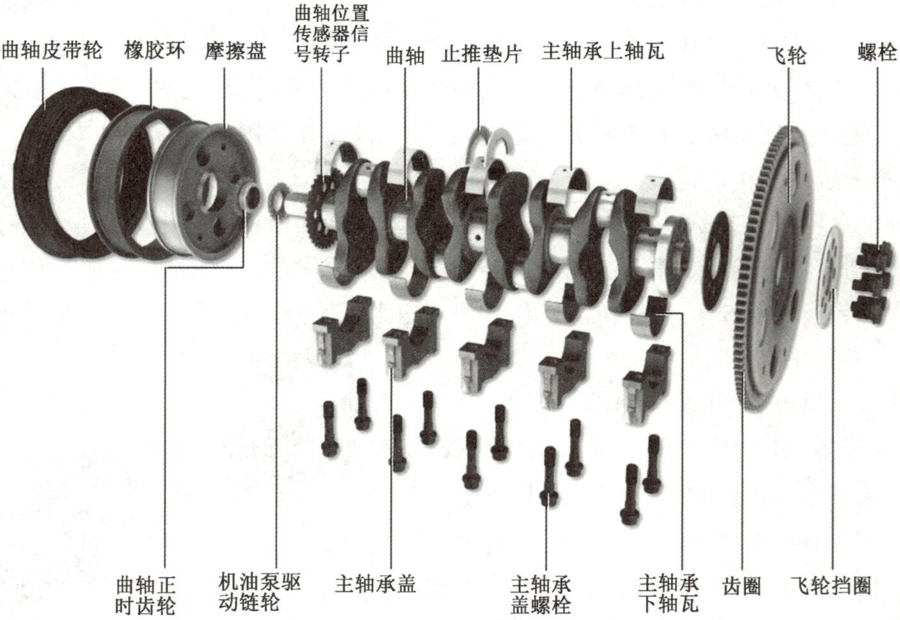

图 2-58　曲轴飞轮组结构分解图

曲轴主要由曲轴前端、平衡重、连杆轴颈、主轴颈、曲柄臂和后端凸缘等部件组成，如图 2-59 所示。在发动机工作中，曲轴要承受弯曲与扭转载荷，故要求曲轴要具有足够的强度、刚度，主轴颈和曲柄销表面要具备耐磨性。

一个连杆轴颈与它两端的曲柄及主轴颈构成一个曲拐，如图 2-60 所示。曲轴的曲拐数取决于气缸的数目及其排列方式。直列式发动机曲轴的曲拐数等于气缸数，V 型发动机曲轴的曲拐数等于气缸数的一半。将若干个曲拐单元按照一定的位置关系连接起来再加上曲轴前、后端便构成一根曲轴。

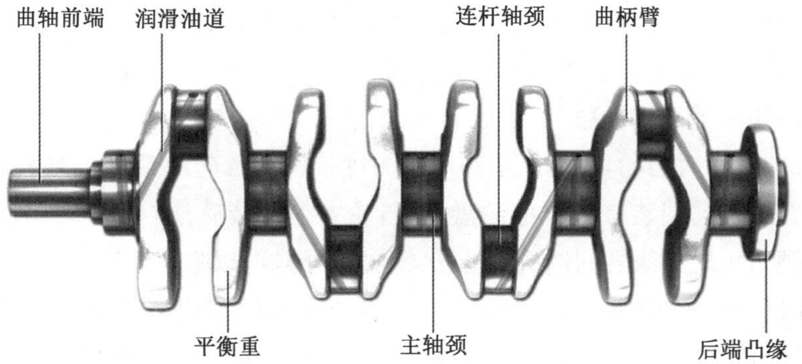

图 2-59　曲轴结构

(a) 直列四缸发动机曲拐布置

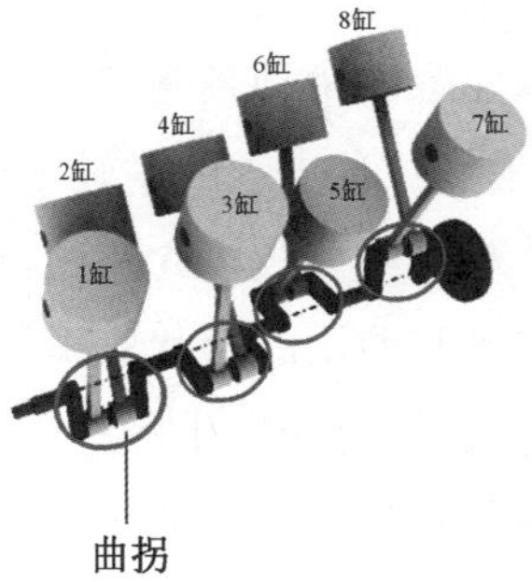

(b) V 型八缸发动机曲拐布置

图 2-60　曲拐

主轴颈是曲轴的支承部分，通过主轴承支承在曲轴箱的主轴承座中。主轴承的数目不仅与发动机气缸数目有关，还取决于曲轴的支承方式。曲轴的支承方式一般有两种，全支承曲轴与非全支承曲轴(图 2-61)。上海桑塔纳、大众 polo、奥迪 A6、宝来轿车发动机的曲轴均为全支撑曲轴。非全支撑曲轴的结构和制造工艺简单，多用于中小负荷的汽油机。

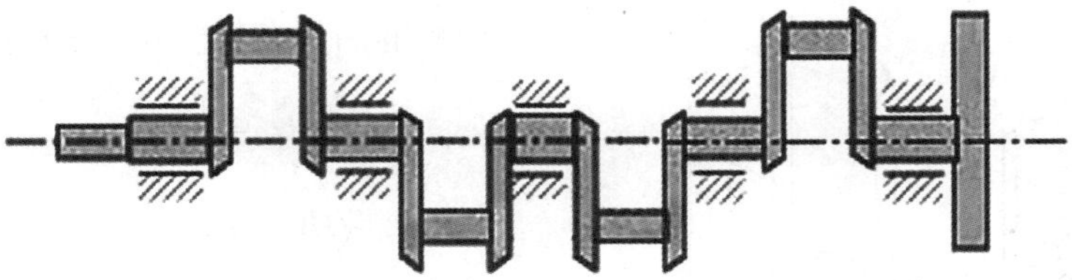

(a) 全支承曲轴

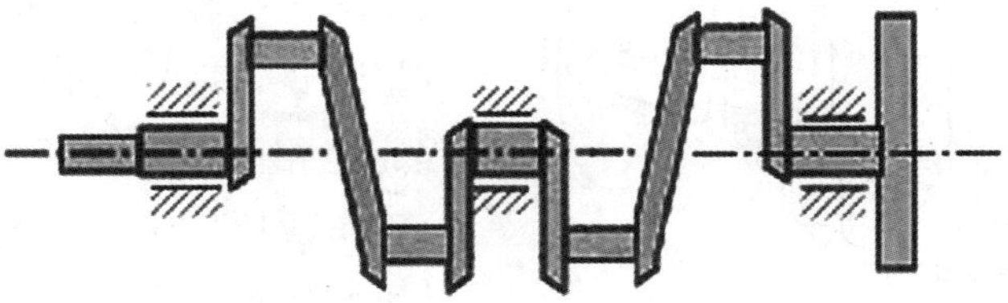

(b) 非全支承曲轴

图 2-61　曲轴支撑方式

曲柄是主轴颈和连杆轴颈的连接部分，断面为椭圆形，为了平衡惯性力，曲柄处铸有（或紧固有）平衡重块。平衡重块的作用是平衡发动机不平衡的离心力矩或平衡一部分往复惯性力，从而使曲轴旋转平稳。

曲轴前端装有正时齿轮，驱动风扇和水泵的皮带轮以及起动爪等。为了防止机油沿曲轴轴颈外漏，在曲轴前端装有一个甩油盘，在齿轮室盖上装有油封。曲轴的后端用来安装飞轮，在后轴颈与飞轮凸缘之间制成挡油凸缘与回油螺纹，以阻止机油向后窜漏。

全支承曲轴的曲轴主轴颈数比气缸数目多一个，即每一个连杆轴颈两边都有一个主轴颈。如六缸发动机全支承曲轴有七个主轴颈。四缸发动机全支承曲轴有五个主轴颈。这种支承，曲轴的强度和刚度都比较好，并且减轻了主轴承载荷，减小了磨损。柴油机和大部分汽油机多采用这种形式。

非全支承曲轴的主轴颈数比气缸数目少或与气缸数目相等。这种支承方式被称为非全支承曲轴，虽然这种支承的主轴承载荷较大，但缩短了曲轴的总长度，使发动机的总体长度有所减小。承受载荷较小的汽油机可以采用这种曲轴型式。

曲拐的布置和曲轴的形状取决于气缸排列方式、气缸数和发动机的发火顺序。为减轻主轴承的载荷，避免可能发生的进气重叠现象，因此设计多缸发动机的发火顺序时应注意使连续做功的两缸相距尽可能远，做功间隔应力求均匀，也就是说发动机在完成一个工作循环的曲轴转角内，每个气缸都应发火做功一次，各缸发火的间隔时间以曲轴转角表示，称为发火间隔角。四行程发动机完成一个工作循环曲轴转两圈，其转角为 720°，在曲轴转角 720°内发动机的每个气缸应该发火做功一次。且点火间隔角是均匀的，因此四行程发动机的发火间隔角为 $\frac{720^\circ}{i}$（i 为气缸数目），即曲轴每转$\frac{720^\circ}{i}$，就应有一缸做功，以保证发动机运转平稳。下面以四行程直列四缸发动机、四行程直列六缸发动机和 V 型八缸发动机为例介绍发动机的发火顺序和曲拐布置。

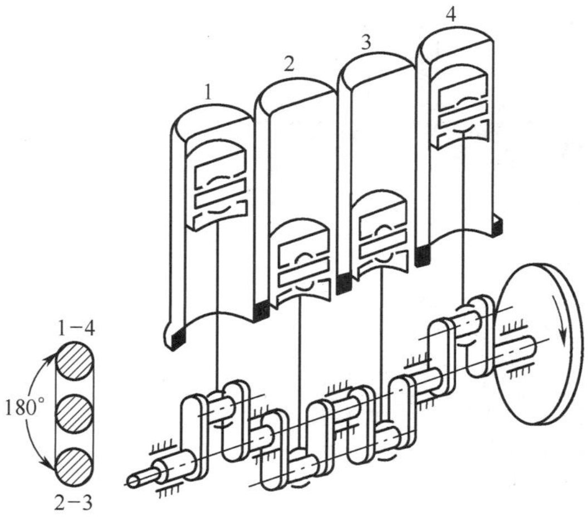

图 2-62　直列四缸发动机的曲拐布置

如图 2-62 所示为四行程直列四缸发动机的曲拐布置。四缸四行程发动机的发火间隔角为 $\frac{720^\circ}{4}=180^\circ$，曲轴每转半圈（180°）做功一次，四个缸的做功行程是交替进行的，并在 720°内完成，因此，可使曲轴获得均匀的转速，工作平稳。对于每一个气缸来说，其工作过程和单缸机的工作过程完全相同，只不过要求它按照一定的顺序工作，即发动机的工作顺序，也被称为发动机的发火顺序。可见，多缸发动机的工作顺序（发火顺序）就是各缸完成同名行程的次序。四缸发动机四个曲拐布置在同一平面内。1、4缸在上，2、3缸在下，互相错开180°，其发火顺序的排列只有两种可能，即1-3-4-2或1-2-4-3，发动机工作循环如表2-1所示。

表2-1　四行程直列四缸发动机工作循环（工作顺序1-3-4-2）

曲轴转角/°	第一缸	第二缸	第三缸	第四缸
0～180	做功	排气	压缩	进气
180～360	排气	进气	做功	压缩
360～540	进气	压缩	排气	做功
540～720	压缩	做功	进气	排气

四行程直列六缸发动机的发火间隔角为$\frac{720°}{6}=120°$。六个曲拐互成120°，如图2-63所示。发动机的工作顺序为1-5-3-6-2-4或1-4-2-6-3-5，前者应用比较普遍，其工作循环如表2-2所示。

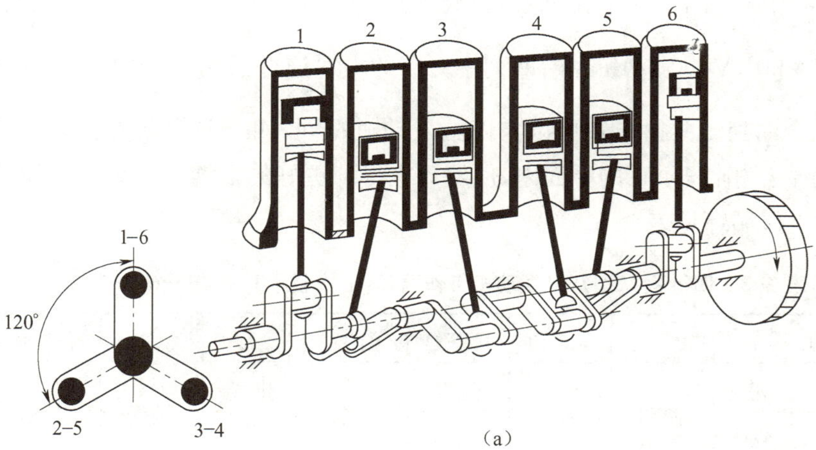

（a）

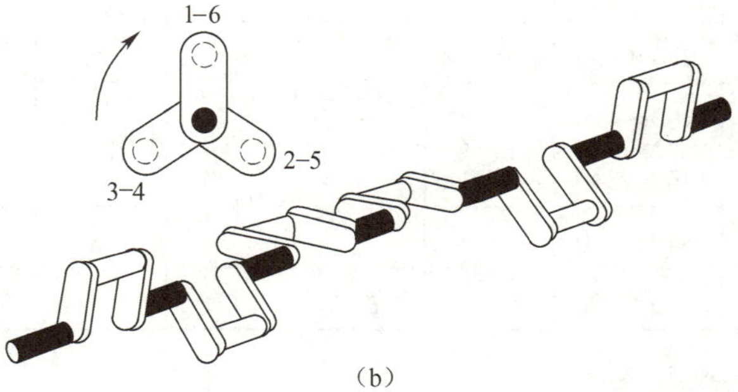

（b）

图2-63　直列六缸发动机的曲拐布置

表 2-2　四行程直列六缸发动机工作循环(工作顺序 1-5-3-6-2-4)

<table>
<tr><th colspan="2">曲轴转角/°</th><th>第一缸</th><th>第二缸</th><th>第三缸</th><th>第四缸</th><th>第五缸</th><th>第六缸</th></tr>
<tr><td rowspan="3">0～180</td><td>0～60</td><td rowspan="3">做功</td><td rowspan="2">排气</td><td>进气</td><td>做功</td><td rowspan="2">压缩</td><td rowspan="3">进气</td></tr>
<tr><td>60～120</td><td rowspan="3">压缩</td><td rowspan="3">排气</td></tr>
<tr><td>120～180</td><td rowspan="3">进气</td><td rowspan="3">做功</td></tr>
<tr><td rowspan="3">180～360</td><td>180～240</td><td rowspan="3">排气</td><td rowspan="3">压缩</td></tr>
<tr><td>240～300</td><td rowspan="3">做功</td><td rowspan="3">进气</td></tr>
<tr><td>300～360</td><td rowspan="3">压缩</td><td rowspan="3">排气</td></tr>
<tr><td rowspan="3">360～540</td><td>360～420</td><td rowspan="3">进气</td><td rowspan="3">做功</td></tr>
<tr><td>420～480</td><td rowspan="3">排气</td><td rowspan="3">压缩</td></tr>
<tr><td>480～540</td><td rowspan="3">做功</td><td rowspan="3">进气</td></tr>
<tr><td rowspan="3">540～720</td><td>540～600</td><td rowspan="3">压缩</td><td rowspan="3">排气</td></tr>
<tr><td>600～660</td><td rowspan="2">进气</td><td rowspan="2">做功</td></tr>
<tr><td>660～720</td><td>排气</td><td>压缩</td></tr>
</table>

如图 2-64 所示为四行程 V 型八缸发动机的曲拐布置。四行程 V 型八缸发动机的发火间隔角为$\frac{720^\circ}{8}=90^\circ$，V 型发动机左右两列中对应的一对连杆共用一个曲拐，所以 V 型八缸发动机只有四个曲拐。曲拐布置可以与四缸发动机相同，四个曲拐布置在同一平面内，也可以布置在两个互相错开 90°的平面内，使发动机得到更好的平衡。发火顺序为 1-8-4-3-6-5-7-2。其工作循环见表 2-3。

表 2-3　四行程 V 型八缸发动机工作循环(工作顺序 1-8-4-3-6-5-7-2)

<table>
<tr><th colspan="2">曲轴转角/°</th><th>第一缸</th><th>第二缸</th><th>第三缸</th><th>第四缸</th><th>第五缸</th><th>第六缸</th><th>第七缸</th><th>第八缸</th></tr>
<tr><td rowspan="2">0～180</td><td>0～90</td><td rowspan="2">做功</td><td>做功</td><td>进气</td><td rowspan="2">压缩</td><td>排气</td><td rowspan="2">进气</td><td rowspan="2">排气</td><td>压缩</td></tr>
<tr><td>90～180</td><td rowspan="2">排气</td><td rowspan="2">压缩</td><td rowspan="2">进气</td><td rowspan="2">做功</td></tr>
<tr><td rowspan="2">180～360</td><td>180～270</td><td rowspan="2">排气</td><td rowspan="2">做功</td><td rowspan="2">压缩</td><td rowspan="2">进气</td></tr>
<tr><td>270～360</td><td rowspan="2">进气</td><td rowspan="2">做功</td><td rowspan="2">压缩</td><td rowspan="2">排气</td></tr>
<tr><td rowspan="2">360～540</td><td>360～450</td><td rowspan="2">进气</td><td rowspan="2">排气</td><td rowspan="2">做功</td><td rowspan="2">压缩</td></tr>
<tr><td>450～540</td><td rowspan="2">压缩</td><td rowspan="2">排气</td><td rowspan="2">做功</td><td rowspan="2">进气</td></tr>
<tr><td rowspan="2">540～720</td><td>540～630</td><td rowspan="2">压缩</td><td rowspan="2">进气</td><td rowspan="2">排气</td><td rowspan="2">做功</td></tr>
<tr><td>630～720</td><td>做功</td><td>进气</td><td>排气</td><td>压缩</td></tr>
</table>

2. 飞轮

飞轮是一个较重的铸铁圆盘，用螺栓固定在曲轴后端凸缘上，如图 2-65 所示。它的作用主要是在做功行程中储存能量，克服辅助行程的阻力，使曲轴均匀旋转。

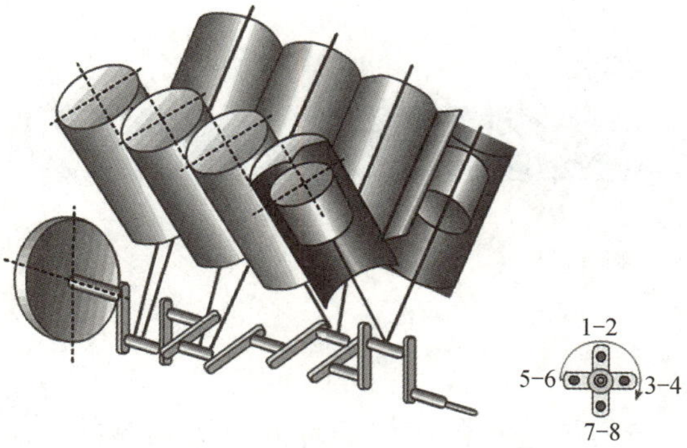

图 2-64　四行程 V 型八缸发动机的曲拐布置

图 2-65　飞轮

飞轮的外缘压入一齿环，起动机的小齿轮与它相互啮合，带动飞轮和曲轴旋转。汽车离合器也装在飞轮上，利用飞轮后端面作为驱动件的摩擦面，用来对外传递动力。

飞轮与曲轴装配后应进行静态和动态平衡校验，通过曲轴上的平衡重和飞轮钻孔达到质量平衡。为保证拆装时不破坏其平衡状态及上述确定位置的标记，飞轮与曲轴的装配采用周向定位装置，如定位销、不对称布置的螺孔或两种不同直径的螺栓等。

通常在飞轮上刻有第一缸点火正时记号，如图 2-66 所示，以便调整和检验点火（喷油）正时和气门间隙。解放 CA6102 型发动机的正时记号是$\frac{\text{上止点}}{1-6}$，该记号与飞轮壳上的刻线对准，表示 1～6 缸的活塞在上止点位置；奥迪 A6 四缸发动机在曲轴带轮上刻有凹槽，凹槽对准正时齿轮壳上的箭头，表示 1～4 缸的活塞在上止点位置。

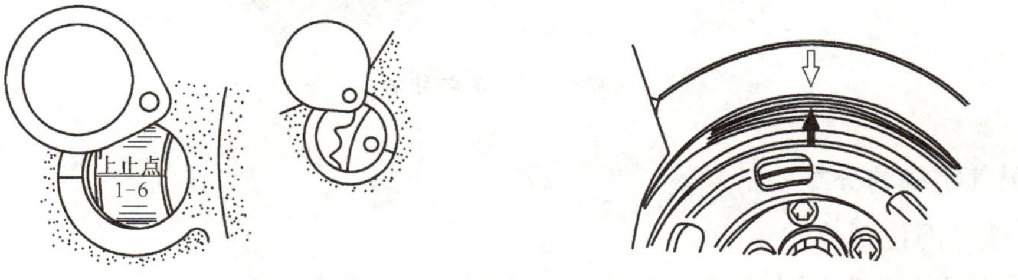

（a）解放 CA6102 发动机点火正时记号　　（b）奥迪 A6 四缸发动机正时记号

图 2-66　发动机点火正时标记

3. 曲轴扭转减振器

曲轴是一种扭转弹性系统，其本身具有一定的自振频率。在发动机工作过程中，经连杆传给连杆轴颈的作用力的大小和方向都是周期性变化的，所以曲轴各个曲拐的旋转速度也呈周期性变化。安装在曲轴后端的飞轮转动惯量最大，可以认为是匀速旋转，由此造成曲轴各曲拐的转动比飞轮时快时慢，这种现象称之为曲轴的扭转振动。当振动强烈时甚至会扭断曲轴。扭转减振器的作用就是吸收曲轴扭转振动的能量，消减扭转振动，避免发生强烈的共振及引起严重后果。一般低速发动机不易达到临界转速，但曲轴刚度小、旋转质量大、缸数多及转速高的发动机，由于自振频率低，强迫振动频率高，容易达到临界转速而发生强烈的共振，因此加装扭转减振器很有必要。

模块3 配气机构

一、配气机构作用及分类

1. 配气机构的作用

配气机构的功用是按照发动机每一气缸所进行的工作循环和点火顺序的要求，定时开启和关闭各气缸的进、排气门，使新鲜空气及时进入气缸，废气及时从气缸排出；在压缩与做功行程中，保证燃烧室的密封性，如图2-67所示。新鲜空气对于汽油机而言是汽油和空气的混合气，对于柴油机而言是纯空气。

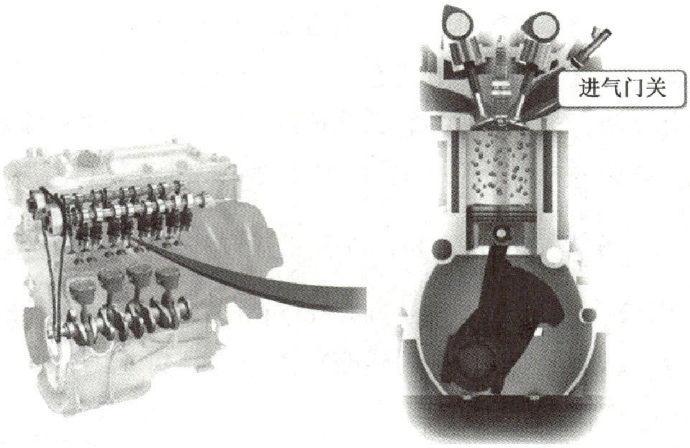

图2-67 配气机构

2. 配气机构的分类

(1) 按气门位置分类

根据气门位置的不同，配气机构可分为顶置式和侧置式两种，如图2-68所示。

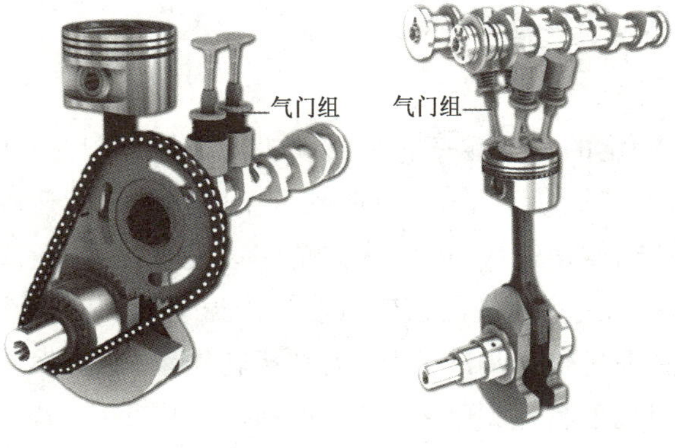

(a) 气门侧置式　(b) 气门顶置式

图2-68 按气门位置分类

气门位于气缸盖上的配气机构为气门顶置式配气机构，由凸轮、挺柱、推杆、摇臂、气门和气门弹簧等组成。其特点是进气阻力小，燃烧室结构紧凑，气流搅动大，能达到较高的压缩比，大部分汽车发动机都采用气门顶置式配气机构。

气门位于气缸体侧面的配气机构为气门侧置式配气机构，由凸轮、挺柱、气门和气门弹簧等组成。省去了推杆、摇臂等零件，简化了结构。其进、排气门在气缸的一侧，压缩比受到限制，进、排气门阻力较大，发动机的动力性和高速性均较差，逐渐被淘汰。

(2) 按凸轮轴位置分类

根据凸轮轴位置的不同，配气机构可分为凸轮轴上置式、凸轮轴中置式和凸轮轴下置式配气机构，如图 2-69 所示。

(a) 凸轮轴上置 (b) 凸轮轴中置 (c) 凸轮轴下置

图 2-69 按凸轮轴位置分类

凸轮轴上置式配气机构的凸轮轴直接布置在气缸盖上，直接通过摇臂或凸轮来驱动气门的开启或关闭。这种传动机构没有推杆等运动件，往复运动惯性较小，比较适合现代高速发动机，尤其是轿车汽油发动机。凸轮轴下置式配气机构和凸轮轴中置式配气机构在现代汽车发动机中使用较少。

(3) 按凸轮轴传动方式分类

根据凸轮轴传动方式的不同，配气机构可分为齿形带传动、链条传动和齿轮传动，如图 2-70 所示。

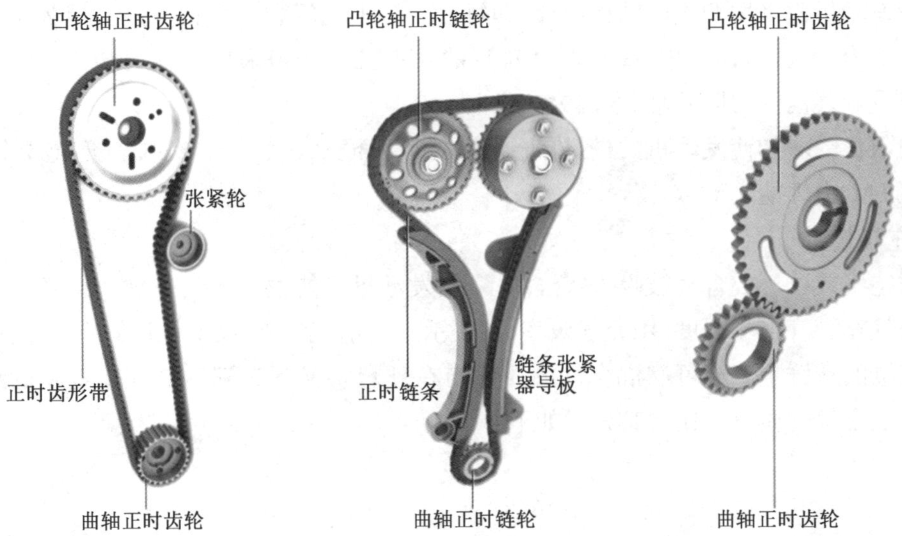

(a) 齿形带传动 (b) 链条传动 (c) 齿轮传动

图 2-70 按凸轮轴传动方式分类

随着齿形带质量的提高，齿形带具有工作噪声小、工作可靠以及成本低等特点，高转速发动机上广泛使用齿形带，但在一些大功率发动机上采用链条传动。链条传动的优点是布置容易，若传动距离较远时，还可用两级链传动，缺点是结构质量及噪声较大，链条的可靠性和耐久性不易得到保证。

齿轮传动的缺点是传递距离太大时，传动齿轮直径过大，增大了发动机的负载，因此比较适合近距离的动力传递。同时为了传递过程平稳并降低工作噪声，齿轮结构多设计为斜齿轮。有配合要求的齿轮上都有正时记号，装配时必须按要求对齐。

(4) 按气门数分类

根据气门数的不同，配气机构可分为两气门式、四气门式或五气门式（两根凸轮轴，一根为进气凸轮轴，另一根为排气凸轮轴）配气机构等，如图 2-71 所示。

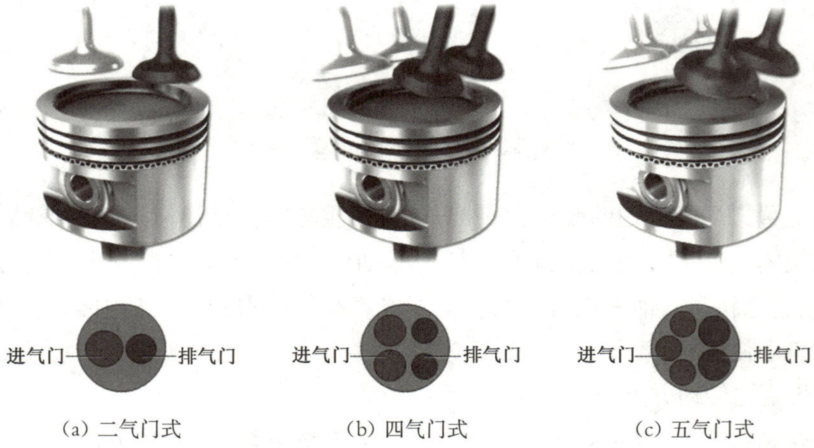

图 2-71　按气门数分类

一般发动机都采用两气门结构设计，即每缸一个进气门和一个排气门。但为了进一步提高气缸的换气效率，许多中、高级新型轿车的发动机上普遍采用多气门结构，如三气门、四气门以及五气门等，其中以四气门为多见。

气门数目的增加使发动机的进、排气通道的断面面积大大增加，提高了充气效率，改善了发动机的动力性能。

3. 充气效率

新鲜空气或可燃混合气被吸入气缸愈多，则发动机可能发出的功率愈大。新鲜空气或可燃混合气充满气缸的程度，用充气效率 η_v 表示。所谓充气效率就是指在进气过程中，实际进入气缸的新鲜空气或可燃混合气的质量与在理想状况下充满气缸工作容积的新鲜空气或可燃混合气的质量之比。其公式如下：

$$\eta_v = \frac{M}{M_0}$$

式中　M——进气过程中实际进入气缸的新鲜空气或可燃混合气的质量；

M_0——理想状态下充满气缸工作容积的新鲜空气或可燃混合气的质量。

充气效率的大小表示进入气缸内的新鲜空气或可燃混合气的质量多少。对于同一发动机而言，充气效率越大，可燃混合气燃烧时可能放出的热量越大，发动机发出的功率也就越大。由于进气系统有阻力，气门开启时间短，使得进气终了时缸内气体压力降低，同时由于上一循环中残留在气缸内的高温废气和高温零件对气体的加热作用，气体温度会升高，因此实际进入气缸的新鲜气体的质量总是小于在理想状态下充满气缸工作容积的新鲜气体的质量。也就是说，充气效率总是小于1，一般为0.80～0.90。提升发动机充气效率的主要方法是减小进气和排气阻力，选择合理的配气相位，适当降低进气温度。

4. 气门间隙

发动机工作时，气门因温度升高而膨胀。如果气门及其传动件之间，在冷态时无间隙或间隙过小，则在热态下，气门及其传动件的受热膨胀势必引起气门关闭不严，造成发动机在压缩和做功行程中的漏气，而使功率下降，严重时发动机甚至不易起动。为消除上述现象，通常在发动机冷态装配时，在气门与其传动机构中留有适当的间隙，以补偿气门受热后的膨胀量。这一预留间隙通常称为气门间隙，如图2-72所示。气门间隙的大小由发动机制造厂根据试验确定，一般在冷态时，进气门的间隙为0.25～0.30 mm，排气门的间隙为0.30～0.35 mm。为了能对气门间隙进行调整，有的结构在摇臂（或挺柱）上装有调整螺钉及其锁紧螺母，有的结构需要更换挺柱体或垫片。

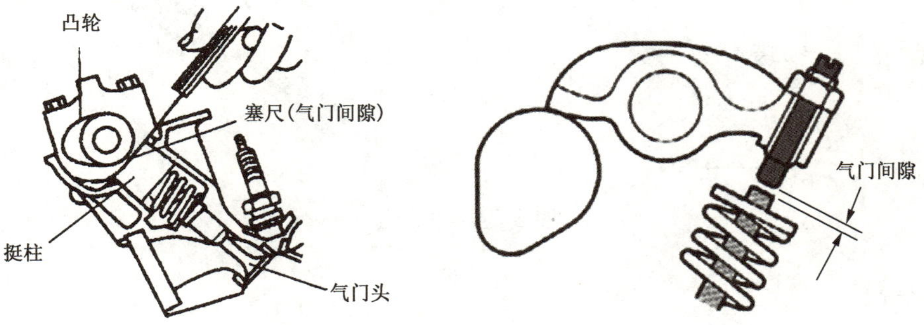

图2-72 气门间隙

若间隙过大，则进、排气门开启迟后，进、排气时间缩短，气门的开启高度降低，正常的配气相位改变，导致发动机因进气不足、排气不净而功率下降，此外，还使配气机构零件的撞击增加、磨损加快。间隙过小，发动机工作后，零件受热膨胀，将气门推开，使气门因关闭不严而漏气，功率下降，并使气门的密封表面严重积炭或烧坏，甚至使气门撞击活塞。

现代轿车发动机普遍采用液压挺柱，液压挺柱的长度能自动调整，故不需要预留气门间隙，也没有气门间隙调整装置。

二、配气机构的组成与拆装

配气机构主要由两部分组成，即气门组和气门传动组。气门组包括气门、气门座、气门导管和气门弹簧和气门锁片主要零部件。气门传动组主要包括凸轮轴、摇臂、气门挺柱、正时链条，如图2-73所示。

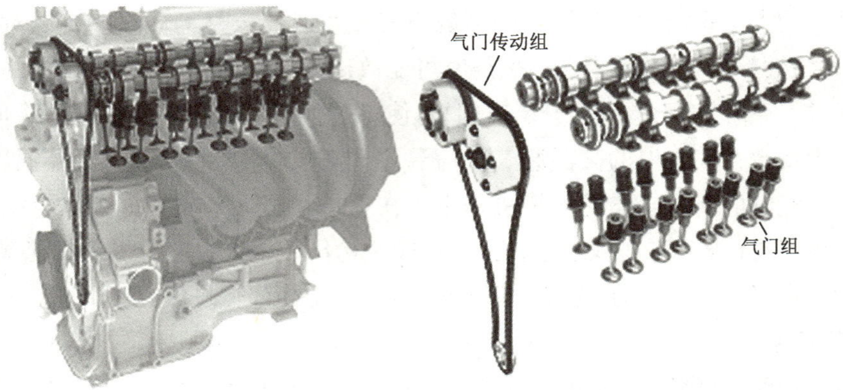

图 2-73　配气机构

1. 气门组

气门组主要由气门、气门导管、气门座、气门弹簧、气门锁片等组成，如图 2-74 所示。气门组件应保证气门与气门座在活塞压缩、做功行程中实现气缸的密封。

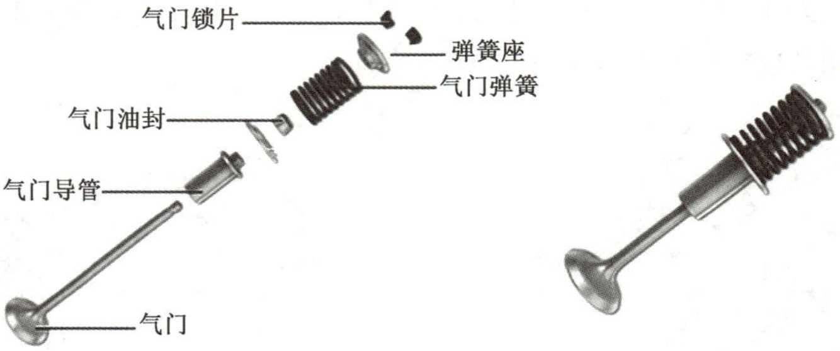

图 2-74　气门组

（1）气门

气门是气门组最重要的部件，它的主要作用是在活塞压缩、做功过程中密封气缸，同时在进、排气行程中打开或关闭进、排气道，如图 2-75 所示。进气门常用材料为合金钢，排气

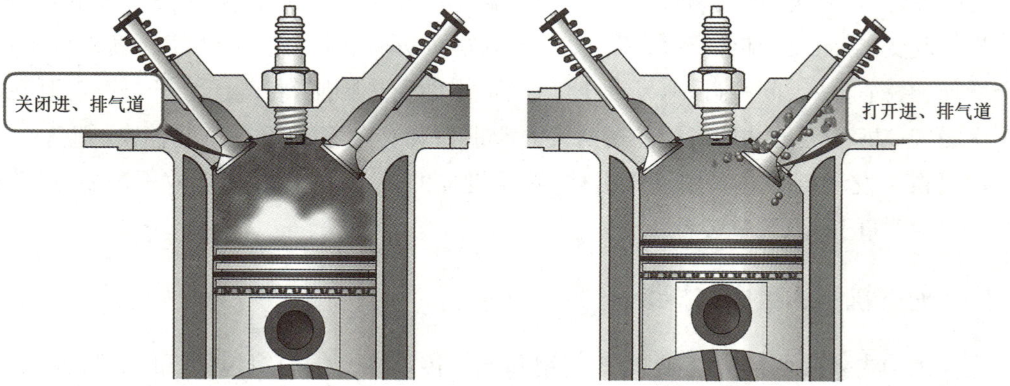

(a) 密封进、排气道　　(b) 打开进、排气道

图 2-75　气门作用

门常采用耐热合金钢。另外，为了改善气门的导热性能，如奥迪 A6 轿车发动机排气门在内部充注金属钠，钠在 970℃以下时均为液态，液态钠可将气门头部的热量传给气门杆，冷却效果十分明显。

气门由头部、杆部和锁止部分组成，包括气门头部、气门杆、锁片环槽和气门密封锥面等部件。气门头部的形状有平顶、喇叭形顶和球面顶，如图 2-76 所示。使用最多的是平顶气门头部。其结构简单、吸热面积较小、质量小，进、排气门均采用。喇叭形顶头部与杆部的过渡部分具有一定的流线型，气流流通较便利，可减小进气阻力，但其顶部受热面积较大，故多用于进气门。球面顶气门头部的强度高、排气阻力小、废气清除效果好，适用于排气门，但球形气门顶部的受热面积大，质量和惯性力也大，加工较困难。

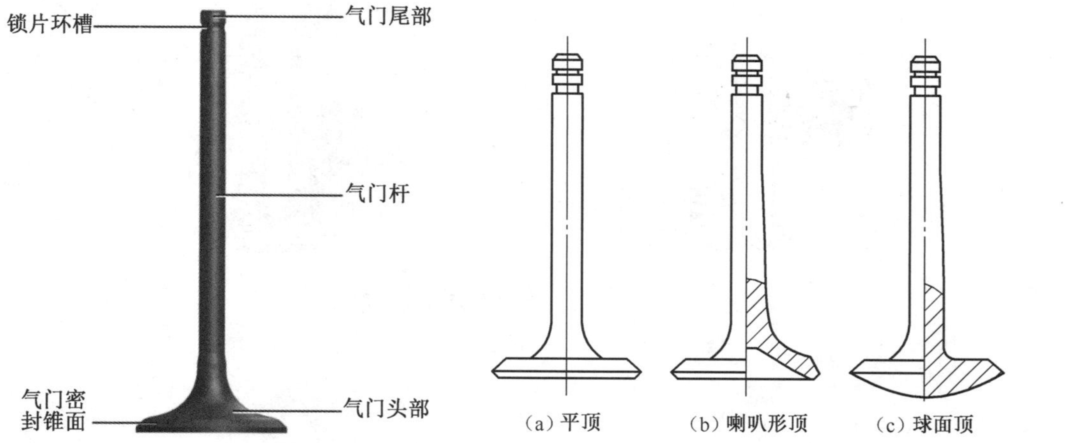

图 2-76　气门结构及头部形状

气门密封锥面的锥角，称为气门锥角，一般为 45°或 30°。这样设计是为了获得较大的气门座合压力，提高密封性能，同时增加导热面积，气门落座时有定位作用，在相同气门升程的情况下，气门锥角能使气流的通过断面面积增大，进气阻力降低，因此可以提高进气速度和进气量，如图 2-77 所示。为保证良好密合，装配前应将气门头与气门座二者的密封锥面互相研磨，研磨好的零件不能互换。气门边缘应保持一定的厚度，一般为 1～3 mm。

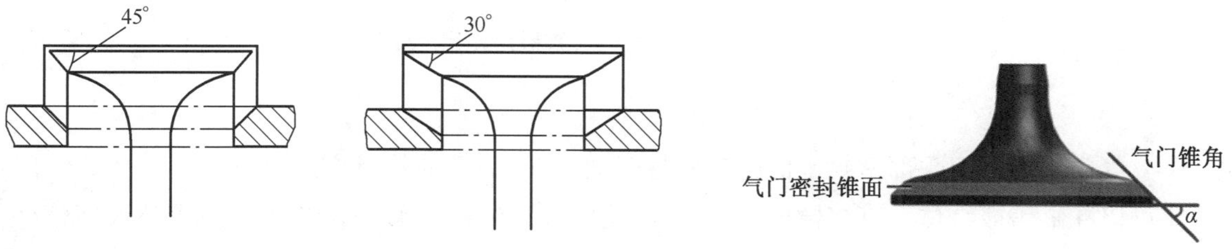

图 2-77　气门结构

气门杆为圆柱形，在气门导管中不断进行往复运动。气门杆尾部通常设计有环型槽，用于安装锥形锁片来固定弹簧座。

（2）气门导管

气门导管的作用是作为气门的运动导向，保证气门作直线往复运动，使气门与气门座或气门座圈能正确贴合，气门杆与导管孔之间一般留有 0.05～0.12 mm 的间隙，使气门能在导管中自由移动，如图 2-78 所示。此外，气门导管还将气门杆的热量部分地传给气缸盖，如图 2-79 所示。

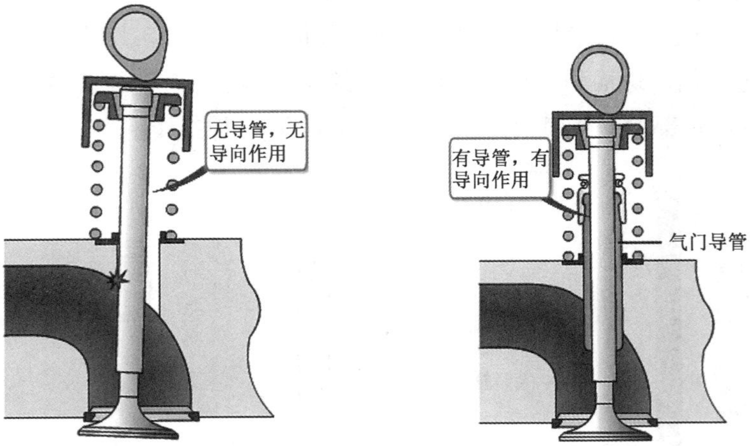

图 2-78　气门导管导向作用

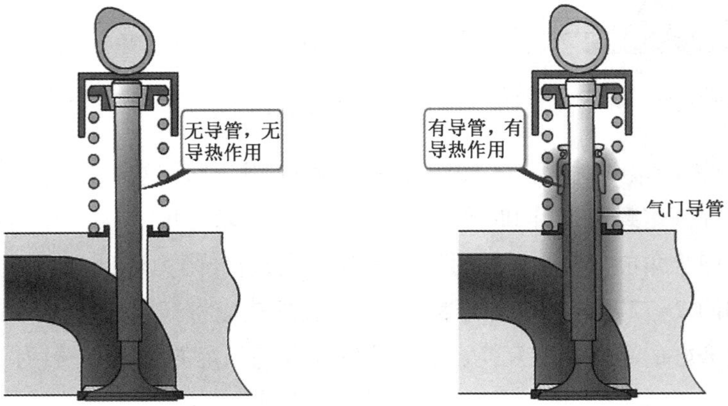

图 2-79　气门导管散热作用

（3）气门座

气门座与气门头部密封锥面配合密封气缸，气门头部的热量亦经过气门座外传。气门座可以在缸盖或缸体上直接镗出，也可以采用镶嵌式结构。镶嵌式结构气门座都采用较好的材料（合金铸铁、奥氏体钢等）单独制作。

（4）气门弹簧

气门弹簧的作用是保证气门关闭时能紧密地与气门座或气门座圈贴合，并克服在气门开启时配气机构产生的惯性力，使传动件始终受凸轮控制而不相互脱离。

气门弹簧一般是用弹簧钢丝制成的圆柱形螺旋弹簧，它的一端支承在气缸盖（或气缸体）的相应凹槽内，另一端压在与气门杆端连接的弹簧座上，如图 2-80 所示。

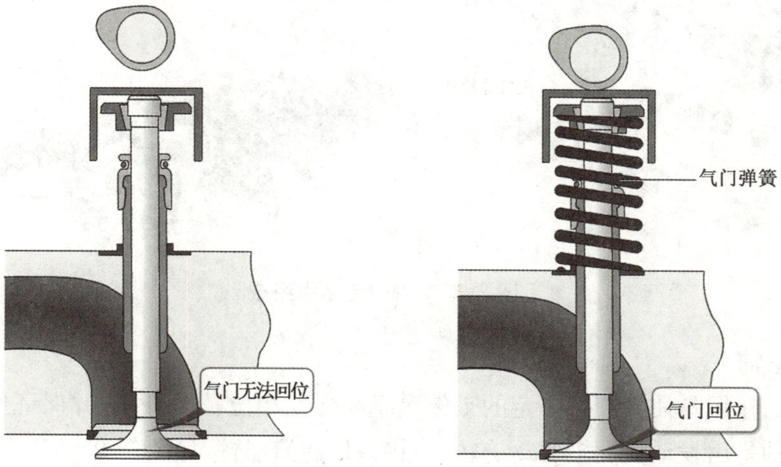

(a) 无气门弹簧　　(b) 有气门弹簧

图 2-80　气门弹簧作用

(5) 气门锁片

气门锁片的作用是使气门与气门弹簧座紧密贴合，防止气门在运动过程中脱落，它位于气门杆与气门弹簧座之间的位置，是剖分成两半且外表面为锥面的零件，如图 2-81 和图 2-82 所示。

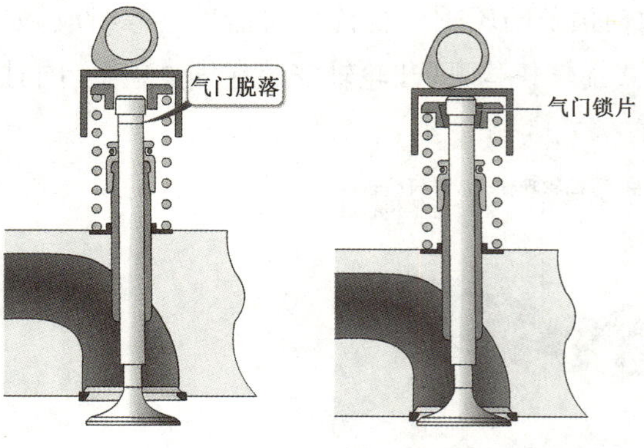

(a) 无气门锁片　　(b) 有气门锁片

图 2-81　气门锁片作用

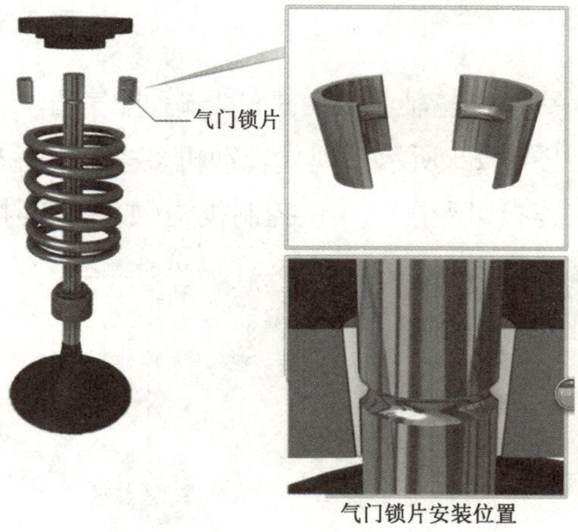

图 2-82　气门锁片安装位置

2. 气门传动组

气门传动组的作用是使气门按发动机配气相位规定的时刻及时开、闭，并保证规定的开启时间和开启高度。它主要由排气凸轮轴、进气凸轮轴、摇臂和气门挺柱、正时链条与正时链条张紧器等部件组成，如图 2-83 所示。

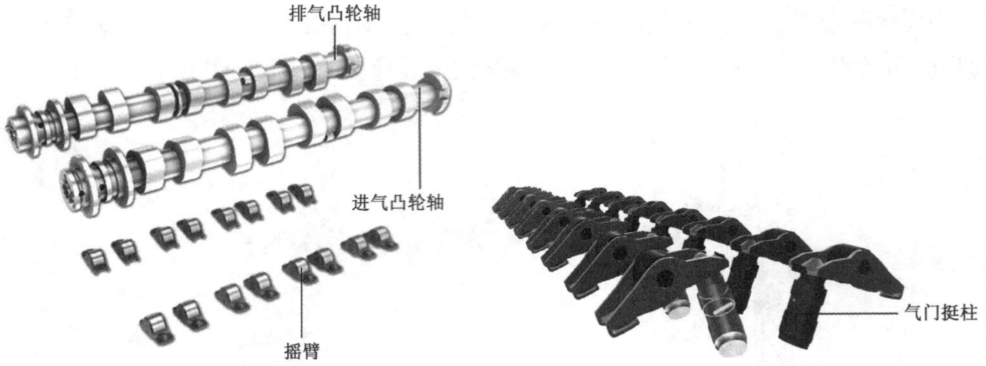

图 2-83　气门传动组组成

（1）凸轮轴

凸轮轴的作用是使气门按一定的工作次序和配气相位及时开闭，并保证气门有足够的升程。凸轮轴是由发动机曲轴驱动旋转，并将力传递给摇臂，如图 2-84 所示。

图 2-84　凸轮轴作用原理

凸轮轴主要由进气凸轮、排气凸轮、凸轮轴轴颈及凸轮轴位置传感器信号盘等组成，如图 2-85 所示。现代发动机多采用凸轮轴顶置式配气机构，即凸轮轴安装在气缸盖上，同时连接可变配气相位控制机构（如 VVTI 控制装置等）。

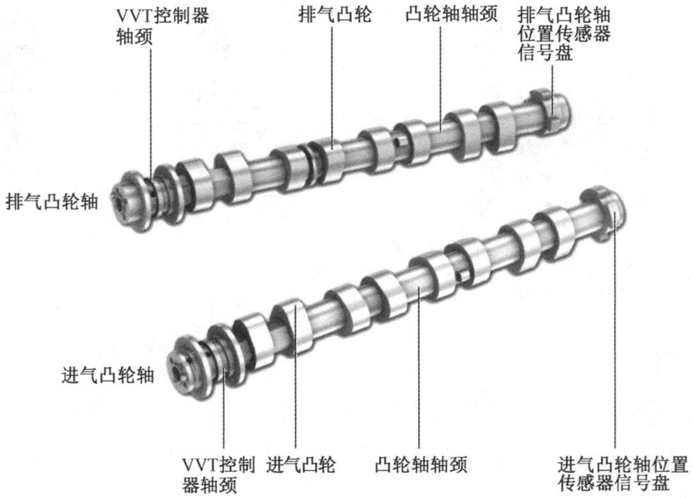

图 2-85　凸轮轴结构

凸轮轴一般用优质钢模锻制成。近年来广泛采用合金铸铁或球墨铸铁凸轮轴。为了提高耐磨性,凸轮和轴颈的工作表面经热处理提高硬度,然后精密磨光。凸轮轴轴颈和轴承之间留有最佳间隙(0.08~0.20 mm),并进行润滑。为了减小凸轮轴的变形,一般每隔两缸有一个轴颈支撑。同时为了实现轻量化设计,有些发动机采用了空心凸轮轴。

凸轮轴上的凸轮轮廓形状应保证气门开启和关闭的持续时间符合配气相位的要求,且使气门有合适的升程,符合其升降过程的运动规律。凸轮轴上凸轮形状要精确,凸轮和轴颈表面要耐磨,凸轮轴的刚度要大,凸轮轴的变形或凸轮的磨损都直接影响气门开度和气门正时,因而对内燃机的性能有很大影响,凸轮轮廓形状如图 2-86 所示。以图中凸轮轮廓为例,*O* 点为凸轮轴的轴心,*EA* 圆弧段为凸轮的基圆。当凸轮按图示方向转过 *EA* 弧段时,挺柱处于最低位置不动,气门处于关闭状态。凸轮转过 *A* 点后,挺柱开始下移。至 *B* 点,气门间隙消除,气门开始开启,凸轮转到 *C* 点,气门开度达到最大,而后逐渐关小,至 *D* 点,气门闭合终了。此后,挺柱继续上移,出现气门间隙,至 *E* 点挺柱又处于最低位置。ϕ 对应气门开启持续角,ρ_1 和 ρ_2 则分别对应消除和恢复气门间隙所需的转角。凸轮轮廓 *BCD* 弧段为凸轮的工作段,其形状决定了气门的升程及其升降过程的运动规律。

凸轮轴由曲轴通过传动装置驱动,传动装置有正时齿轮、正时链条和正时齿带等形式。如采用一对正时齿轮传动,小齿轮和大齿轮分别用键安装在曲轴和凸轮轴的前端,其传动比为 2∶1。在装配曲轴和凸轮轴时,必须将齿轮正时标记对准,如图 2-87 所示,以保证正确的配气相位和点火时刻。

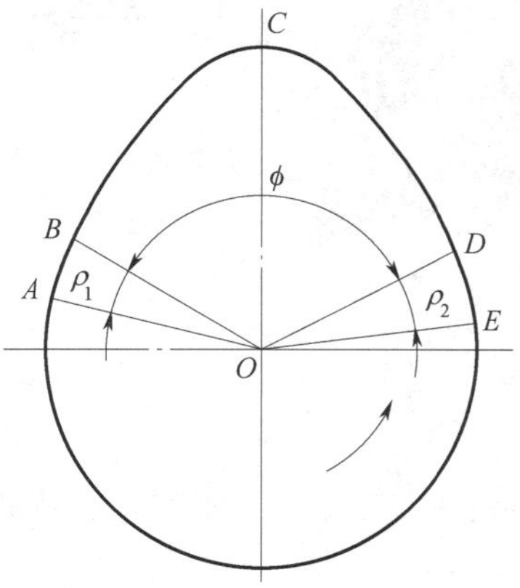

图 2-86 凸轮轮廓形状

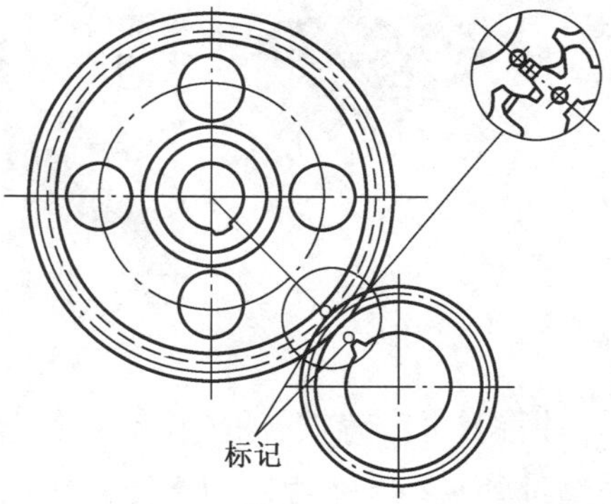

图 2-87 汽油机正时齿轮

凸轮轴上置式发动机的正时记号通常有两处,一处为曲轴皮带轮正时记号,一处为凸轮轴链轮正时记号。安装时,两处都必须对正。如图 2-88 和图 2-89 所示为两处的正时标记。

为了防止凸轮轴在工作中发生轴向窜动,一般采用轴向定位装置。否则,当凸轮轴斜齿轮转动时,凸轮轴做轴向移动,使正时齿轮相对曲轴旋转而影响配气正时;当凸轮轴链传动时,凸轮轴做轴向移动,使两个链轮不在同一平面内,会加快磨损。

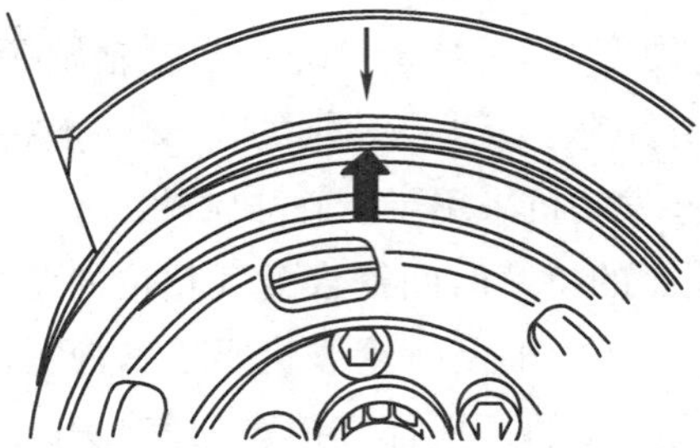

图 2-88　曲轴皮带轮正时标记

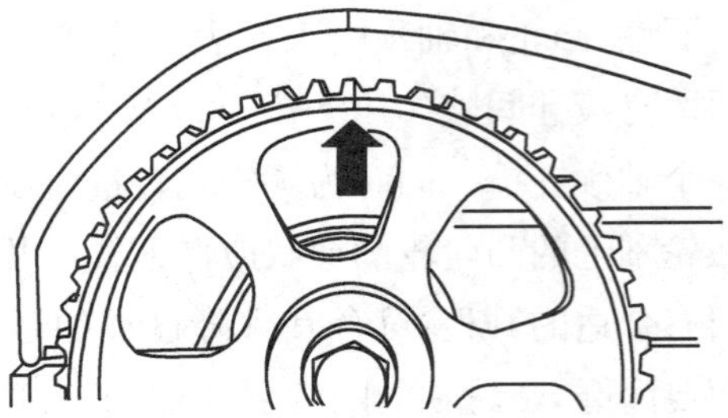

图 2-89　凸轮轴链轮正时标记

(2) 摇臂

在气门顶置的配气机构中有摇臂，摇臂的结构有很多种，其功用是通过将凸轮轴的旋转运动转变为摇臂的上下摆动，从而控制气门的开启。摇臂的结构主要由摇臂支架、衬套、滚轮、滚针、滚轮轴组成，如图 2-90 所示。摇臂的实质是杠杆，凸轮轴顶置式配气机构采用的摇臂为单臂杠杆。摇臂的支点为摇臂支座。

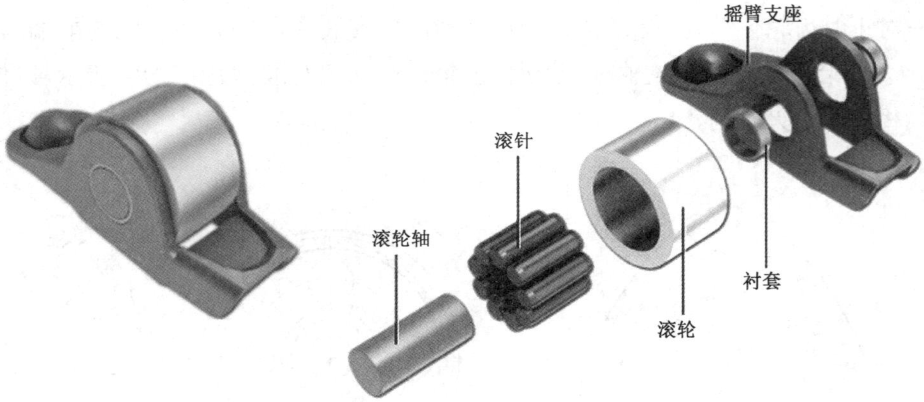

图 2-90　摇臂结构

摇臂是由锻钢、可锻铸铁、球墨铸铁或铝合金制造的。在摇臂支座的轴孔内镶有青铜衬套或装有滚针轴承是为了提高耐磨性。

(3) 气门挺柱

气门挺柱的作用是将凸轮的推力传给气门或气门推杆。气门挺柱在导管中往复运动，其部分外表面与凸轮之间有摩擦，因此这些摩擦表面必须耐磨。根据工作特点可将挺柱分为普通挺柱和液压挺柱。

① 普通挺柱

普通挺柱采用较多的是筒式和滚轮式结构，如图 2-91 所示。为了实现轻量化，筒式挺柱一般设计为空心结构，同时挺柱圆周钻有通孔，便于筒内收集的机油流出对挺柱表面及凸轮加以润滑；滚轮式挺柱有利于减少磨损，但结构较复杂，不利于轻量化。

挺柱工作时，由于受凸轮侧向推力的作用，会稍有倾斜，并且由于侧向推力方向是一定的，将引起挺柱与导管之间的单面磨损，同时挺柱与凸轮固定不变地在一处接触，也会造成磨损不均匀。为了避免这种现象的产生，有些发动机的挺柱底部工作面被制成球面，而且把凸轮面制成带锥度形状，如图 2-92 所示。这样在工作时，凸轮与挺柱的接触点偏离挺柱轴线，当挺柱被凸轮顶起上升时，接触点的摩擦力使其绕本身轴线转动，以达到磨损均匀的目的。

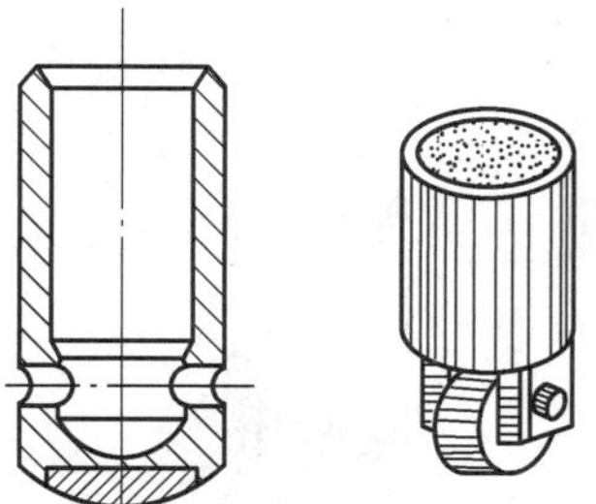

(a) 筒式　(b) 滚轮式

图 2-91　普通挺柱

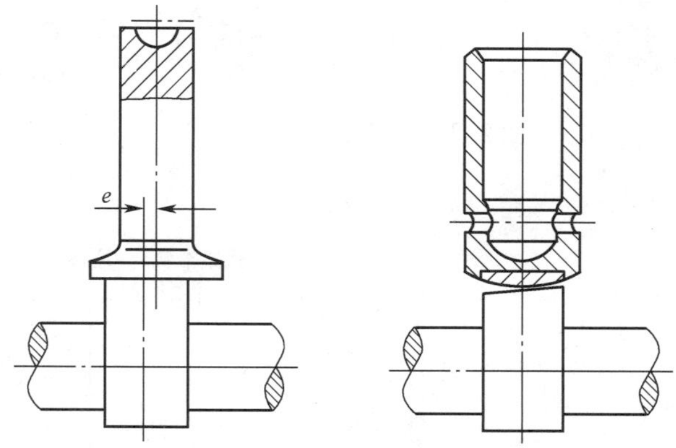

(a) 挺柱轴线偏移　(b) 凸轮工作面呈锥形

图 2-92　减轻底面磨损的结构措施

② 液压挺柱

液压挺柱与普通挺柱不同，没有气门间隙存在，它可以利用机油油压来调节挺柱的高度，使得液压挺柱与凸轮轴接触实现无间隙运动，精确传递运动，并减少零件的冲击载荷和噪声。

液压挺柱也有很多种结构，其中大众 EA211 发动机采用的无间隙式液压挺柱主要由带油道的柱塞、液压缸、油室和单向阀等组成，如图 2-93 所示。

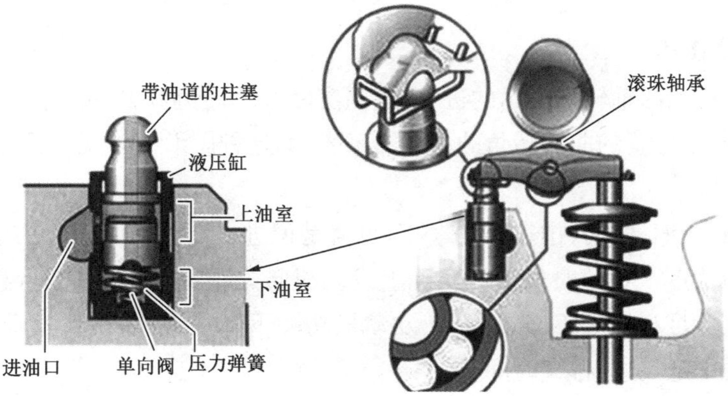

图 2-93　液压挺柱

(4) 正时链条与正时链条张紧器

① 正时链条：正时链条的作用是将曲轴正时齿轮的动力传递给凸轮轴正时齿轮，并且

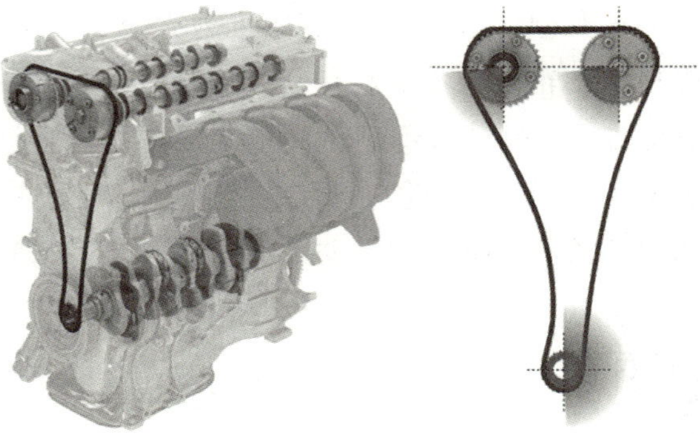

图 2-94　正时链条

保证了曲轴正时齿轮与凸轮轴正时齿轮正确的相对位置，如图 2-94 所示。

② 正时链条张紧器：配气机构采用链条式驱动时，为使链条在工作时具有一定的张力而不致脱链，在正时链条上装有张紧器和导链板。正时链条张紧器主要由张紧器壳体、单向阀、减容器、导向销、柱塞、张紧滑轨、柱塞弹簧、棘齿块等组成，如图 2-95 所示。

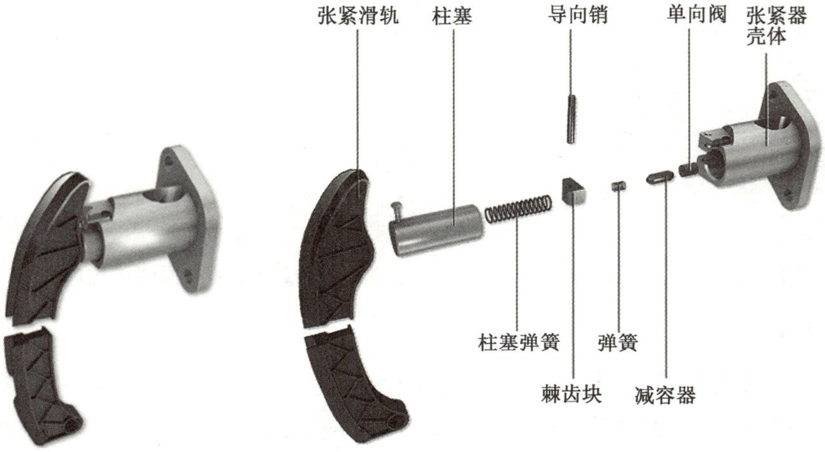

图 2-95　正时链条张紧器结构

三、配气相位

1. 配气相位概述

配气相位是指用曲轴转角表示的进、排气门实际开闭时刻和开启持续时间。通常用相对于上、下止点曲拐位置的曲轴转角的环形图来表示，这种图形称为配气相位图，如图 2-96 所示。

理论上进气、压缩、做功、排气各占 180°，也就是说进、排气门都是在上、下止点开闭，延续时间都是曲轴转角 180°的时长。但实际上发动机转速很高，活塞每一行程历时相当短，势必会造成进气不足和排气不净，从而使发动机功率下降。因此，现代发动机都采取气门早开晚闭的方式来延长进、排气时间。

由图 2-96(a)可知，在排气行程接近终了，活塞到达上止点之前，即曲轴转到活塞处于上止点位置还差一个 α 角度时，进气门便开始开启，直到活塞越过了下止点后又上行，即曲轴越过下止点后一个 β 角度时，进气门才关闭。这里，α 称为进气提前角，一般为 10°～30°；β 称为进气迟后角，一般为 40°～80°。这样，在整个进气过程中，进气门开启持续时间内的

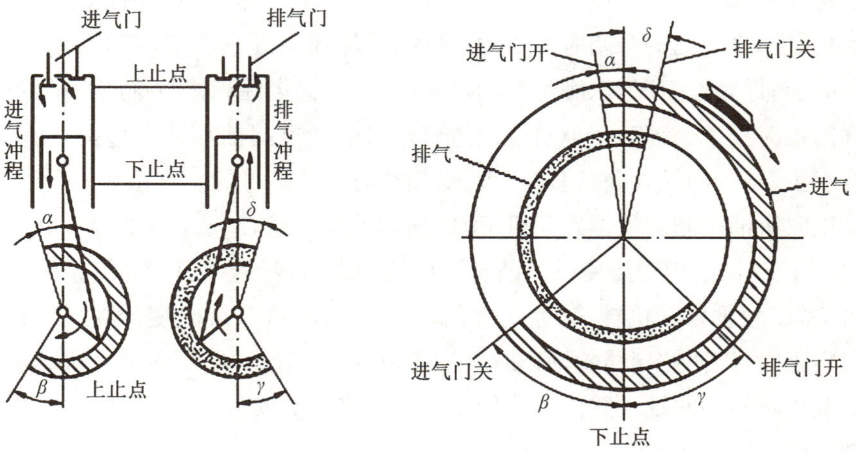

图 2-96　配气相位图

曲轴转角，即进气持续角为 $\alpha+180^{\circ}+\beta$。

进气门提前开启的目的：为了保证进气行程开始时进气门已开大，减小进气阻力，新鲜气体能顺利地充入气缸。进气门迟后关闭目的：由于活塞到达下止点时，气缸内压力仍低于大气压力，且气流还有相当大的惯性，可以利用气流惯性和压力差继续进气。

同样，在做功行程接近终了，活塞到达下止点之前，排气门便开始开启。从排气门开始开启到下止点所对应的曲轴转角 γ 称为排气提前角，一般为 $40^{\circ}\sim80^{\circ}$。经过整个排气行程，在活塞越过上止点后，排气门才关闭，从上止点到排气门关闭所对应的曲轴转角 δ 称为排气迟后角，一般为 $10^{\circ}\sim30^{\circ}$。这样，在整个排气过程中，排气门开启持续时间内的曲轴转角，即排气持续角为 $\gamma+180^{\circ}+\delta$。

排气门提前开启的目的：当做功行程活塞接近下止点时，气缸内的气体大约还有 0.30～0.50 MPa 的压力，此压力对做功的作用已经不大，但仍比大气压力高，可利用此压力使气缸内的废气迅速地自由排出。排气门迟后关闭的目的：由于活塞到达上止点时，气缸内的残余废气压力高于大气压力，加之排气时气流有一定的惯性，仍可以利用气流惯性和压力差把废气排放得更干净。

由于进气门在上止点前即开启，而排气门在上止点后才关闭，这就出现了在一段时间内，进、排气门同时开启的现象，这种现象称为气门叠开。同时开启的曲轴转角 $\alpha+\delta$ 称为气门叠开角。由于新鲜气流和废气流的流动惯性都比较大，在短时间内不会改变流向，因此只要气门叠开角选择适当，就不会有废气倒流入进气管和新鲜气体随废气排出的可能性。

2. 可变配气相位

在配气相位中，对充气效率影响最大的是进气门的迟后关闭角，其次是排气门的迟后关闭角。发动机转速变化时，在较低的转速范围内，采用较小的进气门迟后关闭角，可获得较高的充气效率。在较高的转速范围内，采用较大的进气门迟后关闭角，可获得较高的充气效率。

发动机转速不同对配气相位要求不同,因此现代轿车大部分都采用具有可变配气相位技术的发动机,进、排气门的开闭时间在发动机高低转速下进行调节,有效提高发动机的转矩,兼顾发动机高低转速工况,以满足发动机对经济性、稳定性和减少排放污染物的要求。

可变气门正时技术(VVT-i)通过控制进气门开启角度提前和延迟来调节进气量,以达到低转速进气少,减少油耗,高转速进气大,增加动力的最终目的。

凸轮轴正时机油控制阀根据发动机 ECU 输出的电流量,来选择流向 VVT-i 控制器的通道。VVT-i 控制器应用油压使进气凸轮轴旋转到提前,延迟或保持气门正时所应该的位置。发动机 ECU 根据发动机转速、进气量、节气门位置和冷却液温度计算出各种运行条件下的最佳气门正时,以便控制凸轮轴正时机油控制阀,如图 2-97 所示。此外,发动机 ECU 用凸轮轴位置传感器和曲轴位置传感器传出的信号来计算实际气门正时,并进行反馈控制以达到该阀的目标气门正时。

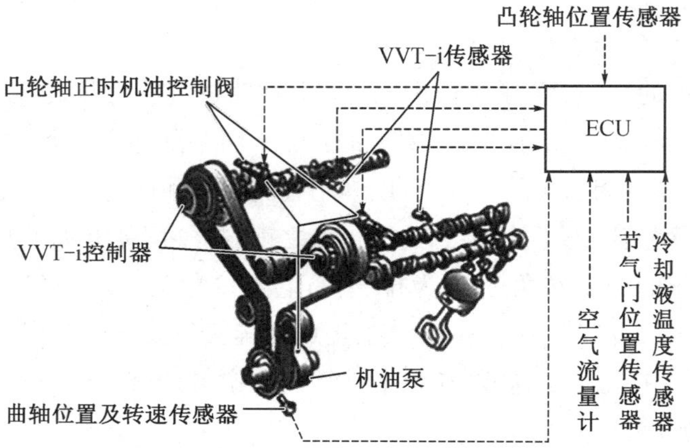

图 2-97 VVT-i 控制系统

VVT-i 控制器的主要作用是根据发动机的工况变化带动凸轮轴相对于曲轴超前或滞后转动。丰田卡罗拉汽车采用叶片式 VVT-i 控制器,其基本组成包括壳体、链轮、叶片和锁销等组件,如图 2-98 所示。

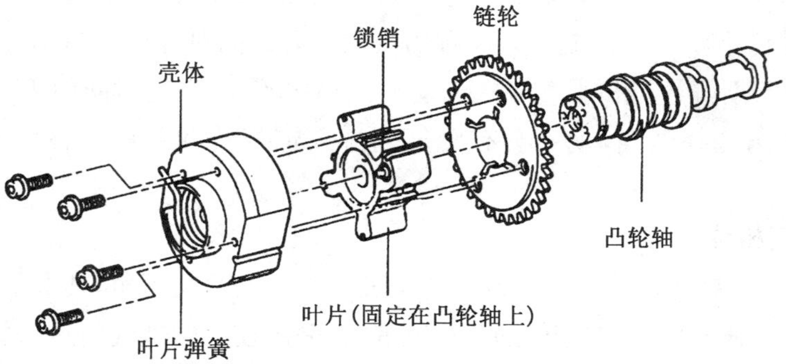

图 2-98 VVT-i 控制器结构

凸轮轴正时机油控制阀的作用是根据发动机 ECU 的占空比控制指令控制滑阀位置，从而控制通往控制器油流方向和流量。控制阀由柱塞、电磁线圈、滑阀、回位弹簧及套管等组成，如图 2-99 所示。

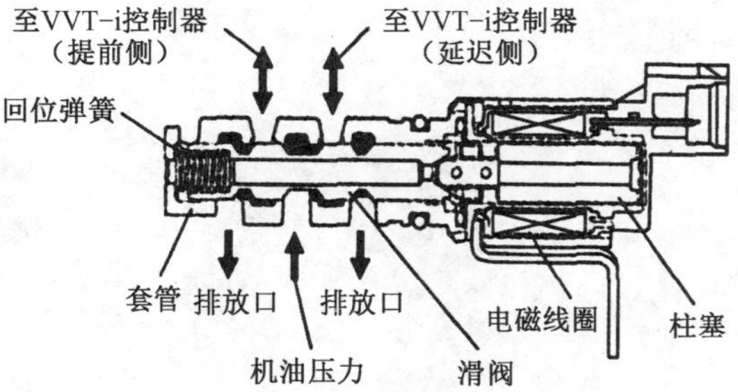

图 2-99 进气侧凸轮轴正时机油控制阀

（1）提前

发动机 ECU 控制进气凸轮轴正时机油控制阀的滑阀左移，当处于如图 2-100 所示状态时，压力机油通过凸轮轴、叶片中的油道进入油腔，油压推动叶片带动凸轮轴向配气正时提前的方向旋转，进气相位相应提前。

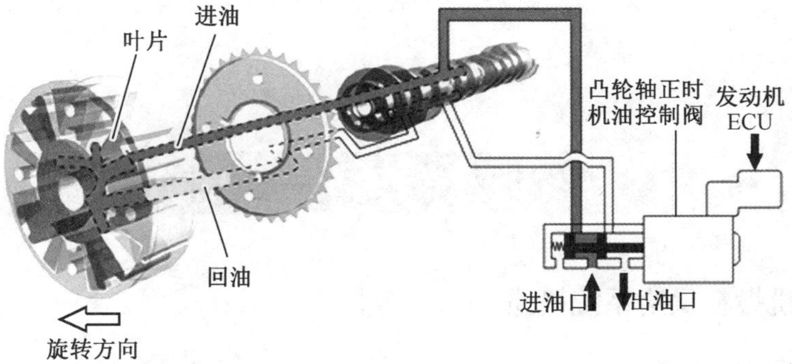

图 2-100 进气凸轮轴正时提前

（2）延迟

发动机 ECU 控制进气凸轮轴正时机油控制阀的滑阀右移，当处于如图 2-101 所示状态时，压力机油通过凸轮轴、叶片中的油道进入延迟工作室，提前工作室泄油。延迟工作室的油压推动叶片带动凸轮轴向配气正时延迟的方向旋转，进气相位相应滞后。

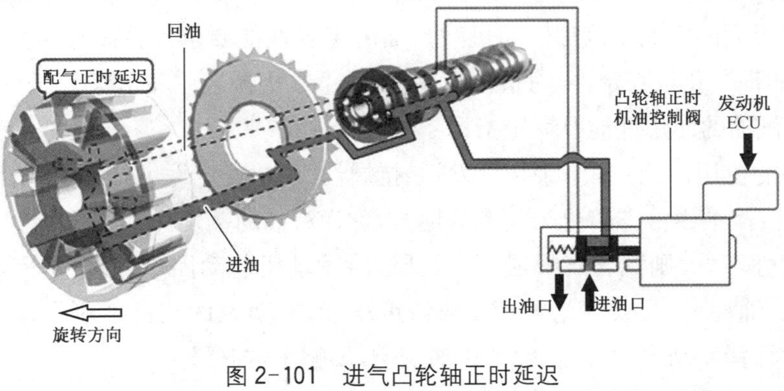

图 2-101 进气凸轮轴正时延迟

（3）保持

发动机 ECU 根据发动机工况参数计算出目标气门正时，当发动机达到目标正时以后，发动机 ECU 控制凸轮轴正时机油控制阀的滑阀处于中间位置，如图 2-102 所示，通往两个工作腔的油道都被关闭，控制器两个工作腔油压平衡，使发动机保持最佳的气门正时状态。

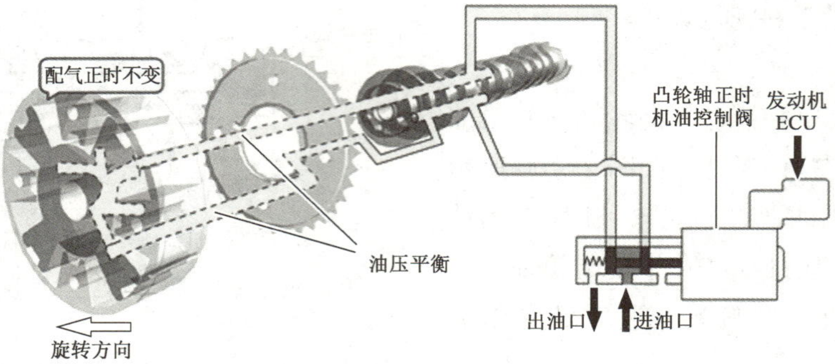

图 2-102 配气相位保持

模块 4 燃料供给及空气进排气系统

一、汽油机燃料供给系统概述

1. 汽油及其使用性能

(1) 汽油的定义

汽油是从石油中提炼出来的，由碳、氢元素组成的烃类化合物。它是一种密度小而易于蒸发的液体燃料。汽油分为航空汽油、工业汽油和车用汽油三种，汽车所使用的汽油为车用汽油。

(2) 汽油发动机对汽油的性能要求

汽油作为点燃式发动机的燃料，其使用性能的好坏对发动机工作的可靠性、经济性以及使用寿命有很大的影响。汽油发动机对汽油的主要性能要求：适宜的蒸发性、良好的抗爆性、良好的物理和化学稳定性、对机件无腐蚀性、不含机械杂质和水等。

(3) 车用汽油的使用性能及评定指标

车用汽油的使用性能一般包括：蒸发性、抗爆性、氧化安定性、腐蚀性和清洁性。

① 蒸发性：汽油由液态转化为气态的性质，称为汽油的蒸发性。

汽油蒸发性不好，则混合气形成不良，低温时发动机起动困难，燃烧不完全，使发动机预热时间加长，油耗增加，碳氢化合物排放浓度增加，未蒸发的汽油冲刷发动机气缸油膜，流入曲轴箱后稀释发动机油，加剧发动机油变质，影响正常润滑。

② 抗爆性：抗爆性是指汽油在汽油机内燃烧时不产生爆燃的性能。

汽油机在燃烧过程中，由于末端混合气完成焰前反应，在火焰前锋面到达之前，引起自燃，并以极高速传播火焰，产生带爆炸性质的冲击压力波，发出尖锐的金属敲击声，这种现象称为爆燃。爆燃的危害：发动机功率下降，油耗增加，活塞、气缸垫、气门、火花塞、轴瓦等零件损坏，还会造成气缸的异常磨损。

为提高汽油的抗爆性，一是采用先进的炼制工艺，生产抗爆性好的基础油，二是添加抗爆剂。汽油抗爆性的评定指标是辛烷值和抗爆指数。

③ 氧化安定性：汽油的氧化安定性是指热稳定性，即防止生成高温沉积物的能力。

从喷油器、进气门到燃烧室，汽油所处的温度越来越高，汽油烃类的氧化深度也随温度升高而增加，生成的燃烧室沉积物和进气门沉积物等，使电喷发动机喷油器结胶堵塞，使进气门关闭不严等，因此使电喷系统不能正常工作，排气污染物浓度增加。

就汽油本身而言，影响汽油氧化安定性的因素主要是汽油的组成和性质，沉积物一般随烯烃含量、芳烃含量、胶质和蒸发温度的升高而增加。

汽油氧化安定性的评定指标一般是实际胶质和诱导期。

④ 腐蚀性：汽油在运输、贮存和使用过程中，不可避免地要与各种金属接触。如果汽油具有腐蚀作用，就会腐蚀运输设备、贮油容器和发动机零部件，因此要求汽油无腐蚀性。

如果汽油中有元素硫、活性或非活性硫化物、水溶性酸或碱等存在时，就具有腐蚀性。

⑤ 清洁性：汽油中是否含有机械杂质和水分的性质。炼油厂炼制的成品汽油是不含有机械杂质和水分的，但在运输、灌注、贮存和使用过程中，机械杂质（锈、灰尘、各种氧化物等）和水分会混入汽油中。机械杂质会加速喷油嘴的磨损，堵塞喷油嘴和汽油滤清器。

评定汽油清洁性的指标是机械杂质和水分的含量。

2. 可燃混合气浓度对发动机性能的影响

（1）可燃混合气浓度的表示方法

可燃混合气是指燃料与空气的混合物。对汽油机而言就是汽油与空气混合形成的混合气。目前可燃混合气浓度表示方法有过量空气系数和空燃比。中国采用过量空气系数，欧美采用空燃比。

① 过量空气系数：过量空气系数是指燃烧 1 kg 燃料实际供给的空气质量与理论上 1 kg 燃料完全燃烧所需的空气质量之比，用 α 表示。$\alpha=1$ 的可燃混合气定义为理论混合气；$\alpha<1$ 为浓混合气；$\alpha>1$ 为稀混合气。

② 空燃比：空燃比是指实际吸入发动机中空气的质量与燃料质量的比值，用 A/F 表示。$A/F=14.7$ 为理论混合气；$A/F<14.7$ 为浓混合气；$A/F>14.7$ 为稀混合气。

（2）可燃混合气浓度对发动机性能的影响

可燃混合气成分对发动机的性能影响很大。试验证明，发动机的功率和燃油消耗率都是随着可燃混合气浓度的变化而变化的，如图 2-103 所示。理论上，$\alpha=1$ 的混合气，气缸内空气与燃料正好完全燃烧。但实际上，由于气缸内还存在废气、混合气混合不均匀等，气缸内理论混合气并不能完全燃烧。对于 $\alpha>1$ 的稀混合气，气缸内有足够的空气使燃料完全燃烧。通常，当 $\alpha=1.05\sim1.15$ 时，燃料消耗率最低，经济性最好，称燃料消耗率最低时对应的可燃混合气为经济混合气。当 α 更大时，由于空气过量，燃烧速度减少，热损失增加，发动机功

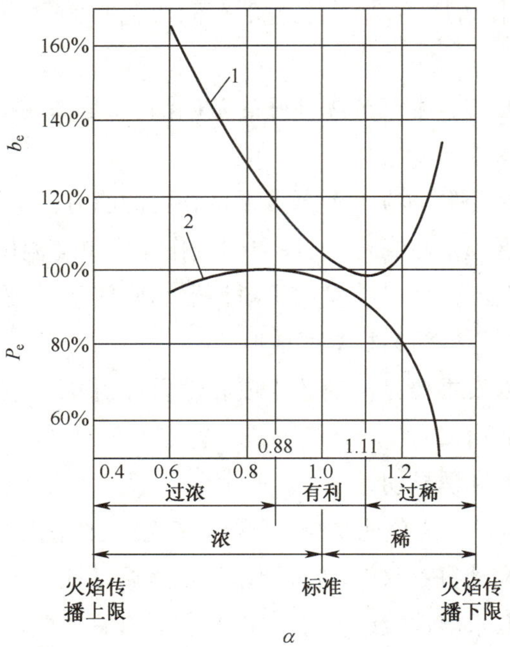

1—燃油消耗率；2—功率
（发动机转速不变，节气门全开）

图 2-103　可燃混合气浓度对发动机性能的影响

率降低，出现进气管回火现象。发动机动力性、经济性均下降。对于 $\alpha<1$ 的混合气，气缸内汽油分子较多，汽油燃烧速度加快，发动机功率增大，称发动机输出最大功率时的可燃混合气为功率混合气，其 α 值一般在 0.85～0.95 之间。如果混合气太浓，将使燃烧不完全，产生大量一氧化碳，同时在燃烧室内产生积炭，并发生排气管放炮和冒黑烟现象，导致发动机功率下降，燃油消耗率显著增加。

一般为了兼顾发动机的动力性和经济性，α 值应在 0.88～1.11 之间。过浓或过稀（$\alpha\leqslant0.4$ 或 $\alpha\geqslant1.4$）的混合气，都将导致火焰无法传播，发动机运转不稳直至熄火。

3. 发动机各工况对可燃混合气的要求

发动机在实际运行过程中，其工况在工作范围内是不断变化的，且在工况变化时，发动机对可燃混合气浓度的要求也是不同的。

（1）稳定工况对混合气的要求

发动机的稳定工况是指发动机已经完全预热，进入正常运转，且在一定时间内转速和负荷没有突然变化的情况。稳定工况又可分为怠速、小负荷、中等负荷、大负荷和全负荷工况。

① 怠速工况：怠速是指发动机对外无功率输出且以最低稳定转速运转。在怠速工况下，节气门处于关闭状态，此时，吸入气缸内的可燃混合气少，气缸内残余废气较大。又因转速低、空气流速慢、汽油雾化蒸发不良，混合气燃烧不良，甚至熄火。因此要求供给少量的浓混合气（$\alpha=0.6\sim0.8$）。

② 小负荷工况：发动机负荷在 25%以下称为小负荷。在小负荷工况时，节气门略开，混合气的品质与数量有所增加，废气对混合气的稀释作用有所减弱。因而，混合气的浓度略为减少（$\alpha=0.7\sim0.9$）。

③ 中等负荷工况：汽车发动机的大部分工作时间都处于中等负荷状态，负荷在 25%～85%之间。此时，节气门开度较大，进入气缸内的可燃混合气数量多，燃烧条件好，可供给发动机较稀的混合气，以获得最佳的燃油经济性。

④ 大负荷和全负荷工况：在大负荷时，节气门开度已超过 85%，此时应随着节气门开度的开大而逐渐地加浓混合气以满足发动机功率的要求（$\alpha=0.85\sim0.95$）。

（2）过渡工况对混合气的要求

汽车在运行中的主要过渡工况可分为冷起动、暖机、加速和减速三种。

① 冷起动：冷机起动时，发动机要求供给很浓的混合气，以保证混合气中有足够的汽油蒸气，使发动机能够顺利起动。但在冷起动时燃料和空气的温度很低，汽油蒸发率很小，为了保证冷起动顺利，要求混合气的浓度为 $\alpha = 0.2 \sim 0.6$，这时才能在气缸内形成可燃混合气。

② 暖机：发动机冷机起动后，各气缸开始依次点火而做功，发动机温度逐渐上升，即暖机。发动机在暖机过程中，由于温度较低，燃油雾化较差，因此也需要空燃比较小的浓混合气。随着发动机温度升高，空燃比逐渐增大，直至达到正常工作温度时，发动机进入怠速工况。

③ 加速和减速：发动机的加速是指发动机的转速突然迅速增加的过程。此时，节气门开度突然加大，进气管压力随之增加，由于汽油的流动惯性和进气管压力增大后汽油蒸发量的减少，大量的汽油颗粒被沉积在进气管壁面上，形成较厚油膜，而进入气缸内的实际混合气则瞬时被稀释，严重时会出现过稀，使发动机转速下降。为了避免这一现象发生，在发动机加速时，应向进气管喷入一些附加汽油以弥补加速时的暂时稀释，以获得良好的加速性能。

当汽车减速时，驾驶员迅速松开加速踏板，节气门突然关闭，此时由于惯性作用发动机仍保持很高的转速，因此进气管真空度急剧增高。促使附着在进气管壁面上的汽油蒸发汽化，并在空气量不足的情况下进入气缸内，造成混合气过浓，严重时甚至熄灭。因此，在发动机减速时，应供给较稀的混合气，以避免这一现象发生。

二、电控燃油喷射系统结构及原理

1. 电控燃油喷射系统的分类

（1）按喷射方式分类

电控燃油喷射系统按照喷射方式分类，可分为同时喷射、分组喷射和顺序喷射。

① 同时喷射：将各气缸的喷油器并联，所有喷油器由计算机的同一个指令控制，同时喷油，同时断油（图 2-104）。

② 分组喷射：将各气缸的喷油器分成数组，同一组喷油器同时喷油或断油（图 2-105）。按照发动机的工作顺序，相邻的两缸分为一组，以四缸发动机（工作顺序 1-3-4-2）为例，1 缸和 3 缸为一组，4 缸和 2 缸为一组。

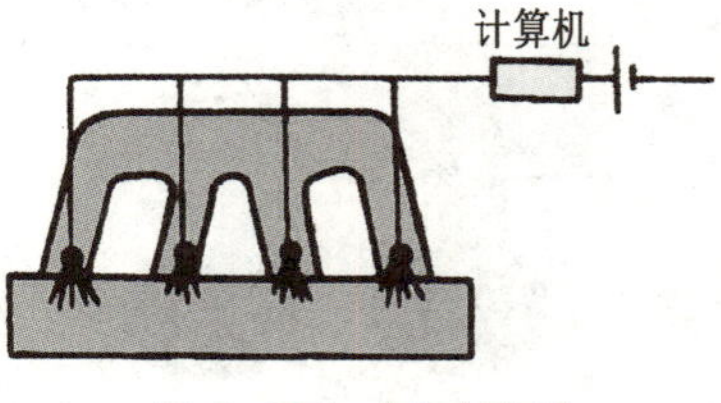

图 2-104　同时喷射

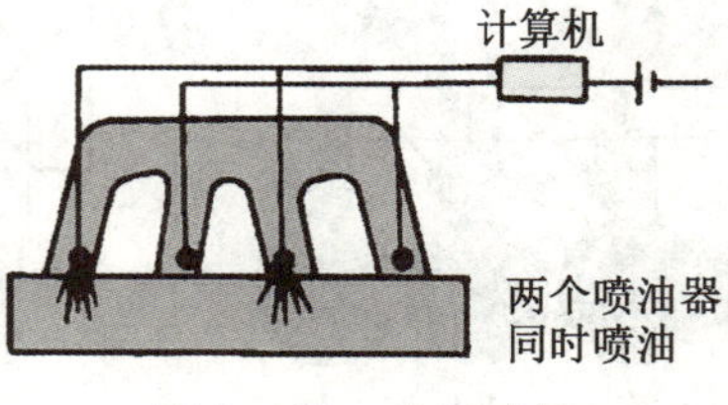

图 2-105　分组喷射

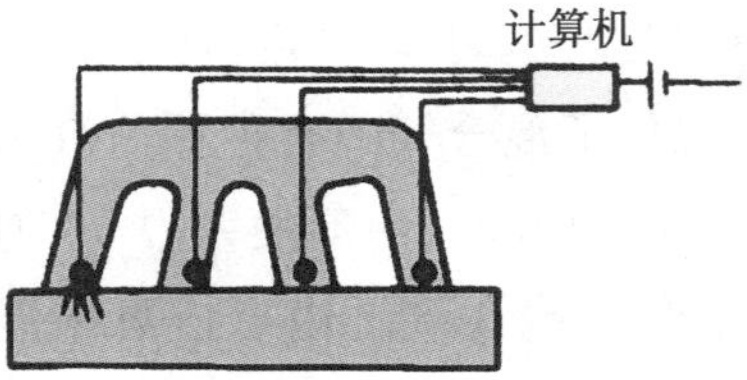

图 2-106　顺序喷射

③ 顺序喷射：喷油器由计算机分别控制，按发动机各气缸的工作顺序喷油（图 2-106）。

（2）按空气量的检测方式分类

电控燃油喷射系统按空气量的检测方式分类，可分为 D 型电控燃油喷射系统和 L 型电控燃油喷射系统。

① D 型电控燃油喷射系统：利用进气歧管绝对压力传感器检测进气歧管压力，计算机根据公式计算出进气量，再根据进气量和发动机转速确定基本喷油量（图 2-107），也被称为间接检测。

② L 型电控燃油喷射系统：利用空气流量计直接测量发动机的进气量，计算机不必进行推算，可根据空气流量计信号计算与该空气量相应的喷油量（图 2-108），也被称为直接检测。

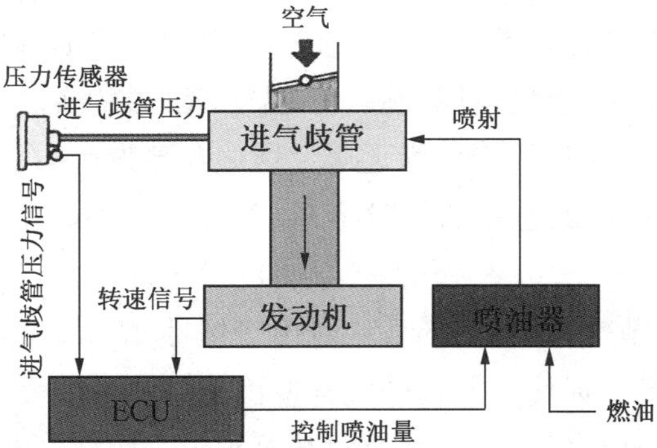

图 2-107　D 型电控燃油喷射系统（间接检测）

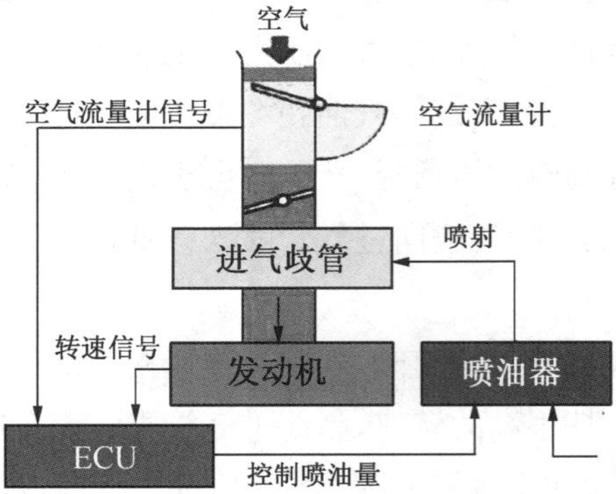

图 2-108　L 型电控燃油喷射系统（直接检测）

（3）按喷油器数目分类

电控燃油喷射系统按喷油器数目分类，可分为多点喷射系统和单点喷射系统。

① 多点喷射：每缸进气门处装有一个喷射装置（喷油器），由 ECU 控制喷射（图 2-109）。其燃油分配均匀性好，但控制系统复杂，成本高。

② 单点喷射：在节气门上方装一个中央喷射装置，由 1～2 个喷油器集中喷油（图 2-110）。采用顺序喷射方式，结构简单、故障少、维修调整方便。

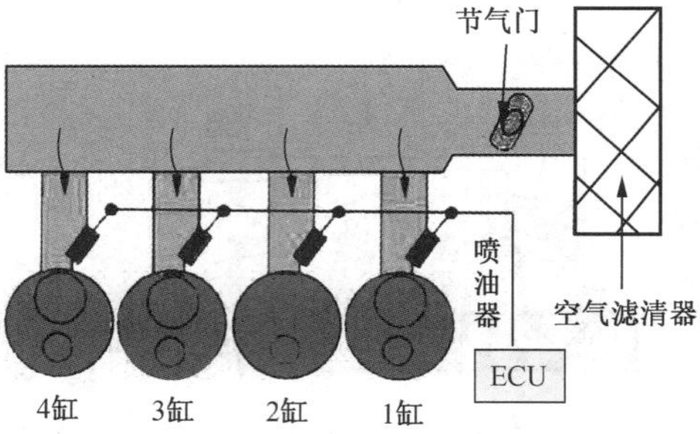

图 2-109　多点喷射

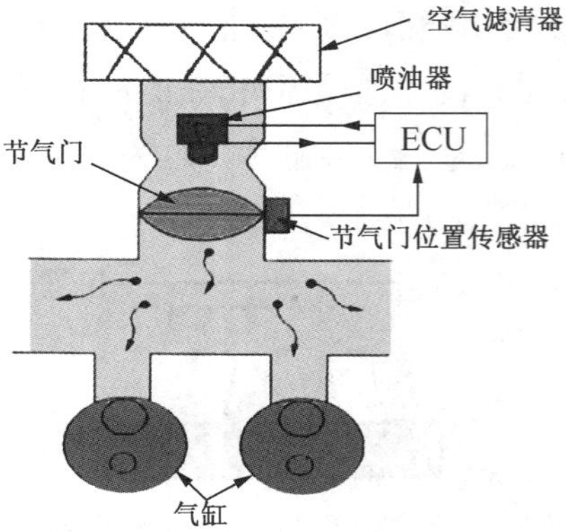

图 2-110　单点喷射

（4）按控制模式分类

电控燃油喷射系统按控制模式分类，可分为开环控制系统和闭环控制系统。

① 开环控制系统：ECU 根据传感器的信号对执行器进行控制，但不检测控制结果（图 2-111）。

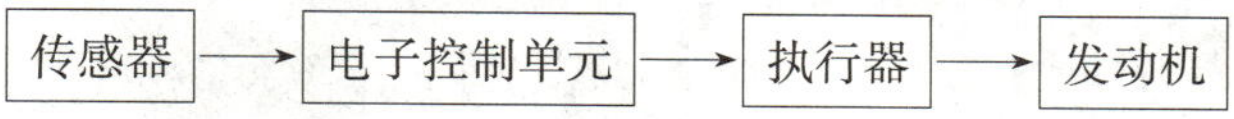

图 2-111　开环控制

② 闭环控制系统：也称为反馈控制，在开环的基础上，对控制结果进行检测，并反馈给 ECU（图 2-112）。

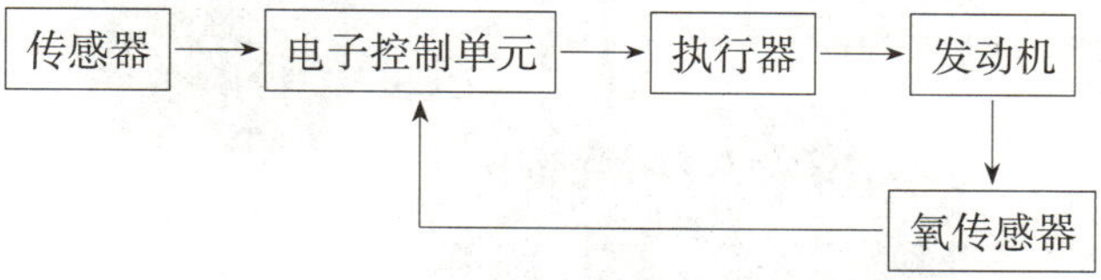

图 2-112　闭环控制

（5）按喷射位置分类

电控燃油喷射系统按喷射位置分类，可分为缸内喷射和缸外喷射。

① 缸内喷射：喷油器将燃油直接喷入气缸燃烧室内（图 2-113）。

② 缸外喷射：喷油器将燃油喷射到进气道内（图 2-114）。

（6）按喷射装置的控制方式分类

电控燃油喷射系统按喷射装置的控制方式分类，可分为机械式、机电式和电子控制式。

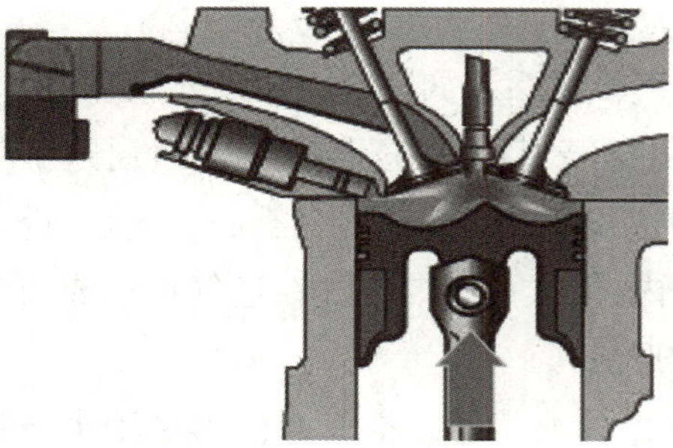

图 2-113　缸内喷射

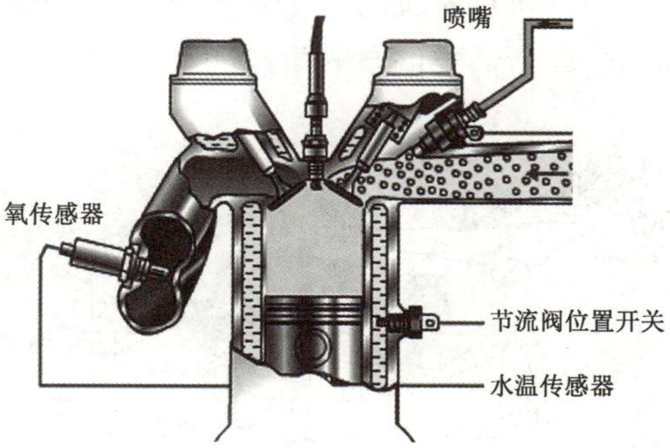

图 2-114　缸外喷射

2. 电控燃油喷射系统的基本组成

电控燃油喷射系统根据其作用不同可分为四个子系统，即空气供给系统、排气系统、燃油供给系统和电子控制系统（图 2-115）。

空气供给系统的组成包括空气滤清器、空气流量计（进气歧管绝对压力传感器）、节气门体、节气门位置传感器、稳压箱，进气歧管等。

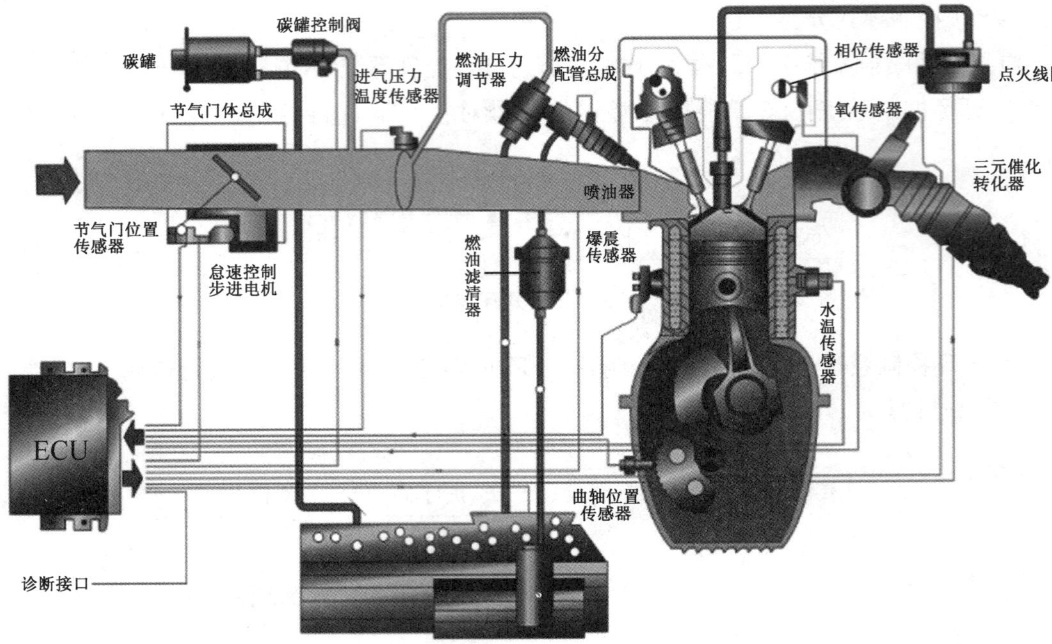

图 2-115 电控燃油喷射系统的组成

排气系统的组成包括排气歧管、消音器等。

燃油供给系统的组成包括电动燃油泵、油箱、燃油滤清器、燃油压力调节器、燃油分配管和喷油器等。

电子控制系统的组成包括传感器、电控单元(ECU)和执行器。

(1) 空气供给系统

空气供给系统的作用是为发动机可燃混合气的形成提供必要的空气,并计量和控制汽油燃烧时所需要的空气量。

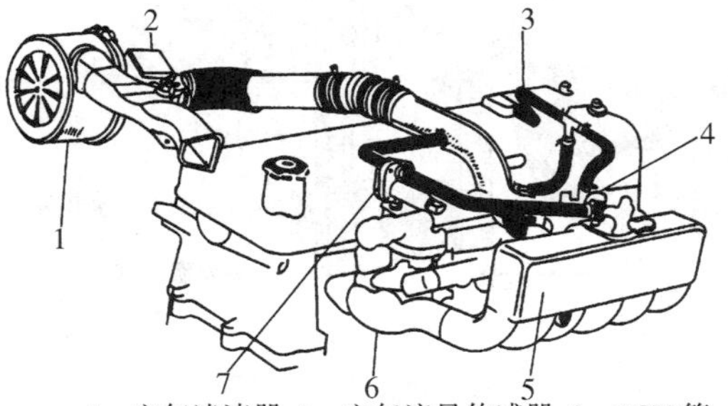

1—空气滤清器;2—空气流量传感器;3—PCV 管;
4—怠速开关控制传感器;5—稳压箱;6—进气歧管;
7—空气阀

图 2-116 空气供给系统

空气供给系统如图 2-116 所示,空气经滤清后,用空气流量计进行测量,然后通过节气门体到达稳压箱,再分配给各缸进气管,进入各气缸内燃烧(可燃混合气在进气道形成或在气缸内形成)。

① 空气滤清器。空气滤清器是用来滤清空气中所含的尘土,以减少气缸、活塞、活塞环等零件的磨损,延长发动机的使用寿命。

空气滤清器的种类很多,在汽车上常用的有纸质干式空气滤清器和油浴式空气滤清器。如图 2-117 所示为纸质干式空气滤清器,它是通过用树脂处理过的纸质滤芯对空气进行过滤。纸质滤芯的寿命取决于纸面大小(通常成波折状以提高过滤面积)及空气本身的清洁程度,一般可连续使用 10 000～50 000 km。纸质滤芯不能清洗,脏污时可用压缩空气吹去灰尘，严重时必须更换。该滤清器质量轻、结构简单、安装及保养方便、滤清效果高。因此在汽车上得到广泛应用。

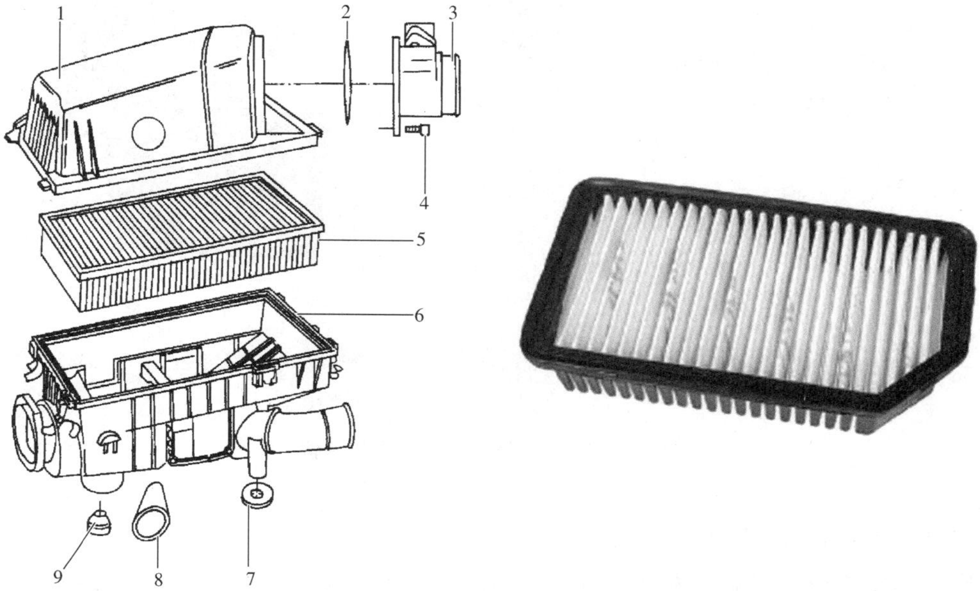

1—空气滤清器上壳体；2—O 形圈；3—空气流量计；4—螺栓；5—空气滤清器芯；
6—空气滤清器下体；7—橡胶垫片；8—固定环；9—减震挡块

图 2-117　纸质干式空气滤清器

② 稳压箱与进气歧管。稳压箱的功用是消除进气压力脉动，保证各缸混合气分配均匀。进气歧管的功用是将空气或可燃混合气引入气缸，保证进气充分及各缸进气量均匀一致。进气歧管多用铝合金或铸铁制造，有些也采用复合塑料制作。稳压箱与进气歧管的结构如图 2-118 所示。为提高充气效率，进气歧管的形状、容积都进行了专门的设计，充分利用吸入空气的惯性增压作用，增大进气量，提高发动机功率。

③ 可变进气道与进气增压系统。为提高充气效率，在汽油机控制燃油喷射系统中，采用了各种可变进气系统与进气增压系统。

在进气过程中，当进气门刚打开时，在进气门端产生一定的真空，形成负的压力波，这种负压力波沿进气管以音速传递到进气管的入口，通过反射形成正的压力波，又返回到进气门端，如果在进气终了时这种正的压力波波峰恰好达到进气门端，进气压力升高，充气效率增加；反之，如果波谷恰好达到进气门端，进气压力减少，充气效率降低。在发动机的转速范围内，正压力波与进气脉冲的最佳匹配，使得进气终了时的正压力波的波峰恰好达到进气门端。这种增压技术称为谐波增压。

谐波增压可通过改变进气管的长度和容积实现。较长的进气歧管使发动机在低转速下获得较大的转矩，但在高转速下却会出现较低的最大输出功率，而较短的进气歧管却正相反。进气歧管长度可变，可以保证在较大的转速范围内，不但具有较大的转矩，而且在高

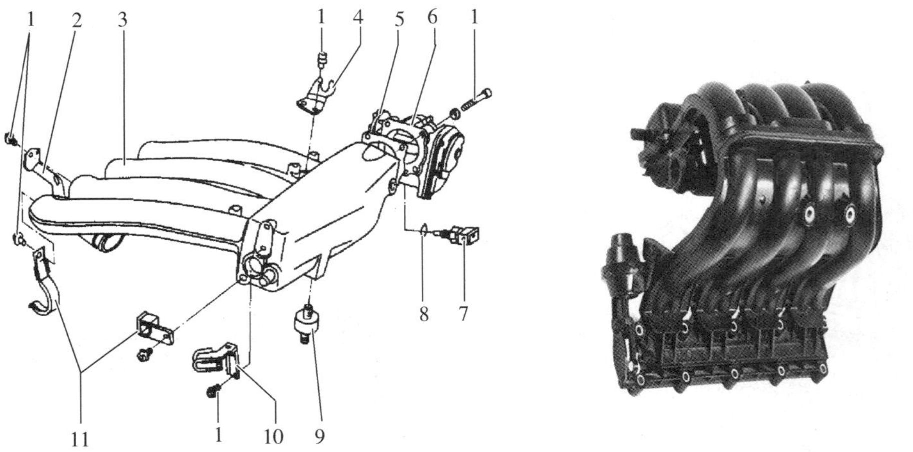

1—螺栓；2—高压线导管；3—进气管上体；4、10、11—支架；5—密封垫；6—进气门控制单元(J338)；
7—进气温度传感器；8—密封环；9—支柱

图 2-118　稳压箱与进气歧管的结构

转速区具有较高的最大输出功率，如图 2-119 所示。

废气涡轮增压是指利用发动机排出的高温高压废气能量，驱动涡轮做高速旋转，带动同轴上的压缩机，对燃烧所需的空气进行预压缩，于是在发动机排量和转速不变的情况下，流入发动机的空气量增加，进气效率提高，因而可提高发动机的功率。

如图 2-120 所示为废气涡轮增压系统，其基本组成及工作原理如图 2-121 所示。它包括同轴的涡轮与压气机叶轮。涡轮与压气机叶轮上有很多叶片，从气缸排出的废气直接进入涡轮，并推动涡轮旋转，带动压气机叶轮旋转，将吸入的空气增压，送入气缸。

(a) 长气道

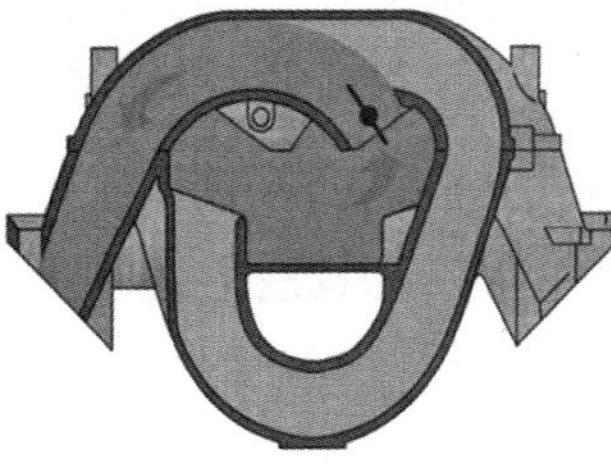

(b) 短气道

图 2-119　可变长度进气系统工作原理

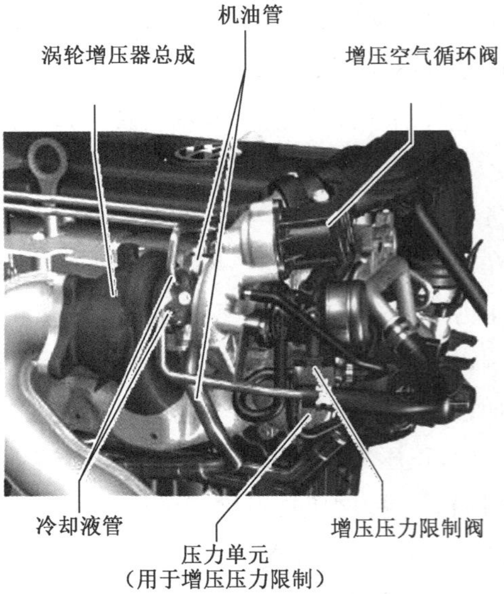

图 2-120　废气涡轮增压系统

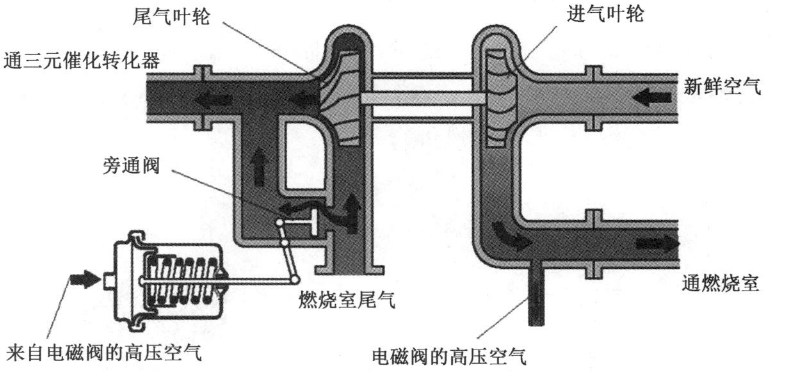

图 2-121　涡轮增压器结构原理

由于利用高温废气进行增压，涡轮增压器当经压缩的空气温度较高，使进气密度减少，对提高进气效率不利，因此，需要在压缩空气出口到进气管之间安装冷却器，冷却压缩空气，提高其密度。

(2) 排气系统

排气系统主要由三元催化转化器、前消声器、后消声器等部件组成，如图 2-122 所示。

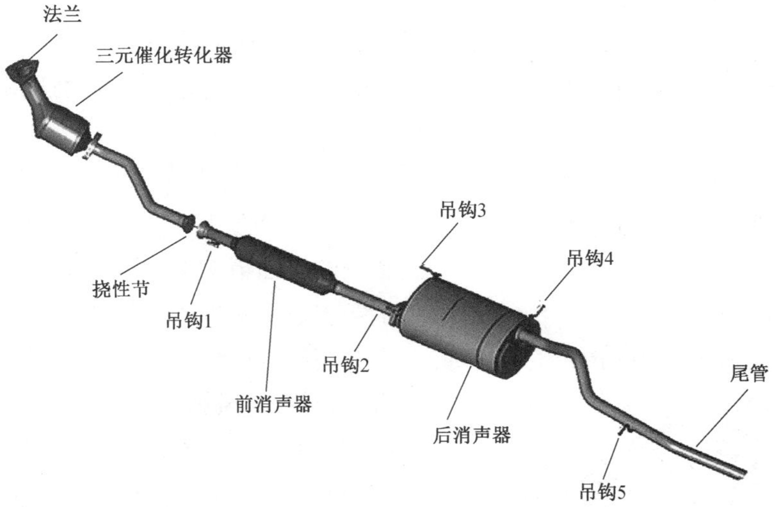

图 2-122　排气系统的结构

发动机的排气压力为 0.3～0.5 MPa，温度为 500～700℃，这表明排气有一定的能量。同时，排气的间歇性，会引起排气管内排气压力的脉动。若将发动机排气直接排放到大气中，将产生强烈的、频谱比较复杂的噪声，其频率范围从几十赫兹到一万赫兹。因此排气消声器的作用主要是消减排气噪声，消声器通过逐渐降低排气压力和衰减排气压力的脉动，使排气能量耗散殆尽。

(3) 燃油供给系统

燃油供给系统的作用是供给发动机燃烧过程所需的燃油。

燃油供给系统主要由燃油泵、燃油滤清器、油压调节器、喷油器等组成，如图 2-123 所示。燃油从燃油箱中被燃油泵吸出，先由燃油滤清器将杂质滤除后再通过输油管送到各个喷油器。喷油器则根据 ECU 发出的指令，将计量后的燃油喷入各进气歧管或稳压室中与流入发动机内的空气进行混合，形成可燃混合气。

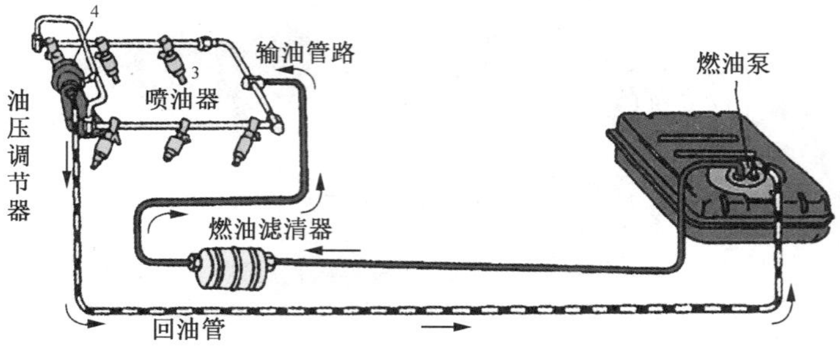

图 2-123　燃油供给系统

此外，利用压力调节器可将喷油压力控制在 250～300 kPa 内，而将多余的燃油从调压器经回油管送回油箱。为了消除燃油泵泵油时或喷油器喷油时引起管路中的油压产生微小扰动，有些发动机的燃油供给系统中还装有油压脉动阻尼器，用于吸收管路中油压波动时的能量，以此抑制管路中油压的脉动，提高系统的喷油精度。

发动机在正常工况喷油量由安装在进气门前的各喷油器（Multipoint Injection，简称 MPI）或位于节气门体位置的喷油器（Single Point Injection，简称 SPI）的通电时间长短来决定。

① 燃油箱。燃油箱是用来储存燃油的装置，其容积大小与车型和发动机排量有关。其形状随车型不同而各异，这主要是为了适应在车上的布置安装。

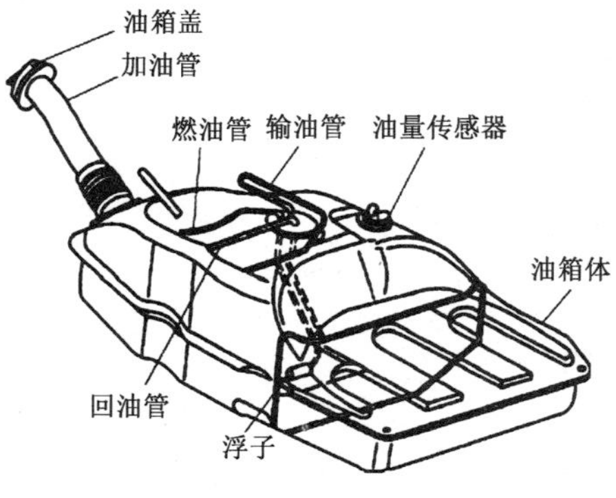

图 2-124　燃油箱的结构

传统的燃油箱采用薄钢板冲压焊接制成，现代轿车油箱多数采用耐油硬塑料制成。

燃油箱的结构如图 2-124 所示，一般油箱盖上设计有重力阀、通风阀。重力阀的作用是依靠其自重，在正常情况下允许空气进入油箱以消除负压，当车辆倾斜 45°或翻车时，此阀自动将通风口关闭，防止燃油漏出，发生火灾。

② 电动燃油泵。电动燃油泵的作用是把燃油从油箱内吸出并通过喷油器供给发动机各气缸。

在电控燃油喷射系统中最常用的是内置式燃油泵，即燃油泵安装在燃油箱内。内置式燃油泵不易发生气阻和漏油现象，对泵的自吸性能要求较低，故应用广泛。

内置式燃油泵主要有滚柱式和叶片式两种。滚柱式电动燃油泵如图 2-125 所示。转子偏心地安装在泵体内，滚柱装在转子的凹槽中。在永磁电动机的驱动下，当转子旋转时，滚柱在离心力的作用下紧压在泵体的内表面上，同时在惯性力的作用下，滚柱总是与转子凹槽的一个侧面贴紧，从而形成若干个封闭的工作腔。在燃油泵工作过程中，进油孔一侧的工作腔容积增大，成为低压吸油腔，燃油经进油口被吸入工作腔内。在出油口一侧的工作腔容积减小，成为高压压油腔，高压燃油从压油腔经出油口流出。油泵转子每转一圈，其排出的燃油就要产生与滚柱数目相同的压力脉动，故在出口处装有油压缓冲器，以减小出口处的油压脉动和运转噪声。

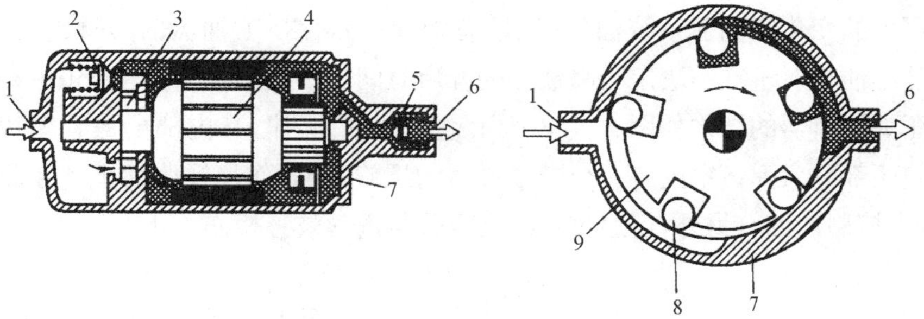

1—进油口；2—限压阀；3—滚柱泵；4—电动机；5—单向止回阀；6—出油口；7—泵体；8—滚柱；9 —转子

图 2-125　滚柱式电动燃油泵

其中，单向阀主要用于防止燃油倒流，并可保持管路残余压力，以方便发动机下次起动，并可防止由于温度较高时，油路产生气阻现象，影响发动机热起动性能。若油泵输出压力超过 400 kPa 时，安全阀会自动打开，高压燃油可回至油泵的进油室，并在油泵和电动机内循环，以此可避免由于油路堵塞而引起管路油压过高造成管路破裂或燃油泵损坏等现象。滚柱式电动燃油泵运转时噪声大，油压脉动也大，且泵体内表面和转子容易磨损。

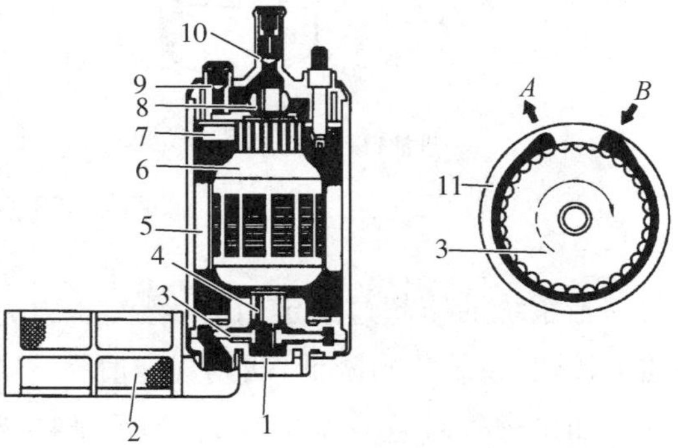

1—橡胶缓冲垫；2—滤网；3—叶轮及叶片；
4、8—轴承；5—永久磁铁；6—电枢；7—炭刷；
9—限压阀；10—单向止回阀；11—泵体

图 2-126　叶片式电动燃油泵

近年来，越来越多的发动机采用了叶片式电动燃油泵，其结构如图 2-126 所示。叶轮是一个圆平板，在平板的圆周上加工有小槽，形成泵油叶片。当叶轮旋转时，圆周上小槽内的燃油随同叶轮一同高速旋转。由于离心力的作用，使出口处压力增高，而在进口处产生真空，从而使燃油在进口处被吸入，在出口处被排出，这样周而复始地完成燃油的输送。叶片式电动燃油泵运转噪声小，油压脉动小，泵油压力高，叶片磨损小，使用寿命长。

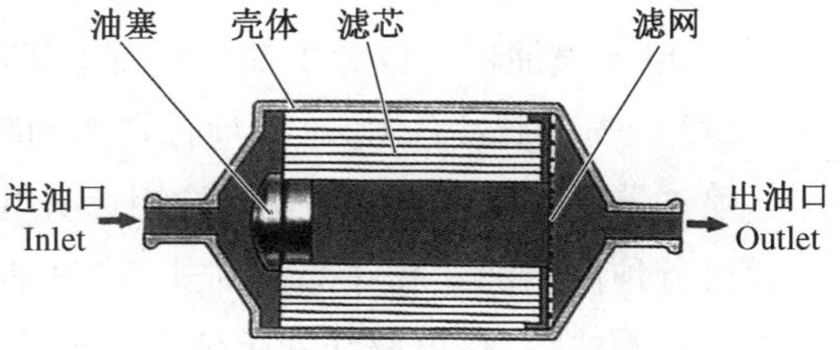

图 2-127　燃油滤清器

③ 燃油滤清器。燃油滤清器(图 2-127)可清除燃油中的杂质，防止堵塞喷油器等部

件，减少运动部件的磨损。

燃油滤清器与普通的滤清器一样，采用过滤形式，壳体内有一个纸滤芯，滤芯的微孔平均直径为 10 μm，并串接一个棉纤维制成的过滤筛，以达到较好的滤清效果。滤芯的形式通常有两种，即菊花形和涡卷形。

燃油滤清器的滤芯应根据车辆行驶里程，使用的燃油质量情况及时更换。确保发动机稳定行驶，提高可靠性。

④ 燃油压力调节器。燃油压力调节器一般安装在燃油导轨上，其作用是根据进气歧管内的绝对压力的变化来调节系统油压(燃油总管油压)，保持喷油器的喷油绝对压力恒定，使喷油器的燃油喷射量唯一决定于喷油器的开启时间。一般系统油压在 250～300 kPa。

燃油压力调节器的结构如图 2-128 所示，它有金属壳体，其内部由橡胶膜片分为弹簧室和燃油室两部分。弹簧室内有一个带预紧力的螺旋弹簧，作用在膜片上。在膜片上安装一个阀体，来控制回油。另外，还通过一根真空管与进气歧管相连。

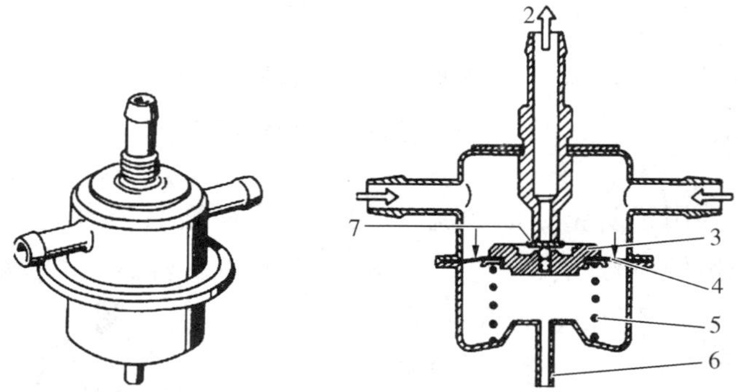

1—进油口；2—回油口；3—阀座；4—膜片；5—弹簧；6—真空接管(接进气管)；7—平面阀

图 2-128 燃油压力调节器

当系统油压超过规定值时，燃油压力克服弹簧压力，将膜片向下压，打开阀门，与回油通道接通，系统压力降低，回到规定值。

如果进气歧管真空度变大，为了维持燃油导轨内部与进气歧管内部的压力差恒定，就必须降低系统油压。把进气歧管真空度引入弹簧室，能够减少膜片下方螺旋弹簧的作用力，进而减少打开阀门的压力，使系统油压下降到规定值。反之亦然。

当电动燃油泵停止工作时，在膜片和螺旋弹簧力的作用下阀关闭，保持油路中的残余压力。

⑤ 电磁喷油器。电磁喷油器是发动机电控燃油喷射系统的一个重要的执行元件，它接受 ECU 的喷油脉冲信号，准确地计量燃油喷射量，同时将燃油喷射后雾化。

喷油器有三种不同的分类：按用途分为单点式喷油器和多点式喷油器；按燃油的送入位置可分顶部供油式和底部供油式；按喷油口形式可分为轴针式和孔型，孔型又可分为球阀式和片阀式等；按电磁线圈阻值大小可分为高阻式(12～17 Ω)和低阻式(0.6～3 Ω)；按喷油器的驱动电路型式可分为电流驱动式和电压驱动式。

如图 2-129 所示的轴针式电磁喷油器，它安装在燃油分配管上，主要由轴针、针阀、衔铁、回位弹簧及电磁线圈等组成。针阀与衔铁制成整体结构，针阀上端安装一回位弹簧。当电磁喷油器停止工作时，弹簧弹力使针阀回位，阀针关闭，轴针压靠在阀座上起到密封作用，防止燃油泄漏。滤网用于过滤燃油中的杂质，O 形密封圈起到密封作用，上部密封圈防止燃油泄漏，下部密封圈防止漏气。在燃油分配管上设有电磁喷油器的安装支座，支座为橡胶成型件，起隔热作用，防止电磁喷油器中的燃油产生气泡，有利于提高发动机的高温起动性能。

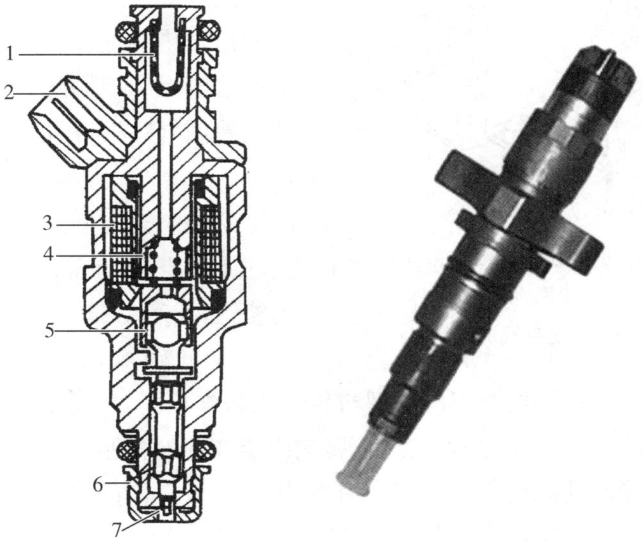

1—燃油滤网；2—电插座；3—电磁线圈；4—回位弹簧；5—衔铁；6—针阀；7—轴针

图 2-129 喷油器结构

当电磁线圈通电时，电磁吸力使针阀克服回位弹簧的弹力，针阀与轴针上移，阀门打开，燃油便从喷孔喷出。由于燃油压力较高，因此喷出的燃油得到良好雾化。当电磁线圈断电时，电磁吸力消失，针阀与轴针在回位弹簧作用下回位，阀门关闭，喷油停止。

(4) 电子控制系统

电子控制系统的作用是根据发动机运转状况和车辆运行状况确定燃油最佳喷射量和最佳点火提前角。此外，还可进行怠速控制和排放控制等。该系统由传感器、发动机控制单元（ECU）、执行器三部分组成。

电子控制系统的核心是 ECU，它根据发动机中各种传感器送来的信号控制喷油时间、点火时刻等。传感器监测发动机的实际工况，计量各种信号并传输给 ECU。ECU 输出的各种控制指令由执行器执行。

① 传感器：传感器是用来测量或检测反映发动机运行状态下的各种物理量和化学量，并将它们转换成计算机能接受的电信号后再传给 CPU。常用的传感器主要有：空气流量计（L 型）、进气管绝对压力传感器（D 型）、曲轴转速与位置传感器、温度传感器、节气门位置传感器、氧传感器、爆燃传感器等，另外还有各类开关、继电器等。

ⅰ 空气流量计：空气流量计测量发动机进气量，是用来确定基本喷油量的主要依据之一。

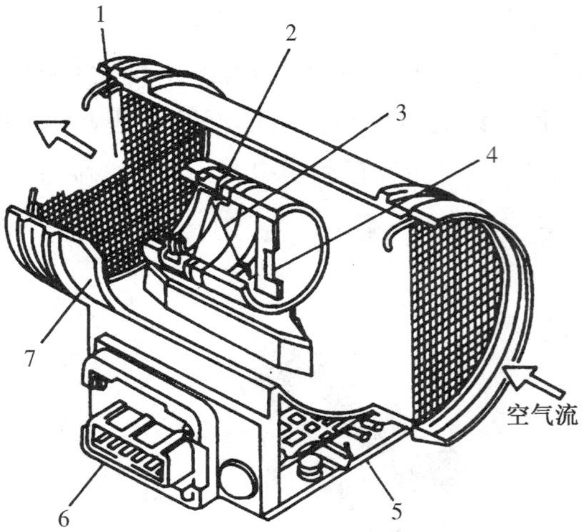

1—金属防护网；2—测试管；3—热线；4—温度补偿电阻；5—控制电路板；6—电源插座；7—壳体

图 2-130　热线式空气流量计

空气流量计设置在空气滤清器与节气门体之间，也可安装在空气滤清器上，或将空气流量计与节气门体做成一体安装在发动机上。目前常用的是热线式与热膜式空气流量计，此外还有翼片式和卡门涡旋式。

热线式空气流量计主要由计量空气流量的白金热线，根据进气温度进行修正的温度补偿电阻和控制热线电流并产生输出信号的控制电路板以及空气流量计的壳体组成，如图 2-130 所示。

这种空气流量计可以直接测量进气空气的质量流量，无需进行进气温度和大气压力修正，无运动部件，进气阻力小，响应特性较好，可正确测出急减速时的空气进气量。

热膜式空气流量计的结构和工作原理与热线式基本相同，如图 2-131 所示。只是将发热体由热线式改为热膜式，热膜是由发热金属铂固定在薄的树脂膜上构成的。这种结构可使发热体不直接承受空气流动所产生的作用力，增加了发热体的强度，提高了使用寿命，它的金属网用以产生微观紊流，以使测量信号稳定。

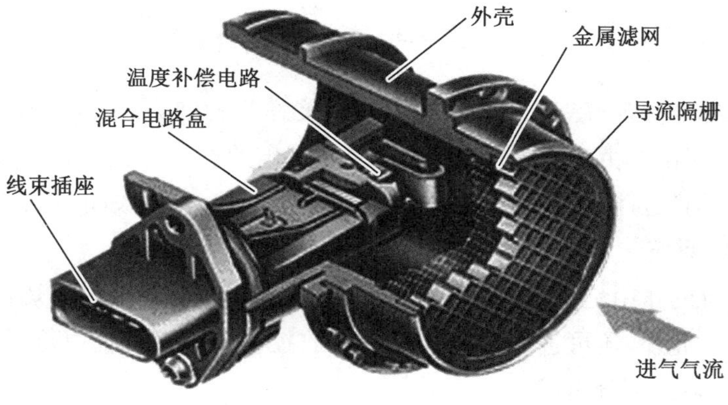

图 2-131　热膜式空气流量计

ⅱ 进气歧管绝对压力传感器：EFI 系统通过进气管压力和发动机转速推算发动机进气量，进气管压力的测定靠绝对压力传感器完成，如图 2-132 所示。

图 2-132　进气歧管压力传感器

进气歧管绝对压力传感器种类较多，按其信号产生原理可分为半导体压敏电阻式、电容式、膜盒传动的可变电感式和表面弹性波式等。

ⅲ 曲轴转速与位置传感器：曲轴转速与位置传感器提供发动机的转速、曲轴转角位置及气缸行程位置信号，以此确定发动机的基本喷油时刻、喷油量及点火时刻。曲轴转速与位置传感器可分为磁电式、光电式和霍尔式三种类型。

此外，就其安装部位来看，有的安装在曲轴前端，有的安装在凸轮轴前端（或分电器）内以及飞轮上。车型不同，所采用的结构型式有所不同，所以也有曲轴位置传感器或凸轮轴位置传感器之说，二者的原理和结构形式基本相同，只是安装位置有所区别。

ⅳ 温度传感器：温度传感器有冷却液温度、进气温度与排气温度的传感器。实际中应用较多的是热敏电阻式温度传感器。

冷却液温度传感器（也称发动机温度传感器）用来检测发动机冷却液温度，该值用于喷油量和点火时刻的修正。如图 2-133 所示为负温度系数的热敏电阻式温度传感器的结构、特性及与电控单元的连接，热敏电阻的阻值随温度的升高而减小。电控单元中的电阻 R 与温度传感器串联。当发动机冷却液温度改变时，传感器向电控单元输送的信号电压也发生改变。

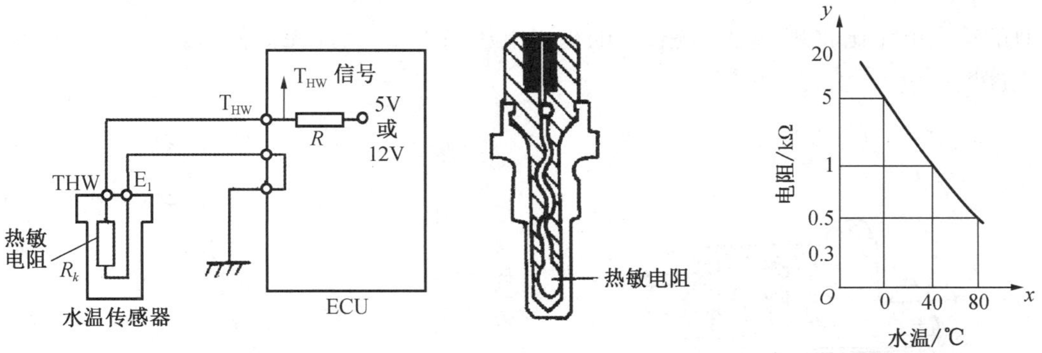

图 2-133　冷却液温度传感器

ⅴ 节气门位置传感器：节气门位置传感器通常装在节气门体上，可同时把节气门开度、怠速、大负荷等信号转换成电压信号送至 ECU 中，以便控制系统可根据发动机的各种典型工况对其喷油量及点火提前角进行最优控制。节气门位置传感器有线性输出和开关量输出两种形式。

发动机节气门体采用整体式结构如图 2-134 所示，主要由节气门位置传感器、怠速节气门位置传感器、怠速开关、怠速直流电机以及一套齿轮驱动机构组成。其中节气门位置传感器、怠速节气门位置传感器

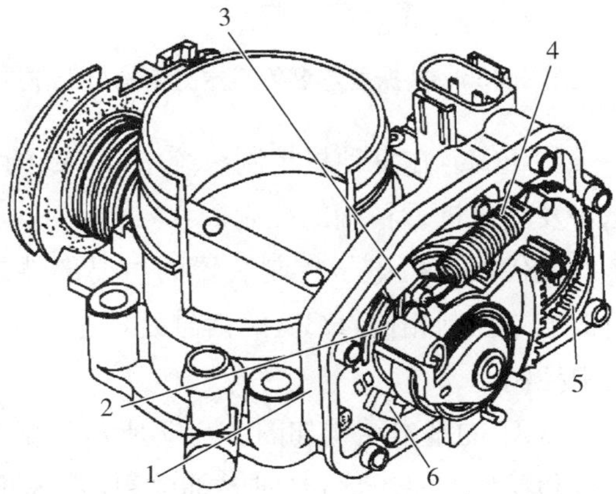

1—整体式怠速稳定装置；2—怠速开关；
3—怠速节气门位置传感器；4—应急弹簧；
5—怠速直流电机；6—节气门位置传感器

图 2-134　发动机节气门体

为线性输出型传感器，怠速开关为开关量输出型传感器。

ⅵ 氧传感器：为了检测出实际空燃比，在排气管中设置了氧传感器，由此检测实际混合气是浓还是稀，并向 ECU 提供空燃比反馈信号，以此控制空燃比收敛于理论值。目前已实际应用的氧传感器有氧化锆式和氧化钛式两种类型。

ⅶ 爆燃传感器：爆燃传感器用于检测发动机的爆燃程度，以此实现发动机点火时刻的闭环控制过程，可有效地抑制发动机爆燃现象的发生。发动机爆燃程度的检测主要用发动机机体振动法来判断爆燃强度，以便对发动机的点火提前角进行反馈控制。采用发动机机体振动检测法的爆燃传感器有磁致伸缩式和压电式两种类型。压电式又分共振型和非共振型结构。

共振型压电式爆燃传感器是利用爆燃时发动机振动频率与传感器本身固有频率一致的特点，通过产生共振来检测爆燃强度的。

如图 2-135 所示为共振型压电式爆燃传感器的安装、结构与工作原理。压电元件紧密地贴合在振荡片上，振荡片则固定在传感器的基座上。振荡片随发动机振动而振荡并波及压电元件，使其变形而产生电压信号。当发动机爆燃时的振动频率与振荡片的固有频率相符合时，振荡片产生共振，此时压电元件将产生最大的电压信号(图 2-136)。该传感器在爆燃时的输出电压比非共振(无爆燃)时的输出电压高得多，因此无需使用滤波器，即可判别有无爆燃产生。

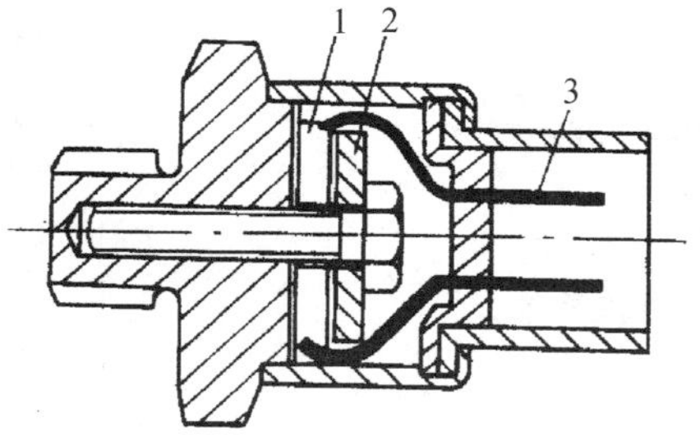

图 2-135　共振型爆燃传感器的结构与工作原理

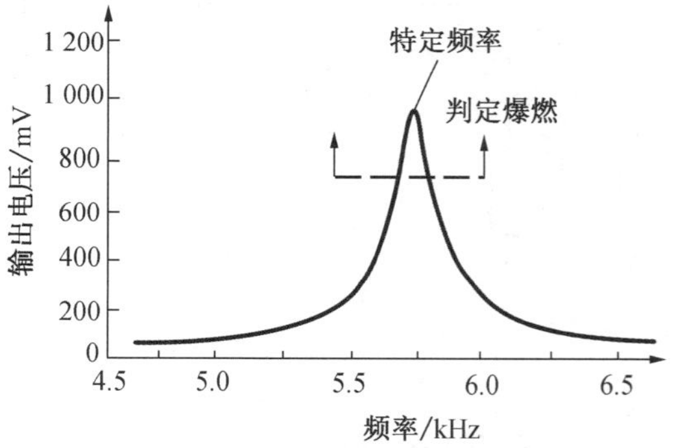

图 2-136　共振型爆燃传感器特性

② ECU：在发动机控制系统中，ECU 的主要功能是根据发动机运转状况和车辆运行状态对发动机进行精确的控制。

现代发动机电子控制装置的主要部件是微型电子计算机，由于使用了微机，与以往的模拟电路控制相比，ECU 的信号处理速度和容量都大大提高，因此可实现多功能的高精度集中控制。

ECU 的基本结构如图 2-137 所示的虚线部分，主要由输入回路、A/D 转换器、微型计算机和输出回路组成，是对燃油喷射、点火正时、怠速、进气及排放等进行综合控制的发动机管理系统。

ⅰ 输入回路：输入回路对各种输入信号进行预处理，一般包括去杂波，把正弦波转换成矩形波及电平转换等。

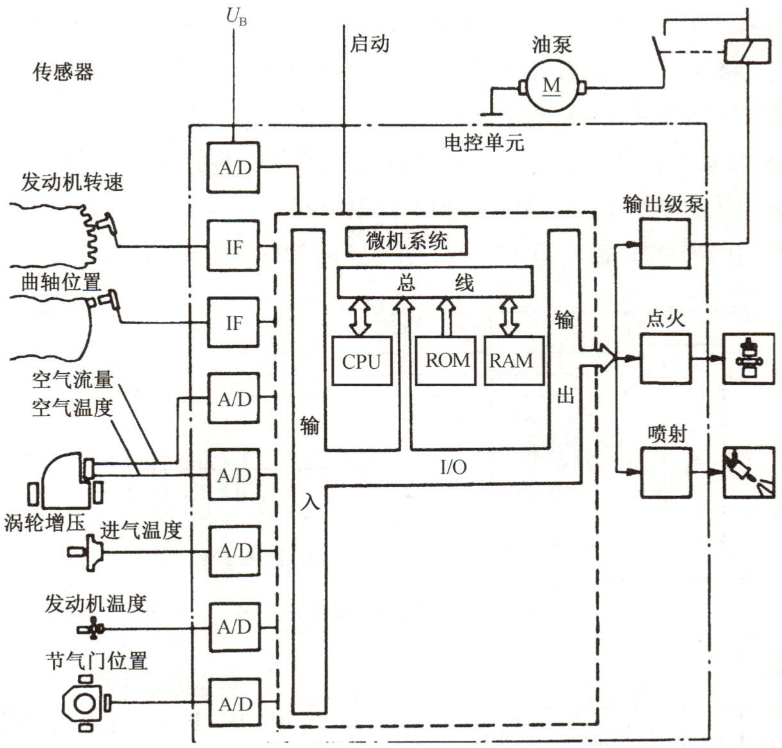

图 2-137　电子控制装置的基本构成

ⅱ A/D 转换器：由于微机只能识别数字信号，A/D 转换器将模拟信号转换成数字信号后，才能输出至微机中进行处理。

ⅲ 微型计算机：微机的功能是根据发动机工作的需要，把各种传感器送来的信号用内置的程序（微机处理的顺序）和数据进行运算处理，并把处理结果如燃油喷射控制信号、点火控制信号等送往输出回路。

微机主要由中央处理器（CPU）、存储器、输入/输出装置等组成。微机把传感器传来的信号用内存的程序和数据进行运算处理，并把处理结果（喷油信号、点火信号）送往输出处理回路。

三、电控燃油喷射系统的控制

电控燃油喷射系统的控制主要包括燃油喷射控制和点火控制。此外，根据发动机的要求，还具有怠速控制、排放控制、自诊断及备用控制系统等多项控制功能。点火控制将在本书任务二的模块 7 中作详细介绍。

1. 燃油喷射控制

（1）电动燃油泵的控制

电动燃油泵的控制包括燃油泵继电器控制和燃油泵转速控制。

（2）喷油正时的控制

现代发动机大多采用顺序喷射方式，即按点火顺序要求，在一个工作循环内各缸喷油一次。控制电路如图 2-138 所示。顺序喷射的控制系统中通常需具有气缸位置判断功能，曲轴位置传感器和凸轮轴位置传感器可用来提供曲轴转角信号和气缸位置判断信号。ECU 根据曲轴及凸轮轴位置传感器的信号，可以准确判断气缸位置，并及时驱动相应的喷油器电磁线圈，使喷油器开启喷油。喷油时刻通常控制在各缸排气行程到达上止点前 70°左右为宜。例如捷达轿车采用的是顺序喷射控制方式，其喷油器在各缸排气行程上止点之前 72°开始喷油，喷射顺序是 1－3－4－2。喷射正时如图 2-139 所示。

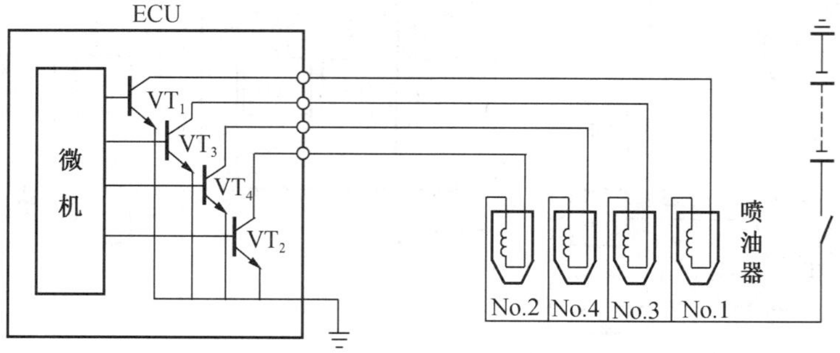

图 2-138　顺序喷射控制电路

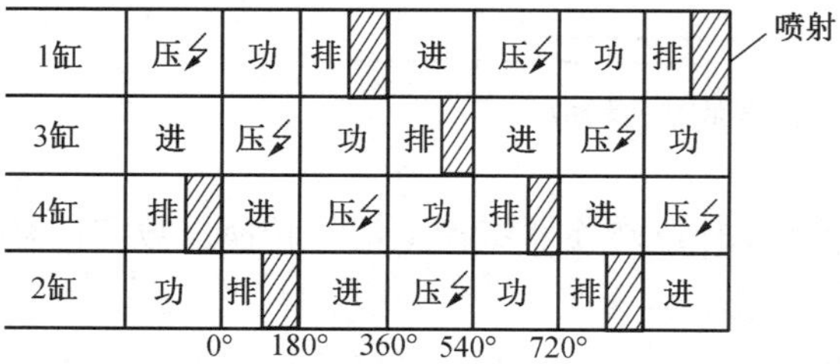

图 2-139　顺序喷射正时

（3）喷油量控制

发动机 ECU 通过改变喷油器的喷油时间来改变每次注入气缸内的燃油量。喷油时间取决于两点：一是基本燃油喷油时间取决于空气的摄入量和发动机转速；二是各种修正喷油时间取决于各传感器的信号。发动机 ECU 最终反馈给喷油器的喷油时间需要加上各种基本时间的修正时间，主要有以下七种修正控制：起动加浓、预热加浓、空燃比反馈修正、加速加浓、燃油切断、功率加浓以及电压修正。

① 起动加浓：起动时，基本喷射时间不能根据进入的空气量来计算。因为在起动时发动机转速较低而进入的空气量变化较大。起动时的燃油喷射时间主要由冷却液温度来决定，冷却液温度越低，燃油的雾化性越差。因此，需增加喷射时间来得到较浓的混合气。

② 预热加浓：发动机 ECU 在冷机时，因为燃油不容易雾化，所以燃油的喷油量就需增加。当温度较低时，需增加喷油时间，来获得较浓的可燃混合气，从而达到较好的行车性。最大修正量是常温下的两倍。

③ 空燃比反馈修正：如果发动机 ECU 从氧传感器的信号中断定混合气浓，它会减少喷射时间产生较稀的可燃混合气；如果发动机 ECU 从氧传感器的信号中断定混合气稀，它会增加喷射时间产生较浓的可燃混合气。反馈控制操作通过重复进行较小的修正，使得空燃比保持在理论值附近的一个平均值，这被称为闭环控制。

④ 加速加浓：突然加速时，会出现燃料供应滞后于进入气缸内的空气增长量。这时需延长燃料喷射时间，根据进入的空气量而增加喷油量以防止可燃混合气偏稀。加速越快，

燃料喷油量的增加越多。

⑤ 燃油切断：在减速时，当节气门关闭和发动机转速高时，ECU 就断定车辆在减速。当发动机转速超过预定值时，为了减少有害气体的排放和增强发动机的制动效果，则切断燃料喷射。当发动机转速低于预定值或者节气门开启时，燃料喷射将重新开始。

⑥ 功率加浓：发动机在高负荷情况下，比如当爬陡峭的山路时，燃烧过程中需要喷射比理论空燃比多的燃油以使空气充分燃烧而增加功率。当节气门的开启角度等于或大于预定值(如 70%)时该量就会增加，增加量的修正量为 10%～30%。

⑦ 电压修正：发动机 ECU 喷油信号传给喷油器的时间和喷油器实际喷射燃料的时间之间存在时间延迟。若蓄电池电压严重降低，延迟较长。也就是说，喷油器喷射燃料的时间较发动机 ECU 计算的喷射时间短，可燃混合气更稀。因此，发动机 ECU 将根据蓄电池电压的降低而延长喷射时间以进行调节。

2. 辅助控制

(1) 怠速控制

怠速空气量的控制类型及方法也是因车型而异。对电控燃油喷射发动机来讲，目前可分为两种基本类型：一种是控制节气门旁通通道空气量的旁通空气式；另一种是直接控制节气门关闭位置的节气门直动式，如图 2-140 所示。两种机构都是利用调节空气通路面积的方法来控制空气流量的。

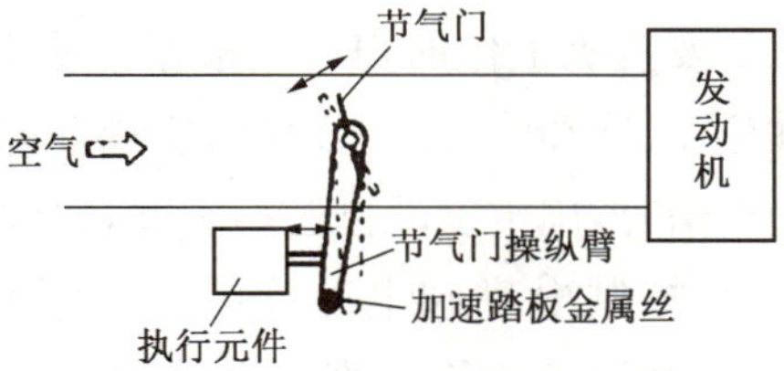

(a) 节气门直动式

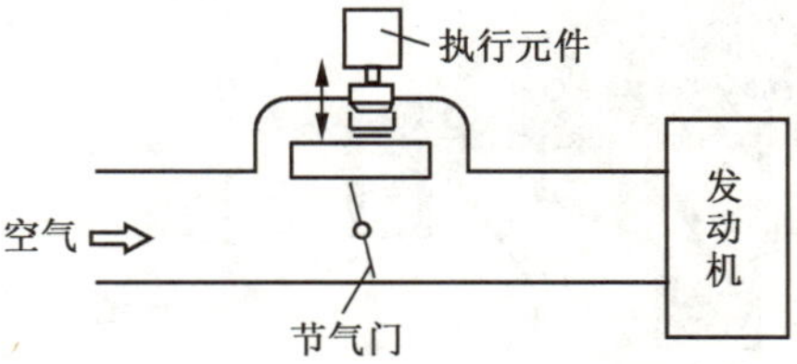

(b) 旁通空气式

图 2-140　怠速控制方式

现在节气门直动式最为常见。如捷达车型在怠速时有 2°～5°的调整范围。当冷起动时，节气门在 ECU 控制下，开到最大 5°，启动后，随着温度的升高，逐渐关小，使发动机工作在最佳怠速状态。另外，当在怠速时，发动机负荷变化(如空调开关打开或电器负荷增多)时，怠速转速都将提升。

(2) 排放控制

汽车排放污染物是指汽车排放物中污染环境的各种物质，主要有一氧化碳(CO)、碳氢化合物(HC)、氮氧化物(NO_x)和微粒物(PM)等。

① 燃油箱通风控制：燃油箱通风系统如图 2-141 所示，主要由燃油滤清器、燃油泵、燃油箱、

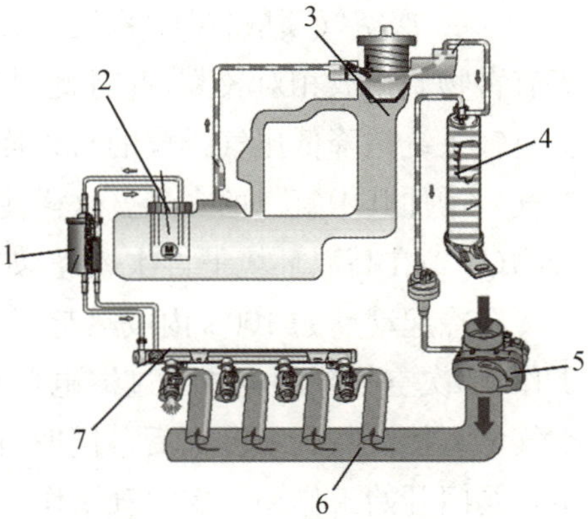

1—燃油滤清器；2—燃油泵；3—燃油箱；
4—活性炭罐；5—节气门体；6—进气道；
7—燃油分配器

图 2-141　燃油箱通风系统

活性炭罐、节气门体、进气道和燃油分配器组成。该系统的作用是防止油箱内蒸发的燃油蒸汽排到大气中对环境造成污染，同时将这部分燃油蒸汽引入到燃烧室内重新燃烧利用。

燃油箱通风系统的工作是由控制单元通过控制活性炭罐电磁阀的开闭频率来调节额外进入发动机的燃油蒸气量。电磁阀开启，活性炭罐中的燃油蒸气被吸入进气管，然后进入燃烧室内燃烧，电磁阀在断电情况下是关闭的，发动机冷态时，燃油箱通风系统不工作，即活性炭罐电磁阀处于关闭状态。发动机处于热态时，控制单元便控制活性炭罐电磁阀按一定的频率开闭。

② 废气再循环（Exhaust Gas Recircdation，EGR） 指在发动机工作时将一部分废气引入进气管，并与新鲜空气混合后吸入气缸内再次进行燃烧的过程。废气再循环是目前用于降低 NO_x 的一种有效方法，它通过降低燃烧室的燃烧温度来抑制 NO_x 的生成。通常，废气再循环程度用 EGR 率来表示，其定义如下：

$$\text{EGR率}=\frac{\text{EGR流量}}{\text{吸入空气量}+\text{EGR流量}}\times 100\%$$

有资料表明，当 EGR 率达到 15%时，NO_x 的排放量即可减少 60%。但 EGR 率增加过多时，会使发动机动力性能下降，HC 含量上升。因此，利用 ECU 来控制 EGR 率，既能使 NO_x 有效降低，又可保证发动机的动力性。

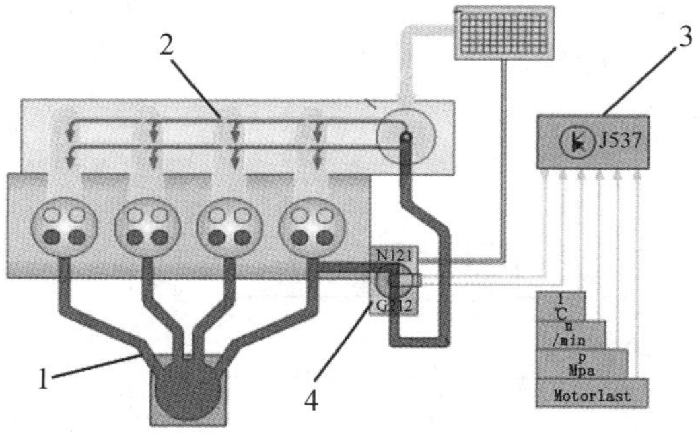

1—排气道；2—进气道；3—ECU；4—废气再循环阀

图 2-142 废气再循环

发动机工作时，ECU 根据点火开关、曲轴位置、冷却液温度、节气门位置等传感器的输出信号，确定发动机运行工况，并同时输出指令，控制电磁阀电磁线圈的导通与截止。同时，利用进气管的真空来控制废气再循环控制阀开启或闭合动作，进行或停止废气再循环，如图 2-142 所示。

③ 二次空气喷射（AIR）系统 在发动机冷起动阶段未燃烧的碳氢化合物及一氧化碳等有害物质排放相对较高，并且此时三元催化反应器尚未达到工作温度（300℃以上）。二次空气系统是降低尾气排放的机外净化装置之一，它通过向废气中吹进额外的空气（二次空气），增加其中氧气的含量。这样使废气中未燃烧的有害物质一氧化碳（CO）以及碳氢化合物（HC）在高温环境下再次燃烧，如图 2-143 所示。

在冷起动后的 100 s 内或热起动后的 10 s 内，通过发动机 ECU 激活二次空气系统开始工作，二次空气泵的电源通过继电器开始工作，发动机起动后经过滤清器的空气通过二次空气泵直接被吹到组合阀后。同时，由发动机电脑控制二次空气进气阀，并通过压力驱动组合阀门开始工作。二次空气泵作用是在很短时间内将空气压进、排气管中的废气中。

在二次空气系统未工作状态下，热的废气将停止在组合阀门处，阻止废气进入二次空气泵。在控制过程中，自诊断系统同时进行着检测。由于废气中所含氧气量的增加导致氧传感器电压降低，所以氧传感器必须处于工作状态。二次空气系统正常工作时，氧传感器

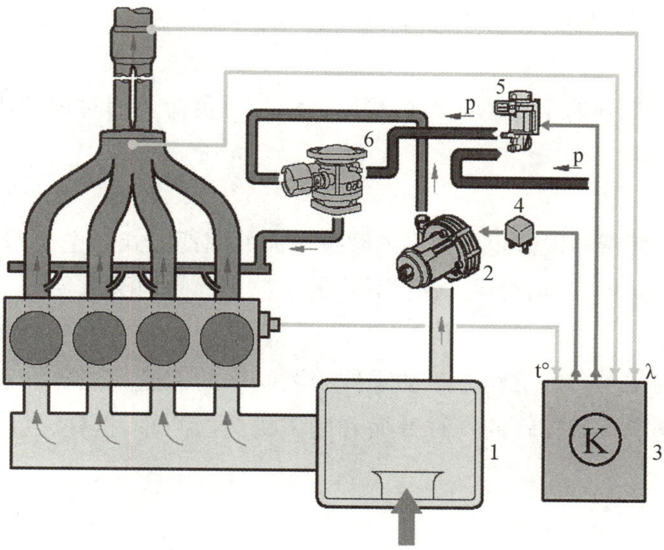

1—空气滤清器；2—二次空气泵；3—发动机控制电脑；4—二次空气泵继电器；5—二次空气控制阀；6—组合阀门

图 2-143　二次空气喷射(AIR)系统

将检测到极稀的混合气。

(3) 自诊断系统

现代汽车发动机电子控制系统中，一般都设有自诊断系统。该系统可以监视、诊断发动机控制系统的工作情况以及工作中出现的故障。发动机工作时，自诊断系统对传感器和执行元件进行检测，一旦发现某传感器或执行元件信号超出规定范围或信号中断时，就判定为该部分电路故障，以故障码的形式储存起来，以备维修时调用。另外，系统中还有替代程序，以备应急时使用。如控制单元发现温度信号中断，为保证系统正常工作，便使用一个替代值（如 80℃），使发动机仍能运转，但在冷起动和暖机运行过程中会明显感觉到发动机工作不稳。当进气温度传感器或其电路发生故障时，失效保护系统给 ECU 提供设定的进气温度信号，通常按进气温度为 20℃ 控制发动机工作，防止混合气过浓或过稀。

在维修时，使用专用诊断仪从自诊断接口能很容易地读出或消除自诊断系统中所记忆的故障码，给维修带来极大的方便。

模块 5　润滑系统

一、润滑系统概述

1. 润滑系统的作用

发动机润滑系统的作用是当发动机工作时连续不断地把足够数量的洁净润滑油（机油）输送到传动件摩擦表面，机油在摩擦表面形成油膜，从而减小摩擦阻力，降低功率消耗，减轻部件磨损，从而提高发动机工作可靠性和使用寿命。

2. 润滑方式

由于发动机运动副的工作条件不尽相同，因此，对负荷及相对运动速度不同的运动副采用不同的润滑方式。

(1) 压力润滑

压力润滑是将润滑油以一定压力供入摩擦表面的润滑方式。主要用于主轴承、连杆轴承及凸轮轴承等负荷较大、相对运动速度较高的摩擦表面的润滑。

(2) 飞溅润滑

飞溅润滑是利用发动机工作时运动零件溅泼起来的油滴或油雾润滑摩擦表面的润滑方式。主要用来润滑负荷较轻的气缸壁面和配气机构的凸轮、挺柱、气门杆以及摇臂等零件的工作表面。

(3) 润滑脂润滑

通过润滑脂油嘴定期加注润滑脂来润滑零件的工作表面，如水泵及发电机轴承等。

3. 润滑系统的组成

汽车发动机润滑系统主要由油底壳、集滤器、机油泵、机油尺、机油压力开关、机油滤清器等组成，如图 2-144 所示。

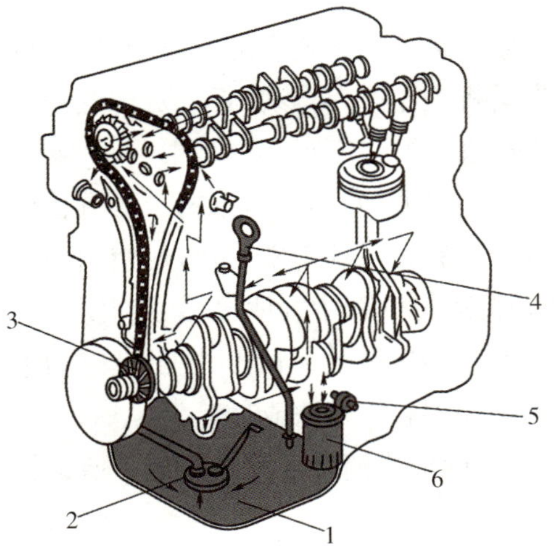

1—油底壳；2—集滤器；3—机油泵；4—机油尺；5—机油压力开关；6—机油滤清器

图 2-144 发动机润滑系统

油底壳的作用是储存润滑油，加密封垫后固定在气缸体底面上。机油泵能够建立足够的油压，以保证机油循环，实现压力润滑。机油滤清器用来滤清润滑油中混入的金属磨屑、机械杂质及润滑油本身氧化生成的胶质，防止进入主油道而造成油路堵塞。限压阀用来限制油路中最高油压。旁通阀用来避免因机油粗滤器堵塞而造成主油道供油中断。机油散热器用来加强润滑油冷却，使润滑油温度保持在正常工作范围内(343～363 K)，用于热负荷较高的发动机。机油压力表、温度表和机油标尺用来使驾驶员随时掌握润滑系统工作状况。

此外，发动机润滑系统还包括油管、油道等组成的润滑油引导、输送、分配装置。

4. 润滑系统的油路

现代汽车发动机润滑系统的油路大致相同。发动机工作时，机油从油底壳中被机油泵通过集滤器吸入机油滤清器中。从机油滤清器中过滤后的机油经主油道分三路输送到发动机的各部件。一路经曲轴主轴颈、连杆轴颈最终回到油底壳；另一路经机油喷嘴最终回到油底壳；第三路经气缸盖，同时渗入 VVT-i、气门挺柱、凸轮轴轴承等部件，最终回到油底壳。润滑系统反复循环，始终不间断地把洁净的机油送到发动机的传动件摩擦表面，如图 2-145 所示。

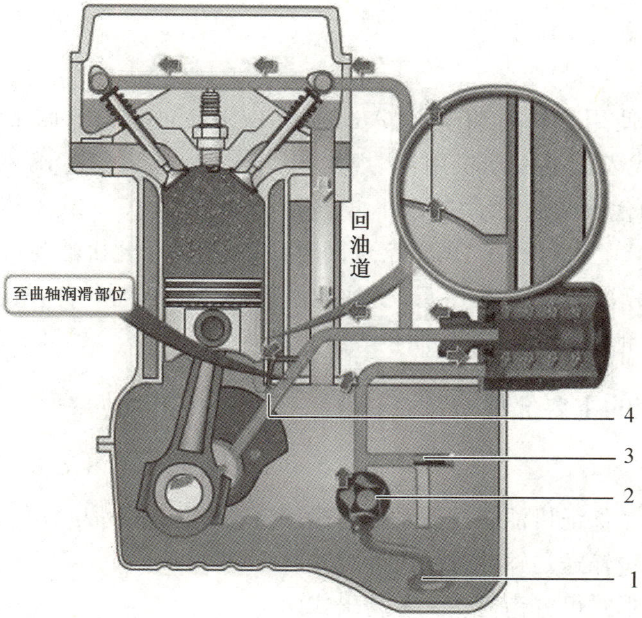

1—集滤器；2—机油泵；3—限压阀；4—机油喷嘴；5—机油滤清器

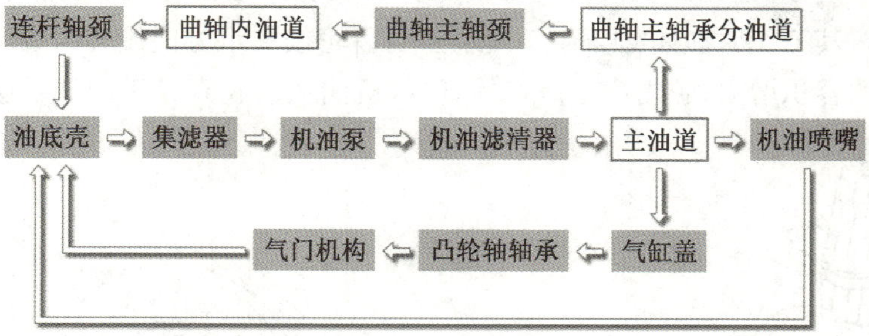

图 2-145　润滑系统原理

5. 机油

机油，即发动机润滑油，能对发动机起到润滑、清洁、冷却、密封、防锈等作用。发动机内有许多相互摩擦运动的金属表面，这些部件运动速度快、环境差，工作温度为 400～600℃。在这样恶劣的工况下，只有合格的机油才可降低发动机零件的磨损，延长使用寿命。

(1) 机油标号

美国汽车工程师协会(Society of Automotive Engineers，简称 SAE)按照机油的黏度等级，把机油分为冬季用机油和夏季用机油。冬季用机油有 6 种牌号：SAE0W、SAE5W、SAE10W、SAE15W、SAE20W、SAE25W。夏季用机油有 5 种牌号：SAE20、SAE30、SAE40、SAE50、SAE60。数字较大的机油黏度较大，适合于在较高的环境温度下使用。

上述牌号的机油只有单一的黏度等级，称为单级油，当使用这种机油时，汽车驾驶员需根据季节和气温的变化随时更换机油。目前使用的机油大多数具有多黏度等级，称为多级油或稠化机油，其牌号有 SAE5W-20、SAE10W-30、SAE15W-40、SAE20W-40 等。例如，SAE5W-20 在低温下使用时，其黏度与 SAE5W 一样，而在高温下，其黏度又与 SAE20 相同。因此其可以冬夏通用。

(2) 机油分级

机油的分级多使用美国石油学会（American Petroleum Institute，简称 API）的级别标识。“S”开头系列代表汽油发动机用油，规格有：SA，SB，SC，SD，SE，SF，SG，SH，SJ，SL，SM。“C”开头系列代表柴油发动机用油，规格有：CA，CB，CC，CD，CE，CF，CF-2，CF-4，CG-4，CH-4，CI-4。当“S”和“C”两个字母同时存在，则表示此机油为汽/柴通用型。

从“SA”到“SM”，每递增一个字母，机油的性能都会优于前一种，机油中会有更多用来保护发动机的添加剂。字母越靠后，质量等级越高。

二、润滑系统的主要部件

1. 机油泵

机油泵的功用是保证机油在润滑系统内循环流动，并在发动机任何转速下都能以足够高的压力向润滑部位输送足够数量的机油。

机油泵按结构形式可分为齿轮式和转子式两类。

(1) 齿轮式机油泵

如图 2-146 所示，齿轮式机油泵主要由泵体、泵盖、主动齿轮、从动齿轮、限压阀、齿轮轴等零件组成。其工作原理如图 2-147 所示。当齿轮按图示方向旋转时，轮齿逐渐脱离啮合而使进油腔的容积增大，腔内产生一定的真空，机油从油底壳经进油口被吸入进油腔，随

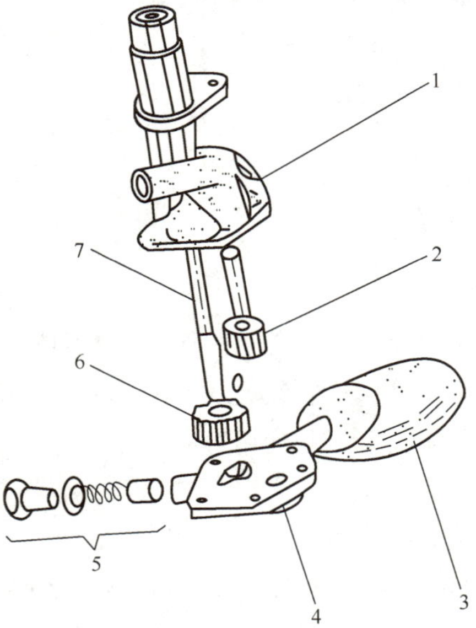

1—泵体；2—从动齿轮；3—集滤器；4—泵盖；
5—限压阀；6—主动齿轮；7—齿轮轴

图 2-146　齿轮式机油泵结构

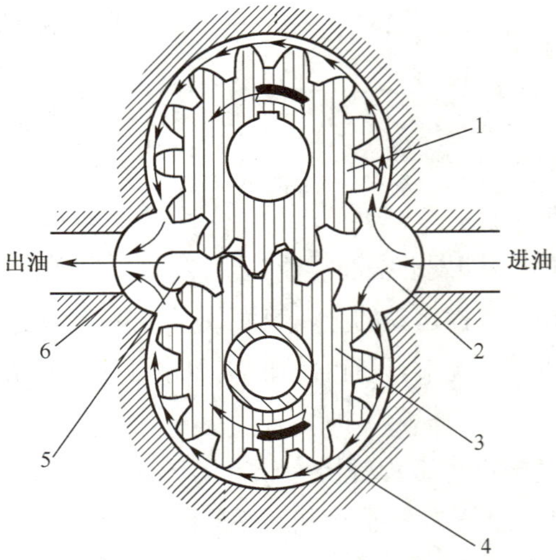

1—主动齿轮；2—进油腔；3—从动齿轮；
4—泵壳；5—卸压槽；6—出油腔

图 2-147　齿轮式机油泵工作原理

后又被轮齿带到出油腔。轮齿逐渐进入啮合而使出油腔的容积减小,使机油压力升高,机油经出油口被压入发动机机体上的油道。在发动机工作时,机油泵齿轮不停地旋转,机油便连续不断地流入油道,经过滤清之后被送到各润滑部位。

当轮齿进入啮合时,封闭在轮齿径向间隙内的机油压力急剧升高,使齿轮受到很大的推力,并使机油泵轴衬套的磨损加剧。所以在泵盖上加工一道卸压槽,使轮齿径向间隙内被挤压的机油通过卸压槽流入出油腔,降低油压。

齿轮式机油泵结构简单、制造方便、工作可靠、效率高,故应用广泛。

(2) 转子式机油泵

转子式机油泵主要由内转子、外转子、壳体、机油泵盖、限压阀等零件组成,如图 2-148 所示。

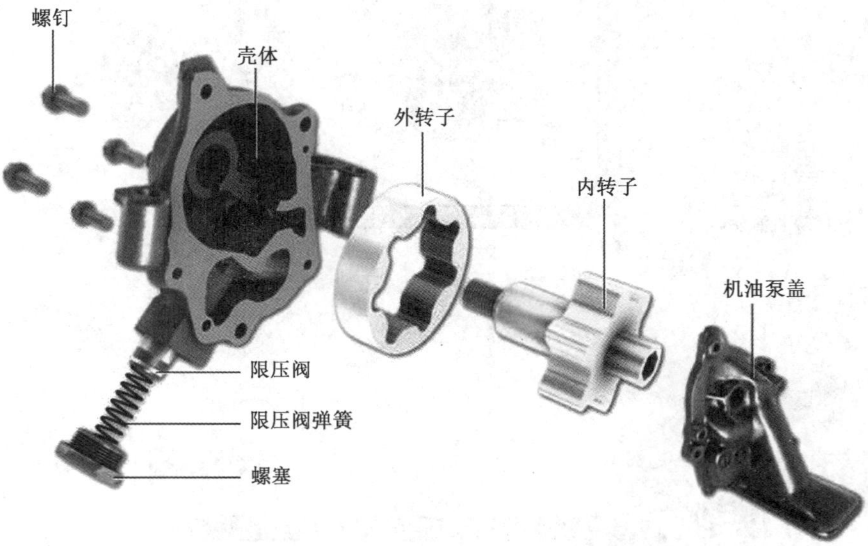

图 2-148　转子式机油泵结构

转子式机油泵的内转子带动外转子转动,且转速快于外转子。内外转子之间形成四个互相封闭的工作腔,每个工作腔在最小时与壳体上的进油孔接通,随后容积变大,形成真空,吸入机油;转子继续转动,工作腔容积变小,油压升高,当工作腔与出油孔接通时,压出机油,如图 2-149 所示。

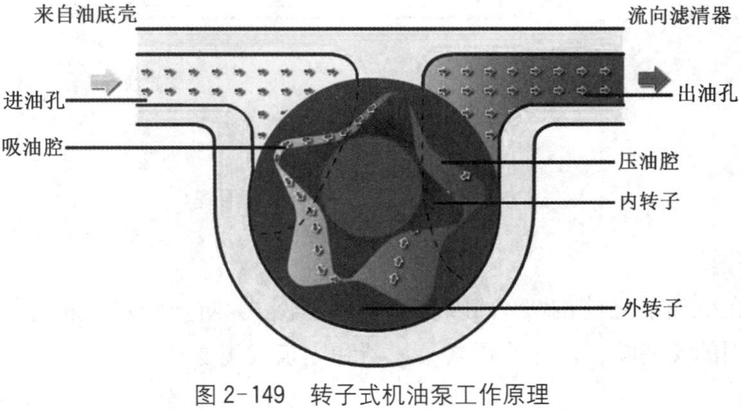

图 2-149　转子式机油泵工作原理

机油泵限压阀用于限制润滑系统中机油的最高压力。当压力正常时，限压阀关闭，如图 2-150(a)所示。当机油泵与主油道上的机油压力超过预定的压力时，机油压力克服限压阀弹簧作用力，顶开阀门，如图 2-150(b)所示，一部分机油从侧面通道流入油底壳内，使油道内的油压下降至设定的正常值。

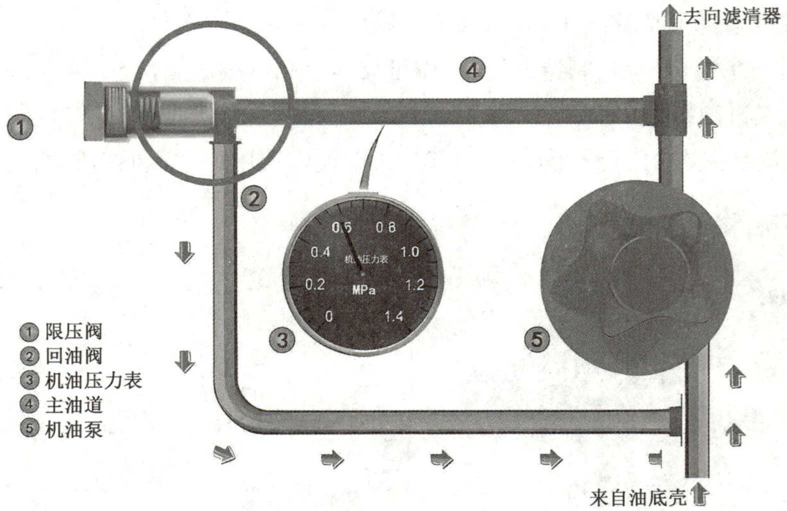

(a) 压力正常时

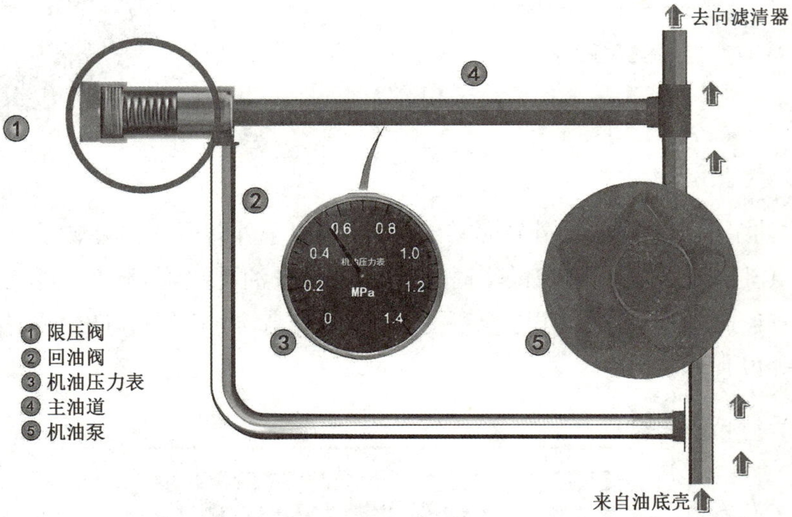

(b) 压力超标时

图 2-150　机油泵限压阀工作原理

2. 集滤器

集滤器装在机油泵之前的吸油口端，多采用滤网式，防止粒度大的杂质进入机油泵。汽车发动机使用的集滤器目前分为浮式集滤器和固定式集滤器两种。

浮式集滤器工作时漂浮于机油油面上，以保证油泵总是吸入最上层较清洁的机油，但油面上的泡沫易被吸入，造成机油压力降低，润滑可靠性差。固定式集滤器装在油面下面，吸入的机油清洁度略逊于浮式集滤器，但可防止泡沫吸入，润滑可靠，结构简单，使用广泛。如奥迪轿车、桑塔纳轿车等的发动机都采用了固定式集滤器。

3. 机油滤清器

(1) 机油滤清器结构

机油滤清器安装在正时链条盖下部，主要由上盖、壳体、滤芯、内孔管、安全阀等组成，如图 2-151 所示。

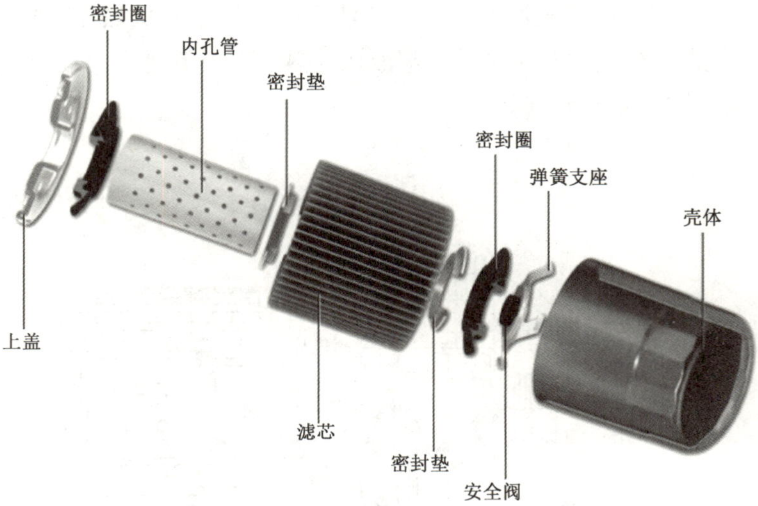

图 2-151　机油滤清器结构

(2) 机油滤清器作用及工作原理

机油滤清器的作用是滤除机油中的杂物、胶质和水分，向各润滑部件输送洁净的机油。当带有杂质的机油从纸滤芯的外围进入滤清器中心时，杂质被过滤在滤芯上，如图 2-152(a)所示。当滤芯严重堵塞时，旁通阀开启，机油不经过滤芯过滤直接进入主油道，防止机油断供现象的发生，如图 2-152(b)所示。

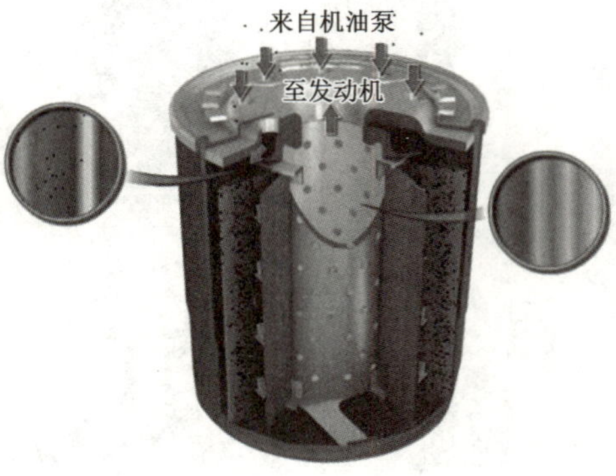

(a) 正常过滤时

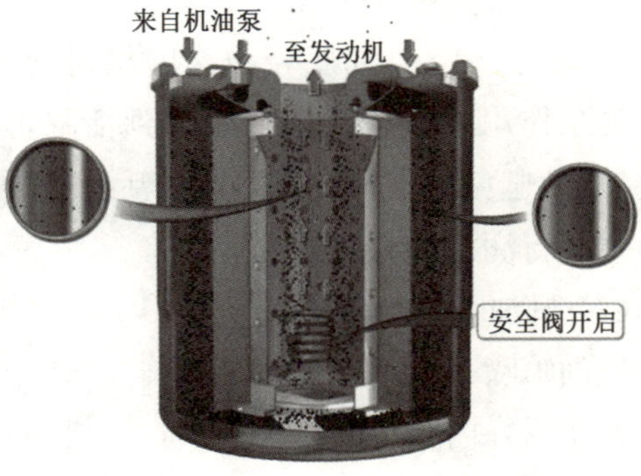

(b) 滤芯堵塞时

图 2-152　机油滤清器工作原理

4. 机油散热器

在高性能大功率的强化发动机上，由于热负荷大，必须装设机油散热器。机油散热器布置在润滑油路中，其工作原理与发动机散热器相同。

机油散热器分为风冷式和水冷式两类。风冷式机油散热器利用汽车行驶时的迎面风对机油进行冷却。这种机油散热器散热能力大，多用于赛车及热负荷大的增压汽车上。但是风冷式机油散热器在发动机启动后需要很长的暖机时间才能使机油达到正常的工作温度，所以普通轿车上很少采用。

水冷式机油散热器(图 2-153)外形尺寸小，布置方便，且不会使机油冷却过度，温度稳定，因而在轿车上应用较广。机油经滤清器滤清之后直接进入散热器，机油在散热器芯内流动，从冷却系统散热器出水管引来的冷却液在散热器芯外流过。两种流体在散热器内进行热交换，使高温机油得以冷却降温。

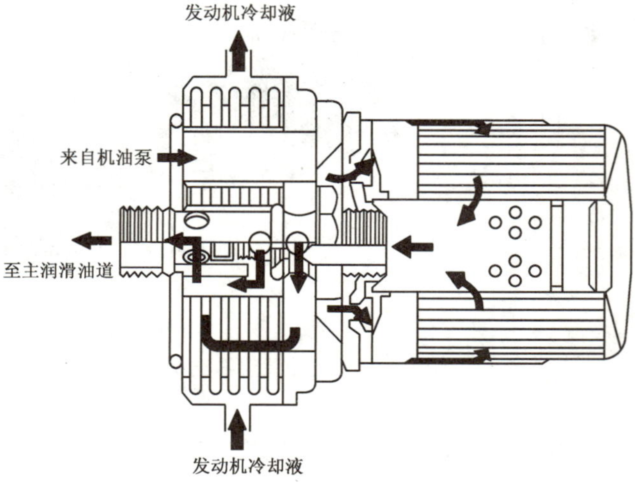

图 2-153　水冷式机油散热器

5. 机油喷嘴

(1) 机油喷嘴组件作用

发动机工作时，油底壳中温度相对低的机油在机油泵作用下经机油喷嘴喷射到活塞，以帮助活塞散热，避免活塞积热升温造成活塞烧顶，同时对活塞进行润滑，如图 2-154 所示。

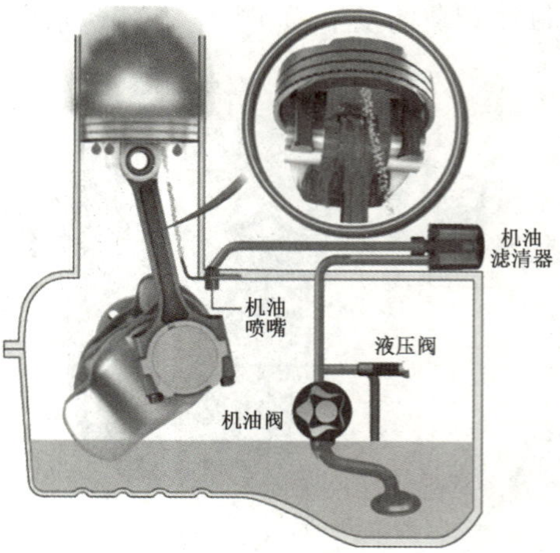

图 2-154　机油喷嘴作用

(2) 机油喷嘴组件结构

机油喷嘴是用螺栓固定在气缸曲轴箱上的，喷嘴置于活塞内腔，发动机工作时，将机油不断的从下部喷射到活塞上，实现对活塞的冷却润滑。机油喷嘴组件主要是由机油喷油孔、进油孔、油道和安装架等部件组成。如图 2-155 所示。

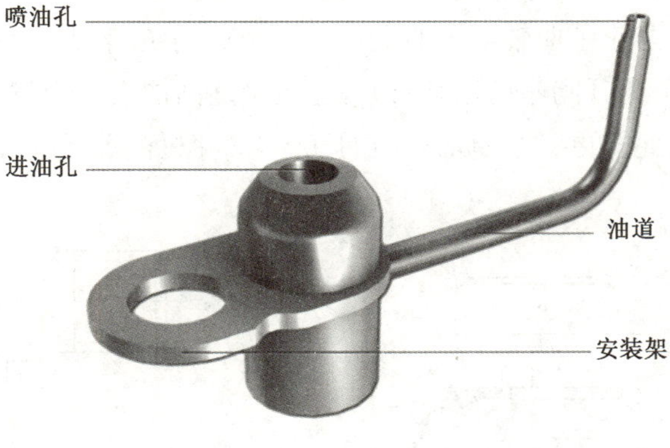

图 2-155　机油喷嘴组件结构

三、曲轴箱通风系统

发动机工作时，漏到曲轴箱内的汽油蒸气凝结后会稀释机油；废气中的水蒸气在润滑油中形成泡沫，破坏润滑油的供给；废气中的水蒸气和酸性物质使润滑油变质；同时，漏入曲轴箱内的气体使曲轴箱压力和温度升高，将造成机油从油封、衬垫处泄漏而流失。因此曲轴箱必须设有通风装置，排出漏入的气体并加以利用，同时使新鲜的空气进入曲轴箱，形成不断的对流。

曲轴箱通风方法有两种：一是自然通风法，二是强制通风法。自然通风法是利用汽车行驶中冷却风扇所形成的气流，在与曲轴箱相连的出气管口处形成一定的真空度，从而将气体抽出曲轴箱外（图 2-156），一般多用于柴油机上。强制通风法是利用发动机进气管道的真空度作用，使曲轴箱内气体被吸入气缸。汽车发动机曲轴箱一般都是采用强制通风。自然通风结构比较简单，但与强制通风相比，因为将曲轴箱气体直接导入大气，造成燃料浪费，增加大气污染，且通风效果也不好。

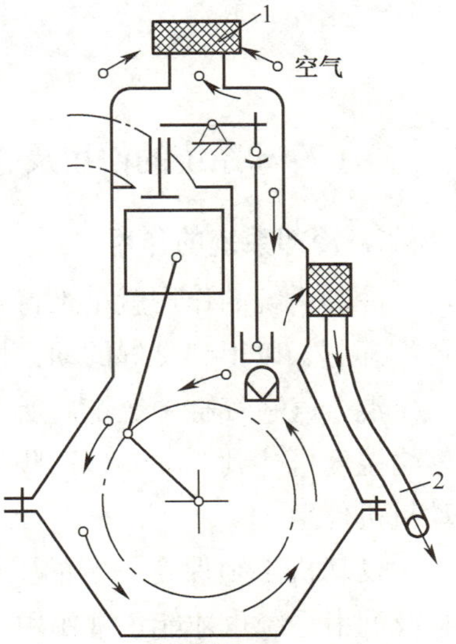

1—空气滤清器；2—通风管

图 2-156　曲轴箱自然通风

V 型发动机曲轴箱强制通风系统如图 2-157 所示。发动机工作时，在进气管内真空度作用下，窜入曲轴箱内的气体经曲轴箱通气软管 7 被抽到进气管进入气缸燃烧。新鲜空气经空气滤清器 1、空气软管 2 进入到曲轴箱内。这种通风方式还可防止因曲轴箱内压力过高而造成的曲轴箱漏油。为了防止在发动机低速小负荷时进气管的真空度太大而将机油从曲轴箱内吸出，在曲轴箱通气软管上装有单向阀（PCV 阀）。

PCV 阀结构如图 2-158 所示。当发动机在小负荷低转速运转时，进气管真空度较大。此时阀 4 克服弹簧 3 的压力被吸靠在阀座 2 上，曲轴箱内的废气经阀 4 的中心小孔进入进气管。由于节流作用，防止了曲轴箱内的机油被吸出。当负荷加大时，进气管真空度降低，阀在弹簧张力的作用下离开阀座而逐渐打开，通风量逐渐加大。当发动机在大负荷时，阀 4 全开，通风量最大。因此既更新了曲轴箱内的气体，又使机油消耗降低到最低限度。

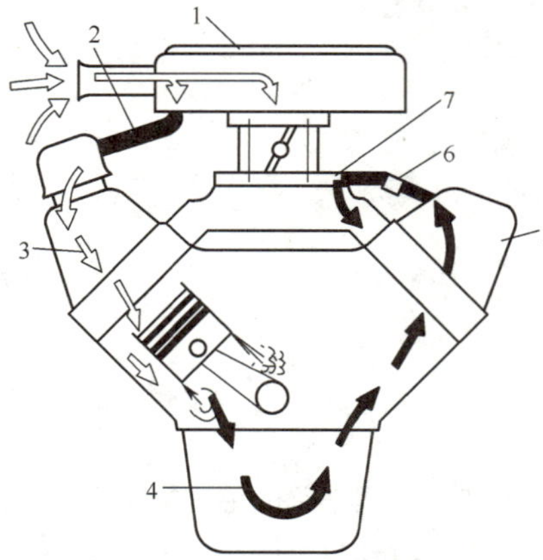

1—空气滤清器；2—空气软管；3—新鲜空气；4—曲轴箱气体；5—气缸盖罩；6—PCV 阀；7—曲轴箱通气软管

图 2-157　V 型发动机曲轴箱强制通风系统

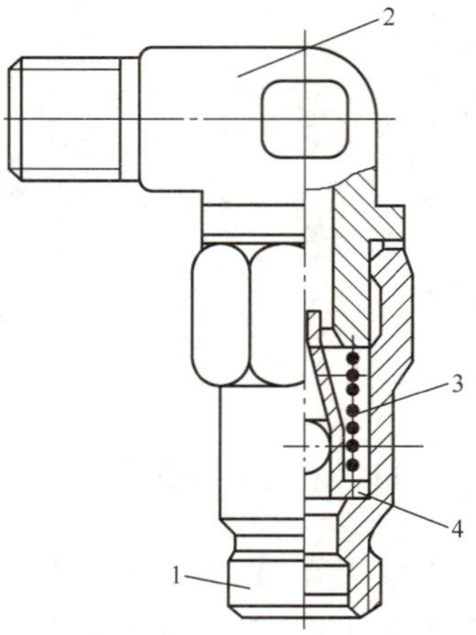

1—阀体；2—阀座；3—弹簧；4—阀

图 2-158　PCV 阀结构

模块 6　冷却系统

一、冷却系统的作用及分类

1. 冷却系统的作用

冷却系统的作用就是维持发动机在各种工况下均在最适宜的温度内工作，保证其工作可靠、耐久、以得到良好的动力性和经济性。

混合气在气缸中燃烧后所产生的大量热能，约有 70%不能转为发动机的机械动能，且燃烧温度可达到 2 600℃，这些热量约有一半随着废气排出发动机外，另一半则直接加在发动机机件上。

发动机必须保持一定的工作温度（80～90℃），各机件才能维持正常的膨胀及间隙，燃料及润滑系统也才能正常作用，因此必须装设冷却系统，使发动机迅速到达工作温度，并一直保持工作温度。

发动机的冷却要适度。若冷却不足，会使发动机过热，从而导致充气效率下降，早燃和爆燃倾向加大，致使发动机功率下降；运动机件间正常的间隙受到破坏，使零件不能正常运动，甚至卡死、损坏；零件因力学性能下降而导致变形和损坏；因润滑油黏度变小、润滑油膜易破裂而加剧零件的磨损。

若冷却过度，会使发动机过冷，从而导致进入气缸的可燃混合气雾化不好因而燃烧不好，造成发动机功率下降及油耗上升；润滑油黏度增大，造成润滑不良而加剧零件的磨损；因温度低而未汽化的燃油冲刷摩擦表面（气缸壁、活塞等）上的油膜；同时因混合气与温度较低的气缸壁接触，使其中原已汽化的燃油重又凝结而流入曲轴箱内，不仅增加油耗，且使机油变稀而影响润滑，导致发动机功率下降，磨损增加。

2. 冷却系统的分类

根据所用冷却介质的不同，发动机的冷却方式可分为水冷式和风冷式。

（1）水冷式

以水为传热介质，再传给空气。即以少量的水进行不断循环的方法，在发动机水套中吸收多余的热量，再流到散热器中散去热量。由于水套进出口的温度差较小（约 10 K），气缸下部不致过冷，且水冷式的冷却强度的大小容易调节，能保持发动机的正常温度。并用热水预热发动机，便于冬季起动。

（2）风冷式

以空气为冷却介质，利用高速流动的空气直接吹过气缸盖和气缸体表面，把热量散发到大气中去，保证发动机在最有利的范围内工作。

由于冷却系统是发动机热量的消耗者。为了使发动机正常的工作，不管负荷、转速和周围大气温度的高低，冷却水应保证在 353～373 K（80～100℃）范围内。只有在这一狭窄的温度内，才能使各受热机件处于正常的热范围内：气缸壁不超过 570 K（300 ℃）；气缸盖、活塞顶部不超过 673 K（约 400℃ ）；润滑油的温度在 343～363 K（70～90℃）的正常范围内。这样，才能保证发动机有较大的功率和较好的经济性，且运动零件的磨损正常。

二、冷却系统的组成及工作原理

1. 水冷系统的组成及循环水路

水冷系统具有冷却可靠、布置紧凑、噪声小、使用方便等优点，在汽车发动机上应用较为广泛。水冷系统主要由补偿水桶、冷却风扇、水泵、水套、散热器等组成，如图 2-159 所示。

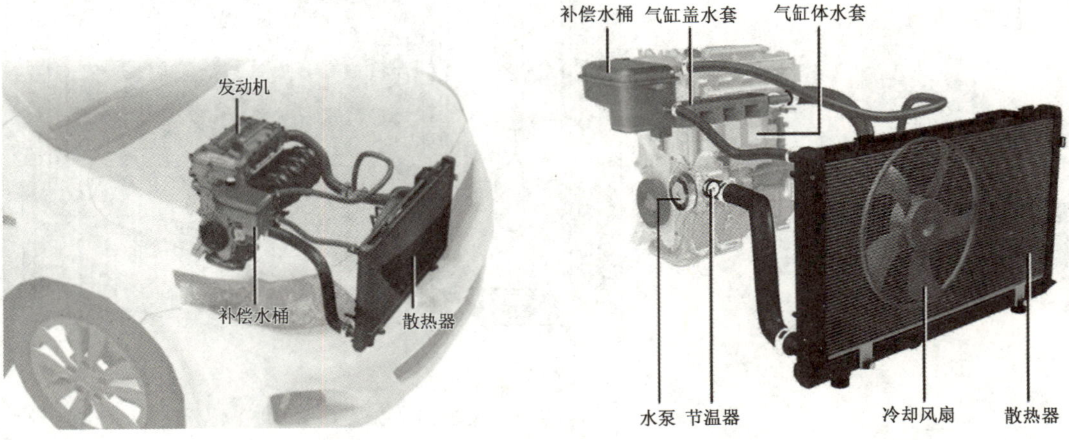

图 2-159　冷却系统

目前汽车发动机上广泛采用的是水冷系统。水冷系统一般都由水泵强制给水(或冷却液),在冷却系统中进行循环流动,故称为强制循环式水冷系统。水冷发动机的气缸盖和气缸体中都有储水的连通夹层空间,称为水套。其作用是让水接近受热的高温零件,并可在其中循环流动。水泵将冷却液由机外吸入并加压,使之经分水管流入发动机缸体水套。故冷却液从气缸壁吸收热量,温度升高;流到气缸盖水套,再次受热升温后,沿水管进入散热器内。经风扇的强力抽吸,空气流由前向后高速通过散热器,最终使受热后的冷却水在流经散热器的过程中,其热量不断地通过散热器散发到大气中去,同时使冷却液本身得到冷却。冷却后的冷却液流到散热器的底部后,又在水泵的加压下,经水管再压入水套,如此不断地循环,从而使得发动机在高温条件下工作的零件不断地得到冷却,保证发动机的正常工作。

冷却系统中设有调节温度的装置,是为了保证发动机在不同的负荷和转速条件下,都能够在最适宜的温度范围内工作,如百叶窗和节温器等。

2. 水冷系统的大小循环

通常,冷却水在冷却系统内的循环流动路线有两条,一条为小循环,另一条为大循环,如图 2-160 所示。大循环是水温高时,水经过散热器而进行的循环流动;而小循环是水温低时,水不经过散热器而进行的循环流动,从而使水温很快升高。冷却水的循环流动路线选择由节温器控制。

三、水冷系统主要部件

1. 散热器

散热器又称为水箱散热器的功用是增大散热面积,加速水的冷却。冷却水经过散热器后其温度可降低 10~15℃,为了将散热器传出的热量尽快带走,在散热器后面装有风扇与散热器配合工作。散热器的结构如图 2-161 所示。

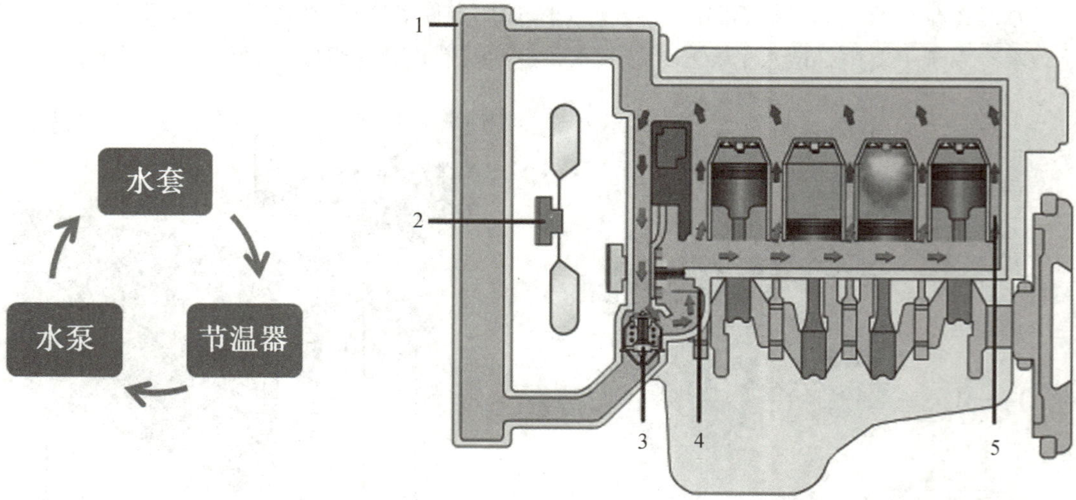

1 散热器 2 冷却风扇 3 节温器 4 水泵 5 水套

(a) 小循环

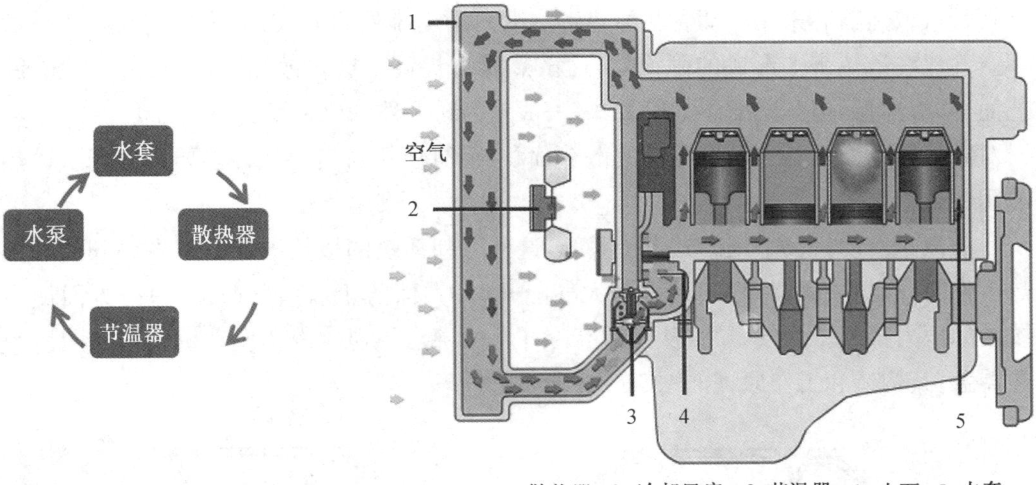

1 散热器　2 冷却风扇　3 节温器　4 水泵　5 水套

(b) 大循环

图 2-160　冷却水的小循环和大循环

散热器上水室顶部有加水口，冷却水由此注入整个冷却系统并用散热器盖盖住。在上水室和下水室分别装有进水管和出水管，进水管和出水管分别用橡胶软管与气缸盖的出水管和水泵的进水管相连在散热器下面般装有减振垫，以防止散热器受振动损坏。在散热器下水室的出水管上还有放水开关，必要时可将散热器内的冷却水放掉。

图 2-161　散热器的结构

散热器芯由许多冷用管和散热片组成，设置散热片是为了散热器芯的散热面积。散热器芯的构造形式有多种，常用的有管片式和管带式两种，如图 2-162 所示。

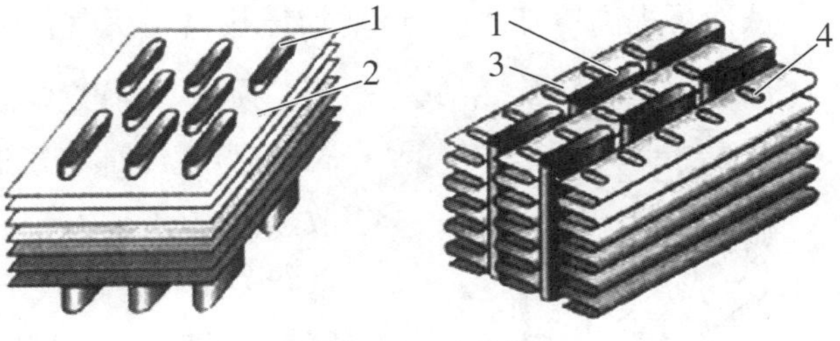

(a) 管片式　(b) 管带式

1—冷却管；2—散热片；3—散热带；4—缝孔

图 2-162　散热器芯结构

管片式散热器芯冷却管的截面大多为扁圆形，它连通上、下水室，是冷却水的通道。与圆形截面的冷却管相比，扁形管不但散热面积大，而且一旦管内的冷却水结冰膨胀，扁形管可以借其横断面变形而避免破裂。采用散热片不但可以增加散热面积，还可增大散热器的刚度和强度这种散热器芯的强度和刚度都较好，耐高压，但制造工艺较复杂，成本高。

管带式散热器芯采用冷却管和散热带沿纵向间隔排列的方式，散热带上的小孔是为了破坏空气流在散热带上形成的附面层，使散热能力提高。这种散热器芯散热能力强，制造工艺简单，成本低，但其刚度不如管片式，一般多为轿车发动机采用。

对散热器的要求：必须有足够的散热面积，而且所用材料导热性能要好，因此，散热器一般用铜或铝制成。

目前汽车发动机多采用闭式水冷系统，这种冷却系统的散热器盖具有自动阀门。发动机热工作时，阀门关闭，将冷却系统与大气隔开，一方面防止水蒸气逸出，另一方面使冷却系统内的压力稍高于大气压力，从而增高冷却水的沸点。现代汽车发动机大多采用压力式散热器盖，其构造和工作原理如图 2-163 所示。

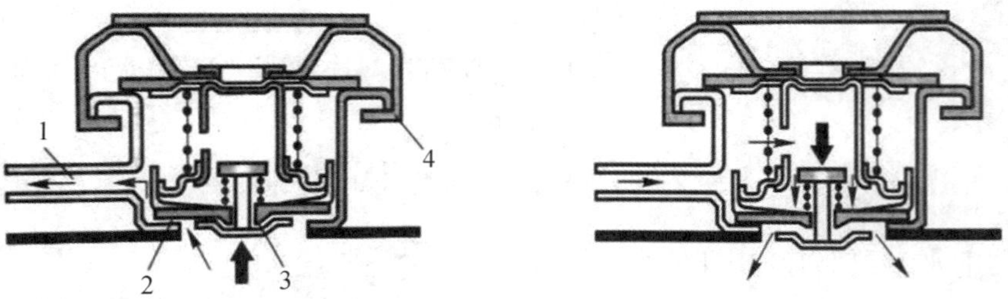

(a) 压力阀开启　　(b) 真空阀开启

1—溢流管；2—压力阀；3—真空阀；4—散热器盖

图 2-163　具有空气-蒸汽阀的散热器盖构造原理

压力式散热器盖包括一个压力阀和一个真空阀，两个阀均为单向阀。压力阀向上打开，真空阀向下打开，压力阀弹簧较硬，真空阀弹簧相对软一些。发动机正常状态时阀门均关闭，把冷却系统与大气隔开。当冷却系统内压力升高到一定值时，压力阀弹簧受压缩打开阀门，过高的压力由溢流管释放掉。冷却系统内的压力下降，以防止散热器胀裂；当压力下降到一定值时，压力阀在弹簧作用下又重新关闭。这样就使冷却系统内压力稍高于大气压，从而可提高冷却水沸点，增加散热器与大气温差，增强了散热效率，同时又减少了水的蒸发损失。当散热器内的压力继续降低，超过某一值时，真空阀开启，使外部空气进入散热器，使散热器内的压力升高；当散热器内的压力升高到一定值后，真空阀在其弹簧的作用下重新关闭。各种汽车发动机散热器盖阀门开启压力略有差别。压力阀开启压力一般超过大气压的 26%～37%。

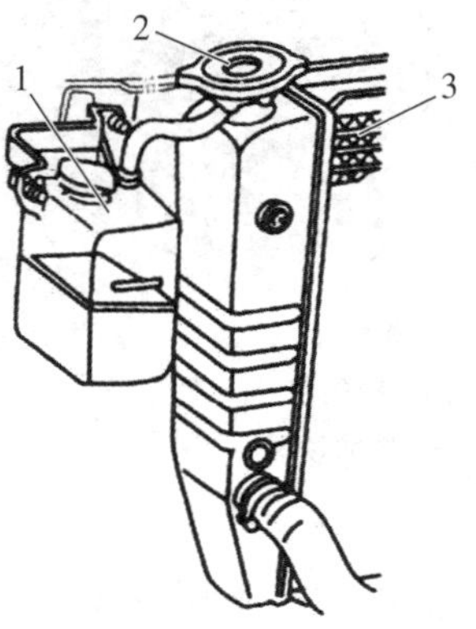

1—储水箱；2—加压盖；3—散热器

图 2-164　散热器储水箱结构

加注了防锈液与防冻液的汽车发动机，为了减少冷却水的损失，保证冷却系统的正常工作，采用散热器加储水箱结构，如图 2-164 所示。

储水箱的上方用一根软管通大气，另一根软管与散热器的溢流管相连。当散热器内蒸汽压力升高到某一值时，其盖上的压力阀打开，冷却水通过压力阀和溢流管进入储水箱；当温度下降时，冷却水又从储水箱通过真空阀流回散热器内部。这样可以防止冷却水的损失。储水箱内部印有两条液面高度标记线，液面高度应位于这两条标记线之间。

2. 风扇

风扇的功用是提高通过散热器芯的空气流速，增加散热效果，加速水的冷却。风扇安装在散热器后面。当风扇旋转时，对空气产生吸力，使之沿轴向流动。空气流由前向后通过散热器芯，使流经散热器芯的冷却水加速冷却。

车用发动机的风扇有两种形式，即轴流式和离心式。轴流式风扇所产的风的流向与风扇轴平行，离心式风扇所产生的风的流向为径向。轴流式风扇效率高、风量大、结构简单、布置方便，因而在车用发动机上得到了广泛的应用。

如图 2-165 所示，轴流式风扇常见的有三种形式：叶尖前弯风扇、尖窄根宽风扇和尼龙压铸整体风扇。轴流式风扇由叶片、托板铆接而成，叶片则由薄钢板冲压成形。为了降低风扇噪声，使叶片具有良好的空气动力性能，具有翼形断面叶片的整体铝合金铸造或用尼龙、聚丙烯等合成树脂注塑的轴流式风扇被大量使用。这种风扇由 2～8 片叶片组成，常见的为 4 片、5 片或 6 片。叶片之间的间隔角或相等，或不相等。间隔角不等的叶片可以减小叶片旋转时的振动和噪声。

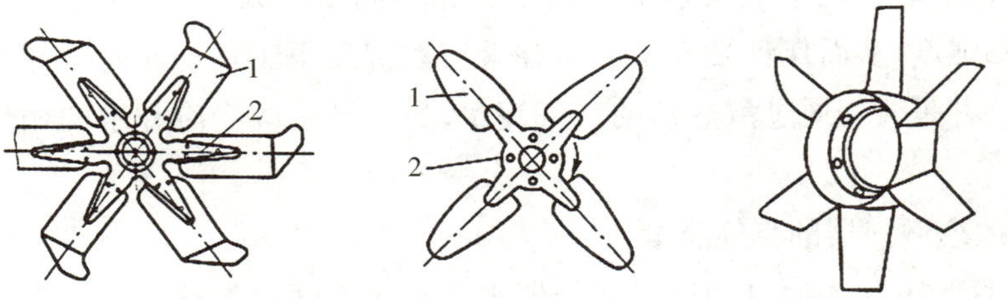

(a) 叶尖前弯风扇　　(b) 尖窄根宽风扇　　(c) 尼龙压铸整体风扇

1—叶片；2—托板

图 2-165　轴流式风扇常见三种形式

风扇的驱动方式有两种，一种为机械风扇，此风扇常和发电机一起由曲轴带轮通过 V 带驱动。为调节 V 带的张紧程度，通常将发电机的支架做成可调节的，如图 2-166 所示。另外一种为电动风扇。主要以蓄电池为动力，其转速与发动机的转速无关。电动机的开关由位于散热器上的温度传感器即双温开关控制，需要风扇工作时自行启动。这种风扇无动力损失、结构简单、布置方便。

3. 水泵

水泵的作用是对冷却水加压，加速冷却水的循环液动，保证冷却可靠。车用发动机上多采用离心式水泵。离心式水泵具有结构简单尺寸小、排水量大、维修方便等优点，其构造和工作原理如图 2-167 所示。

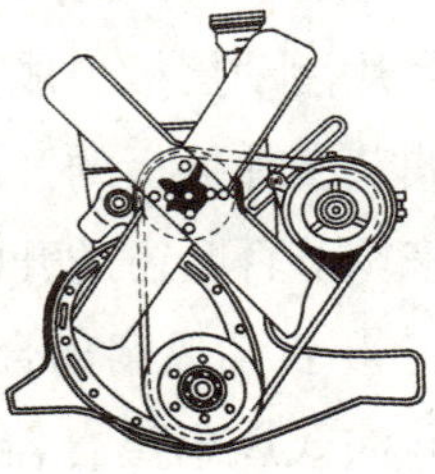

图 2-166　风扇驱动及 V 带张紧装置

离心式水泵主要泵体、叶轮和水泵轴组成，叶轮的叶片一般是

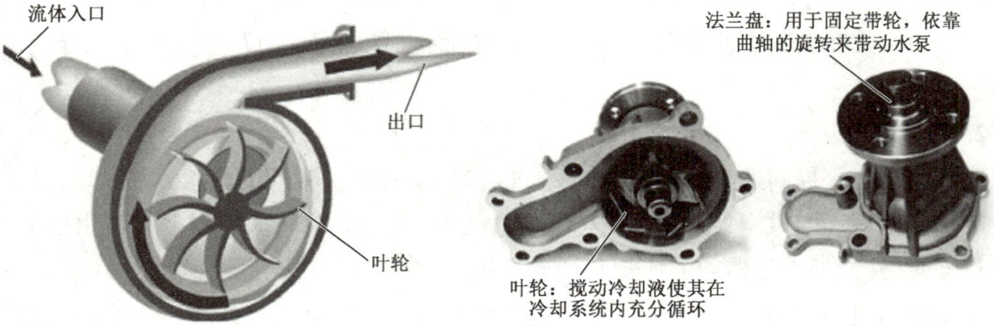

图 2-167　离心式水泵构造及工作原理

径向或向后弯曲的，其数目一般为 6～9 片。当叶轮旋转时，水泵中的水被叶轮带动一起旋转，在离心力作用下，水被甩向叶轮边缘，然后经外壳上与叶轮成切线方向的出水管压送到发动机水套内。与此同时，叶轮中心处的压力降低，散热器中的水便经进水管被吸进叶轮中心部分。如此连续的作用，使冷却水在水路中不断地循环。当水泵因故停止工作时，冷却水仍然能从叶轮叶片之间流过，进行自然循环，不至于很快产生过热。

4. 冷却强度调节装置

冷却强度调节装置是根据发动机不同工况和不同使用条件，改变冷却系统的散热能力，即改变冷却强度，从而保证发动机经常在最有利温度下工作。改变冷却强度通常有两种调节方式，一种是改变通过散热器的空气流量；另一种是改变冷却水的循环流量和循环范围。

（1）通过改变散热器的空气流量

通常利用百叶窗和各种自动风扇离合器来实现改变通过散热器的空气流量。百叶窗可以调节空气流量并防止冬季冻坏水箱，多用人工调节，也有采用自动调节装置的。自动风扇离合器是根据发动机的温度自动控制风扇的转速，调节扇风量以达到改变通过散热器的空气流量。它不仅能减少发动机的功率损失，节省燃油，而且能提高发动机的使用寿命，降低发动机的噪声。

① 百叶窗：由于冬季冷车起动后的暖机过程，或严寒水温较低时。冷却水只进行小循环，这时散热器内的水温很低。为此在散热器前安装有百叶窗，用来调节流过散热器的空气量，以调节冷却系统的冷却强度，从而改善燃油的雾化条件，减小排气污染。百叶窗是用许多片活动挡板组成的，有垂直安装的，也有水平安装的。多用手柄在驾驶室内通过传动件调节多片挡板的开度，这样可根据仪表板上的水温表来观察冷却系统的水温，再根据水温来调节百叶窗的开闭程度，以改变空气流的强度。

② 自动风扇离合器：自动风扇离合器有硅油式、机械式和电磁式。目前应用最多的是硅油式风扇离合器。硅油式风扇离合器是一种以硅油为转矩传递介质，利用散热器后面气流温度控制的液力传动离合器，它结构简单、工作效果好，并具有显著节省燃油的优点。

③ 双温开关：如图 2-168 所示为上海桑塔纳轿车的双温蜡质热敏温控开关。它由蜡质感温驱动元件及两挡触点动作机构组成，利用石蜡受热由固态变为液态时体积突然变大来移动推杆，控制触点的开闭。它装在散热器的水箱上。

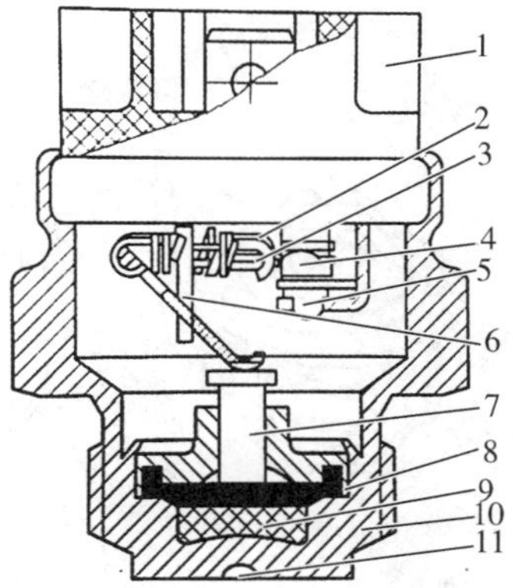

1—接线杆座；2—触点 1 拉簧；3—触点 2 拉簧；4—触点 1；5—触点 2；6—拉簧架；7—推杆；8—橡胶密封膜；9—石蜡；10—外壳；11—调整坑

图 2-168　上海桑塔纳轿车的双温蜡质热敏开关

随着冷却水温度的升高，石蜡开始膨胀，通过橡胶密封膜推动推杆而压动拉簧架。当冷却水温升至 368 K 时，低速触点闭合，散热器电动机风扇接通电源，以 1 600 r/min 低速运转。

当冷却水温继续上升至 378 K 时，因石蜡继续膨胀而使高速触点闭合，使散热器电动机风扇以 2 400 r/min 高速运转，以增加冷却强度。当冷却水温下降时，石蜡体积收缩，推杆在触点拉力作用下回缩而使触点断开，实现了对散热器电动机风扇的控制。

④ 电动冷却风扇：现代汽车发动机广泛采用了电动冷却风扇，如图 2-169 所示，风扇的转速可以受到水温、空调离合器的工作状态、空调系统的压力等多重因素的影响，而且还可以根据发动机的工况以停转、低速、高速等几个挡位工作，甚至可以连续无极调速，因而可以使发动机获得更加适宜的冷却强度。

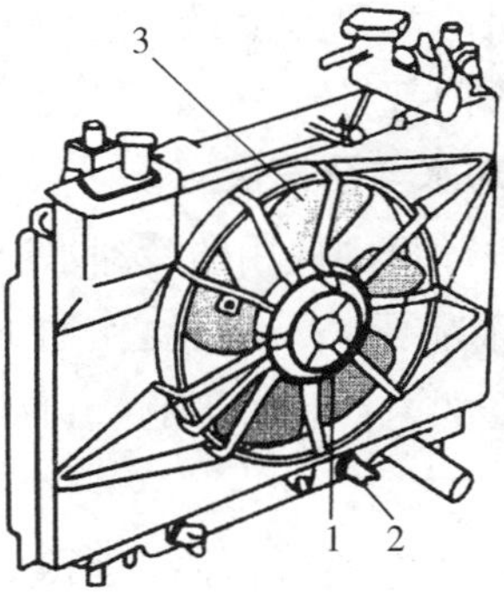

1—电动机；2—水温开关；3—叶片

图 2-169　电动风扇结构

(2) 通过改变散热器冷却水的流量

改变散热器冷却水的流量一般是由节温器来控制的。

节温器安装在水泵的进水口或气缸盖的出水口。其作用是根据发动机冷却水温度的高低，自动改变冷却水的循环路线及流量，以使发动机始终在最合适的温度下工作。目前汽车上多采用蜡式节温器，其核心部分为蜡质感温元件。反推杆的一端固定于支架上，另一端插入橡胶套的中心孔内，橡胶套与金属外壳间装有精制石蜡，利用石蜡受热后由固态变为液态时体积膨胀的性质进行控制，如图 2-170 所示。

发动机工作后，因温度逐渐升高而使石蜡逐渐变为液态，体积开始膨胀。在发动机冷却水温度低于 358 K 时，因石蜡产生的膨胀力小于主阀门弹簧的预紧力，主阀门在主阀门弹簧的作用下压在出水口上，从散热器来的低温冷却水不能进入发动机水套内。此时，从发动机气缸盖出水口流出的高温冷却水可以不经散热器而直接进入水泵，于是，未经散热的冷却水被水泵重新压入发动机水套内，因而减少了热量损失。此时冷却水的循环路线称为小循环。当发动机冷却水温度超过 358 K 时，石蜡产生的膨胀力克服了主阀门弹簧的预紧

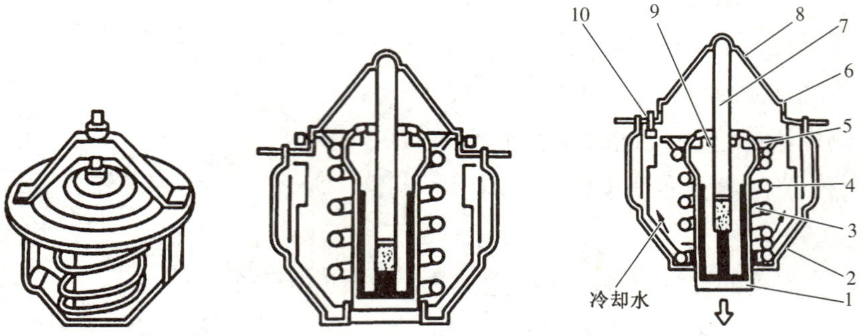

(a) 节温器外形　(b) 关闭状态　(c) 开启状态

1—感温器外壳；2—下支架；3—石蜡；4—弹簧；5—阀门；6—阀座；7—反推杆；8—上支架；9—密封圈；10—沟阀

图 2-170　蜡式节温器

力，主阀门开始打开。水温达到 378 K 时，主阀门完全打开，而副阀门则彻底关闭了小循环通路。这时来自气缸盖出水口的高温冷却水全部进入散热器进行冷却，之后再由水泵重新压入发动机的水套内，此时冷却水的循环路线称为大循环。当冷却水的温度在 358～378 K 时，主、副阀门都打开一定的程度，此时，冷却系统中的大小循环同时进行。

5. 冷却水与防冻液

汽车发动机中使用的冷却水应该是清洁的软水。井水、河水和海水等因含有大量的矿物质而被称为硬水。在高温作用下，这些矿物质会从水中沉淀析出而产生水垢，这些水垢积附在水套的内壁和软管的接口处，影响水流的循环，造成高温零件散热困难而使发动机过热。

在冬季寒冷地区，往往因冷却水结冰面发生散热器、气缸体、气缸盖变形、胀裂的现象。

为适应冬季行车的需要，可在冷却水中加入一定量的防冻液以达到降低冰点、提高沸点的目的。现代汽车使用的防冻液通常由一定比例的乙二醇和蒸馏水混合而成，其冰点为 238 K，沸点则高达 400 K 左右。

在优质的防冻液中还常含有水泵润滑剂、防尘剂、防腐剂和酸度中和剂，以减少保养维修工作量，延长发动机的使用寿命。

因防冻液的膨胀系数比水受热时的膨胀系数略高，为避免因为膨胀而造成冷却水溢流损失，冷却液不能加得太满。在带有膨胀水箱的冷却系统中，冷却液的液面高度应处在膨胀水箱上的最小容量和最大容量之间。

四、风冷系统

风冷系统（图 2-171）的功用是利用高速流空气直接吹过气缸盖和气缸体表面，将从气缸内部传出的热量散发到大气中去，以保证发动机在最有利的温度范围内工作。

虽然风冷系统与水冷系统比较，具有结构简单、质量轻、故障少、无需特殊保养等优点，但由于其材料要求较高、冷却不够均匀、工作噪声大，目前很少在汽车上使用。

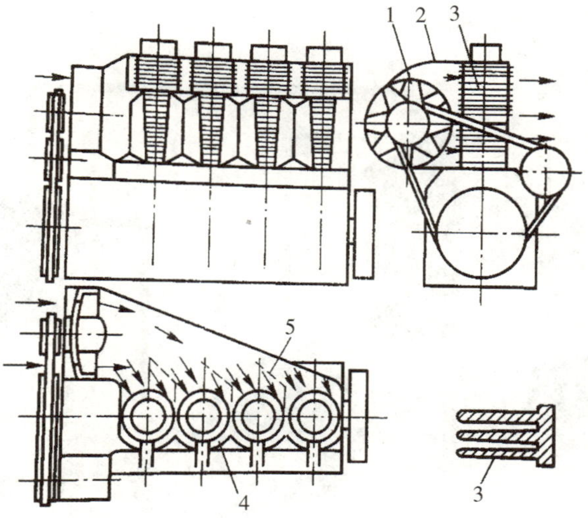

1—风扇；2—导流罩；3—散热片；4—气缸导流罩；5—分流板

图 2-171　风冷系统

模块 7　点 火 系 统

一、点火系统的作用

汽油发动机气缸内的可燃混合气，需要在压缩行程终了时采用高压电火花点火，才能使发动机完成作功过程。为了在气缸中适时产生高压电火花，汽油发动机设置了专门的点火装置，称为发动机点火系统。

点火系统的作用是在发动机各种工况和使用条件下，在气缸内适时、准确、可靠地产生电火花，以点燃可燃混合气，使发动机做功。点火系统基本结构如图 2-172 所示。

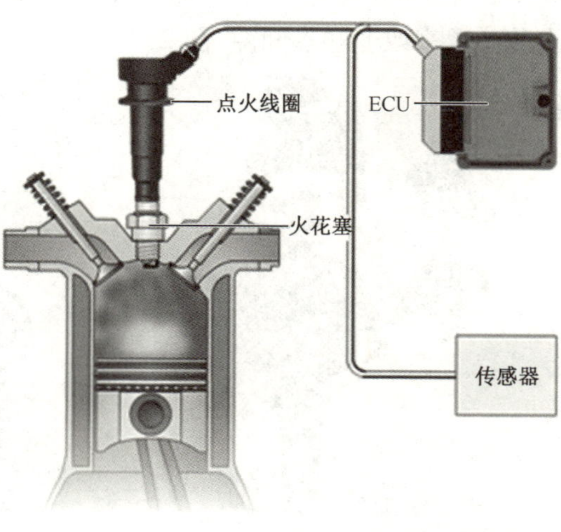

图 2-172　点火系统基本结构

二、点火系统的分类及组成

发动机点火系统按其组成和产生高压电方式的不同可分为传统点火系统、电子点火系统和微机控制点火系统。

1. 传统点火系统

传统点火系统以蓄电池为电源，在点火线圈和断电器的作用下，将电源提供的 12 V 低压直流电转变为高压电，再通过分电器分配到各缸火花塞，从而产生电火花，点燃可燃混合气，如图 2-173 所示。

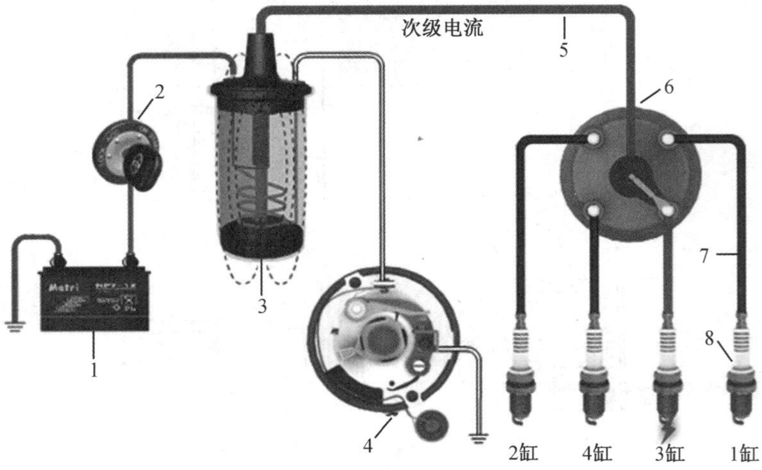

1—蓄电池；2—点火开关；3—点火线圈；4—断电器；5—中央高压导线；6—配电器；7—分红高压导线；8—火花塞

图 2-173　传统点火系统

传统点火系统主要由电源(蓄电池和发电机)、点火开关、点火线圈(含有附加电阻)、分电器(电容器、断电器、配电器、点火提前装置)、火花塞和高压导线等组成。

传统点火系统由于存在产生的高压电比较低、高速时工作不可靠、使用过程中需经常检查和维护等缺点，目前已经被微机控制点火系统所取代。

(1) 分电器

如图 2-174 所示为分电器，它的作用为接通或断开初级电路；并能将点火线圈产生的高压电按照发动机分配给各缸火花塞，而且可以根据发动机转速和负荷自动调节点火时刻。

分电器由断电器、配电器、电容器和点火提前调节装置组成。

① 断电器的作用是周期性地接通和断开初级电路，使初级电流发生变化，以便在点火线圈中感应生成次级电压。断电器的触点间隙一般为 0.35～0.45 mm，可以通过调整固定触点的位置来改变触点间隙(图 2-175)。

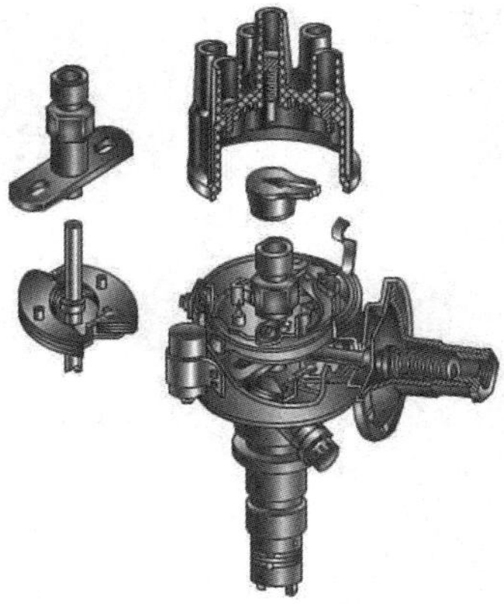

图 2-174　分电器

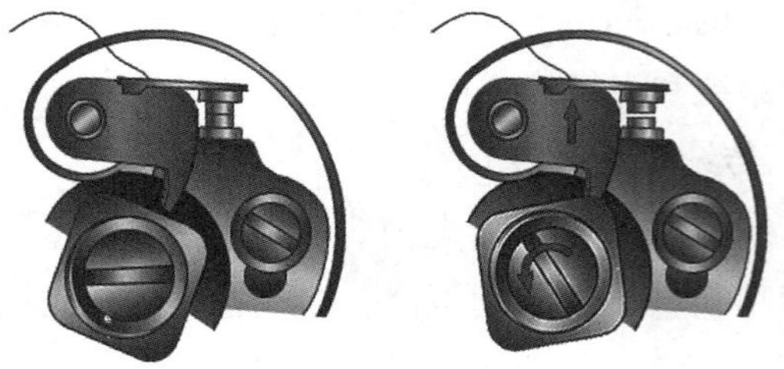

图 2-175　固定触点的位置

② 配电器的作用是将点火线圈中产生的高压电，按照发动机的工作顺序轮流分配到各气缸的火花塞上(图 2-176)。

③ 电容器(图 2-177)与断电器触点并联，其功用是在点火线圈初级电路断开时，减小触点间产生的电火花，防止触点烧损，并可加速点火线圈中的磁通变化率，提高点火电压。

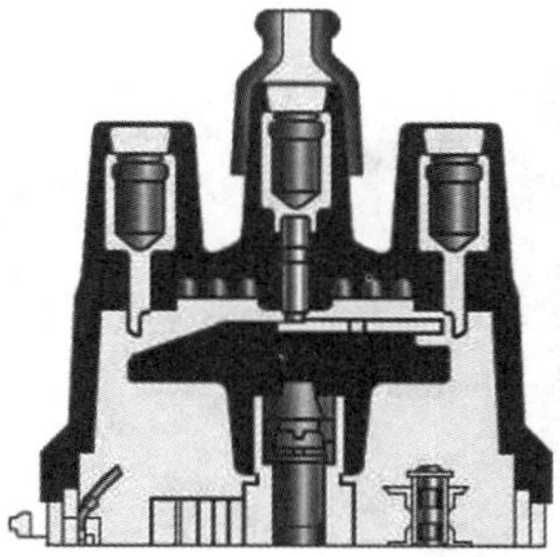

图 2-176　配电器

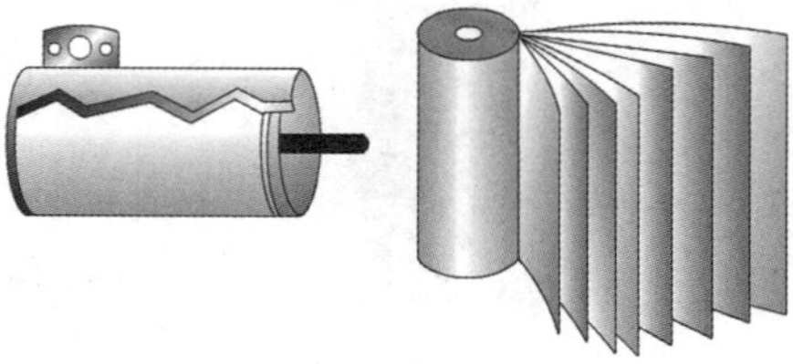

图 2-177　电容器

④ 点火提前调节装置位于分电器下部，由离心式点火提前调节装置(图 2-178)和真空式点火提前调节装置(图 2-179)组成。

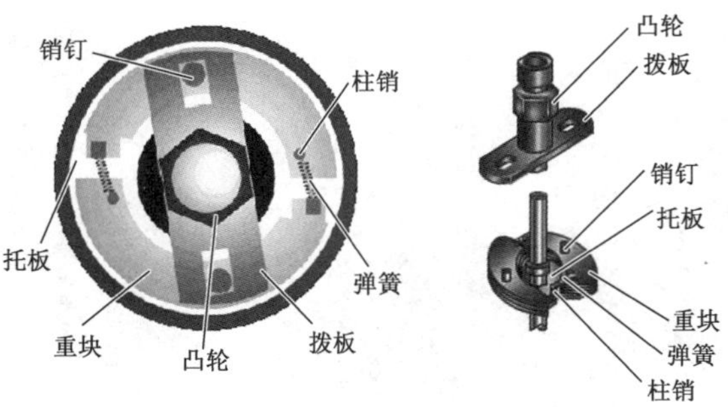

图 2-178　离心式点火提前调节装置

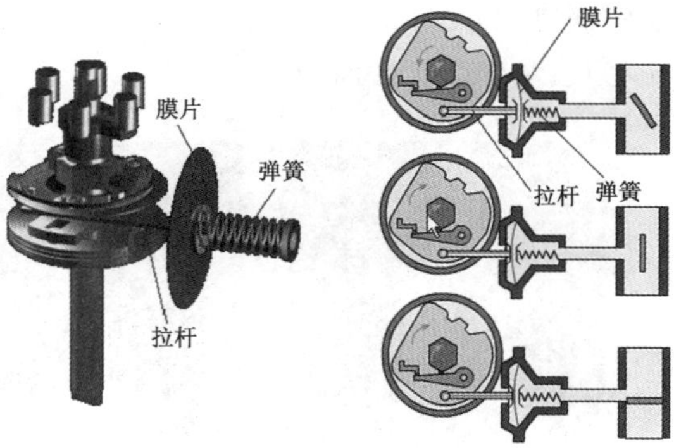

图 2-179　真空式点火提前调节装置

(2) 点火线圈

如图 2-180 所示为点火线圈，点火线圈把电源的低压电转变成火花塞点火所需要的高压电。按其铁芯结构型式可分为开磁路点火线圈和闭磁路点火线圈。开磁路点火线圈采用柱形铁芯，其上下两端没有连接在一起，磁力线通过空气形成磁回路。闭磁路点火线圈的铁芯由“口”字形或“日”字形的铁片叠制而成，磁路闭合。

图 2-180　点火线圈

(3) 火花塞

火花塞如图 2-181 所示，它的作用是将高压电引入燃烧室产生火花并点燃混合气。其自净温度应为 500～600℃，裙部温度若低于此温度，落在绝缘体裙部的油粒便不能立即燃烧掉，形成积炭而引起漏电。炽热点应为 800～900℃，若温度太高，则混合气与这样炽热的绝缘体接触时，可能在火花塞产生火花之前就自行着火，从而引起发动机早燃，造成发动机功率下降。

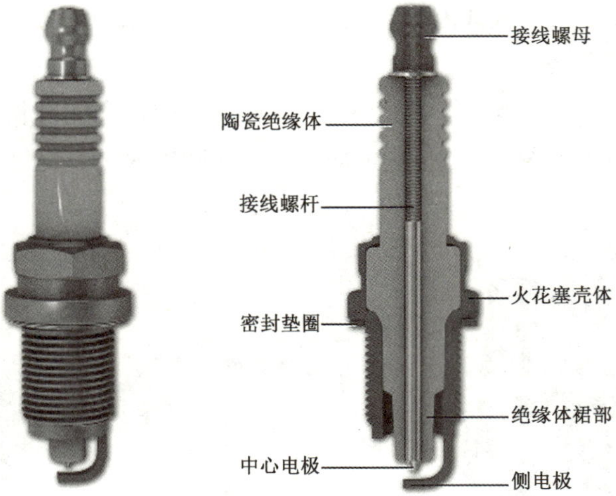

图 2-181　火花塞

不同发动机的火花塞裙部受热是不一样的，要求绝缘体裙部长度不同，根据裙部长度不同，又把火花塞分成冷型（裙部长度为 8 mm）；中型（裙部长度为 11 mm 和 14 mm）；热型（裙部长度为 16 mm 和 20 mm），如图 2-182 所示。也有采用多电极的火花塞，可以改善点火效果，如图 2-183 所示。

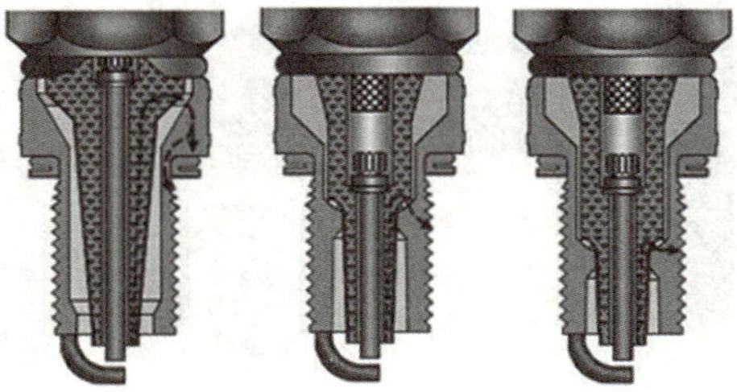

(a) 冷型　(b) 中型　(c) 热型

图 2-182　火花塞种类

(a) 二电极　(b) 三电极　(c) 四电极

图 2-183　多电极火花塞

2. 电子点火系统

电子点火系统是指利用电子元件（晶体三极管或晶闸管）作为开关，控制点火线圈初级绕组电路的通与断，取代了传统点火系统中的断电器触点（白金触点），所以又被称为无触点式电子点火系统。电子点火系统是在传统点火系统的基础上发展起来的，与传统点火系统相比，它的基本工作原理并没有发生变化，但提高了点火系统的使用寿命。

电子点火系统主要由电源、点火开关、点火信号发生器、点火模块、点火线圈、配电器和火花塞等组成。

按点火信号发生器的类型不同，常见的电子点火系统可分为霍尔式、电磁式、光电式电子点火系统三种类型，其中霍尔式和电磁式的应用最为广泛。

（1）霍尔式传感器

霍尔式电子点火系统主要由霍尔式点火信号发生器、点火模块、点火线圈、分电器、点火开关、蓄电池和高压线等组成，如图 2-184 所示。

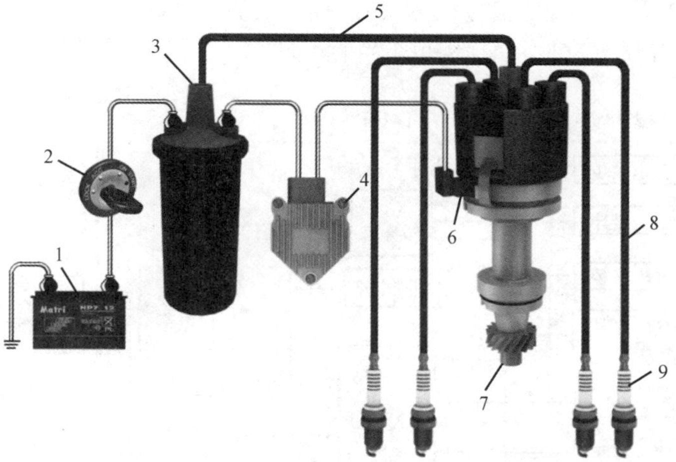

1—蓄电池；2—点火开关；3—点火线圈；4—点火模块；5—中央高压线；6—霍尔式信号发生器；7—分电器

图 2-184　霍尔式电子点火系统组成

霍尔式传感器由信号盘叶片、永久磁铁、霍尔芯片及霍尔传感器槽等构成。当叶片从槽中移出时，点火线圈初级线圈由导通状态变为断路状态，使次级线圈产生高电压，如图 2-185 所示。

(2) 电磁式传感器

电磁式传感器由转子和线圈组成。转子固定在分电器轴上，线圈固定在分电器壳体上。永久磁铁的磁力线经转子、线圈、托架构成封闭回路，转子旋转时，由于转子凸起与托架间的磁隙不断变化，通过线圈的磁通也不断变化，线圈中便产生感应电压，并以交流形式输出，如图 2-186 所示。在实用结构中，常将发动机转速和曲轴位置传感器一同装于分电器上，使用复合转子和耦合线圈。

(3) 光电式传感器

光电式传感器主要由发光二级管、光敏二级管、遮光盘和控制电路组成。发光二级管和光敏二级管位置相对，分别位于遮光盘两侧。遮光盘固定在凸轮轴上，与凸轮轴一同旋转。当遮光盘挡住发光二级管的光线时，光敏二级管截止，控制电路输出低电平。当缝隙对准发光二级管与光敏二级管时，光线照射到光敏二极管上，控制电路输出高电平。凸轮轴转一周，由 360 条缝隙所控制的电路将输出 360 个脉冲信号，此信号作为向电脑输入的转速信号，如图 2-187 所示。

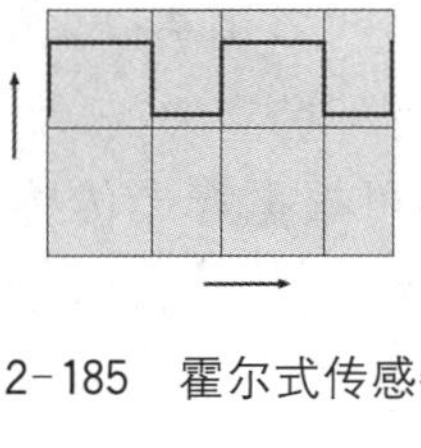

图 2-185　霍尔式传感器

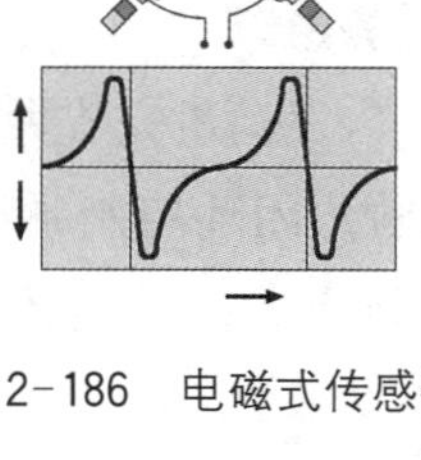

图 2-186　电磁式传感器

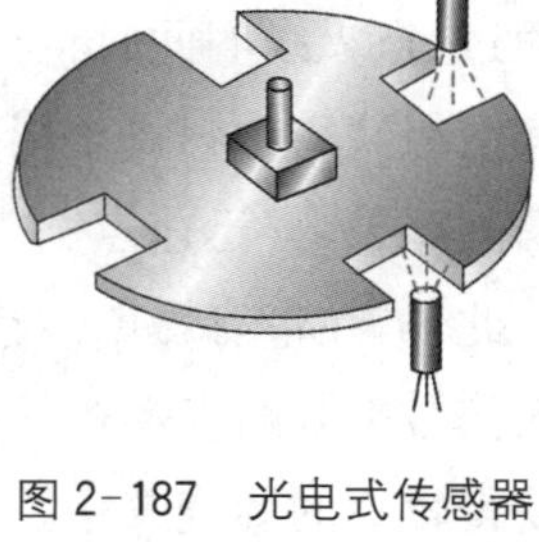

图 2-187　光电式传感器

3. 微机控制点火系统

微机控制点火系统主要由信号检测装置、控制装置(ECU)、点火执行装置(点火控制模块、点火线圈和火花塞)等部分组成,如图 2-188 所示。

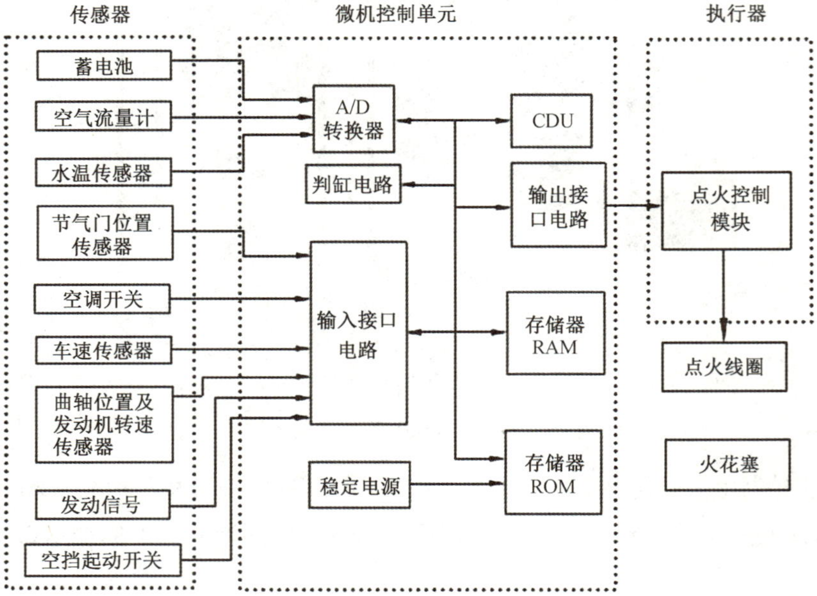

图 2-188 微机控制点火系统的工作原理

信号检测装置主要是指传感器,用于检测发动机各种运行参数的变化,为 ECU 提供点火提前角的控制依据。其中,最主要的传感器是转速传感器、曲轴位置传感器和空气进气量传感器。

ECU 根据各传感器的信号,按事先设置的程序计算出最佳点火提前角,并向点火控制模块发出点火指令。

点火控制模块的作用是根据 ECU 输出的指令,通过内部的大功率三极管的导通和截止,控制初级电流的通断,完成点火工作。

发动机运行时,ECU 不断地采集发动机的转速、负荷、冷却液温度、进气温度等信号,并根据存储器 ROM 中存储的有关程序与有关数据,确定出该工况下最佳点火提前角和初级电路的最佳导通角,并以此向点火控制模块发出指令。点火控制装置根据 ECU 的点火指令,控制点火线圈初级回路的导通和截止。当电路导通时,有电流从点火线圈中的初级绕组通过,点火线圈此时将点火能量以磁场的形式储存起来。当初级绕组中电流被切断时,在其次级绕组中将产生很高的感应电动势(15~20 kV),送至工作气缸的火花塞,点火能量被瞬间释放,并迅速点燃气缸内的混合气,发动机完成做功过程,如图 2-189 所示。

此外,在带有爆燃传感器的点火提前角闭环控制系统中,ECU 还可根据爆燃传感器的输入信号来判断发动机的爆燃程度,并将点火提前角控制在轻微爆燃的范围内,使发动机能获得较高的燃烧效率。

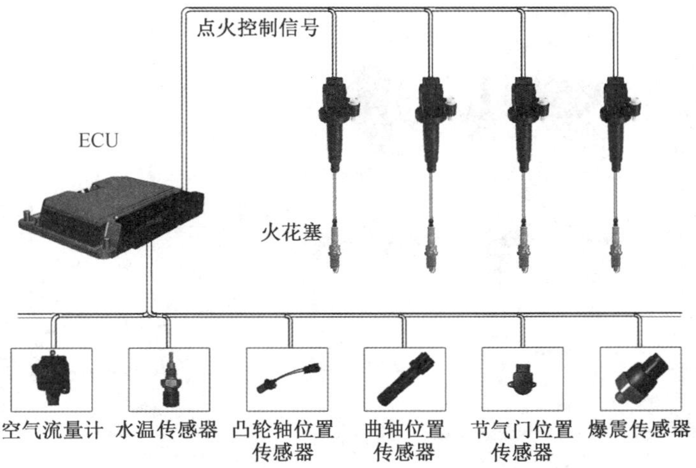

图 2-189　微机控制点火系统组成

根据高压电分配方式不同，汽油发动机点火系统可分为单缸独立点火和双缸同时点火两种形式。

（1）单缸独立点火方式

单缸独点火方式中，点火线圈直接与火花塞相连，一个点火线圈连接一个缸的火花塞，无高压线，由微机控制点火顺序。点火线圈主要由接线插头、点火模块、密封圈、铁芯、钢壳、连接弹簧、塑料壳、初级线圈、绝缘层、次级线圈、环氧树脂骨架等组成，为开磁路式点火线圈，如图 2-190 所示。

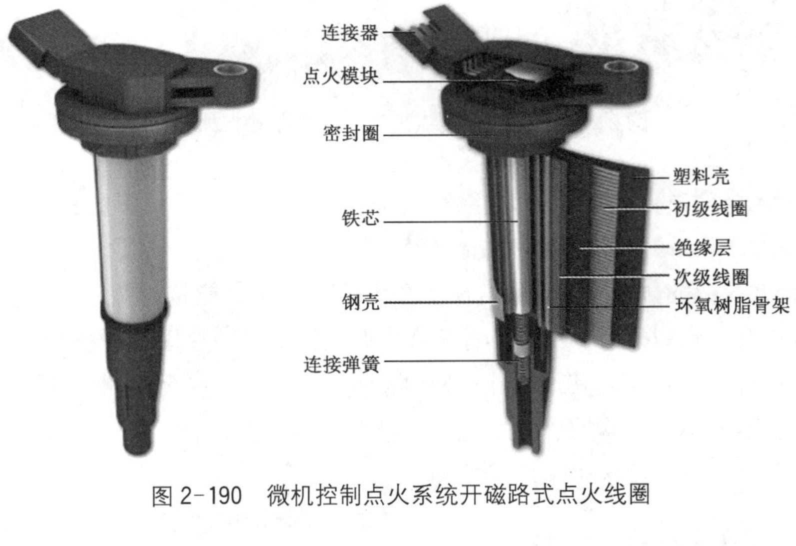

图 2-190　微机控制点火系统开磁路式点火线圈

点火模块三级管导通，电流流过初级绕组产生磁场。点火模块三极管截止，磁场迅速消失，在次级绕组产生感应电动势，高压电送至火花塞跳火。单独点火方式点火系统工作原理如图 2-191 所示，电路如图 2-192 所示。

（2）双缸同时点火方式

双缸同时点火方式点火系统中，点火线圈的高压线直接与火花塞相连，一个点火线圈

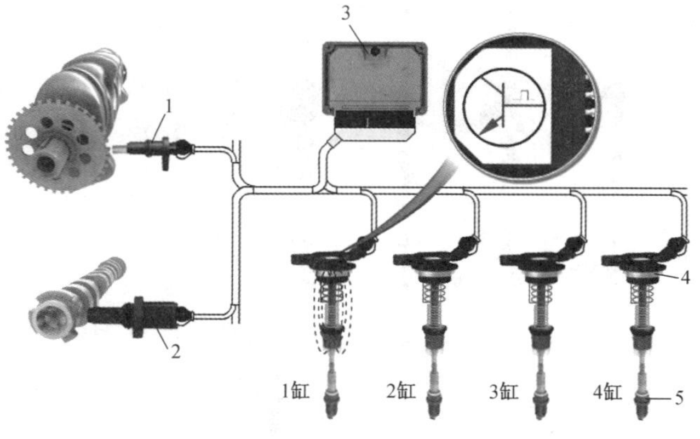

1—曲轴位置传感器；2—凸轮轴位置传感器；3—ECU；
4—点火线圈；5—火花塞

图 2-191 单缸独立点火方式点火系统工作原理

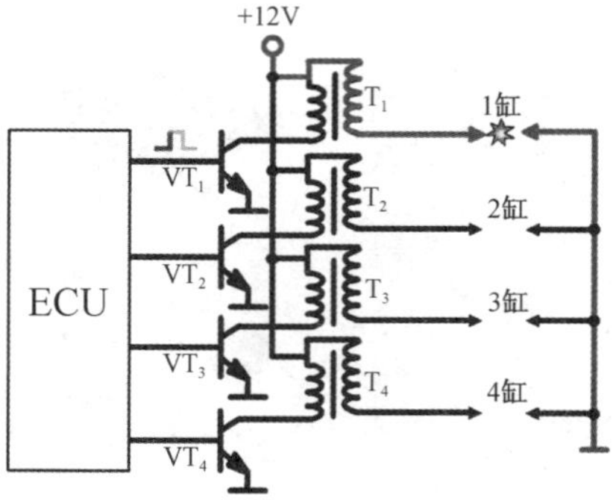

图 2-192 单缸独立点火方式点火系统电路

连接两个缸的火花塞，两缸工作相位相差 360°曲轴转角。双缸同时点火方式用点火线圈主要由高压线接线柱、铁芯、初级线圈、次级线圈、低压线插座、壳体等组成，为闭磁路式点火线圈，如图 2-193 所示。

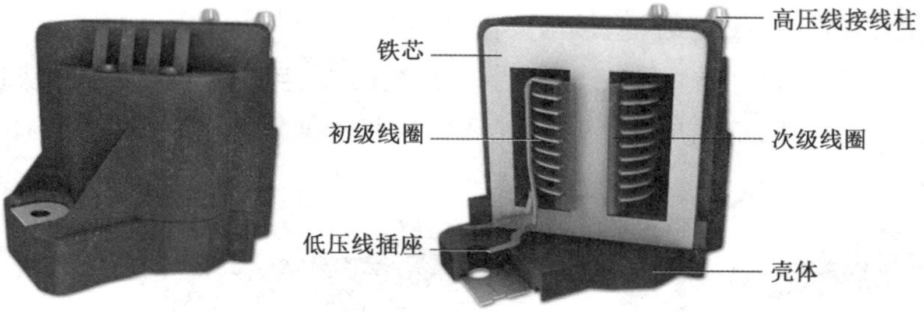

图 2-193 微机控制点火系统闭磁路式点火线圈

闭磁路点火线圈，将初级绕阻和次级绕组都绕在口字形或日字形的铁芯上。初级绕组在铁芯中产生的磁通，通过铁芯构成闭合磁路。

闭磁路点火线圈的优点是漏磁少，磁路的磁阻小，因而能量损失小，能量变换率可达 75%（开磁路式点火线圈只有 60%）。闭磁路式点火线圈采用热固性树脂作为绝缘填充物，外壳以热熔性塑料注塑成型，其绝缘性、密封性均优于开磁式点火线圈。体积小，可直接装在配电器盖上，不仅结构紧凑，又省去了点火线圈与配电器之间的高压导线，并可使次级电容减小，所以在电子点火系统中被广泛采用。

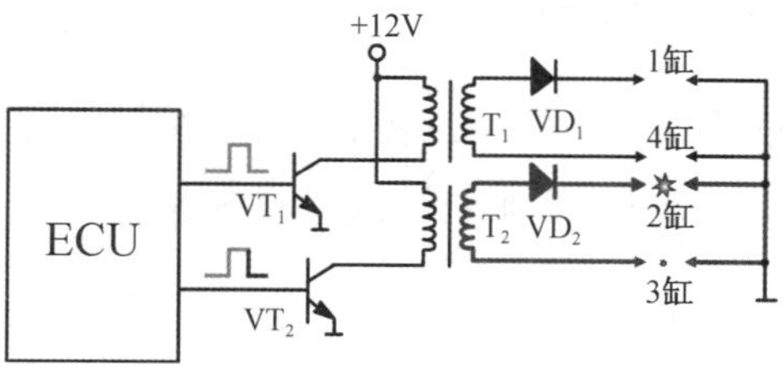

图 2-194 双缸同时点火方式点火系统电路

点火控制过程如图 2-194 所示，当一缸工作接近压缩行程上止点时，另一缸接近排气行程上止点，点火时，两缸的火花塞同时“跳火”，其中，工作于排气行程的气缸点火是无效点火，工作于压缩行程的气缸点火是有效点火。

三、点火控制

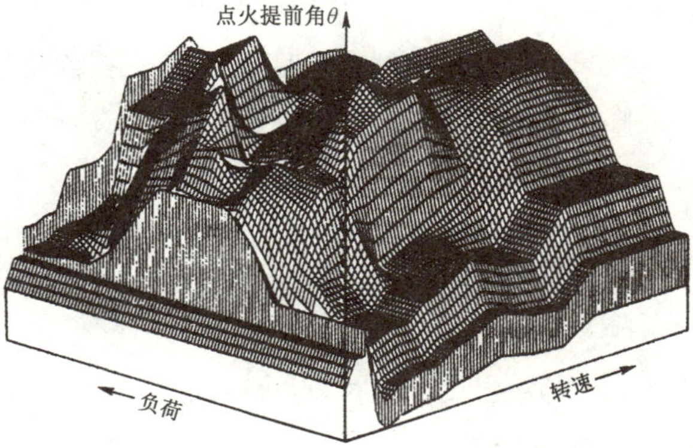

图 2-195　点火提前角与发动机转速、负荷的关系

电子控制点火系统是根据各种传感器信号，采用发动机 ECU 来确定点火时刻(也称点火正时)的系统。发动机 ECU 根据记忆中存储的最佳点火时刻与发动机工况相对应的情况下，计算出点火时刻，并将点火信号传送给点火控制器。最佳点火时刻主要由发动机转速和负荷(进气量)决定，如图 2-195 所示。

点火时刻对发动机性能影响很大，从火花塞点火到气缸内大部分混合气燃烧，并产生很高的爆发力需要一定的时间，虽然这段时间很短，但由于曲轴转速很高，在这段时间内，曲轴转过的角度很大。若在压缩上止点点火，则混合气燃烧时，活塞下移而使气缸容积增大，导致燃烧压力低，发动机功率也会随之减小。所以应该在压缩接近上止点前点火，即提前点火。因此把火花塞点火时，曲轴曲拐位置与活塞位于压缩上止点时曲轴曲拐位置之间的夹角称为点火提前角。

最佳的点火提前角随许多因素变化，最主要的因素是发动机转速和混合气的燃烧速度，混合气的燃烧速度又和混合气的成分、燃烧室形状、压缩比等因素有关。

当发动机转速一定时，随着负荷的加大，节气门开大，进入气缸的可燃混合气量增多，压缩终了时的压力和温度增高，同时，残余废气在气缸内所占的比例减小，混合气燃烧速度加快，这时，点火提前角应适当减小。反之，发动机负荷减小时，点火提前角则应适当增大。

当发动机节气门开度一定时，随着转速增高，燃烧过程所占曲轴转角增大，这时，应适当加大点火提前角。点火提前角应随转速增高适当加大。

另外，点火提前角还和汽油的抗爆性能有关，使用辛烷值高，抗爆性能好的汽油，点火提前角应较大。

点火正时控制包括两个基本控制。一是起动时点火控制，起动时点火控制是在预定的曲轴转角进行点火而不考虑发动机的运作情况，该曲轴转角称为“初始点火提前角”；二是起动后点火控制，起动后点火时间控制是由初始点火正时、基本点火提前角和各种修正点火提前角叠加而成。基本点火提前角根据发动机负荷和转速确定。

1. 起动时点火控制

当发动机起动时，转速较低，进入的空气质量也不稳定，传感器信号不能用作控制信号，点火时间设置在初始点火提前角。初始点火时间角是从发动机 ECU 存储的数据中读取的。

2. 起动后点火控制

起动后点火控制是通过对初始点火正时角和基本点火提前角进行各种修正来完成的，点火正时的计算公式如下。

点火正时 = 初始点火正时角 + 基本点火提前角 + 修正点火提前角

当起动后点火控制有效时，基本点火提前角是由转速和负荷信号信号来决定的。

修正点火提前角的控制内容如下。

（1）预热控制

当冷却液温度太低而要改善发动机的行车性时，应增大点火提前角。在极冷的条件下，通过该修正功能可将点火时间角提前大约 15°。

（2）过热修正

当冷却液温度极高时，点火时间将被延迟以防止爆震或过热。这种修正使点火时间角度延迟最大 5°。

（3）稳定怠速修正

如果发动机怠速时从目标怠速速度开始变化，那么发动机 ECU 将会调节点火时间以使发动机转速稳定。发动机 ECU 不断地计算出发动机的平均速度。因此如果发动机转速降至目标怠速装速以下，发动机 ECU 将会使点火时间提前预设角度。如果发动机转速高于目标怠速转速，则发动机 ECU 将延迟预设角度。通过这种修正，点火时间角度变化值最大为 ± 5°。

（4）爆震修正

如果发动机出现爆震，爆震传感器则会把爆震产生的振动转化为一个电压信号，并把它传给发动机 ECU。ECU 通过延迟点火时间进行修正。

（5）其他修正

① 空燃比反馈修正：此过程中，发动机的速度是随着燃料喷油量的增加，减少而相应变动。为了保持怠速稳定，在空燃比反馈中，要使点火提前角以和进入的空气量相匹配。在车辆行驶中不执行这种修正方式。

② 废气再循环（Exhaust Gas Recirculation，EGR）修正：当废气再循环时，要提前点火时间以便和进入的空气质量和发动机转速相一致，最终改善其行车性。

③ 扭矩控制修正：配备自动变速器车辆，传动装置或是星形齿轮组驱动桥离合器和制动装置在变速过程中产生一定量的震动。某些车型在换挡加速或减速时为减小这种震动，通过延迟点火正时以降低发动机扭矩。

④ 转换修正：当从减速转换为加速时，点火时间需要提前或者延迟以便满足加速过程的需要。

⑤ 巡航控制修正：当以巡航控制行驶时，在下坡行驶中，巡航控制 ECU 发出一个信号给发动机 ECU 以延迟点火正时，使得在制动过程中产生的发动机扭矩变化最小，以执行平稳巡航控制。

⑥ 牵引力控制修正：牵引力控制工作时，为了降低发动机扭矩，延迟点火正时。

⑦ 最大和最小提前角控制：实际点火正时等于初始点火正时角、基本点火提前角和修正点火提前角之和，如果实际点火正时有误时，将影响发动机的性能。在初始点火提前角已设定时，ECU 控制的实际点火提前角等于基本点火提前角与修正点火提前角之和，一般情况下，最大提前角设定在 35°～45°之间，最小提前角设定在 − 10°～0°之间。

模块8　起动系统

一、起动系统作用及组成

1. 起动系统的作用

为了使静止的发动机进入自行运转状态，必须先依靠外力带动发动机曲轴，使活塞开始上下运动，气缸内吸入可燃混合气，并将其压缩、点燃，体积迅速膨胀产生强大的动力，推动活塞运动并带动曲轴旋转，发动机才能自动地进入工作循环。通常把发动机的曲轴在外力作用下开始转动到发动机自动怠速运转的全过程称为发动机的起动过程。

起动系统的作用是在正常使用条件下，通过起动机将蓄电池储存的电能转变为机械能带动发动机以足够高的转速运转，以顺利起动发动机，如图 2-196 所示。当发动机进入自行运转状态后，起动系统应立即与曲轴分离并停止工作，以防止发动机高速运转时起动机产生很大的离心力致使损坏。

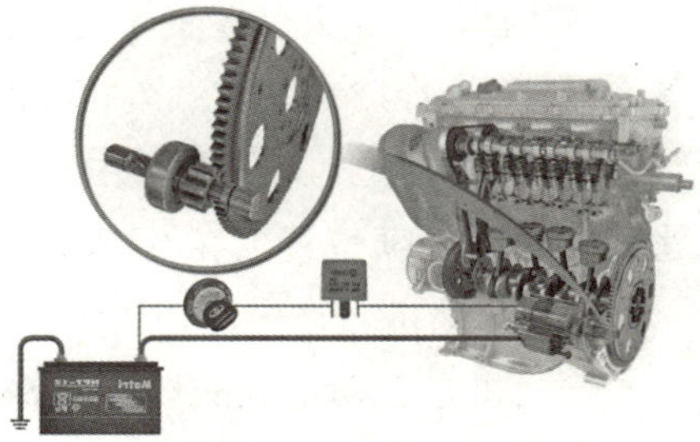

图 2-196　汽车起动系统作用

2. 起动系统组成

汽车起动系统主要由蓄电池、点火开关、起动机、起动继电器等组成，如图 2-197 所示。

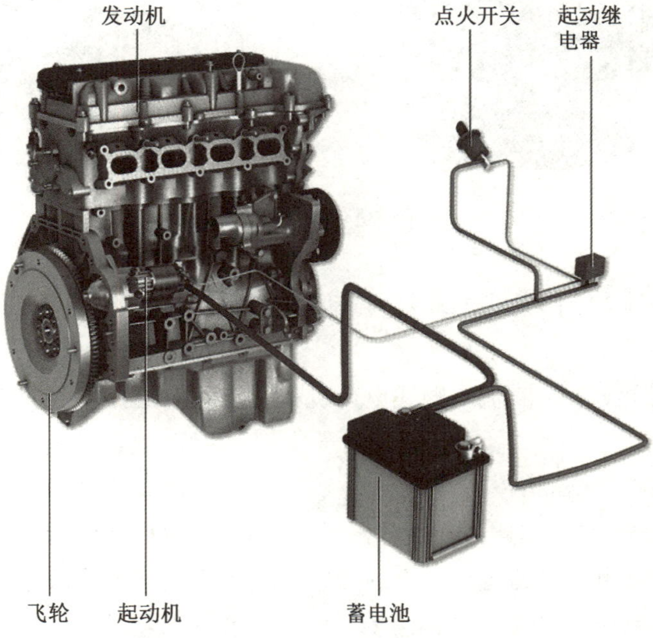

图 2-197　汽车起动系统组成

图 2-198　汽车点火开关

（1）点火开关

点火开关是汽车电路中的重要元件，是汽车电路的控制枢纽，是多档、多接线柱开关，如图 2-198 所示。

汽车的点火开关装在转向柱上，通常有 4 个挡位：LOCK、ACC、ON、START。

LOCK 挡位：汽车钥匙在此位置才能拔出或插入。在此位置可锁住方转向柱，以防汽车无钥匙被移动或开走。此位置全车电路不通。

ACC 挡位：此位置汽车附属电器的电路接通，如点烟器、收音机等，但点火系统不通。不起动发动机，打开收音机时应将点火开关置于此位置。

ON 挡位：点火开关置于此位置时，点火系统及汽车各电器均接通，如照明、仪表盘灯等。汽车开始自检，一般汽车行驶时均在此位置。

START 挡位：点火开关由 ON 位置顺时针方向扭转钥匙即为起动位置。手放松时，钥匙又可回到 ON 位置。在 START 挡位时，点火系统及起动系统均接通，以起动发动机。

（2）起动机

起动机是起动系统的核心部件。起动机的作用是将蓄电池的电能转化为机械能，驱动发动机飞轮旋转实现发动机的起动，其位置与结构如图 2-199 所示。

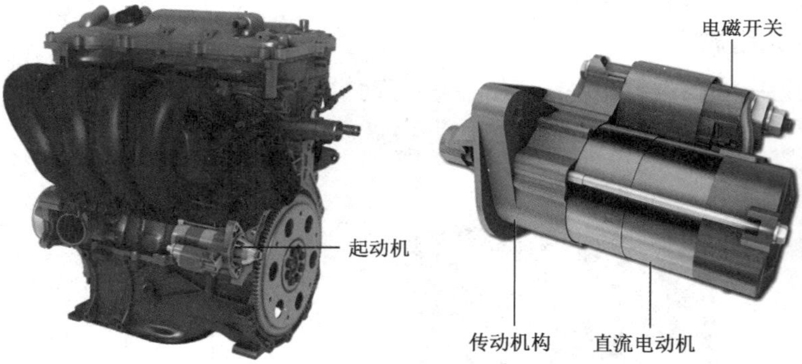

图 2-199　起动机位置及结构

起动机主要分为直流串励式电动机、传动机构和控制装置三部分，其组成如图 2-200 所示。

① 直流串励式电动机：直流串励式电动机负责将蓄电池提供的直流电能转变为机械能，产生转矩起动发动机。它主要由电枢、定子、端壳、机壳、电刷及电刷架等部件组成。串励式是指电枢绕组与磁场绕组串联。

电枢又称为转子，它的作用是产生电磁转矩，主要由电枢绕组、铁芯、换向器及电枢轴等组成。电枢绕组是由较粗的矩形截面的裸铜线绕制而成。为了防止裸铜线绕组之间短路，在铜线与铁芯、铜线与铜线之间用绝缘纸隔开，并在槽口将铁芯轧纹挤紧。电枢绕组端头均焊在换向片上。换向器压装在电枢轴上，它的作用是将励磁绕组的电流连接到电枢线

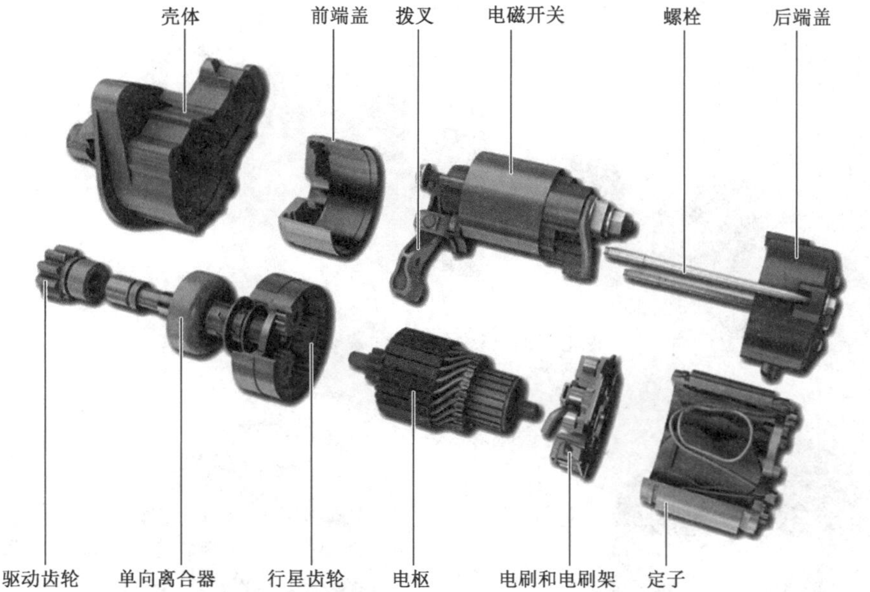

图 2-200　起动机组成

圈，并保证电枢产生的扭转力矩方向，使电枢轴能输出固定方向的转矩。换向器由许多换向片组成，换向片与换向片之间采用云母绝缘。电枢轴用于固定铁芯及换向器，并且伸出一定长度的花键轴和阶梯轴，用于套装传动机构。

定子又称为磁极，它的作用是产生电动机的磁场，主要由磁极铁芯和励磁绕组两部分组成。

电刷用铜粉和石墨粉压制而成，一般有四个电刷固定在电刷架上，两个电刷为绝缘电刷，与电刷架绝缘。另两个电刷架为搭铁电刷，与电刷架直接搭铁。电刷的作用是将电流从励磁绕组引入电枢绕组。电刷架上装有弹力较大的盘形弹簧，电刷借助电刷弹簧的压力将电刷压紧在换向器上。

② 传动机构：传动机构由单向离合器、拨叉等组成。传动机构主要作用是起动时将电动机产生的转矩传递给发动机，起动后自动打滑，保护起动机电枢不致飞散。

常见单向离合器有滚柱式单向离合器、摩擦片式单向离合器、弹簧式单向离合器。目前轿车和中轻型汽车上普遍使用滚柱式单向离合器。

滚柱式单向离合器主要由外壳、驱动齿轮、弹簧帽、滚柱、滚柱弹簧、内花键套筒、弹簧、拨环等组成，如图 2-201 所示。

在滚柱式单向离合器外壳转速快于花键套筒时，滚柱滚入楔形槽窄端，花键套筒与外壳卡紧，二者间能传递力矩；当花键套筒转速快于离合器外壳时，滚柱滚入楔形槽宽端，花键套筒与外壳打滑，二者间便不能传递力矩，如图 2-202 所示。

③ 控制装置：常用的控制装置主要有机械式和电磁式。现代汽车上，起动机一般采用电磁式控制装置。它的作用是控制电路的通断及驱动齿轮与飞轮齿圈的啮合与分离。

电磁开关前端胶木盖上有两个主接线柱，在外部分别连接蓄电池和电动机。两个接线柱

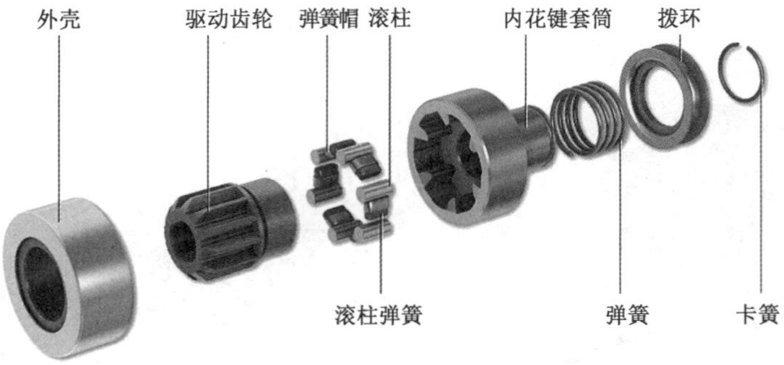

图 2-201　滚柱式单向离合器结构

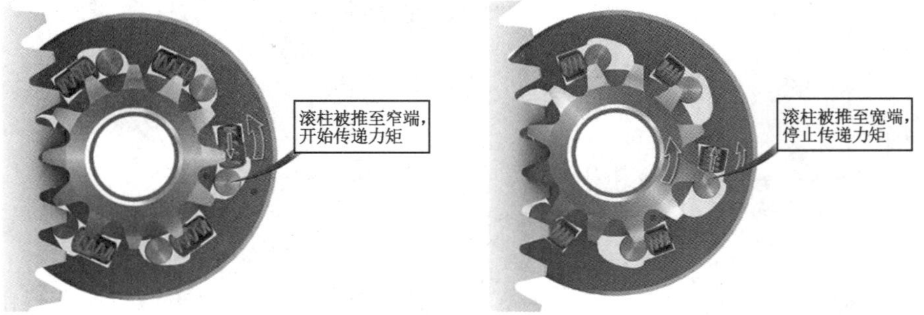

图 2-202　滚柱式单向离合器工作原理

伸入电磁开关内部的部分为触点。电磁开关另一端有铜套，上面绕着吸引线圈和保持线圈，两线圈的公共端引出一个接起动开关或起动继电器的“起动机”接线柱，吸引线圈的另一端接电动机主接线柱，保持线圈的另一端直接搭铁。铜套内有活动铁芯与拨叉通过拉杆相连。电磁开关内的弹簧用来保证接触片和活动铁芯的回位。电磁开关结构如图 2-203 所示。

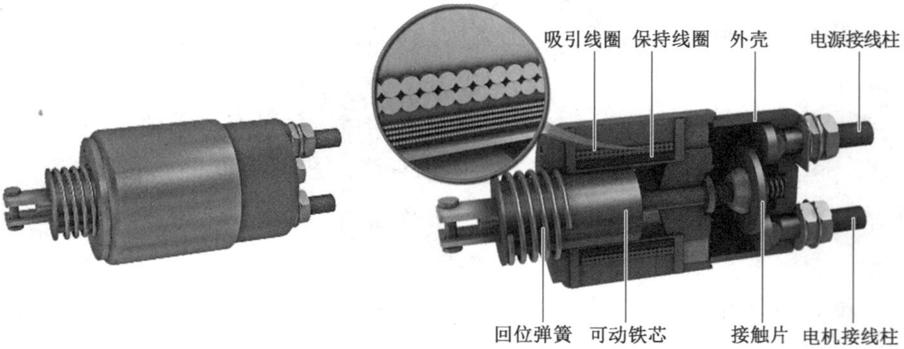

图 2-203　电磁开关结构

起动瞬间：当点火开关置于 START 挡时，接通吸引线圈和保持线圈电路。此时吸引线圈和保持线圈产生的磁场方向相同，活动铁芯在电磁力的作用下克服弹簧的作用被吸入，同时带动拨叉将驱动齿轮推出，使驱动齿轮与发动机飞轮齿圈啮合。在它们完全啮合时，接触片与各触点接触，将电动机主电路接通，电动机产生转矩带动发动机曲轴运转，如图 2-204 所示。

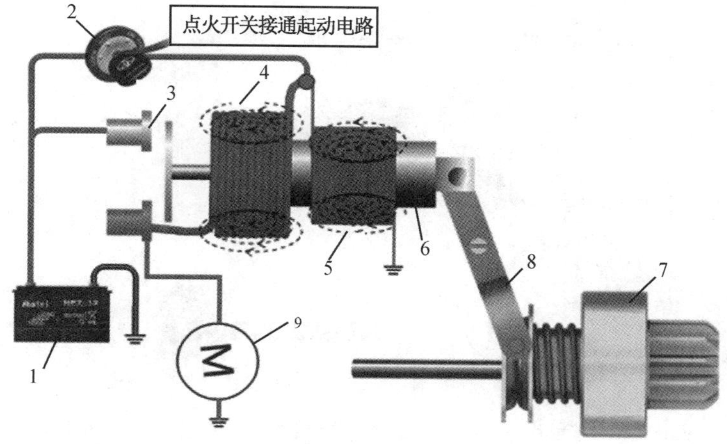

1—蓄电池；2—点火开关；3—接触片；4—吸引线圈；5—保持线圈；6—铁芯；7—驱动齿轮；8—拉杆；9—电动机

图 2-204　电磁开关起动瞬间工作状态

起动过程：主电路接通后，接触片将吸引线圈断路，而保持线圈仍有电流，且回路不变。此时在保持线圈的作用下，电磁开关仍保持在吸合位置上，起动机继续通电运转，如图 2-205 所示。

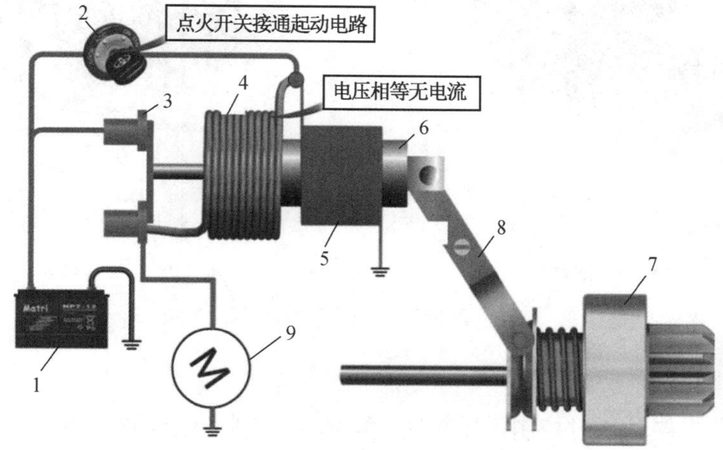

1—蓄电池；2—点火开关；3—接触片；4—吸引线圈；5—保持线圈；6—铁芯；7—驱动齿轮；8—拉杆；9—电动机

图 2-205　电磁开关起动过程工作状态

起动后：点火开关回到 ON 挡，吸引线圈和保持线圈中的电流方向相反，所以吸引线圈和保持线圈产生的磁场方向相反而相互抵消。活动铁芯在复位弹簧的作用下退回原位。接触片退回时切断了起动机的主电路，拨叉将处于打滑状态的离合器拨回原位，齿轮脱离啮合，起动机停止工作，如图 2-206 所示。

起动机常见类型有普通起动机和减速起动机，如图 2-207 所示。减速式起动机采用高速、小型、低转矩的电动机，在减速机构中有减速装置，可以增大输出扭矩，其质量和体积比普通起动机小 30%～35%。

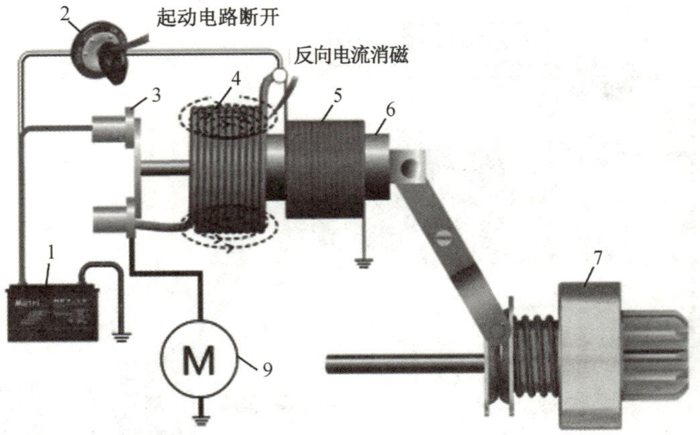

1—蓄电池；2—点火开关；3—接触片；4—吸引线圈；5—保持线圈；6—铁芯；7—驱动齿轮；8—拉杆；9—电动机

图 2-206　电磁开关起动后工作状态

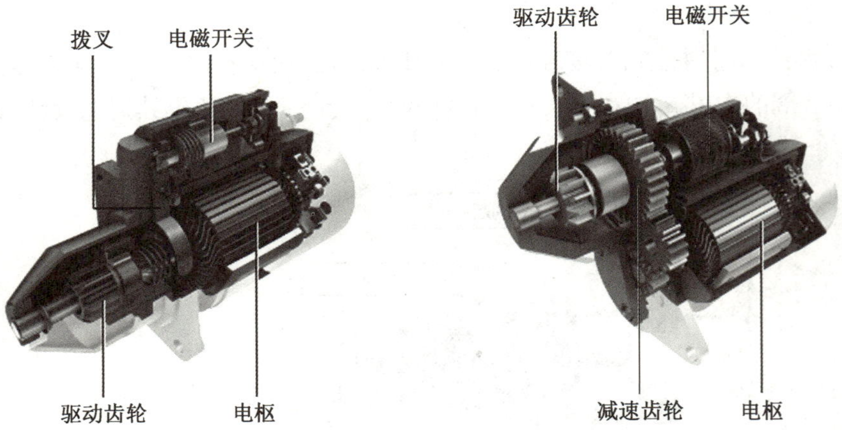

(a) 普通起动机　　(b) 减速起动机

图 2-207　起动机常见类型

(3) 起动继电器

起动继电器主要是通过控制低压线路的电流来控制高压线路的电流，起到电流开关的作用，起动继电器是起动系统组成部件之一。

二、起动系统工作原理

1. 起动方式

发动机常用的起动方式，有人力起动、辅助汽油机起动和电力起动机起动等多种形式。

(1) 人力起动

人力起动即手摇起动或绳拉起动。其结构简单，主要用于单缸柴油机的起动或大功率柴油机的辅助汽油机的起动，或在有些装用中、小功率汽油发动机的车辆上作为后备起动装置。手摇起动装置由安装在发动机前端的起动爪和起动摇柄组成。在起动机出现故障时起动发动机或在检修、调整发动机或起动电路故障时转动曲轴。各型轿车由于电力起动系统工作可靠，不需要后备起动装置，不安装起动爪和配备起动摇柄。对于多缸柴油发动机，由于起动转矩大、起动转速高，不可能使用手摇起动。

（2）辅助汽油机起动

辅助汽油机起动的起动装置体积大、结构复杂，只用于大功率柴油发动机的起动，如拖拉机和工程机械发动机的起动装置。

（3）压缩空气起动

压缩空气起动机目前分为两类，一种是将 1.5～3.5 MPa 的压缩空气按照工作顺序和规定的起动定时在气缸处于膨胀行程时喷入气缸，用压缩空气代替燃气推动活塞运动，带动曲轴旋转，当达到起动转速后自行燃烧，完成起动过程。另一种是使用气动马达驱动飞轮。压缩空气起动机的用途接近于辅助汽油起动机，通常用于特殊用途或大型内燃机的起动，如船用发动机的起动。

（4）电力起动机起动

电力起动机起动是以电动机作为动力源。当电动机轴上的驱动齿轮与发动机飞轮周缘上的环齿啮合时，电动机旋转时产生的电磁转矩，通过飞轮传递给发动机的曲轴，使发动机起动。

2. 电力起动机工作原理

电力起动机简称起动机。它以蓄电池为电源，结构简单、操作方便、起动迅速可靠。目前，几乎所有的汽车发动机都采用电力起动机起动。如图 2-208 所示，起动时，接通起动开关，随后起动机电路通电，继电器的吸引线圈和保持线圈通电，产生很强的磁力，吸引铁心

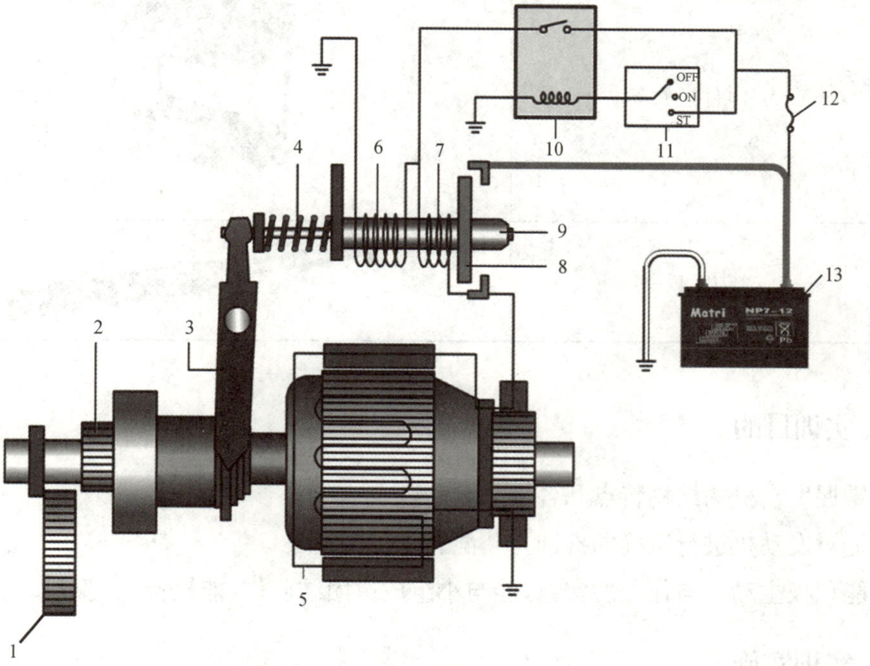

1—飞轮；2—小齿轮；3—拨叉；4—回位弹簧；5—励磁线圈；6—保持线圈；7—吸引线圈；8—接触片；9—铁芯；10—继电器；11—点火开关；12—保险丝；13—蓄电池

图 2-208　起动系统基本原理

左移，并带动驱动杠杆绕其销轴转动，使齿轮移出与飞轮齿圈啮合。与此同时，由于吸引线圈的电流通过电动机的绕组，电枢开始转动，齿轮在旋转中移出，冲击减小。

如果齿轮与飞轮齿端相对，不能马上啮合，此时弹簧压缩，当齿轮转过一个角度后，齿轮与飞轮迅速啮合。当铁心移动到使短路开关闭合的位置时，短路线路接通，吸引线圈被短路，失去作用，保持线圈所产生的磁力足以维持铁芯处于开关吸合的位置。

实训任务 发动机拆装

一、常用工量具

序号	工具名称	图片
1	工具车	
2	零件摆放车	
3	力矩扳手	

二、实训目的

1. 掌握发动机的结构特点和各部分名称。
2. 能对发动机进行正确的拆卸与装配。
3. 能积极主动参与任务的实施，能与小组成员团结协作，能执行5S管理。

三、实训实施

1. 学生分组

学生分3～6组，每组一名组长。

2. 任务分配

(1) 通过发动机工作原理示教板观察发动机的基本构造，进一步学习和巩固发动机的工作原理、发动机常用术语的含义。

(2) 通过拆解发动机总成，深入掌握发动机零部件结构特点和工作原理。

(3) 通过发动机透视模型，深入分析和学习发动机内部结构工作原理和零部件配合机理。

每项任务有一名辅导教师负责学生的学习和讲解。

3. 作业准备

(1) 领取工具车、工量具、实训防护装备及实训设备；

(2) 各小组进行人员分工；

(3) 实训前进行工具盘点；

(4) 穿戴实训防护装备；

(5) 查验实训设备。

4. 完成任务工单

任务工单

<table>
<tr><td>工作任务</td><td>发动机拆装——机体组</td><td>学时</td><td>2</td><td>组别</td><td>第______组</td></tr>
<tr><td>小组名单</td><td></td><td>班级</td><td></td><td>成绩</td><td></td></tr>
<tr><td>实训设备</td><td colspan="5">发动机工作原理示教板、实训发动机 3～6 台、发动机工作原理透视模型；
世达工具车；
量具：塞尺、刀口平尺</td></tr>
<tr><td>任务描述</td><td colspan="5">通过发动机工作原理示教板、发动机工作原理透视模型等教学设备，采用行动导向教学法，引导学生梳理发动机拆装正确流程，培养良好的职业道德、工作态度、团队协作能力和责任感</td></tr>
<tr><td>基础认知</td><td colspan="5">1. 填写下图发动机机体组零部件名称。
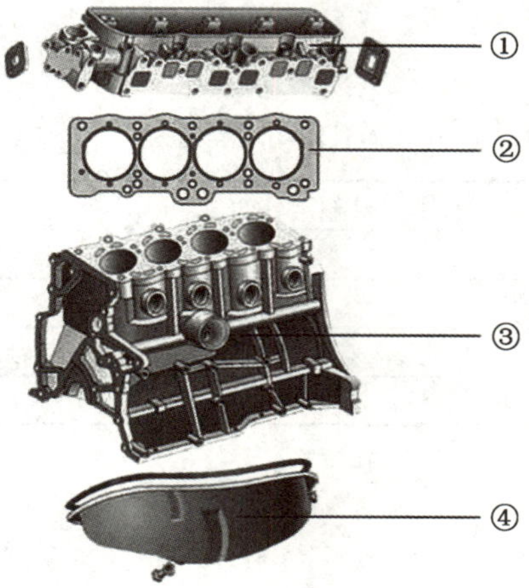
① ________
② ________
③ ________
④ ________
2. 气缸盖的功用：________________________________。</td></tr>
</table>

（续表）

基础认知

3. 观察并填写气缸盖的结构特点：

气缸盖上一般装配__________、__________、__________等零部件，并有__________孔和__________座孔。

4. 写出气缸盖螺栓的拧紧顺序。

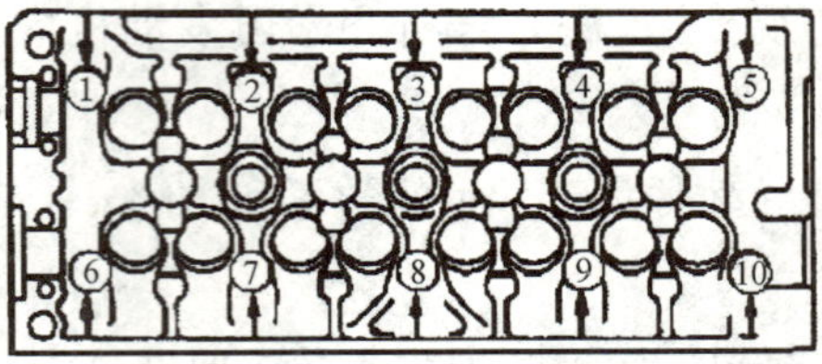

拧紧顺序：____。

5. 写出三种活塞不同顶部形状的名称。

（1）____

（2）____

（3）____

6. 读出下面外径千分尺的读数。

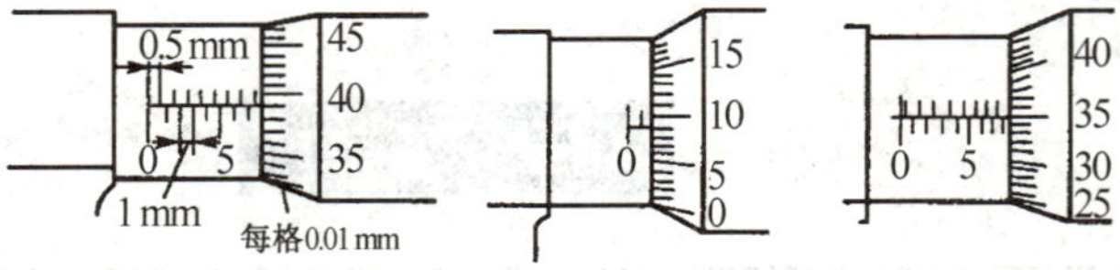

（1）________　　（2）________　　（3）________

7. 连杆的结构由________、________和________三部分组成，其杆身做成________形断面。

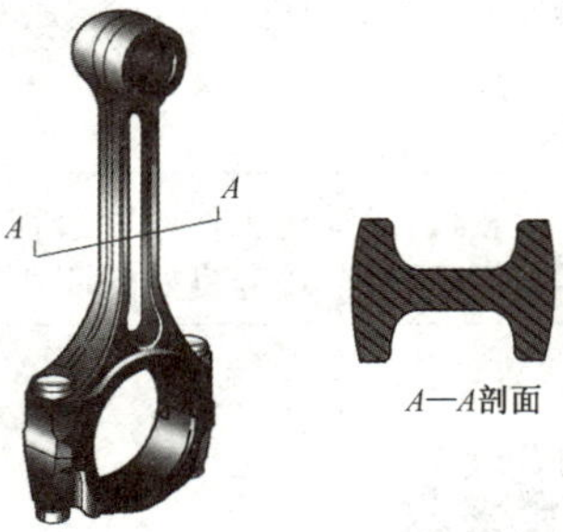

8. 一台直列四缸四行程发动机，其做功顺序为 1-3-4-2，其做功间隔角为________，试完成下表。

曲轴转角/°	1 缸	2 缸　3 缸	4 缸
0～180	进气行程		
180～360			
360～540			
540～720			

9. 曲轴扭转减振器的作用是什么？

（续表）

基础认知	10. 飞轮的作用是什么？ 11. 配气机构的类型： （1）按凸轮轴的布置形式可分为凸轮轴________、________和________。实训发动机的凸轮轴采用的是________。 （2）按曲轴到凸轮轴的传动方式，可分为________、________、________和________。实训发动机的凸轮轴采用的是________。 （3）按每缸气门数目，可分为________气门式、________气门式、________气门式和________气门式等。 12. 什么是气门间隙？叙述气门间隙的必要性。 13. 发动机随着工况的变化，发动机稳定工况包括：________、________、________、________。 14. 发动机冷却系统按冷却介质的不同，可分为________系统和________系统。 15. 发动机工作时，由于各运动零件的工作条件不同，因而所要求的润滑强度和方式也不同。零件表面的润滑，按其供油方式可分为________润滑和________润滑，另外还有________润滑。 16. 发动机上常见传感器包括：________、________、________、________、________、________、________、________。
拆卸步骤	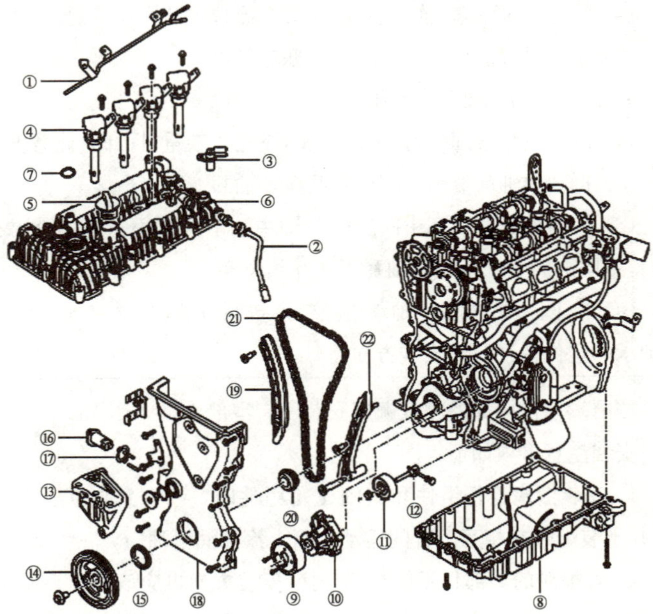 ① 发动机出气管 ② 曲轴箱通风胶管 ③ 凸轮轴相位传感器 ④ 点火线圈组件 ⑤ 加机油口盖组件 ⑥ 气缸盖罩组件 ⑦ 气缸盖罩密封油封 ⑧ 油底壳 ⑨ 水泵皮带轮 ⑩ 水泵 ⑪ 惰轮 ⑫ 调节惰轮螺栓 ⑬ 发动机前支架组件 ⑭ 减振皮带轮组件 ⑮ 曲轴前油封 ⑯ 正时紧链器组件 ⑰ 正时紧链器垫片 ⑱ 正时链罩组件 ⑲ 正时链条张紧轨 ⑳ 曲轴正时链轮 ㉑ 正时链条组件 ㉒ 正时链条导向轨

（续表）

拆卸步骤	1. 拆除机体外部组件 先按要求拆下外部零部件，拆下电动机和发电机等组件，然后拆下进，排气歧管，卸下气缸罩，然后把两侧的汽油泵拆下，这样发动机外部组件基本拆卸完毕。 2. 按如下要求拆卸机体组件 （1）拆下气缸盖的固定螺钉，注意螺钉应从两端向中间交叉旋松，并且分 3 次才卸下螺钉。 （2）抬下气缸盖。 （3）取下气缸垫，注意气缸垫的安装朝向。 （4）旋松油底壳的放油螺钉。 （5）翻转发动机，拆卸油底壳固定螺钉（注意螺钉也应从两端向中间旋松）。拆下油底壳和油底壳密封垫。 （6）旋松机油粗滤清器固定螺钉，拆卸机油滤清器、机油泵链轮和机油泵。 3. 拆卸发动机活塞连杆组 （1）转动曲轴，使发动机 1、4 缸活塞处于下止点。 （2）分别拆卸 1、4 缸的连杆的紧固螺母，取下连杆轴承盖，注意连杆配对记号，并按顺序放好。 （3）用橡胶锤或锤子木柄分别推出 1、4 缸的活塞连杆组件，用手在气缸出口接住并取出活塞连杆组件，注意活塞安装方向。 （4）将连杆轴承盖，连杆螺栓，螺母按原位置装回，不同缸的连杆不能互相调换。 （5）用同样方法拆卸 2、3 缸的活塞连杆组。 4. 拆卸发动机曲轴飞轮组 （1）旋松飞轮紧固螺钉，拆卸飞轮，飞轮比较重，拆卸时注意安全。 （2）拆卸曲轴前端和后端密封凸缘及油封。 （3）按要求从两端到中间旋松曲轴主轴承盖紧固螺钉，并注意主轴承盖的装配记号与朝向，不同缸的主轴承盖及轴瓦不能互相调换。 （4）抬下曲轴，再将主轴承盖及垫片按原位装回，并将固定螺钉拧入少许。注意曲轴推力轴承的定位及开口的安装方向。
装配步骤	按照发动机拆卸的**相反顺序**安装所有零部件。 安装注意事项如下： 1. 安装**活塞连杆组件**和**曲轴飞轮组件**时，应该特别注意互相配合运动表面的高度清洁，并于装配时在相互配合的运动表面上**涂抹润滑油**。 2. **各配对的零部件**不能相互调换，**安装方向**也应该正确。 3. 各零部件应按**规定力矩和方法**拧紧，并且按**两到三次拧紧**。 4. 活塞连杆组件装入气缸前，应使用**专用工具**将活塞环夹紧，再用锤子木柄将活塞组件推入气缸。 5. 安装正时齿轮带时，应注意使**曲轴正时齿形带轮位置**与**机体记号**对齐并与**凸轮轴正时齿形带轮的位置**配合正确。

（续表）

<table>
<tr><td>装配步骤</td><td colspan="2">
注：飞轮壳有个观察口写下来，在窗口中间有个线，飞轮的零刻线和观察口的线对齐，然后再把凸轮轴齿轮上的标记线和正时盖上面的线对齐。
6. 气门间隙检查调整的基本方法：
气门顶置式配气机构的气门间隙的检查调整方法：进气门间隙在 0.2～0.25 mm，而排气门间隙由于受热膨胀比进气门侧的大，所以间隙更大些，一般在 0.29～0.35 mm。
在凸轮轴下置式配气机构中，将厚薄规塞片插在气门杆与摇臂端圆弧面之间测定。将塞片来回拉动，有轻微阻力即可。该塞片的厚度反映了气门间隙值。凡检查的间隙值不符合发动机规定值，均需进行调整。
具体方法：调整某缸气门间隙时，先使该缸活塞处于压缩上止点，该缸进、排气门关闭。
多缸发动机气门间隙的调整的最基本方法是逐缸调整法。但是逐缸法太过烦琐，许多次旋转曲轴。
在逐缸调整法基础上形成另一种简便快捷方法，即“双排不进”调整法，又称为两次调整法，具体方法：当第一缸处于压缩上止点时，除了调整第一缸进、排气门外，此时其他缸的个别气门亦处于完全关闭状态，是可以随第一缸两气门一起调整；曲轴再旋转一周时，可以将上述未调整过的气门全部调整好。这种方法是根据发动机工作循环、着火顺序、曲轴臂空间配置和气门实际开闭综合分析结果而定。
如六缸发动机起点火顺序为 1-5-3-6-2-4。根据双排不进规则，在第一缸位于压缩上止点是可以调整的气门是一缸的两个气门、五缸和三缸的排气门（进气，排气门关闭）、二缸和四缸的进气门（排气，进气门关闭），六缸不调整。然后，将曲轴旋转 180°，再调整其余的气门。
四缸机的做功间隔角为 180°，所以，在使用两遍法调节气门间隙的时候，只需要看 1 缸和 4 缸的进气门的摇臂（或者是凸轮）压迫气门的起始动作即可。
假设发动机的做功顺序为 1-3-4-2，两遍法的调节方式，比如从一缸两个气门开始调节开始，需要观察四缸的进气门，在四缸的进气门被摇臂或者凸轮轴刚刚要压缩的时候，可以使用间隙规调节一缸的两气门；调节三缸的排气门（三缸的活塞位置处在进气终了并开始压缩的下止点位置）；四缸处在气门叠开的位置，所以两气门不可调；二缸可以调节进气门（二缸的活塞位置处在做功结束并即将排气的下止点位置）。
顺时针旋转曲轴位置一周，这时是一缸的进气门将要被摇臂或凸轮压缩的起始位置，可以调节二缸的排气门，三缸的进气门，四缸的两个气门均可调。四缸机的做功间隔角为 180°，所以，在使用两遍法调节气门间隙的时候，只需要看一缸和四缸的进气门的摇臂（或凸轮）压迫气门的起始动作即可。
</td></tr>
<tr><td rowspan="4">总评</td><td>项目内容</td><td>项目反馈</td></tr>
<tr><td>工单完成情况</td><td></td></tr>
<tr><td>实训完成情况</td><td></td></tr>
<tr><td>5S 整理情况</td><td></td></tr>
</table>

任务三

汽车底盘认识、使用与装调

学习目标

1. 掌握汽车底盘的组成与作用。
2. 掌握传动系统的组成与工作原理。
3. 掌握行驶系统的组成与工作原理。
4. 掌握转向系统的组成与工作原理。
5. 掌握制动系统的组成与工作原理

典型工作任务

1. 手动变速器的装调。
2. 汽车轮胎的更换。
3. 多功能方向盘的使用与调整。
4. 刹车片的更换。

任务分析

汽车底盘的作用是将发动机的动力进行传递和分配，并按驾驶员的要求行驶，包括传动系统、行驶系统、转向系统、制动系统。本任务主要学习汽车底盘的组成、使用与装调。通过学习，学生能够掌握汽车底盘作用和组成；能对汽车手动变速器进行拆装；能够对汽车轮胎进行更换；能够对多功能方向盘进行使用与调整；能够对刹车片进行更换；熟悉汽车底盘各组成零部件的结构和装配连接关系。

学习方式采用观看多媒体课件、动画视频、相互讨论、现场教学和自学等方式。

子任务一　传动系统认识、使用与装调

模块 1　离　合　器

一、离合器的作用及组成

1. 离合器的位置

离合器位于发动机和变速器之间，用于将发动机输出转矩传递给变速器。

2. 离合器的主要作用

（1）使发动机与传动系统逐渐接合，保证汽车平稳起步。

（2）暂时切断发动机与传动系统联系，便于变速器换挡，保证换挡时工作平顺。

（3）限制所传递转矩，防止传动系统过载。

3. 离合器的分类及组成

离合器按照从动盘的数目分为单片离合器和双片离合器；按照压紧弹簧的形式分为周部螺旋弹簧式离合器、中央螺旋弹簧式离合器和膜片弹簧式离合器；按照操纵方式分为机械式离合器、液压式离合器、气压助力式离合器和弹簧助力式离合器。

目前常用的离合器为膜片弹簧式离合器，由主动部分、从动部分、压紧装置、分离机构和操作机构五部分组成，如图 3-1 所示，其分解如图 3-2 所示。

（1）主动部分——飞轮、压盘、离合器盖；

（2）从动部分——从动轴、从动盘；

（3）压紧装置——膜片弹簧；

（4）分离机构——分离拉杆；

（5）操作机构——踏板、拉杆、调节叉、分离轴承、轴承座。

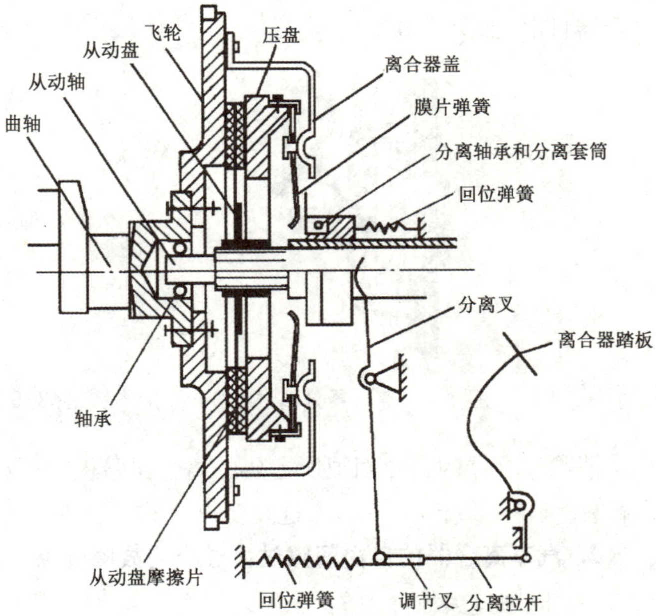

图 3-1　膜片弹簧式离合器的基本组成

二、离合器工作原理

1. 接合状态

踏板处于最高位置，分离杠杆与分离轴承间存在分离间隙，压盘在膜片弹簧作用下压紧从动盘，发动机动力经飞轮→压盘→从动盘→从动轴传出，如图 3-3 所示。

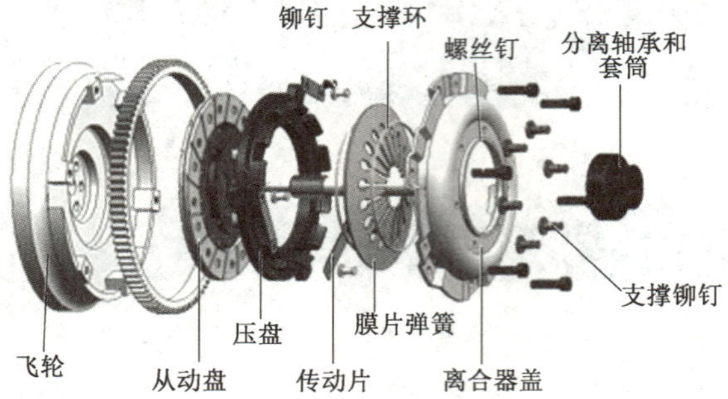

图 3-2　膜片弹簧式离合器分解图

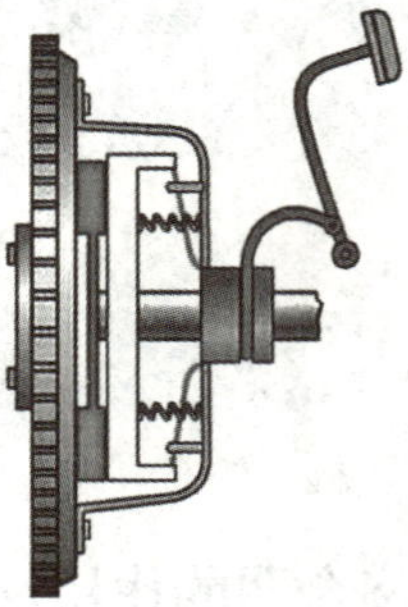
图 3-3　离合器接合状态

2. 分离过程

踩下离合器踏板，通过操纵机构将压盘往后拉，使压盘与从动盘间产生间隙，即主从动部分分离，切断动力传递，如图 3-4 所示。

3. 接合过程

缓慢抬起踏板，在压紧弹簧作用下，压盘前移逐渐压向从动盘，摩擦力矩逐渐增大，发动机动力逐渐传给从动盘。

三、离合器自由间隙

1. 离合器自由间隙定义

离合器处于接合状态时，分离轴承与分离杠杆内端之间预留的间隙称为离合器的自由间隙，间隙为 3～4 mm，其作用是防止从动盘摩擦片磨损变薄后压盘不能向前移动而造成离合器打滑，如图 3-5 所示。

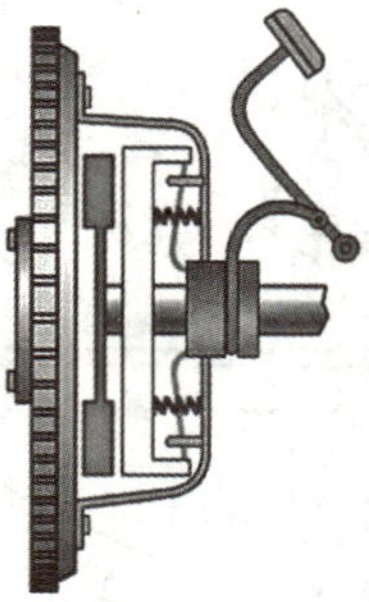
图 3-4　离合器分离过程

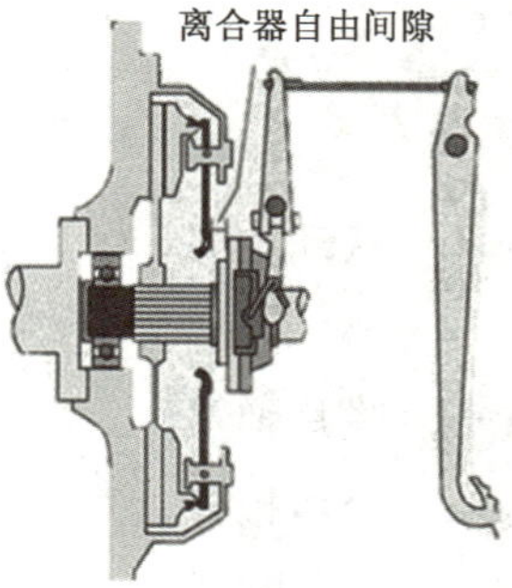

图 3-5　汽车离合器的自由行程

消除离合器的自由间隙所需要的离合器踏板的行程称为离合器的自由行程，踏板的自由行程为 35～45 mm，可以通过改变拉杆的长度进行调整。

2. 汽车离合器的自由间隙过大过小的故障现象

(1) 间隙过大故障现象

间隙过大，即自由行程过大，会使离合器分离不彻底，变速器换挡困难，同时加快离合器从动盘上的摩擦片与压盘的磨损，降低离合器使用寿命。

(2) 间隙过小故障现象

间隙过小，即自由行程过小，严重时，分离杠杆内端与分离轴承端面紧密接触。这相当于给分离杠杆内端一个分离力作用，使离合器在工作时打滑，不能可靠传递动力；同时使从动盘、压盘磨损加剧，严重时从动盘上的摩擦片会发生烧蚀；另外还会加速分离轴承与分离杠杆内端的磨损。

模块2 手动变速器

一、手动变速器认识

1. 变速器的作用

① 改变传动比，扩大汽车牵引力和速度的变化范围，以适应汽车不同条件的需要，同时使发动机在有利的的工况下工作；

② 在发动机曲轴旋转方向不变的情况下，使汽车能够倒向行驶；

③ 利用空挡中断发动机向驱动轮的动力传递，以使发动机能够起动和怠速运转，并满足汽车暂时停车和滑行的需要；

④ 利用变速器作为动力输出装置驱动其他机构，如自卸车的液压举升装置等。

2. 变速器的分类

① 按传动比变化方式，变速器分为有级式、无级式和综合式三种。

有级式变速器的传动比是具有若干各定值传动比，具体形式是轴线固定式和轴线旋转式，传动部件式齿轮传动，应用在轿车和货车上。通常有3～5个前进挡和一个倒挡，在重型货车用的组合式变速器中，则有更多挡位，对于变速器挡数，均指前进挡位数。

无级式变速器的传动比在一定范围内可作无限多级变化，分为电力式和液力式，传动部件为直流串激电动机和液力变距器，应用于超重型自卸车。

综合式变速器的传动比在间断的范围内作无级变化。传动部件为液力变矩器和齿轮式有级变速器，应用广泛。

② 按操纵方式，变速器可分为手动操纵式、自动操纵式和半自动操纵式三种。

手动操纵式变速器靠驾驶员用手操纵变速杆换挡，为大多数汽车所用。

自动操纵式变速器的传动比选择(换挡)是自动进行的，即挡位的变换是借助反映发动机负荷和车速信号来控制换挡的执行原件实现的，驾驶员只需要操纵加速踏板即可控制车速。

半自动操纵式变速器有两种形式，一种是常用的几个挡位自动操纵，其余挡位则由驾驶员操纵，另一种是预选式的，即驾驶员预先用按钮选定挡位，在踩下离合器踏板或松开加速踏板时，自动连通电磁装置或液压装置来进行换挡。

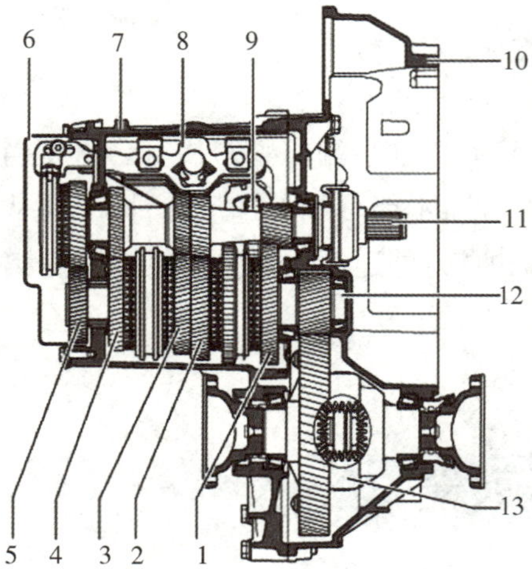

1—一挡齿轮；2—二挡齿轮；
3—三挡齿轮；3—四挡齿轮；
5—五挡齿轮；6—变速箱壳体的盖板；
7—变速箱壳；8—换挡控制装置；
9—倒挡齿轮；10—离合器壳；
11—传动轴；12—从动轴；13——差速器

图 3-6　两轴式手动变速器的结构

3. 两轴式手动变速器结构

两轴式手动变速器由齿轮、盖板、换挡控制装置、传动轴、差速器等部分组成，如图 3-6 所示。

二、手动变速器工作原理

1. 换挡原理

若将一副啮合齿轮其中一个齿轮脱开，与另一个齿数不相同的齿轮组成一副啮合齿轮，此时传动比发生变化，输出轴的转速、转矩也发生变化，即挡位改变。

2. 变向原理

相啮合的一对齿轮旋转方向相反，每经一传动副，其轴改变一次转向。汽车变速器利用这一原理，在不改变发动机曲轴旋转方向的情况下，使汽车前进或后退。

3. 手动变速器变速挡位传递路线

两轴式变速器的结构如图 3-7 所示。

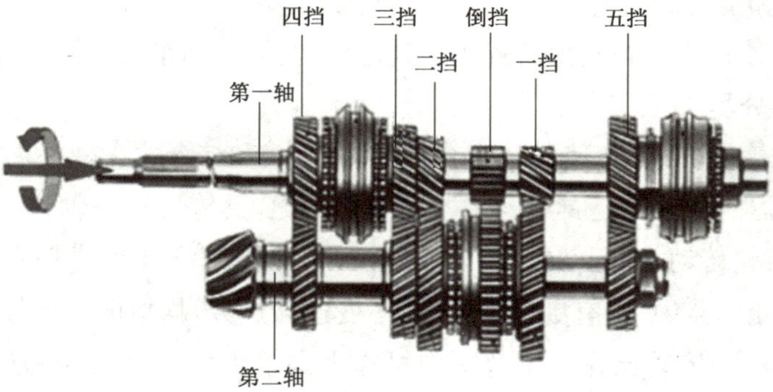

图 3-7　某轿车两轴式变速器结构

4. 挡位分析

挡位越低传动比越大，车速越低。反之，挡位越高，传动比越小，车速越高。

一挡：正常起步或者爬很陡的坡时使用。使用该挡位，车速一般在 10 km/h 以下；

二挡：起步后加速的过渡挡，或者低速前进或者爬陡坡时使用，车速一般在 20 km/h 以下。

三挡：前进挡，一般车速在 20～40 km/h 时使用，在市区行驶常使用该挡位。

四挡：40～60 km/h，都可以使用该挡。

五挡：60 km/h 以上就可以使用该挡，车辆高速运行时使用。

N 挡是空挡，停车怠速运行时使用，比如等红绿灯时，挂到 N 挡并拉上手刹。R 挡是倒车挡，倒车时使用。

有些轿车和中型货车设有超速挡，主要用于良好路面上空载或轻载场合，提高车速和燃油经济型。

三、同步器的作用与结构

同步器的作用是使接合套与待啮合的齿圈迅速同步，缩短换挡时间，且防止在同步前啮合而产生接合齿之间的冲击。

同步器是利用摩擦原理实现同步的，现代汽车上广泛使用摩擦式惯性式同步器，可以从结构上保证待啮合的接合套与接合齿轮的花键齿在达到同步之前不可能接触，可以避免齿间冲击和噪声。

按锁止装置不同，可分为锁环式惯性同步器和锁销式惯性同步器。

锁环式惯性同步器的组成：花键毂、接合套、锁环、滑块、弹簧圈，如图 3-8 所示。

图 3-8　同步器实物组成

四、手动变速器操纵机构

1. 手动变速器操纵机构的作用与要求

作用：保证驾驶员根据使用条件，准确可靠地将变速器挂入所需要的挡位工作，并可随时使之退入空挡。

要使变速器操纵机构准确可靠地工作，应满足以下要求：

① 设有自锁装置，防止变速器自动换挡和自动脱挡；

② 设有互锁装置，保证变速器不会同时挂入两个挡位；

③ 设有倒挡锁装置，能防止误挂倒挡。

2. 手动变速器操纵机构分类

按照变速操纵杆（变速杆）位置不同，可分为直接操纵式和远距离操纵式两种类型。

（1）直接操纵式

变速器的变速杆及所有换挡操纵装置都设置在变速器盖上，变速器布置在驾驶员座位的附近，变速杆有驾驶室底板伸出，驾驶员可直接操纵变速杆来拨动变速器盖内的换挡操纵装置进行换挡。它具有换挡位置容易确定、换挡快、换挡平稳等优点。

换挡拨叉机构主要由变速杆、叉形拨杆、换挡轴、各挡拨块、拨叉轴及拨叉等组成。各种变速器由于挡位及挡位排列位置不同。其拨叉和拨叉轴的数量及排列位置也不相同，六挡变速器操纵机构如图 3-9 所示。

（2）远程操纵式

当变速器的安装位置离驾驶员座位较远时，变速杆不能直接布置在变速器盖上，为此在变速杆与变速器之间加装了一套传动杆件或绳索方便远距离操纵，如图 3-10 所示。

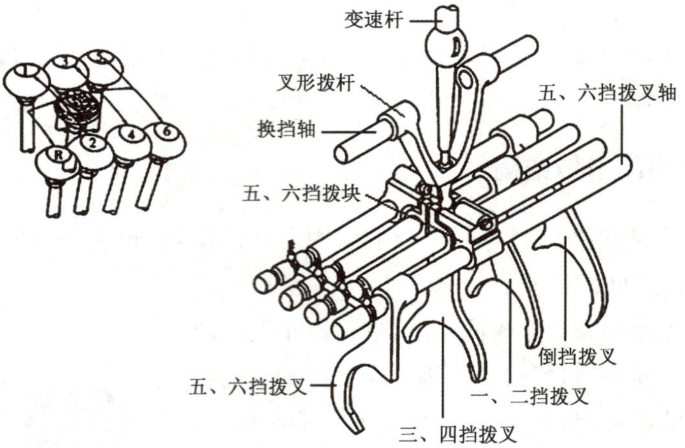

图 3-9　六挡变速操纵机构

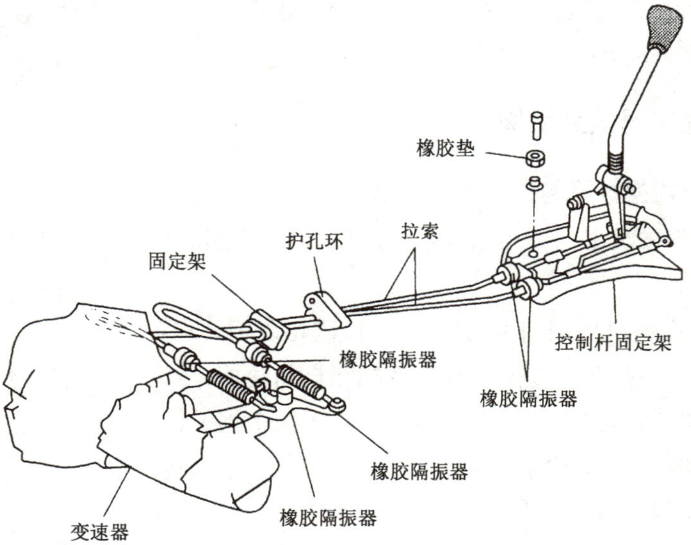

图 3-10　远程操纵机构

3. 换挡锁装置

（1）自锁装置

防止自动脱挡或挂挡并保证轮齿以全齿宽啮合。多数变速器自锁装置通过自锁钢球对拨叉轴进行轴向定位锁止。

凹槽对正钢球时，钢球便在自锁弹簧的压力作用下嵌入凹槽中，此时拨叉轴的位置被固定，不能自行挂挡或者自行脱挡。当需要换挡时，驾驶员通过变速杆对拨叉轴施加一定的轴向力，拨叉轴便可滑过钢球进行轴向移动，并带动拨叉及相应的接合套或滑动齿轮轴向移动，当拨叉轴移至其另一凹槽与钢球相对正时，钢球又被压入凹槽，实现另一挡位的自锁，如图 3-11 所示。

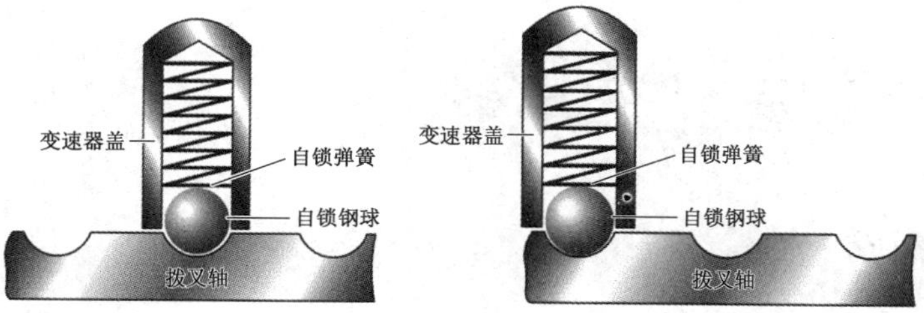

(a) 空挡 (b) 换挡到位

图 3-11 自锁装置

(2) 互锁装置

互锁装置是当驾驶员用变速杆推动某一拨叉轴时，自动锁止其余拨叉轴，从而防止同时挂上两个挡位。

当进行换挡时拨动拨叉轴 1，拨叉轴中间的钢球被迫从拨叉轴 1 凹槽中挤出，使得拨叉轴 2 和拨叉轴 3 被互锁钢球和互锁销锁止，要想换挡必须要将拨叉轴 1 拨到空挡位置，才可以换其他档位，拨动拨叉轴 2 和拨叉轴 3 同样会实现互锁，如图 3-12 所示。

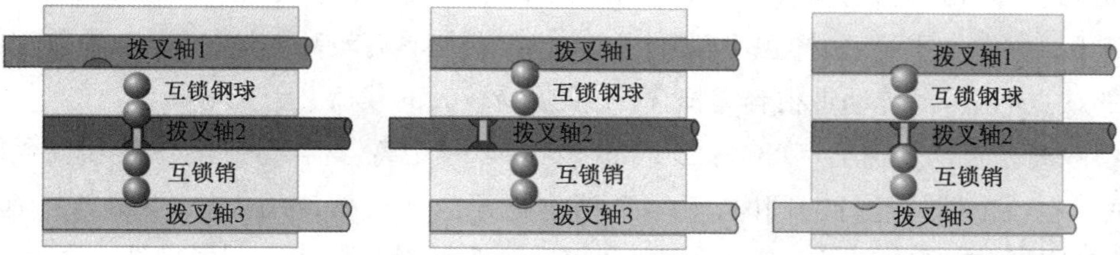

图 3-12 互锁装置的工作原理

(3) 倒挡锁装置

倒挡锁的作用是使驾驶员必须对变速杆施加更大的力才能挂入倒挡，起到警示注意作用，以防误挂入倒挡。

当挂入倒挡时倒挡锁弹簧会被压缩，驾驶员需要用更大的力气才可以挂入倒挡，如图 3-13 所示。

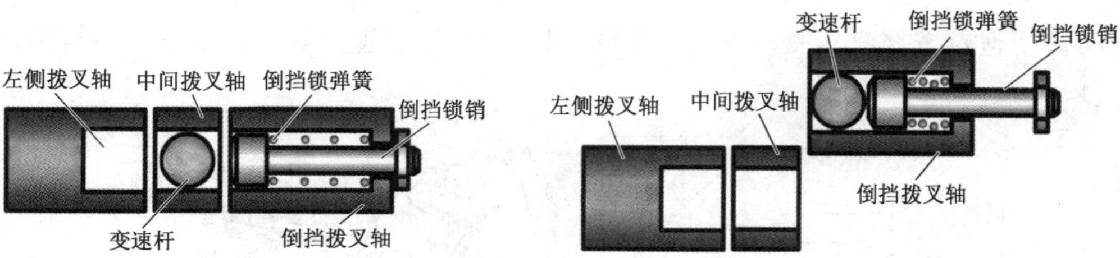

(a) 空挡位置 (b) 挂入倒挡

图 3-13 倒档锁装置

模块 3 自动变速器

一、自动变速器的分类及组成

1. 自动变速器的分类

(1) 按照结构和控制方式分类

① 电控机械式自动变速(AMT):AMT 在机械变速器原有基础上进行改造,主要改变手动换挡操纵部分。即在总体传动结构不变的情况下通过加装微机控制的自动操纵系统来实现换挡的自动化。因此 AMT 实际上是由电控系统来完成操作离合器和选挡的两个动作。传动效率高,结构紧凑,工作可靠,主要用于重型车。

② 电控液力式自动变速器(AT):AT 与 AMT 的相同点是二者都是有级式变速器,但 AT 能根据车速的快慢来自动实现挡位的增减。电控液力式自动变速器通过液力传递和齿轮组合的方式来达到变速变矩。本书主要讲解该自动变速器。

③ 无级自动变速器(CVT):CVT 是用两个滑轮和一个金属带来变速,其传动比可以随意变化。优点是重量轻,体积小,零件少,与 AT 相比具有较高的运行效率,油耗较低。但 CVT 的缺点明显,即传动带很容易损坏,不能承受较大的载荷。

④ 双离合自动变速器(DSG):DSG 的核心部件“双离合器”分别与单数和双数挡位齿轮相联。在一个挡位运行的同时,下一个挡位则预选下一挡位的齿轮,并处于待命状态。达到换挡点时,在瞬间完成 2 个挡位之间“离”与“和”的切换,快速完成换挡。DSG 的换挡过程极为迅速,因此不产生动力间断,其换挡速度快于手动挡变速箱,而且没有顿挫感。DSG 有两种形式,即俗称的“湿式”和“干式”。“湿式”是指双离合器安装于一个充满液压油的封闭油腔里。“干式”由两个传统离合器结合在一起。

(2) 按自动变速器前进挡的挡位数分类

按前进挡位数不同分为四挡自动变速器、五挡自动变速器、六挡自动变速器、七挡自动变速器、八挡自动变速器、九挡自动变速器。

(3) 按汽车驱动方式分类

自动变速器按照汽车驱动方式的不同,可分为自动变速器和自动变速驱动桥两种,如图 3-14 所示。

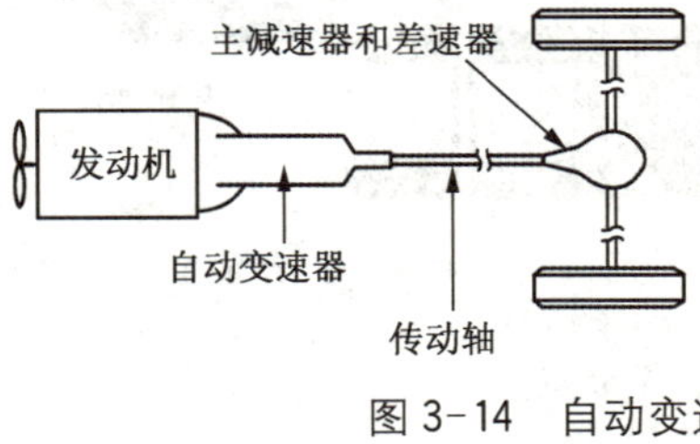

图 3-14 自动变速器和自动变速驱动桥

2. 自动变速器挡位

① P——停车挡(驻车锁止挡,Parking)。驱动轮被机械锁止,车辆只有在完全停稳时才能换入驻车锁止挡。在换入和换出位置“P”时前,必须按下变速杆手柄中的锁止按钮。

② R——倒车挡(Reverse)。只有在汽车静止并且发动机在怠速转速时才可换入倒挡。在从位置“P”或“N”换到位置“R”上时必须踏制动踏板并且按下变速杆手柄中的锁止按钮。在变速杆挡位“R”上时如果发动机已点火,倒车灯点亮。

③ N——空挡(Neutral)。在倒车挡和前进挡之间。此时发动机的动力虽经输入轴传入自动变速器,但只能使齿轮空转,输出轴无动力输出。

④ D——前进挡(Drive)。在该挡位时汽车前进行驶。

二、液力变矩器

1. 液力变矩器位置、作用及组成

(1) 位置

液力变矩器安装在发动机飞轮上,是自动变速器的输入端,如图 3-15 所示。

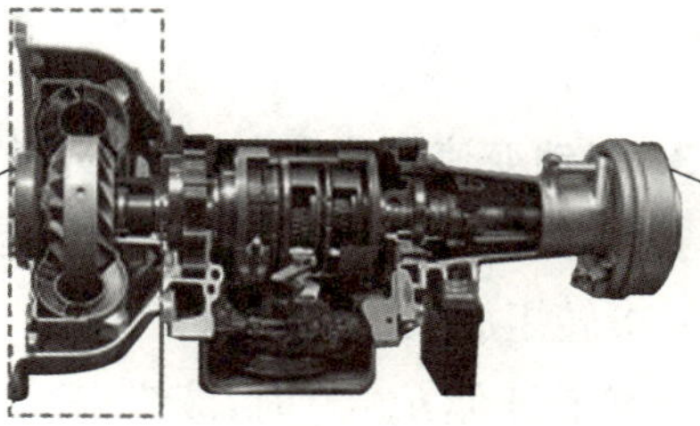

图 3-15 液力变矩器位置

(2) 作用

液力变矩器位于发动机和机械变速器之间,以自动变速器油(ATF)为工作介质,主要有以下作用。

① 传递转矩:发动机的转矩通过液力变矩器的主动元件,再通过 ATF 传给液力变矩器的从动元件,最后传给变速器。

② 无级变速:根据工况的不同,液力变矩器可以在一定范围内实现转速和转矩的无级变化。

③ 自动离合:液力变矩器由于采用 ATF 传递动力,当踩下制动踏板时,发动机也不会熄火,此时相当于离合器分离;当抬起制动踏板时,汽车可以起步,此时相当于离合器接合。

④ 驱动油泵:ATF 在工作的时候需要油泵提供一定的压力,而油泵一般是由液力变矩器壳体驱动的。

⑤ 储存能量:起到飞轮的作用,使发动机运转平稳。

(3) 组成

液力变矩器主要由泵轮、涡轮、导轮和变矩器壳等组成,各工作轮用铝合金精密制造,或钢板冲压焊接而成。

① 泵轮:与液力变矩器壳连成一体,用螺栓固定在发动机曲轴后端的凸缘或飞轮上。

② 涡轮:通过从动轴与变速器的其他部件相连。

③ 导轮:安装在固定套管上,通过改变液流的方向而起变矩作用。

所有工作轮在装配后形成断面为循环圆的环状体,如图 3-16 所示。

2. 自动变速器液力变矩器工作原理

发动机运转时带动液力变矩器的壳体和泵轮一同旋转,泵轮内的液流在离心力的作用

下，由泵轮叶片外缘冲向涡轮，并沿涡轮叶片流向导轮，再经导轮叶片流回泵轮叶片内缘，形成循环的液流，如图 3-17 所示。

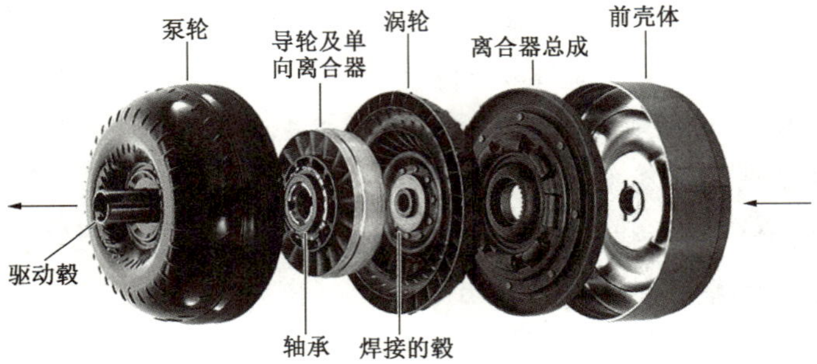

图 3-16　液力变矩器组成

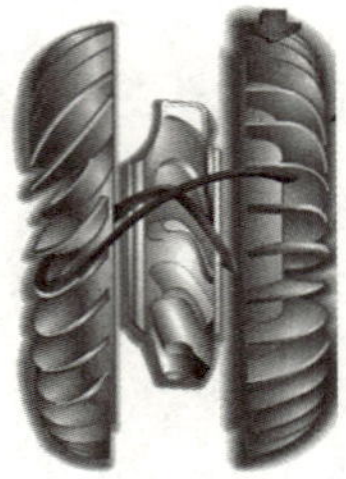

图 3-17　液力变矩器液流方向

3. 自动变速器液力变矩器工作特性

按照液体的流向，将三个工作轮展开成环形平面，如图 3-18 所示。

（1）转矩放大特性

涡轮转速低 $n_w=0$ 时，液流流过叶片，对叶片有冲击力矩，同时受到叶片的反作用力矩，数值上满足：$M_w=M_B+M_D$。变矩器起到了增大转矩作用，如图 3-19 所示。

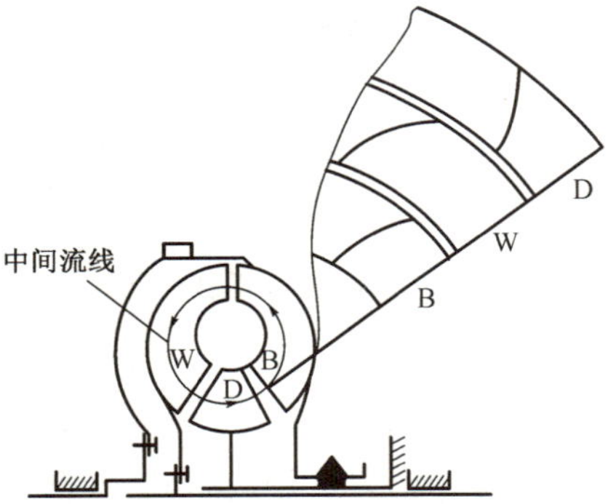

图 3-18　液力变矩器平面

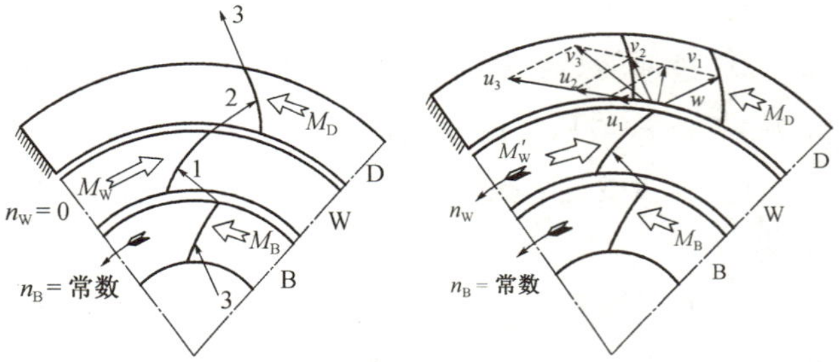

(a) $n_w=0$　　(b) $n_w\neq0$

图 3-19　液力变矩器工作过程

（2）耦合特性

当涡轮转速达到泵轮转速 90%时，涡轮出口处工作液流流向与导轮叶片相切，涡轮转矩等于泵轮转矩，此时称为耦合状态。$M_D=0$，$M_w=M_B$（耦合点）。涡轮转速继续升高，涡轮出口处工作液流绝对速度方向继续向左倾斜，冲击导轮叶片背面，导轮转矩与泵轮转矩方向相反。若导轮固定，涡轮转矩小于泵轮输入转矩，$M_D<0$，$M_w=M_B-M_D$，效率反而下降。此时导轮若是在液体作用下转动，提供的反向力矩就会接近于零，$M_w\approx M_B$。

（3）失速特性

液力变矩器失速状态是指涡轮载荷过大而停止转动，但泵轮保持旋转的现象。此时液力变矩器只有动力输入，没有输出，全部能量转化为热能。失速点转速是指涡轮停止转动时的液力变矩器输入转速。与发动机转矩，变矩器尺寸，导轮、涡轮叶片角度有关。

(4) 锁止特性

将变矩器输入轴与输出轴刚性连接,提高传动效率。

三、自动变速器行星齿轮机构

1. 齿轮变速器的组成

(1) 齿轮传动机构

改变传动比和转动方向,构成不同的挡位形式,有固定轴式(如:本田雅阁)和行星齿轮式(如丰田、奥迪等绝大多数的电控液力式自动变速器)。

(2) 换挡执行机构

改变齿轮机构中各元件的状态,获得挡位之间的变化,实现挡位的变换,有离合器,制动器,单向离合器。

2. 齿轮传动的一般规律

(1) 外啮合

主从动齿轮转向相反,如图 3-20(a)所示。

(2) 内啮合

主从动齿轮转向相同,如图 3-20(b)所示。

若主、从动齿轮中加入另一中间齿轮,两对齿轮均外啮合时,主、从动齿轮转向相同,如图 3-21(a)所示。一对内啮,一对外啮时,主、从动齿轮转向相反,如图 3-21(b)所示。

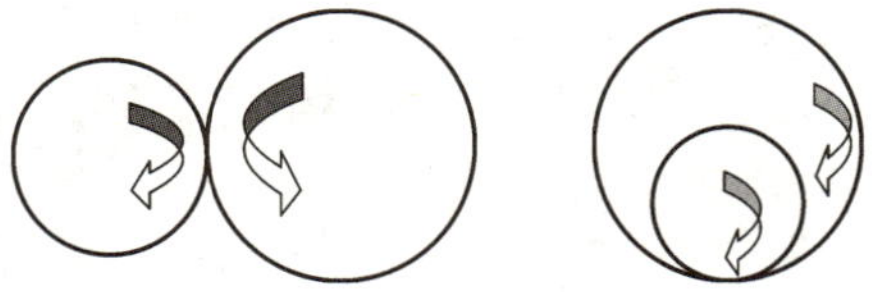

(a) 外啮合　(b) 内啮合

图 3-20　两个齿轮啮合

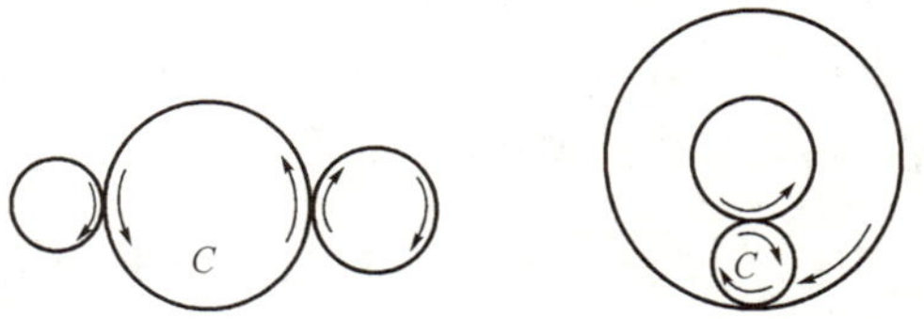

(a) 两对齿轮外啮合　(b) 一对内啮,一对外啮

图 3-21　三个齿轮啮合

3. 单排行星齿轮机构

(1) 单排行星齿轮机构组成

单排行星齿轮机构由一排行星齿轮组成,包括太阳轮(中心轮)、齿圈、行星轮、行星架等组成,如图 3-22 所示。

单排行星齿轮中三元件同轴,行星齿轮既有公转又有自转,采用斜齿常啮合,结构紧凑,改变各元件的运动状态,可获得多个传动比。

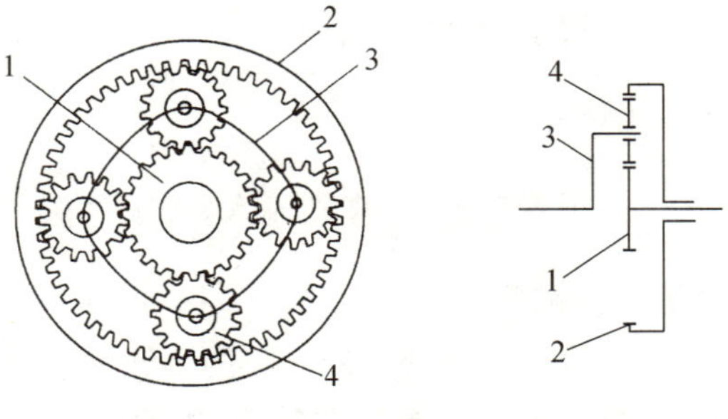

1—太阳轮;2—齿圈;3—行星架;4—行星齿轮

图 3-22　单排行星齿轮组成

(2) 单排行星齿轮机构运动规律

单排行星齿轮机构一般运动规律的特性方程式:

$$n_1 + \alpha n_2 - (1+\alpha) n_3 = 0$$

式中 n_1——太阳轮转速；

n_2——齿圈转速；

n_3——行星架转速；

α——齿圈与太阳轮的齿数比。

此特性方程式可根据能量守恒定律，由作用在该机构各元件上的力矩和结构参数导出。该式表明在太阳轮、齿圈和行星架这三个基本构件中，任选两个分别作为主动件和从动件，而使另一元件固定不动（即该元件转速为 0），或使其运动受一定的约束（即该元件的转速为某定值），则机构只有一个自由度，整个轮系以一定的传动比传递动力。

(3) 单排行星齿轮机构动力传递

① 齿圈固定，太阳轮输入，行星架输出，则 $n_2=0$。

当太阳轮按逆时针方向旋转时，行星齿轮则按顺时针方向绕行星齿轮轴旋转。行星轮的这种运动使齿圈力图按顺时针方向转动，但齿圈已被固定住，行星轮只能在围绕齿圈游动带动行星架逆时针转。

与太阳轮相比，行星架以较低的转速旋转，二者转向相同。传动比 $i_{13}=\dfrac{n_1}{n_3}=1+\alpha>2$。

② 齿圈固定，行星架输入，太阳轮输出，则 $n_2=0$。

故传动比 $i_{31}=\dfrac{n_3}{n_1}=\dfrac{1}{1+\alpha}<\dfrac{1}{2}$，变速器上很少使用。

③ 太阳轮固定，齿圈输入，行星架输出，则 $n_1=0$。

齿圈顺时针旋转时，行星轮以顺时针方向绕其轴自转，并试图使太阳轮按逆时针方向旋转。因太阳轮被固定，行星轮只能在自转的同时，带动行星架顺时针绕太阳轮公转。与齿圈相比，行星架以低转速旋转，其转向和齿圈相同，传动比 $i_{23}=\dfrac{n_2}{n_3}=\dfrac{1+\alpha}{\alpha}>1$。

④ 太阳轮固定，行星架输入，齿圈输出，则 $n_1=0$，传动比 $i_{32}=\dfrac{n_3}{n_2}=\dfrac{\alpha}{1+\alpha}<1$，超速挡。

⑤ 行星架固定，太阳轮输入，齿圈输出，则 $n_3=0$，传动比 $i_{12}=\dfrac{n_1}{n_2}=-\alpha<0$，绝对值大于 1，倒挡。

⑥ 行星架固定，齿圈输入，太阳轮输出，则 $n_3=0$，传动比 $i_{21}=\dfrac{n_2}{n_1}=-\dfrac{1}{\alpha}<0$，绝对值小于 1 不被使用。

⑦ 若使三元件中的任何两个元件连成一体旋转，则第三个元件的转速必与前二者转速相等，即行星排按直接挡传动，传动比为 1。

⑧ 如果所有元件都不受约束，可以自由转动，则行星齿轮机构失去传动作用，此种状态相当于空挡。运动关系的总结见表 3-1。

4. 行星齿轮机构类型

(1) 辛普森式行星齿轮系统

前后两单排行星齿轮机构共用一个太阳轮。两个行星排的太阳轮连成一个整体，称为太阳轮组件；前排的行星架和后排的齿圈连成一体，称为前行星架和后齿圈组件。通常输出轴与该组件相连，如图 3-23 所示。

表 3-1　运动关系分析

方案	主动件	被动件	固定件	传动比	备注
1	太阳轮	行星架	齿圈	$1+\alpha$	减速，增扭
2	行星架	太阳轮	齿圈	$1/(1+\alpha)$	增速，减扭
3	齿圈	行星架	太阳轮	$(1+\alpha)/\alpha$	减速，增扭
4	行星架	齿圈	太阳轮	$\alpha/(1+\alpha)$	增速，减扭
5	太阳轮	齿圈	行星架	$-\alpha$	减速，增扭
6	齿圈	太阳轮	行星架	$-1/\alpha$	增速，减扭
7	任意两个连成一体			1	直接挡
8	无任意元件制动又无任意二元件连成一体			三元件自由转	空挡

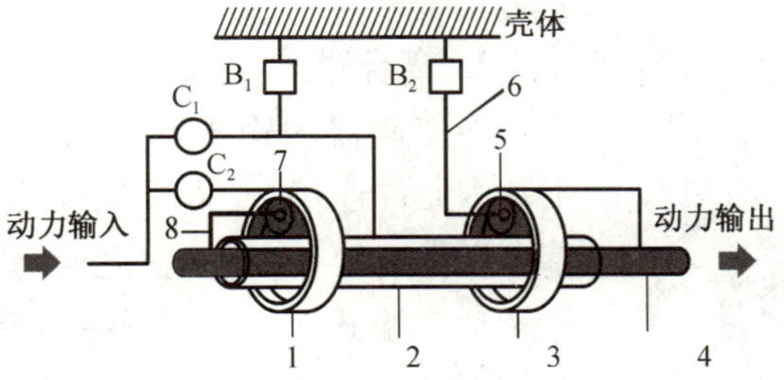

(a) 示意图

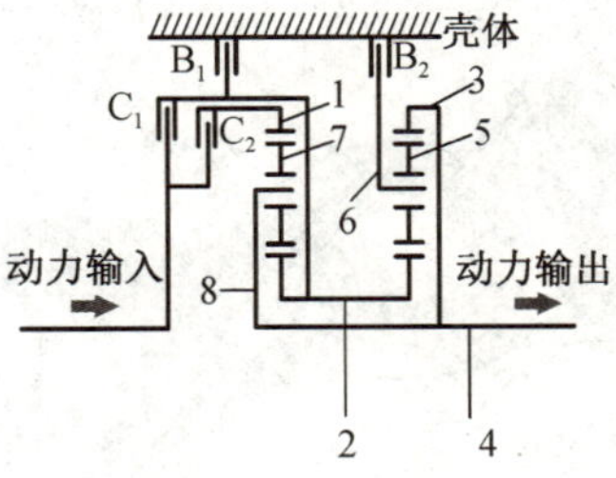

(b) 简图

1—前行星排齿圈；2—前后行星排共用太阳轮；3—后行星排齿圈；4—输出轴；5—后行星排行星轮；6—后行星排行星架；7—前行星排行星轮；8—前行星排行星架；C_1、C_2—离合器；B_1、B_2—制动器

图 3-23　辛普森行星齿轮机构

(2) 拉维娜式行星齿轮系统

由一个单行星排与一个双行星排组合而成的复合式行星机构，共用一行星架、长行星轮和齿圈。后太阳轮和长行星轮、行星架、齿圈共同组成一个单行星排；前太阳轮、短行星排、长行星轮、行星架和齿圈共同组成一个双行星排，如图 3-24 所示。

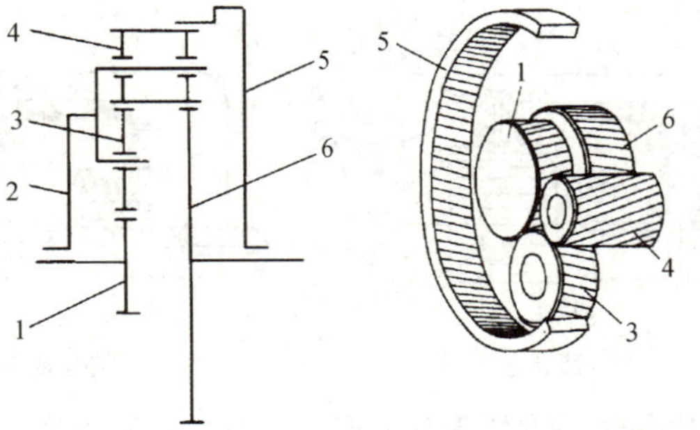

1—小太阳轮；2—行星架；3—短行星轮；3—长行星轮；5—齿圈；6—大太阳轮

图 3-24　拉维娜行星齿轮机构

四、电控液力自动变速器换挡执行机构

1. 行星齿轮变速器换挡执行机构组成

行星齿轮变速器中的所有齿轮都是处于常啮合状态，其挡位变换必须通过以不同方式对行星齿轮机构的基本元件进行约束来实现。能对这些基本元件实施约束的机构，就是换挡执行机构，主要由离合器、制动器、单向离合器组成，起连接、固定和锁止作用。

① 连接是指将行星齿轮变速器的输入轴与行星排中的某个基本元件连接，以传递动力，或将前一个行星排的某一个基本元件与后一个行星排的某一个基本元件连接，以约束这两个基本元件的运动；

② 固定是指将行星排的某一基本元件与自动变速器的壳体连接，使之被固定住而不能旋转；

③ 锁止是指把某个行星排的基本元件单向锁止，只能朝一个方向转动。

离合器和制动器是以液压方式控制行星齿轮机构元件的旋转，而单向离合器则是以机械方式对行星齿轮机构的元件进行锁止。

2. 离合器

将变速器的输入轴和行星排的某个基本元件连接，或将行星排的某两个基本元件连接在一起，使之成为一个整体转动。湿式多片离合器主要由离合器鼓、活塞、弹簧、弹簧座、钢片、摩擦片、卡环组成，如图 3-25 所示。

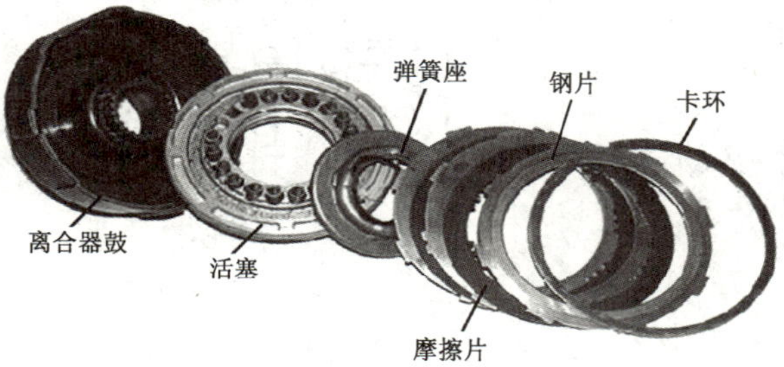

图 3-25　离合器结构

钢片是光板，外缘有矩形花键与输入轴转鼓内键槽相连。摩擦片内缘有花键，与行星齿轮某一元件相连接，其表面有铜基粉末冶金层或合成纤维层，以增大摩擦力。钢片与摩擦片相间排列，可轴向移动，统称为离合器片。卡环安装在输入轴转鼓的卡环槽内，限制活塞的行程。

无油液压力时离合器处于分离状态，有油液压力时，油液推动活塞压紧压盘，使钢片与摩擦片接触，此时动力通过离合器鼓传递给钢片，钢片将力传递给摩擦片，摩擦片中间与花键毂连接，最终将动力出递给行星齿轮机构，如图 3-26 所示。

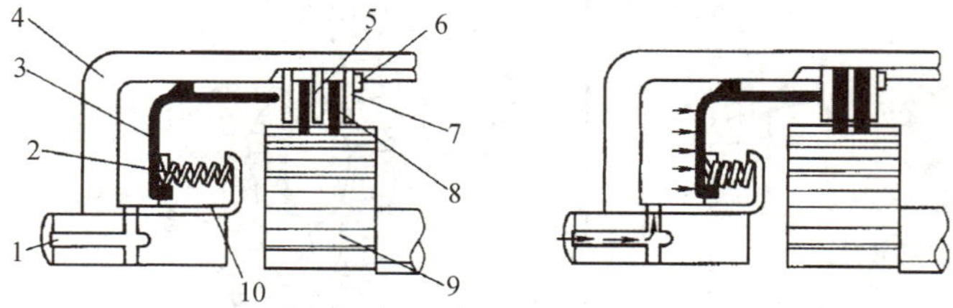

(a) 分离状态　　(b) 结合状态

1—主动元件；2—回位弹簧；3—活塞；3—离合器鼓；5—钢片；6—卡环；
7—压盘；8—摩擦片；9—花键毂；10—弹簧保持座

图 3-26　离合器工作原理

3. 制动器

制动器起到固定行星齿轮机构中的基本元件，阻止其旋转的作用。常见的有片式和带式制动器两种。

摩擦片式制动器主要由制动器鼓、活塞、回位弹簧、钢片、摩擦片等组成，如图 3-27 所示。

钢片是不动件，摩擦片与行星齿轮的某元件相连接。

无油液压力时制动器处于分离状态，有油液压力时，油液推动活塞压紧压盘，使钢片与摩擦片接触，而钢片外边缘与变速器壳连接固定，在摩擦力的作用下使得摩擦片也渐渐固定，摩擦片中间与行星齿轮的某元件连接，最终实现行星齿轮某元件的制动。

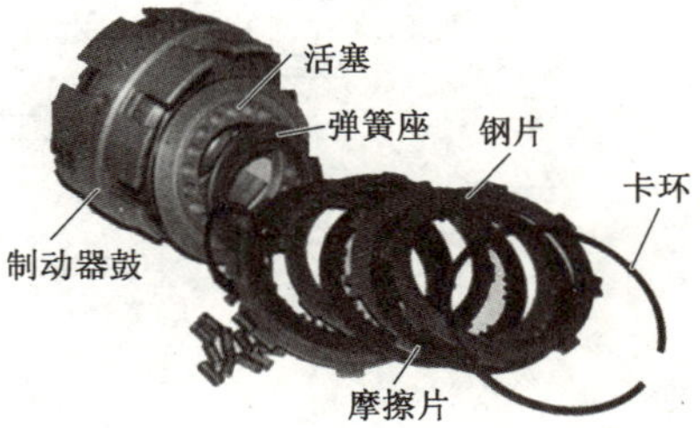

图 3-27　制动器结构

4. 单向离合器

单向离合器在行星齿轮变速器中用于固定或连接几个行星排中的某些太阳轮、行星架、齿圈等基本元件，让行星齿轮变速器组成不同传动比的挡位。它是依靠单向锁止原理来发挥固定或连接作用的，其固定和连接也只能单方向。单向离合器主要有滚柱式和楔块式两种类型，如图 3-28 所示。

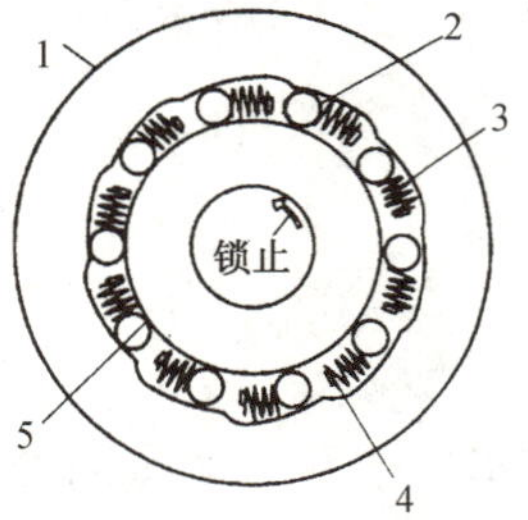

1—外座圈；2—滚柱；3—碟片弹簧；4—弹簧座；5—内座圈

(a) 滚柱式单向离合器

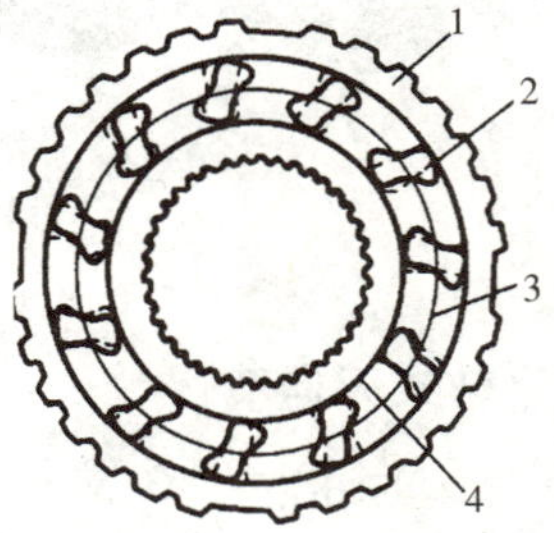

1—外座圈；2—楔块；3—保持架；4—内座圈

(b) 楔块式单向离合器

图 3-28　单向离合器类型

模块 4　万向传动装置

一、万向传动装置的结构

万向传动装置是用来在工作过程中相对位置不断改变的两根轴间传递动力的装置。其作用是实现汽车上任何一对轴线相交且相对位置经常发生变化的转轴之间的动力传递。在有一定距离的两部件之间采用万向传动装置传递动力时，一般需要在万向节之间安装传动轴。若两部件之间的距离会发生变化，而万向节没有伸缩功能时，则还要将传动轴制成两段，用滑动花键相连接。

万向传动装置主要由万向节、传动轴组成。对于传动距离较远的分段式传动轴，为了提高传动轴的刚度，还设置了中间支撑，如图 3-29 所示。

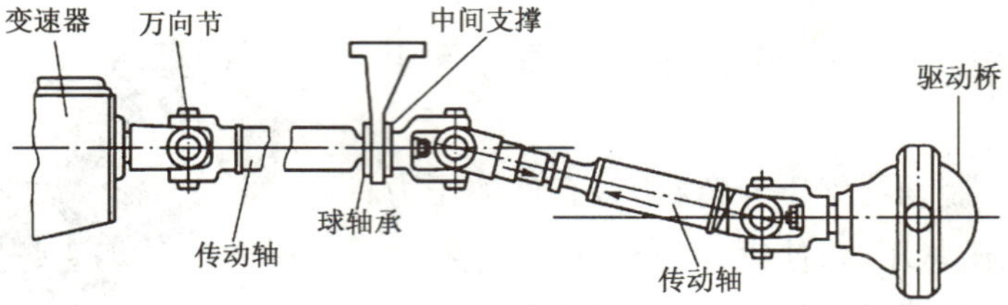

图 3-29　万向传动装置组成

二、万向节的分类及组成

万向节是万向传动装置中实现变角度的主要部件。目前在汽车上应用最广泛的万向节有十字轴式、球笼式和三枢轴式万向节三种形式，如图 3-30 所示。

(a) 十字轴式　　(b) 球笼式　　(c) 三枢轴式

图 3-30

1. 十字轴式万向节

十字轴式万向节一般在发动机前置后轮驱动的汽车传动系统上应用最为广泛，它允许相邻两轴的最大交角为 15°～20°。一般由一个十字轴、两个万向节叉和四个滚针轴承等机件组成，如图 3-31 所示。两个万向节叉的孔分别活套在十字轴的两对轴颈上。当主动轴转动时，从动轴即可随之转动，又可绕十字轴中心在任意方向摆动。为了减少摩擦损失，提高传动效率，在十字轴轴颈和万向节叉孔间装有由滚针和套筒组成的滚针轴承。然后用螺钉和轴承盖固定在万向节叉上，并用锁片将螺钉锁紧，以防止轴承在离心力作用下从万向节叉中脱出。为了润滑轴承，十字轴做成中空的，并有油路通向轴颈。润滑油从油嘴注入十字轴内腔。为了避免润滑油流出及尘垢进入轴承，在十字轴的轴颈上套着装在金属座圈内的毛毡油封。在十字轴的中部还装有带弹簧的安全阀，使油封不致因油压过高而损失。

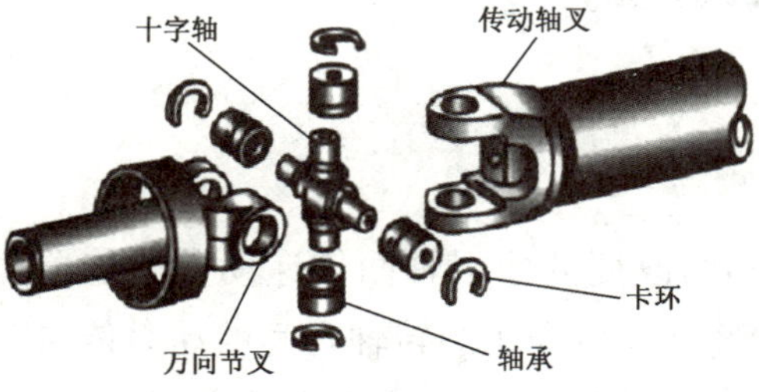

图 3-31　十字轴式万向节的构造

单个万向节中的输入轴和输出轴之间有夹角的时候，两轴的角速度不相等，因而具备不等速性。当万向节处于图 3-32(a)位置时 $V_A=\omega_1 r=\omega_2 r\cos\alpha$，可得出 $\omega_2=\omega_1/\cos\alpha$，此时 $\omega_2>\omega_1$。当主动叉转过 90°万向节处于图 3-32(b)位置时，$V_B=\omega_1 r\cos\alpha=\omega_2 r$，可得出 $\omega_2=\omega_1\cos\alpha$，此时 $\omega_2<\omega_1$。

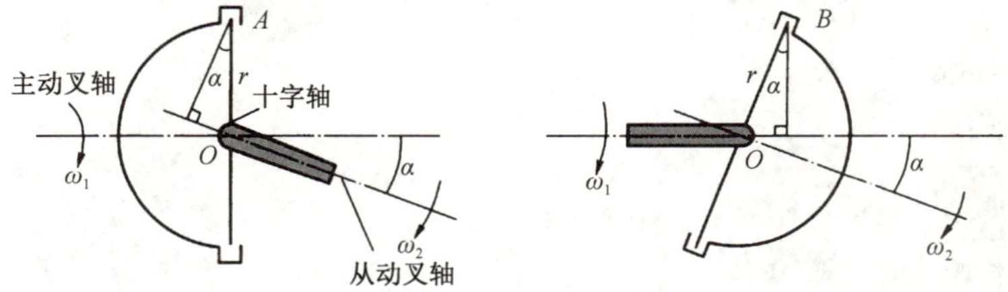

(a) A 点的瞬时圆周速度　　(b) B 点的瞬时圆周速度

r—十字轴旋转半径($r=OA=OB$)；α—两叉轴夹角

图 3-32　单十字轴刚性万向节运动角速度分析

综上所述，当主动叉轴以等角速旋转时，从动叉轴是不等角速的，此即单个十字轴万向节在有夹角时传动的不等速性。从动叉轴角速度变化的周期为 180°。从动叉轴不等速程度随轴间夹角的加大而加大。所谓不等速是指在转动一圈内的角速度而言，而主、从动轴的平均转速是相等的，即主动轴转一圈从动轴也转一圈。

单个万向节是不等速的，若采用双十字轴万向节便可实现等速，如图 3-33 所示，其等速条件如下。

① 第一万向节两轴间的夹角与第二万向节两轴间的夹角相等，即 $\alpha_1=\alpha_2$；

② 第一万向节的从动叉与第二万向节的主动叉在同一平面内；

③ 第一、第二万向节必须采用相同类型的万向节。

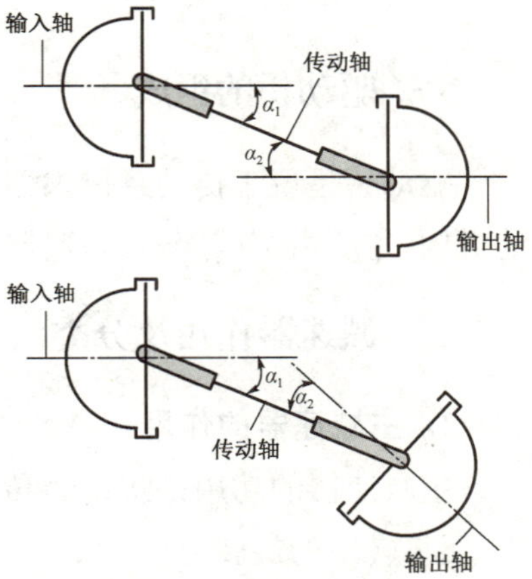

图 3-33　双十字万向节

2. 球笼式万向节

球笼式万向节主要由六个钢球、行星套、球型壳和保持架(球笼)组成。行星套以其内花键与主动轴连接，传力钢球分别位于六条由行星套和球型壳形成的凹槽内，由保持架保持在同一平面内。动力由主动轴输入，经钢球和球型壳输出，如图 3-34 所示。

3. 三枢轴式万向节

与输入轴制成一体的三个枢轴上松套着外表面为球面的滚轮，三个枢轴位于同一平面内，且成 120°角，它们的轴线相交于输入轴上的一点，并且垂直于输入轴。与输入轴制成一体的外表面为圆柱形的叉形元件上加工出三条等距离的轴向槽形轨道。槽型轨道平行于输入轴，三个球面滚轮分别装入三个槽型轨道中。三个球型滚轮可沿槽型轨道滑行，如图 3-35 所示。

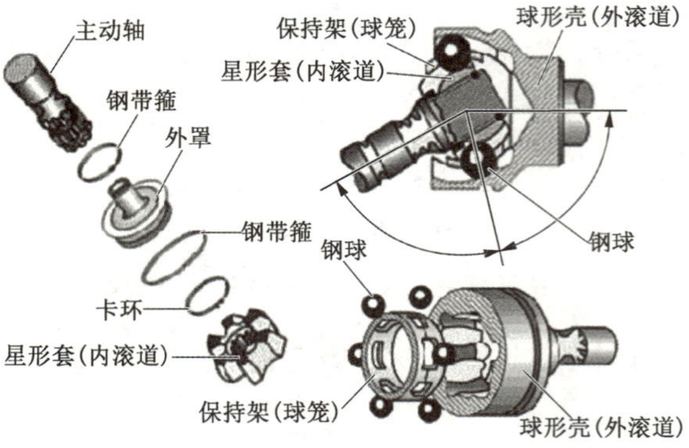

图 3-34 固定型球笼式万向节

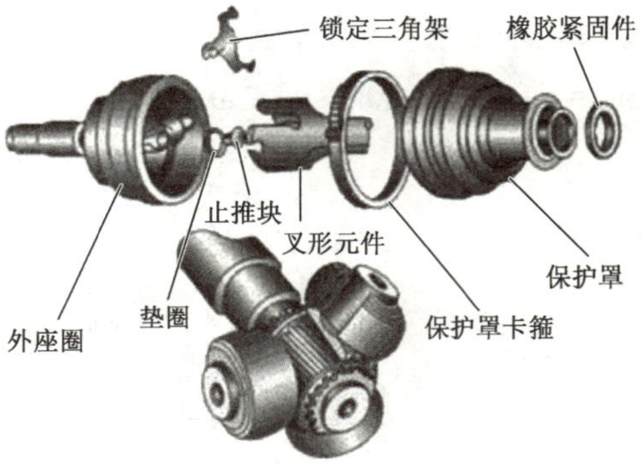

图 3-35 三枢轴式万向节

模块 5 驱 动 桥

一、驱动桥的组成

驱动桥是位于传动系统末端,能改变来自变速器的转速和转矩并将它们传递给驱动轮的机构,主要由主减速器、差速器、半轴和桥壳组成。该模块主要介绍主减速器和差速器。

二、减速器作用及分类

1. 主减速器的作用

主减速器的功用是将动力传给差速器,将输入的转矩增大、转速降低。对于纵置发动机,要将转矩的旋转方向改变 90°。

2. 主减速器的分类

① 按参加传动的齿轮副数目分类,可分为单级式主减速器和双级式主减速器。

轿车、中型以下的载货汽车均采用单级主减速器,如东风汽车和北京汽车。其减速机构主要由一对减速齿轮组成,即主动齿轮和从动齿轮。单级主减速器结构简单,齿轮尺寸小,质量轻,传动效率高等优点。主要由主动齿轮、从动齿轮,支承轴承、调整垫片等零件组成,如图 3-36 所示。

双级主减速器,当主减速器要求较大的传动比时,单级主减速器已不能保证足够的离地间隙,这时需要用由两对齿轮传动的双级主减速器。它主要由主动锥齿轮、从动锥齿轮、中间轴、主动圆柱齿轮和从动圆柱齿轮组成,如图 3-37 所示。

主动锥齿轮与轴制成一体,通过两个圆锥轴承采用悬臂式支承。两个圆锥轴承之间的金属垫片用以调节轴承预紧度,增加垫片数量,轴承预紧度减少;减少调整垫片时,轴承预紧度增大。

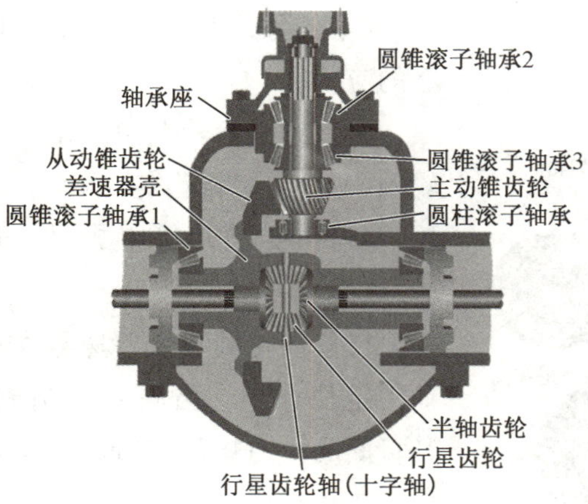

图 3-36　单级主减速器结构

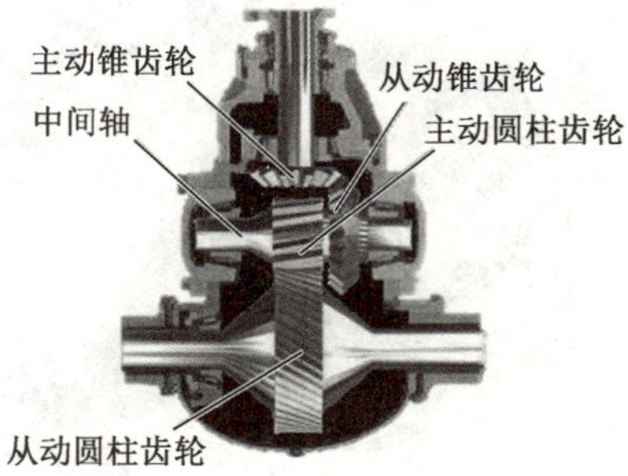

图 3-37　双级主减速器结构

第一级减速的从动锥齿轮铆接在中间轴凸缘上，第二级减速的圆柱主动斜齿轮与轴制成一体。轴两端由两个圆锥齿轮轴承支承，左、右两侧轴承盖与减速器壳之间的调整垫片厚度应基本相等，增加调整垫片，轴承预紧度减少，减少调整垫片，轴承预紧度增大。

从动圆柱齿轮与差速器壳体用螺栓连接，双极主减速器动力传递路线为主动锥齿轮→从动锥齿轮→中间轴→主动圆柱斜齿轮→从动圆柱锥斜齿轮→差速壳→十字轴→行星齿轮→半轴齿轮→半轴→驱动轮。

② 按齿轮副结构形式分类，可分为圆柱齿轮式主减速器和圆锥齿轮式主减速器。单级式主减速器应用广泛。在发动机横置的车上，不需要改变动力传递方向，单级主减速器采用一对圆柱齿轮传动；在发动机纵向布置的汽车上，由于需要改变动力传递方向（一般为90°），单级主减器采用一对圆锥齿轮传动。

三、差速器作用及分类

1. 差速器的作用

汽车在直线行驶时候，左右车轮转速几乎相同，但在转弯的时候，差速器的作用是将主减速器传来的动力传给左、右两半轴，并在必要时允许左、右半轴以不同转速旋转，以满足两侧驱动轮差速的需要。转向时外侧车轮滚过的路程长，内侧车轮滚过的路程短，若两侧车轮都固定在同一刚性转轴上，外侧车轮边滚动边滑移，内侧车轮边滚动边滑转，此种情况希望内外侧车轮转速不同，实现汽车正常行驶。

2. 差速器的分类

① 按传动结构分为锥齿轮式、行星齿轮式、牙嵌自由轮式、滑块凸轮式、托森式、冠齿式。

② 按安装位置也可分为轮间差速器和轴间差速器。

③ 按是否具有抗滑机构可分为普通差速器和限滑差速器。

④ 按输出转矩是否相等分可分为对称式、非对称式。

普通对称式锥齿轮式轮间差速器（简称普通锥齿轮式差速器）凭借其结构简单、性能可

图 3-38　对称式锥齿轮差速器结构

靠、成本低廉等优点在汽车上得到广泛的应用。

对称式锥齿轮差速器由行星锥齿轮轴、两个行星锥齿轮、两个半轴锥齿轮、复合推力垫片等组成，如图 3-38 所示。

行星齿轮轴装入差速器壳后用止动销定位。半轴齿轮背面制成球面，其背面的推力垫片与行星齿轮背面的推力垫片制成一个整体，以减摩，耐磨被称为复合式推力垫片。

动力传递路线：主减速器→差速器壳体→行星齿轮轴→行星齿轮→半轴齿轮→半轴→车轮。

实训任务　手动变速器的装调

一、常用工量具

序号	工具名称	图片
1	工具车	
2	零件摆放车	
3	拉拔器	

（续表）

序号	工具名称	图片
4	力矩扳手	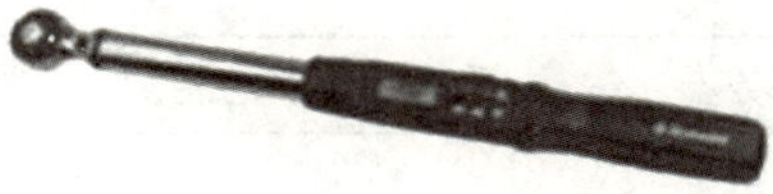
5	塞尺	

二、实训目的

1. 知道手动变速器的各部分名称。
2. 能对手动变速器进行正确的拆卸与装配。
3. 能积极主动参与任务的实施，能与小组成员团结协作，能执行5S管理。

三、实训实施

1. 学生分组

学生分3～6组，每组一名组长。

2. 任务分配

(1) 通过手动变速器装配图，掌握变速器的结构特点，进一步掌握变速器的工作原理。

(2) 通过拆解手动变速器总成，掌握变速器部件特点和运行原理。

(3) 通过手动变速器透视模型分析和总结变速器部件运动关系。

每项任务有一名辅导教师负责学生的学习和讲解。

3. 作业准备

(1) 领取工具车、工具、实训防护装备及实训设备。

(2) 各小组人员分工。

(3) 实训前工具盘点。

(4) 穿戴实训防护装备。

(5) 查验实训设备。

4. 完成任务工单

任务工单

工作任务	手动变速器的装调	学时	4	组别	第_____组
小组名单		班级		成绩	
实训设备	变速器结构图、实训变速器 3～6 台、变速器工作原理动画； 工具：工具车、拉拔器、力矩扳手； 量具：塞尺				
任务描述	通过变速器结构图、变速器工作原理动画等教学设备，采用行动导向教学法，引导学生梳理手动变速器拆装正确流程，培养良好的职业道德、工作态度、团队协作能力和责任感				
基础认知	1. 填写下图变速器零部件名称。 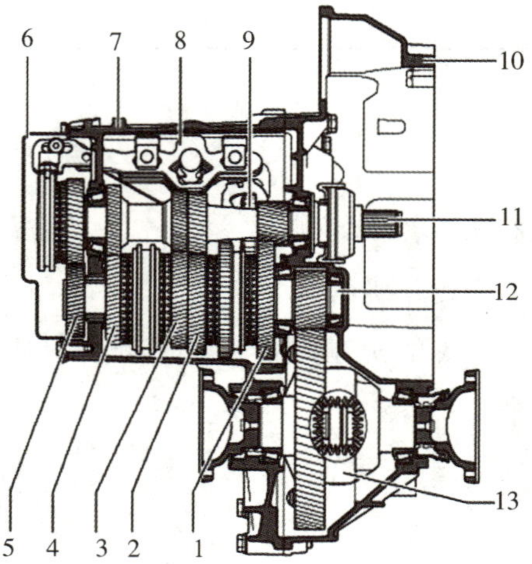 1. ______ 2. ______ 3. ______ 4. ______ 5. ______ 6. ______ 7. ______ 8. ______ 9. ______ 10. ______ 11. ______ 12. ______ 13. ______ 2. 变速器的作用：______ 3. 变速器的分类：______ 4. 辨别下图为几挡动力传递路线？ 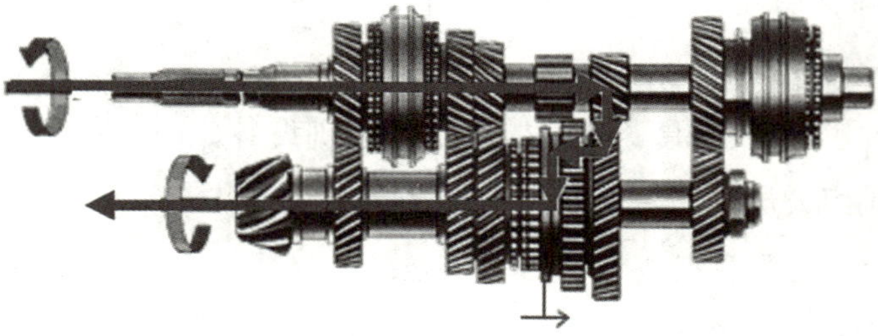 ______				

（续表）

基础认知	5. 写出同步器各部分的名称  （1）  （2）  （3） （1）＿＿＿＿＿＿＿　（2）＿＿＿＿＿＿＿　（3）＿＿＿＿＿＿＿
拆卸步骤	1. 拆卸离合器分离杆和分离轴承以及导向套。 2. 排放变速箱油。 3. 拧下变速箱壳体的盖板。 4. 拧下轴颈螺栓，拔出轴颈。 5. 取下换挡拨叉。 6. 拆下 5 挡齿轮。 7. 取下压簧，止推垫片和锥形环法兰轴。 8. 将换挡轴调节到怠速位置，拆下换挡轴及其换挡杆盖。 9. 拆卸差速器区域内的变速箱上表面的轴颈以及离合器壳上的变速箱壳体固定螺栓。 10. 取下变速箱壳体。 11. 拧下换挡控制装置。 12. 拧下轴承托架和从动轴螺母。 13. 将倒车挡、传动轴及从动轴依次从离合器壳中取出。 14. 拆卸完毕。
装配步骤	按照变速器拆卸的相反顺序安装所有零部件。 安装注意事项如下： 1. 每次都要更换轴承托架和从动轴的密封环。 2. 检查倒车齿轮轴是否完整，不要将倒车支架安装到倒车齿轮轴上。 3. 用丝锥清除所有倒车齿轮轴支座螺纹孔中的防松剂。 4. 换挡块必须已装入滑动套筒的凹槽中。 5. 将密封剂均匀涂敷在离合器壳密封面上。 6. 安装换挡轴和换挡杆盖时应注意： （1）将换挡滑杆置于怠速位置； （2）将密封剂均匀涂敷在换挡杆盖密封面上； （3）将换挡轴置于怠速位置。

（续表）

装配步骤	(4) 调整换挡轴，将换挡拨指按正确方向装入换挡滑杆中。 (5) 按拧紧力矩拧紧换档轴换挡杆盖。 7. 挂入5挡时，滑动套筒和换挡齿轮的间隙不允许过大，最大可插入一个0.2 mm塞尺厚度规。必要时重复调整过程。 8. 在装配变速箱壳盖前切换所有挡位，确保换挡正常。	
总评	项目内容	项目反馈
	任务工单完成情况	
	实训任务完成情况	
	5S整理情况	

子任务二　行驶系统认识、使用与装调

汽车行驶系统的作用是支持全车并保证车辆正常行驶。其基本功能：(1)接受由发动机经传动系统传来的转矩，并通过驱动轮与路面间的附着作用，产生路面对驱动轮的驱动力，以保证汽车正常行驶。(2)支持全车，传递并承受路面作用于车轮上各向反力及其所形成的力矩。(3)尽可能缓和不平路面对车身造成的冲击，并衰减其振动，保证汽车行驶平顺性。(4)与转向系统协调配合工作，实现汽车行驶方向的正确控制，以保证汽车操纵稳定性。汽车行驶系统的组成和结构形式，在很大程度上取决于汽车经常行驶路面的性质。绝大多数汽车行驶在比较坚实道路上，其行驶系统中直接与路面接触的部件是车轮，称这种行驶系统为轮式行驶系统，这样的汽车便是轮式汽车。汽车行驶系统的结构形式除轮式以外，还有半履带式、全履带式、车轮—履带式等。汽车行驶系统主要由车架、车桥、车轮和车胎组成。

模块1　车　　架

一、车架的定义

现代汽车绝大多数都有作为整车骨架的车架，车架是整个汽车的基体。汽车绝大多数部件和总成(如发动机、传动系统、悬架、转向系统驾驶室货箱和有关操纵机构)都是通过车架来固定其位置的。车架的作用是支撑连接汽车的各零部件，并承受来自车内外的各种载荷。现代许多轿车和大客车上没有车架，其功能由轿车车身或大客车车身骨架承担，故称其为承载式车身。

车架的结构形式首先应满足汽车总布置的要求。汽车在复杂多变的行驶过程中，固定在车架上各总成和部件之间不应发生干涉。当汽车在崎岖不平的道路上行驶时，车架在载荷作用下可产生扭转变形以及在纵向平面内的弯曲变形。当一边车轮遇到障碍时，还可能使整个车架扭曲成菱形。这些变形将会改变安装在车架上的各部件之间的相对位置，而影响其正常工作。因此，车架还应具有足够的强度和适当的刚度。为了使整车轻量化，要求车架质量尽可能小。此外，降低车架高度，以使汽车重心位置降低，有利于提高汽车的行驶稳定性。这一点对轿车和客车来说尤为重要。

近年来，车架和承载式车身的结构形式，特别是轿车车架的结构形式呈现出多样化和复杂化的趋势。要求有足够的强度、刚度，结构简单，形状有利于降低重心、增大转向角。

结构形成主要有边梁式车架、中梁式车架、综合式车架以及承载式车身。

二、车架的种类

1. 边梁式车架

边梁式车架由两根位于两边的纵梁和若干根横梁组成，用铆接法或焊接法将纵梁与横梁连接成坚固的刚性构架，如图 3-39 所示。

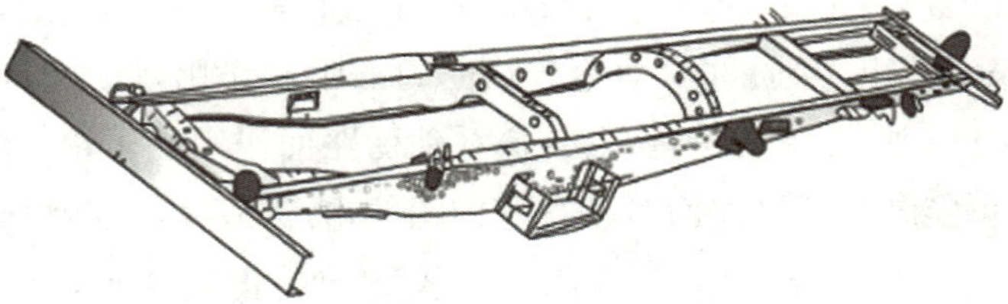

图 3-39 边梁式车架

纵梁通常用低合金钢板冲压而成，断面形状一般为槽形，也有根据汽车形式不同和结构布置的要求做成 Z 字形或箱形断面的，纵梁可以在水平面内或纵向平面内制成弯曲的，以及等断面或非等断面的。

横梁不仅用来保证车架的扭转刚度和承受纵向载荷，而且还可以支撑汽车上的主要部件通常载货车有 5～6 根横梁，有时会更多。边梁式车架的结构特点是便于安装驾驶室、车厢及一些特种装备和布置其他总成，有利于改装变型车和发展多品种汽车。因此，它被广泛用在载货汽车和大多数的特种汽车上。

2. 中梁式车架

中梁式车架只有一根位于中央贯穿前后的纵梁，因此亦称为脊梁式车架，如图 3-40 所示，中梁的断面可以做成管形或箱形。这种结构的车架有较大的扭转刚度，使车轮有较大的运动空间，因此被采用在某些轿车和货车上。中梁是管式的，传动轴装在管内。主减速器壳通常固定在中梁的尾端，形成断开式驱动桥。中梁前端做成伸出的支架，以固定发动机。优点：车轮有较大的运动空间，便于采用独立悬架，提高汽车的越野性；车架较轻，减少整车质量；封闭传动轴，起防尘套作用。缺点：制造工艺复杂，精度要求高，保养和修理不便。

图 3-40 中梁式车架

3. 综合式车架

车架前部是边梁式，而后部是中梁式，这种车架称为综合式车架（也称复合式车架）。它同时具有边梁式和中梁式车架的特点。应用于赛车、高级轿车和特种车。

4. 承载式车架

大多数轿车和部分大型客车取消了车架，而以车身代替车架的作用，即将所有部件固定在车身上，所有的力也由车身来承受，这种车身称为承载式车身，如图 3-41 所示。特点：承载式车身由于无车架，可以减轻整车质量；可以使底板高度降低，重心降低。

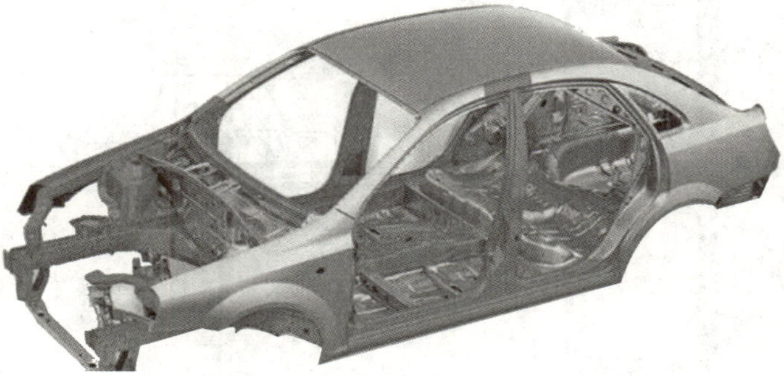

图 3-41　承载式车架

模块 2　车　　桥

一、车桥

车桥（也称车轴）通过悬架和车架（或承载式车身）相连，在它的两端安装车轮，其作用是传递车架（或承载式车身）与车轮之间各方向的作用力及其力矩。

根据悬架结构的不同，车桥分为整体式和断开式两种。当采用非独立悬架时，车桥中部是刚性的实心或空心梁，这种车桥即为整体式；断开式车桥为活动关节式结构，与独立悬架配用。根据车桥上车轮的作用，车桥又可分为转向桥、驱动桥、转向驱动桥和支持桥四种类型。根据车桥的车轮是驱动车轮还是从动车轮，车桥又可以分为驱动桥和从动桥，其中，转向桥和支持桥都属于从动桥。一般汽车多以前桥为转向桥，而以后桥或中、后两桥为驱动桥。越野汽车和大部分轿车的前桥为转向驱动桥。有些前桥为转向桥的单桥驱动的三轴汽车（6×2 汽车）的中桥（或后桥）为驱动桥，则后桥（或中桥）为支持桥。本模块主要叙述整体式和断开式车桥的转向桥、转向驱动桥及支持桥。

安装转向轮的车桥称为转向桥，一般是汽车的前桥。其主要由前梁（前轴）、转向节、主销和轮毂等组成。转向桥是利用转向节使车轮偏转一定的角度，实现偏转。整体式转向桥结构由前轴、轮毂、转向节和主销等部分组成。前梁经锻压制成工字形断面，提高了抗弯强度，接近两端部分略成方形，提高了抗扭强度。中部为钢板弹簧座，且向下弯曲，以便安装发动机，并使重心下降，减小传动轴的倾斜角度。两端翘起各加工成拳形，拳部有主销孔，用以安装转向节主销，转向节用主销和前轴连接，可绕主销转动，以达到前轮偏转的目的。

许多轿车和全轮驱动越野车的前桥既是转向桥又是驱动桥，称为转向驱动桥，由主减速器、差速器、万向节、转向节、主销等组成，如图 3-42 所示。其结构特点为与转向轮相连的半轴制成内外两段，其间用万向节相连；主销制成上下两段；转向节轴颈是中空的。

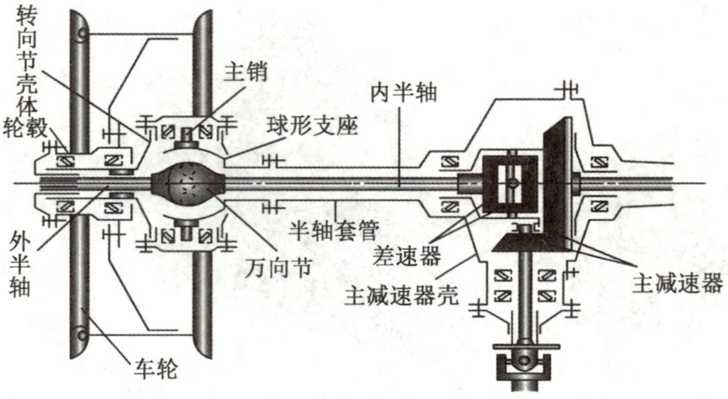

图 3-42　转向驱动桥

二、转向轮定位参数

转向桥在保证汽车转向功能的同时，应使转向轮有自动回正作用，以保证汽车稳定的直线行驶功能，即当转向轮在偶遇外力作用发生偏转时，一旦作用的外力消失后，应能立即自动回到原来的直线行驶的位置。这种自动回正作用是由转向轮的定位参数来保证实现的，也就是转向轮、主销和前轴之间的安装应具有一定精确的相对位置。这些转向轮的定位参数有主销后倾角、主销内倾角、前轮外倾角和前轮前束。

1. 主销后倾角

主销后倾角 γ 能形成回正的稳定力矩，当主销具有后倾角 γ 为 $1°30'$时，主销轴线与路面交点 a 将位于车轮与路面接触点的前面，ab 之间距离称谓主销后倾拖距。当汽车直线行驶时，若转向轮偶然受到外力作用而稍有偏转(例如向右偏转如图 3-43 中箭头所示)，将使汽车行驶方向向右偏离，这时由于汽车本身离心力的作用，在车轮与路面接触点处，路面对车轮有一个侧向反作用力 Y。反力 Y 对车轮形成绕主销轴线作用的力矩 YL，其方向正好与车轮偏转方向相反。在此力矩作用下，将使车轮恢复到原来中间的位置，从而保证了汽车稳定的直线行驶，故此力矩称为稳定力矩。但此力矩也不宜过大，否则在转向时为了克服此稳定力矩，驾驶员须在转向盘上施加较大的力(即所谓转向沉重)。因稳定力矩的大小取决于力臂 L 的数值，而力臂 L 又取决于后倾角 γ 的大小。现在车辆一般采用的 γ 角为 $2°\sim3°$。现代高速汽车的轮胎气压降低、弹性增加，引起稳定力矩增加，因此，γ 角可以减小到接近于零，甚至为负值。

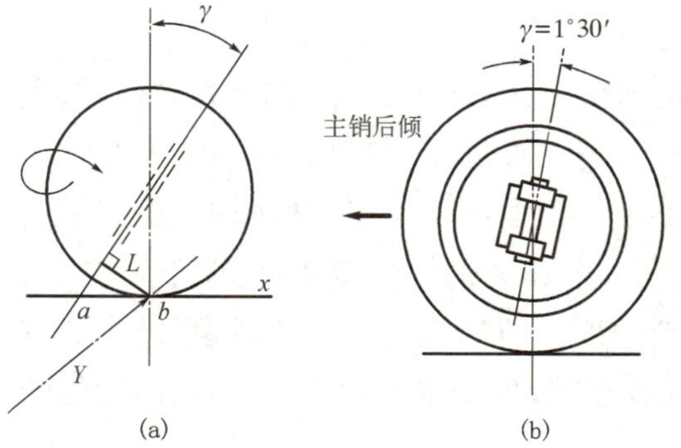

图 3-43　主销后倾角作用

2. 主销内倾角

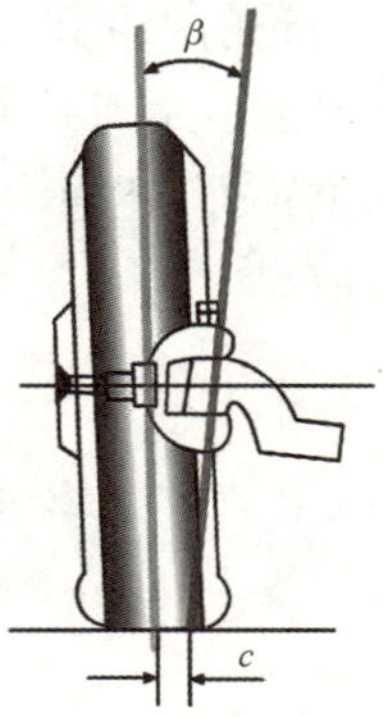

图 3-44　主销内倾角作用

主销内倾角指主销轴线在横向平面内向车辆内部倾斜，与铅垂线所形成的夹角，如图 3-44 所示。目前多数车辆已经没有了实物主销，它们往往通过避震器的延长线模拟出主销位置或通过转向节的上下连接点模拟出主销位置，所以主销内倾角通常不可调。

主销内倾可以给车辆提供转弯后的回正力矩，体现在实际驾驶过程中。当转过一个弯角时，即便不转动方向盘，它也会自动回正，保持直线行驶，这时就是主销内倾在起作用。主销内倾角度如果过大会导致转向异常费力，如果过小则会导致方向不稳，如果主销垂直于地面同样会使得方向盘极不稳定。

3. 前轮外倾角

除上述主销后倾角和内倾角两个角度可以保证汽车稳定直线行驶外，前轮外倾角 α 也具有定位作用。前轮外倾角 α 是通过车轮中心的汽车横向平面与车轮平面的交线与地面垂线之间的夹角，如图 3-45 所示。如果空车时车轮的安装正好垂直于路面，则满载时，车桥将因承载变形而可能出现车轮内倾，这样将加速汽车轮胎的偏磨损。另外，路面对车轮的垂直反作用力沿轮毂的轴向分力将使轮载压向轮毂外端的小轴承，加重了外端小轴承及轮毂紧固螺母的负荷，降低它们的使用寿命。因此，为了使轮胎磨损均匀和减轻轮外轴承的负荷安装车轮时应预先使车轮有一定的外倾角，以防止车轮内倾。同时，车轮有了外倾角也可以与拱形路面相适应，但是外倾角也不宜过大，否则也会使轮胎产生偏磨损。

前轮外倾角是在转向节设计中确定的。设计时使转向节轴颈的轴线与水平面成一角度该角度即为前轮外倾角 α（一般 α 约为 1）。

4. 前轮前束

车轮有了外倾角后，在滚动时，就类似于滚锥，从而导致两侧车轮向外滚开。由于转向横拉杆和车桥的约束使车轮不可能向外滚开，车轮将在地面上出现边滚边滑的现象，从而增加了轮胎的磨损。为了消除车轮外倾带来的这种不良后果，在安装车轮时，使汽车两前轮的中心面不平行，两轮前边缘距离 B 小于后边缘距离 A，A 与 B 之差称为前轮前束值，如图 3-46 所示。这样可使车轮在每一瞬时滚动方向接近于向着正前方，从而在很大程度上减轻和消除了由于车轮外倾而产生的不良后果。

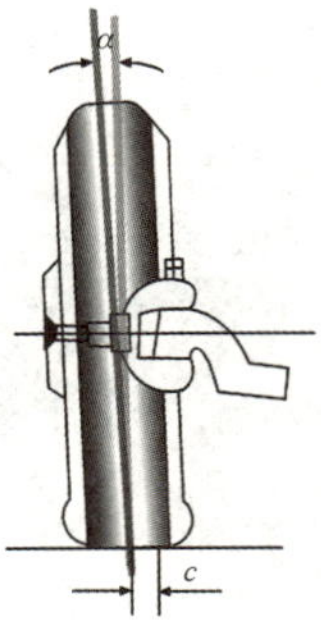

图 3-45　前轮外倾角作用

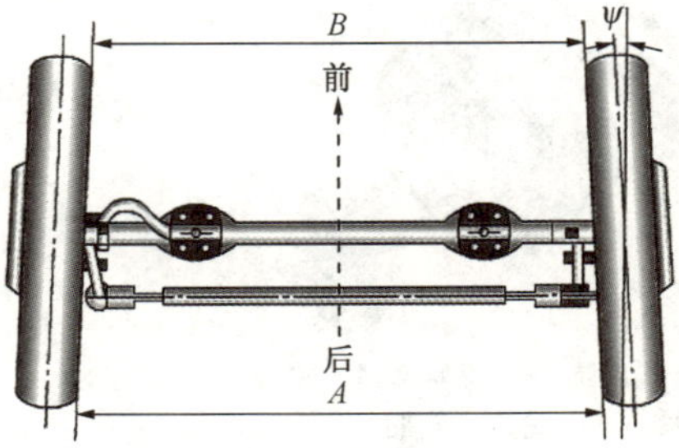

图 3-46　车轮前束

前轮前束可通过改变横拉杆的长度来调整。调整时，可根据各厂家规定的测量位置，使两轮前后距离差（$A-B$）符合规定的前束值。一般前束值为0～12 mm。测量位置除图示的位置外，还通常取两轮胎中心平面处的前后差值，也可以选取两车轮轮辋内侧面处前后差值。

模块3　车轮与轮胎

汽车车轮总成的作用是承受整车质量，传递牵引力、制动力、驱动扭矩和制动扭矩，缓解和吸收路面不平整带来的冲击和振动，提高车轮与地面的附着力，起越障作用，提高车辆的通过性。

汽车车轮由车轮、轮毂和这两部分之间的连接部分组成。由于车轮是回转体，要求尺寸精度高，不平衡量小，有一定的弹性和刚度，耐疲劳，重量轻，经济性好。车轮是刚性车轮，固定轮胎内缘，支撑轮胎，与轮胎分担载荷。轮胎、轮辋和辐条组合在一起，统称为车轮。车轮是一个旋转部件，承受轮胎和车轴之间的负荷。轮辋是在车轮上安装和支撑轮胎的部件，辐条是轮轴和轮辋之间的支撑部件。除了上述部件，车轮有时还包括轮毂，车轮总成的组成如图3-47所示。

一、车轮的功用

车轮主要功能是安装轮胎，承受和传递轮胎与车桥间的各种载荷的作用，减轻和吸收汽车在行驶时的震动和冲击力，防止汽车零部件受到剧烈震动和早期损坏，适应车辆的高速性能并降低行驶时的噪音，保证行驶的安全性、操纵稳定性、舒适性和节能经济性。

二、车轮的组成

车轮的组成如图3-48所示，包括轮毂、挡圈、轮辐、轮辋、气门嘴出口。

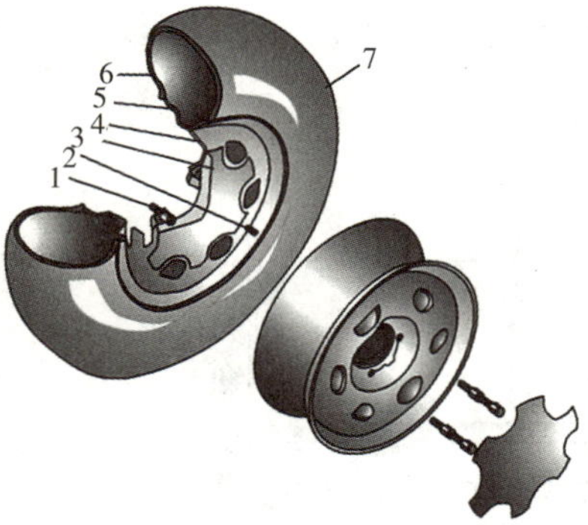

1—车轮螺栓；2—气门嘴；3—装饰罩；4—轮辐；5—轮辋；6—内胎；7—轮胎

图3-47　车轮总成组成

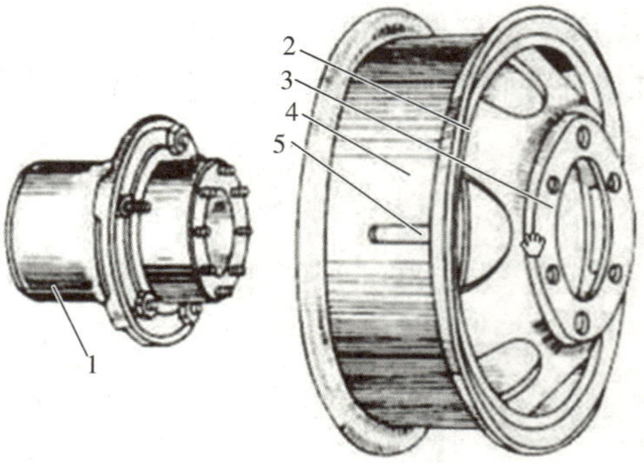

1—轮毂；2—挡圈；3—轮辐；4—轮辋；5—气门嘴出口

图3-48　车轮组成

① 轮毂：连接车轮和车轴，是轮胎内廓轮钢通过立柱连接的轮芯旋转部分，即支撑轮胎的中心装在轴上的金属部件。又称为轮圈、钢圈、轱辘、胎铃。轮毂直径、宽度、成型方式、材料不同，种类繁多。

② 轮辋：安装和固定轮胎。深槽式轮辋适用于轿车和轻型越野车，配合无内胎轮胎；平底式轮辋适用于中型货车；对开式轮辋适用于中重型越野、卡车。

③ 轮辐：连接轮毂和轮辋。

三、车轮的分类方式

车轮根据轮辐的形状分为辐板式车轮、辐条式车轮、丝辐条式车轮。轮辐根据结构特点分为辐板式和辐条式。辐板式车轮：车轮中用以连接轮毂和轮辋的钢质圆盘，大多数是冲压而成，少数与轮毂铸成一体，主要用于重型汽车。辐板式车轮由挡圈、辐板、轮辋以及气门嘴伸出孔组成，如图 3-49 所示。

辐条式车轮：用几根辐条将轮辋和轮毂组装在一起，如图 3-50 所示。

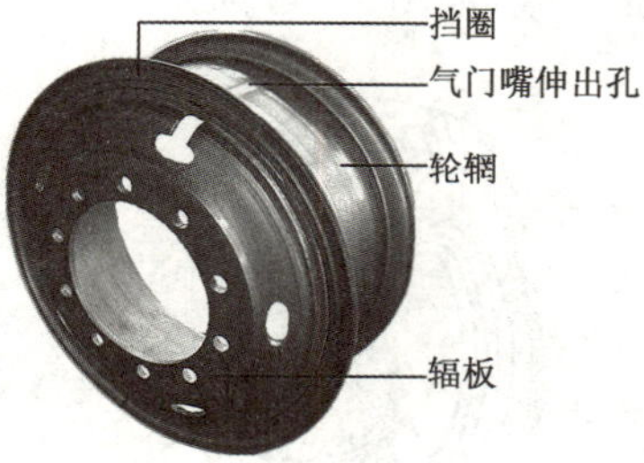

图 3-49　辐板式车轮

图 3-50　辐条式车轮

辐条式车轮用于赛车和一些高级轿车。

四、轮胎的分类和结构

1. 轮胎的分类

轮胎主要用于支承汽车的总重量，传递驱动力和制动力，吸收和缓和汽车行驶时所受到的部分冲击和振动，以保证汽车有良好的乘坐舒适性和行驶平顺性，保证轮胎与路面的良好附着，以提高汽车的动力性、制动性和通过性。按工作气压的大小，轮胎分为高压胎、低压胎、超低压胎；按胎体不同，轮胎分为普通斜交胎、子午线轮胎和无内胎的充气轮胎。

2. 轮胎结构

（1）普通斜交轮胎

由帘布层、缓冲层、胎冠、胎肩、胎侧和胎圈等组成，如图 3-51 所示。

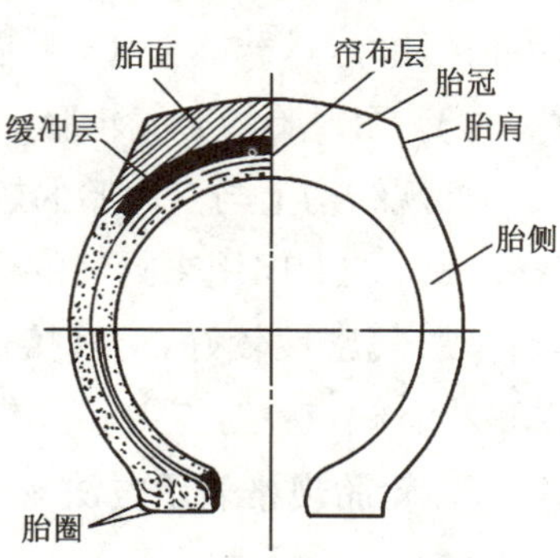

图 3-51　普通斜交轮胎结构组成

① 帘布层：外胎的骨架，用以保持外胎的形状和尺寸。

② 缓冲层：弹性较大，能缓和汽车在行驶时所受到的不平路面冲击，防止汽车在紧急制动时与帘布层脱离。

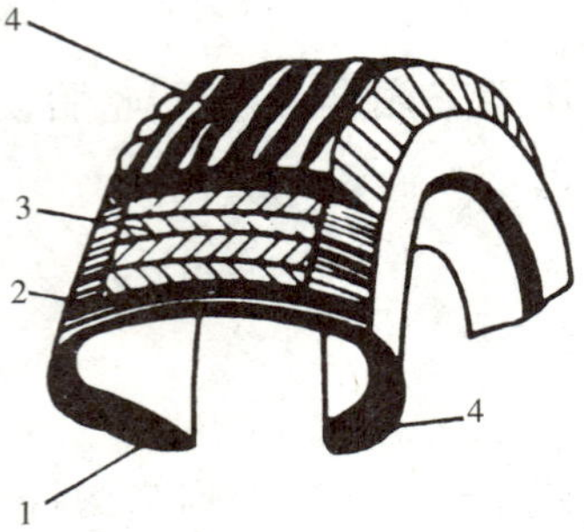

1—胎圈；2—帘布层；
3—带束层；4—胎冠

图 3-52 子午线轮胎结构组成

③ 胎冠：耐磨的橡胶制成，直接承受摩擦和全部载荷，能减轻帘布层所受的冲击，并保护帘布层和内胎免受机械损伤。

④ 胎肩：胎厚的胎冠与较薄的胎侧间的过渡部分，一般也制有花纹，以利散热。

⑤ 胎侧：橡胶层较薄，用来保护帘布层侧壁免受潮湿和机械损伤。

⑥ 胎圈：使外胎牢固的装在轮辋上，有很大的刚度和强度，由钢丝圈、帘布层包边和胎圈包布组成。

(2) 子午线轮胎

由帘布层、带束层、胎冠和胎圈组成，如图 3-52 所示。

子午线轮胎的特点：

① 帘布层帘线排列方向与轮胎的子午线断面一致，如图 3-53 所示。

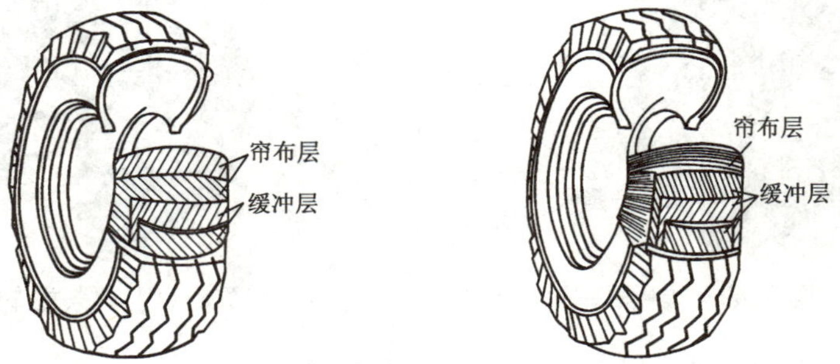

(a) 普通斜交轮胎　　(b) 子午线轮胎

图 3-53 轮胎对比

② 具有若干层帘线与子午线断面呈大角度、高强度、不易拉伸的周向环形的类似缓冲层的带束层。

子午线轮胎与普通斜交胎相比，其优点是弹性大，耐磨性好，滚动阻力小，附着性能好，缓冲性能好，承载能力大，不易被刺穿。缺点是胎侧容易裂口，制造技术要求高，成本高。

(3) 无内胎的充气轮胎

外观结构上与有内胎的轮胎相似，所不同的是无内胎轮胎的外胎内壁上附加了一层约 2～3 mm 的专门用来封气的橡胶密封层。优点：轮胎穿孔时，压力不会急剧下降，能继续安全行驶；气密性较好，可直接通过轮辋散热，所以工作温度低，有利于提高车速，用寿命长，质量小。缺点：工艺要求和维修费用高。

3. 轮胎规格表示方法

(1) 轮胎尺寸标记

D 为轮胎名义外径，d 为轮辋名义直径，H 为轮胎断面高度，B 为轮胎断面宽度，H/B

为轮胎扁平比，如图 3-54 所示。

（2）子午线轮胎标记

载重指数详解：图 3-55 中 91 表示载重指数，最大载重能力是 615 kg。速度级别详解：V 表示速度级别，轮胎最高速度为 240 km/h。

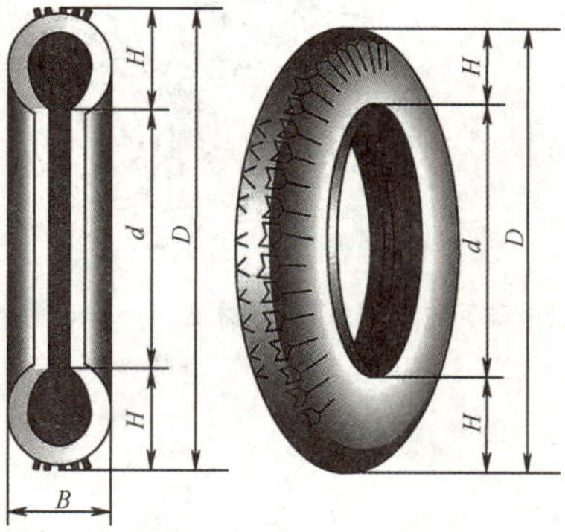

图 3-54　轮胎规格表示方法

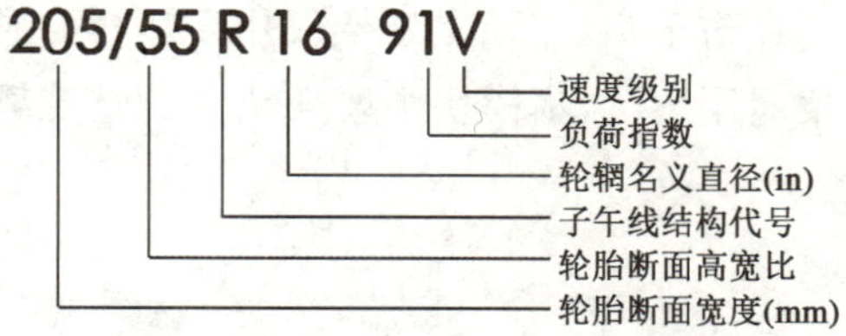

图 3-55　轮胎数字含义

模块 4　悬　　架

悬架是车架（承载式车身）与车桥（车轮）之间一切传力、连接装置的总称。

悬架作用　　麦弗逊悬架

一、悬架的作用

悬架的作用是把路面作用于车轮上的法向反力（支持力）、切向反力（牵引力和制动力）和侧向反力以及这些反力所造成的力矩都要传递到车架（或承载式车身）上，缓和并衰减汽车在行驶中产生的冲击及震动，以保证汽车的正常行驶。即连接车身和车轮，以适当的刚性支撑车轮，吸收来自路面的冲击，改善乘坐舒适性，稳定行驶中车身姿势，改善操纵性。

二、悬架的组成

现代汽车的悬架一般由弹性元件、减振器、导向机构（推力杆）和横向稳定器四部分组成，如图 3-56 所示。弹性元件的作用是缓和路面的冲击；安装减振器的作用是迅速衰减车体振动；导向机构的任务是使车轮按一定的轨迹相对于车架和车身跳动，同时还负责传递车轮和车身之间的各个方向的力。在多数的轿车和客车上，为了防止车身在转向行驶等情况下发生过大的横向倾斜，在悬架中还设有辅助弹性元件——横向稳定器。

三、独立悬架

汽车悬架可分为非独立悬架和独立悬架两大类，如图 3-57 所示。非独立悬架的结构特点是两侧的车轮由一根整体式车桥相连。当一侧车轮因道路不平发生跳动时，必然引起另一侧车轮在汽车横向平面内摆动，故称为非独立悬架。而独立悬架的结构特点是车桥做成断开的，两侧车轮可以单独地通过弹性悬架与车架(或车身)接连，单独跳动，互不影响，故称为独立悬架。非独立悬架广泛应用于货车的前后悬架；独立悬架广泛应用于轿车的前后悬架。在轿车中，非独立悬架仅用于后桥。独立悬架应用广泛，本模块主要介绍它的特点和分类。

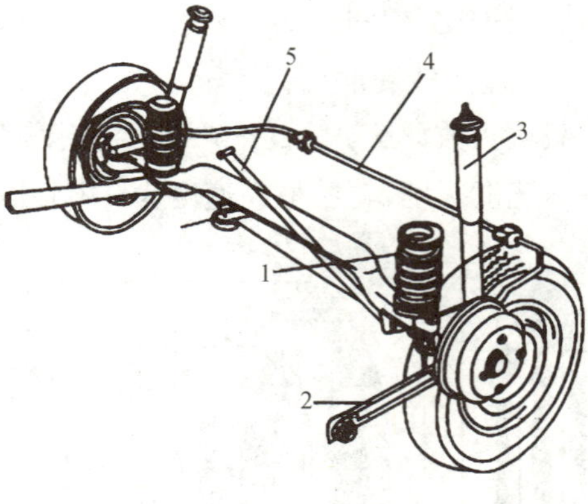

1—弹性元件；2、5—推力杆；3—减振器；4—横向稳定器

图 3-56　汽车悬架组成

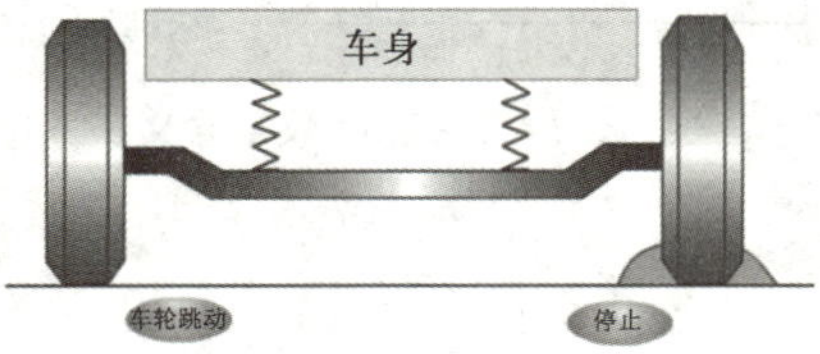

(a) 非独立悬架

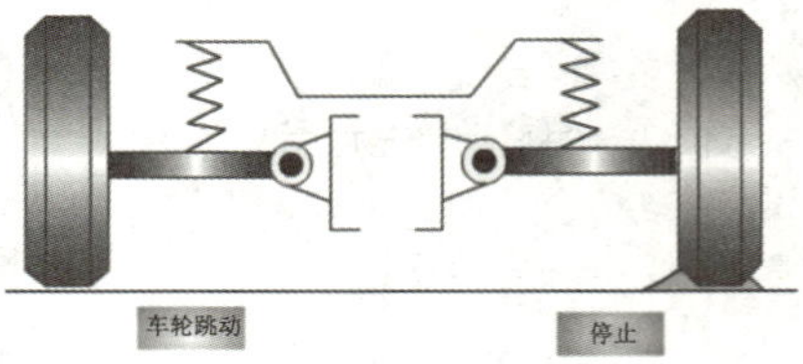

(b) 独立悬架

图 3-57　汽车悬架分类

1. 独立悬架的优点

在悬架弹性元件一定的变形范围内，两侧车轮的运动互不影响，从而可减少车架和车身的振动，有助于消除转向轮不断偏摆的不良现象；减少了汽车的非簧载质量，使悬架受到的冲击载荷减少，提高了汽车的平均行驶速度；可使汽车重心下降，提高了行驶稳定性；可将悬架刚度设计得较小，使车身振动频率降低，以改善行驶平顺性。

2. 独立悬架的缺点

结构复杂，制造成本高；维修不便；一般情况下，车轮跳动时，由于车轮外倾角与轮距变化较大，轮胎磨损较严重。

3. 独立悬架的分类

独立悬架应用较多的主要有三种形式，麦弗逊式独立悬架、双横臂式独立悬架、多连杆式独立悬架。

(1) 麦弗逊式独立悬架

麦弗逊式独立悬架是汽车安全结构的重要组成部分，一直以来，汽车的行驶操控性和舒适性与底盘结构中的悬挂系统息息相关，而悬挂结构的简单与复杂也直接决定着汽车制造成本的高低。麦弗逊式独立悬架是众多悬挂系统中的一种，它以结构简单、成本低廉、舒适性尚可的优点赢得了广泛的市场应用。

(2) 双横臂式独立悬架

双横臂式独立悬架按上下横臂是否等长，又分为等长双横臂式和不等长双横臂式两种悬架。等长双横臂式悬架在车轮上下跳动时，能保持主销倾角不变，但轮距变化大（与单横臂式相类似），造成轮胎磨损严重，现已很少用。

（3）多连杆式独立悬架

多连杆独立悬架是由连杆，减振器和减振弹簧组成的。它的连杆比一般悬架要多些，按惯例，一般都把四连杆或更多连杆结构的悬挂，称为多连杆。

四、弹性元件

弹性元件有钢板弹簧、螺旋弹簧、扭杆弹簧、气体弹簧四种类型。

1. 钢板弹簧

钢板弹簧是汽车悬架中应用最广泛的一种弹性元件，它是由若干片等宽但不等长（厚度可以相等，也可以不相等）的合金弹簧片组合而成的一根近似等强度的弹性梁，其一般构造如图 3-58 所示。

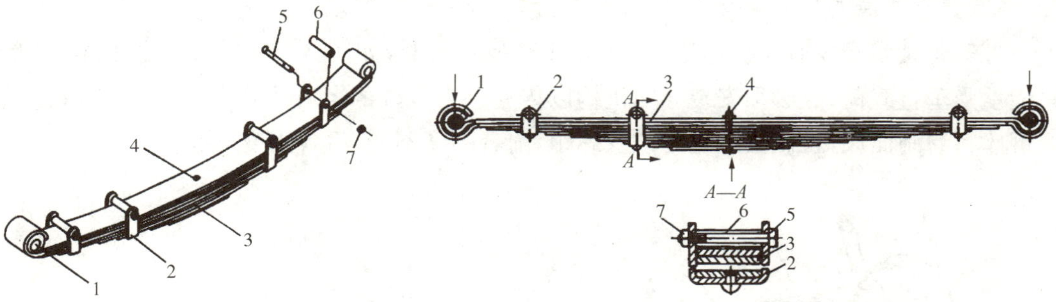

（a）对称式钢板弹簧　　（b）非对称式钢板弹簧

1—卷耳；2—弹簧夹；3—钢板弹簧；4—中心螺栓；5—螺栓；6—套管；7—螺母

图 3-58　钢板弹簧组成

钢板弹簧的第一片（最长的一片）称为主片，其两端弯成卷耳，内装青铜或塑料、橡胶、粉末冶金制成的衬套，以便用弹簧销与固定在车架上的支架或吊耳作铰链连接。钢板弹簧的中部一般用 U 形螺栓固定在车桥上。

中心螺栓用以连接各弹簧片，并保证装配时各片的相对位置。中心螺栓距两端卷耳中心的距离可以相等（称为对称式钢板弹簧），也可以不相等（称为非对称式钢板弹簧）。

当钢板弹簧安装在汽车悬架中，所承受的垂直载荷为正向时，各个力的方向和作用点如图 3-58 中箭头所示。各弹簧片都受力变形，有向上拱弯的趋势。这时，车桥和车架便互相靠近。当车桥与车架互相远离时，钢板弹簧所受的正向垂直载荷和变形便逐渐减小，有时甚至会反向。

主片卷耳受力严重，属于薄弱处。为改善主片卷耳的受力情况，常将第二片末端也弯成卷耳，包在主片卷耳的外面称为包耳。为了使得在弹簧变形时各片有相对滑动的可能，在主片卷耳与第二片包耳之间留有较大的空隙。有些悬架中的钢板弹簧两端不做成卷耳，而采用其他的支承连接方式，如橡胶支承垫。

连接各片的构件,除中心螺栓以外,还有若干个弹簧夹(亦称回弹夹),其主要作用是当钢板弹簧反向变形(即反跳)时,使各片不致互相分开,以免主片单独承载,此外,还可防止各片横向错动。弹簧夹用铆钉铆接在与之相连的最下面弹簧片的端部。弹簧夹的两边用螺栓连接,在螺栓上有套管,顶住弹簧夹的两边,以免将弹簧片夹得过紧。在螺栓套管与弹簧片之间有一定间隙(不小于1.5 mm),以保证弹簧变形时,各片可以相互滑移。钢板弹簧在载荷作用下变形时,各片之间有相对滑动而产生摩擦,可以促进车架振动的衰减。但各片间的干摩擦,将使车轮所受的冲击在很大程度上传给车架,即降低了悬架缓和冲击的能力,并使弹簧各片加速磨损,这是不利的。为减少弹簧片的磨损,在装合钢板弹簧时,各片间须涂上较稠的润滑剂(石墨润滑脂),并应定期进行保养。为了在使用期间内长期储存润滑脂和防止污染,有时将钢板弹簧装在护套内。

2. 螺旋弹簧

螺旋弹簧广泛地应用于独立悬架,特别是前轮独立悬架中。其优点是无须润滑,不忌泥污;安置它所需的纵向空间不大;弹簧本身质量小。

螺旋弹簧本身没有减振作用,必须另外安装减振器,如图3-59所示。此外,螺旋弹簧只能承受垂直载荷,故必须安装导向机构以传递垂直以外的各种力和力矩。螺旋弹簧用弹簧钢棒料卷制而成,可做成等螺距或变螺距,前者刚度不变,后者刚度可变。

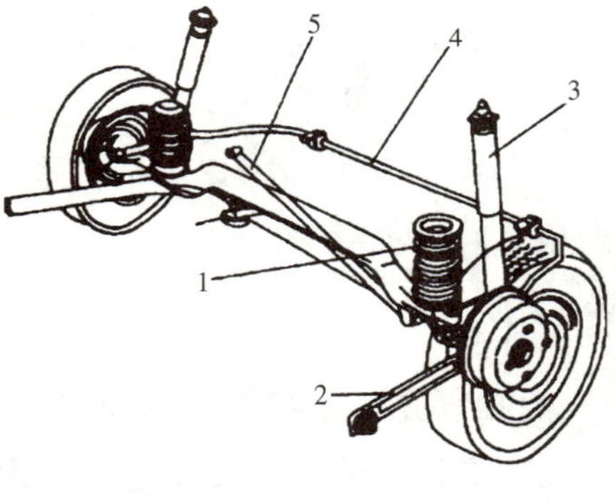

1—弹性元件;2—纵向推力杆;3—减振器;
4—横向稳定器;5—横向推力杆

图3-59　螺旋弹簧组成

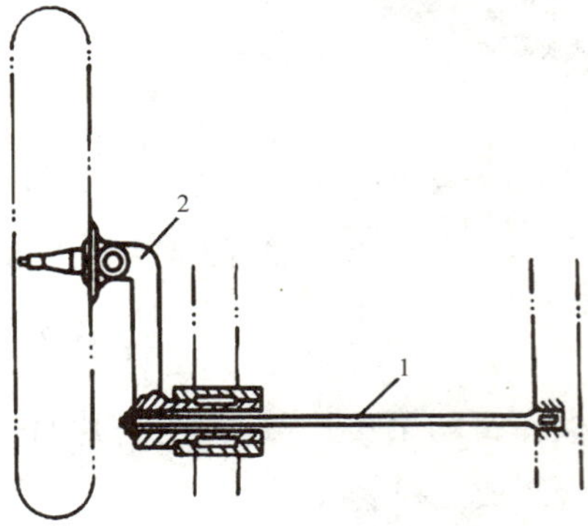

1—扭杆;2—摆臂

图3-60　扭杆弹簧组成

3. 扭杆弹簧

扭杆弹簧本身是一根由弹簧钢制成的杆,如图3-60所示。扭杆断面为圆形,两端可做成花键或方形、六角形或带平面的圆柱形等,一端固定在车架上,另一端固定在悬架的摆臂上。当车轮跳动时,摆臂便绕着扭杆轴线而摆动,使扭杆产生扭转弹性变形,借以保证车轮与车架的弹性联系。采用扭杆弹簧的悬架质量比较轻,结构简单,无须润滑,方便布置,但需要与减振器一起使用。

4. 气体弹簧

气体弹簧是在一个密封的容器中充入压缩气体(0.5～1.0 MPa),利用气体的可压缩性实现其弹簧作用。分为空气弹簧和油气弹簧。空气弹簧和油气弹簧只能承受垂直载荷，必须加设导向装置。

(1) 空气弹簧

空气弹簧质量轻，寿命长，大型客车和高档、豪华车使用较多，分为囊式和膜式，如图 3-61 所示。

囊式空气弹簧由夹有帘线的橡胶气囊和密闭在其中的压缩空气所组成。气囊的节数越多，弹性越好。

膜式空气弹簧的密闭气囊由橡胶膜片和金属压制件组成。与囊式相比，膜式的车身自然振动频率低；尺寸小，便于布置；制造困难，寿命短；多用于轿车。

(2) 油气弹簧

油气弹簧以气体(如氮等惰性气体)为弹性介质，油液为传力介质，利用气体的可压缩性实现弹簧作用，其结构如图 3-62 所示。

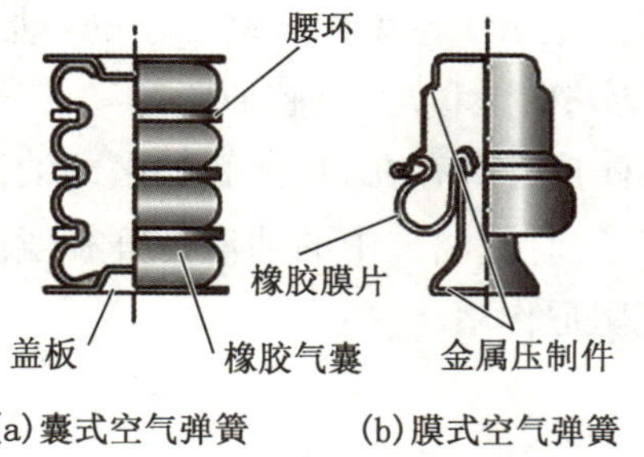

图 3-61 空气弹簧组成

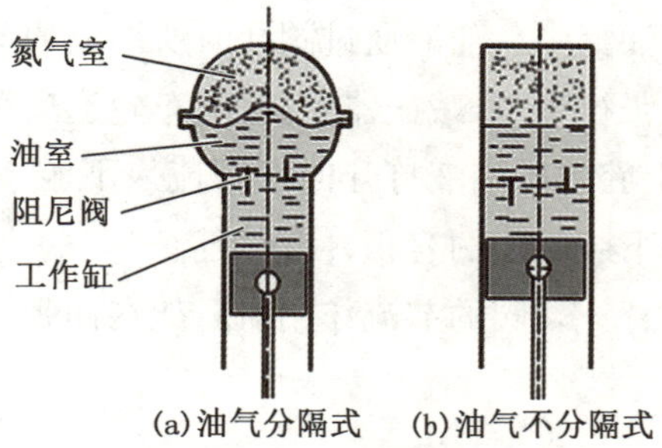

图 3-62 单气室油气弹簧组成

特点：刚度可变，具有良好的行驶平顺性；体积小，质量轻；对密封性要求高，维护麻烦。

应用：多用于重型汽车和部分小型客车上。

五、减振器

减振器与弹性元件是并联安装的，其作用是加速车架和车身振动的衰减，以改善汽车的行驶平顺性。

1. 基本原理

利用液体流动阻尼来消耗振动能量(阻尼力的产生)原理：汽车振动时，减振器壳体内的油液反复从一个腔通过一些窄小的空隙流入另一腔，同时，摩擦力便把振动能量转化为热能，被油液、减振器吸收后散失到大气中。

2. 基本要求

在悬架压缩行程内，减振器阻尼力应小，以便利用弹性元件缓和冲击；在悬架伸张行程内，减振器的阻尼力较大，以便迅速减振；在车桥与车架相对速度过大时，减振器应当能自动加大液流通道截面积，使阻尼力始终保持在一定限度之内，避免过大的冲击载荷。

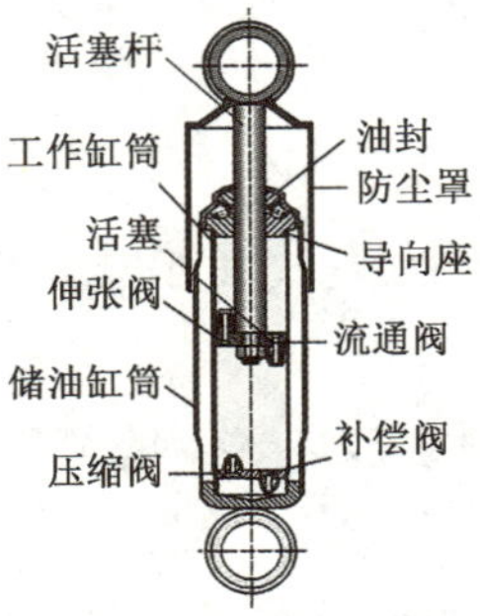

图 3-63 双向作用筒式减振器

3. 双向作用筒式减振器

目前汽车上广泛采用双向作用筒式减振器,如图 3-63 所示。有 3 个同心钢筒。外面的钢筒是防尘罩,上面有一个圆环与车架(或车身)连接;中间的钢筒是储油缸,内部有一定量的减振器油,下部有一圆环与车桥相连;最里面的钢筒是工作缸,内部装满减振器油。在工作缸内部通过防尘罩和上部圆环制成一体的活塞杆,其底部固定有活塞。活塞上装有伸张阀和流通阀,在工作缸下部底座上装设有补偿阀和压缩阀。为满足减振器工作需要,流通阀和补偿阀的弹簧相对较软,较小的油压便可以打开或关闭;而压缩阀和伸张阀的弹簧相对较硬,只有当油压增大到一定程度时才能打开,只要油压稍有下降便关闭。

工作过程如下所述,压缩行程时,由于减振器被压缩,汽车车轮移近车身,减振器内的活塞向下移动,下腔容积减小,油压升高。大部分油液冲开流通阀流入上腔,由于上腔被活塞占去一部分空间,上腔容积的增加小于下腔容积的减少,于是一部分油液推开压缩阀,流入储油缸中。油液通过阀孔时所形成的节流作用就产生了对悬架受压缩运动的阻尼作用。在伸张行程时,减振器受拉伸,车轮远离车身,这时活塞向上移动,上腔油压升高,流通阀关闭,上腔内的油液打开伸张阀流入下腔。由于活塞杆自身的存在,自上腔流来的油液不能充满下腔增加的容积,使得下腔产生一定的真空度,这时储油缸中的油液推开补偿阀流进下腔补充。阀的节流作用对悬架在伸张运动时起到阻尼作用。

实训任务　汽车车轮动平衡的检测

一、常用工量具

序号	工具名称	图片
1	工具车	
2	力矩扳手	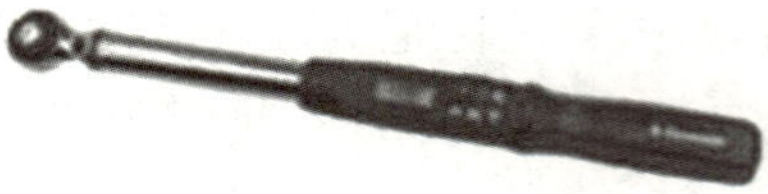

（续表）

序号	工具名称	图片
3	车辆动平衡仪	

二、实训目的

1. 了解轮胎动平衡的原理。
2. 掌握动平衡机的操作方法。
3. 正确使用机具。
4. 能积极主动参与任务的实施，能与小组成员团结协作，能执行5S管理。

三、实训实施

1. 学生分组

学生分3～6组，每组一名组长。

2. 任务分配

（1）根据任务进行组内分配，2人轮胎拆装、2人轮胎动平衡检测，2人记录数据并填写工单。

（2）小组队员进行轮换实操。

3. 作业准备

（1）领取工具车、工量具、实训防护装备及实训设备。

（2）实训前工具盘点。

（3）穿戴实训防护装备。

（4）查验实训设备。

4. 完成任务工单

任务工单

工作任务	汽车车轮动平衡的检测	学时	2	组别	第____组
小组名单		班级		成绩	
实训设备	常用工具1套； 离车式车轮平衡机1台； 轮胎1个				

（续表）

<table>
<tr><td>任务描述</td><td colspan="2">通过任务驱动法让学生熟悉汽车车轮动平衡的基本知识，汽车车轮动平衡仪的使用方法，培养良好的职业道德、工作态度、团队协作能力和责任感。</td></tr>
<tr><td>基础认知</td><td colspan="2">1. 填写下图动平衡机各部件名称
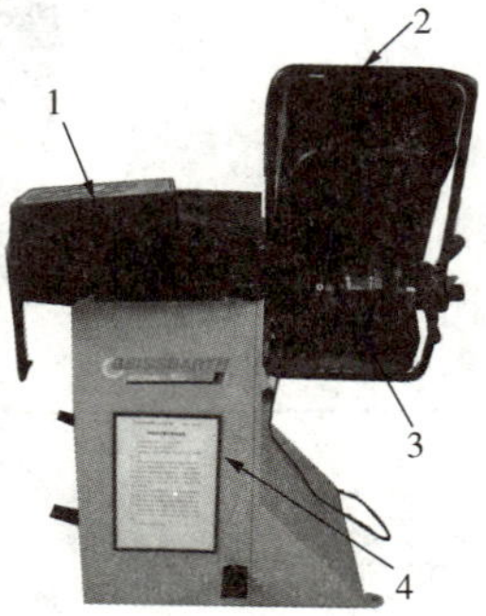

(1) ____________
(2) ____________
(3) ____________
(4) ____________
2. 轮胎气压达到规定值，轿车轮胎气压一般为__________。
3. 检查车轮平衡仪并预热__________左右。
4. 提起__________，以使使被测车轮定位。
5. 根据轮辆中心孔大小选择__________，并把车轮装在转轴上。
6. 测量__________、__________和__________至机箱距离，并将测量数据输入控制装置。</td></tr>
<tr><td>检测车轮动平衡度的步骤</td><td colspan="2">1. 清除被测车轮上的泥土、石子和旧平衡块。
2. 检查轮胎气压，视必要充至规定值。
3. 根据轮辋中心孔的大小选择锥体，仔细地装上车轮，用大螺距螺母上紧。
4. 打开车轮平衡机电源开关，检查指示与控制装置的面板是否指示正确。
5. 用卡尺测量轮辋宽度 b、轮辋直径 d（也可由胎侧读出），用平衡机上的标尺测量轮辋边缘至机箱距离 a，再用键入或选择器旋钮对准测量值的方法，将 a、b、d 值键入指示与控制装置中去。
6. 放下车轮防护罩，按下起动键，车轮旋转，平衡测试开始，自动采集数据。
7. 车轮自动停转或听到“笛”声后按下停止键并操纵制动装置使车轮停转后，从指示装置读取车轮内、外侧不平衡量和不平衡位置。
8. 抬起车轮防护罩，用手慢慢转动车轮。当指示装置发出指示（音响、指示灯亮、制动、显示点阵或显示检测数据等）时停止转动。在轮辋的内侧或外侧的上部（时钟 12 点位置）加装指示装置显示的改侧平衡块质量。内、外侧用分别进行，平衡块装卡要牢固。
9. 安装平衡块后有可能产生新的不平衡，应重新进行平衡试验，直至不平衡量小于 5 g（0.3oz），指示装置显示“00”或“OK”。当不平衡量相差 10 g 左右时，如能沿轮辋边缘前后移动平衡块一定角度，将可获得满意的效果。实践经验越丰富，平衡速度越快。
10. 测试结束，关闭电源开关。</td></tr>
<tr><td rowspan="4">总评</td><td>项目内容</td><td>项目反馈</td></tr>
<tr><td>任务工单完成情况</td><td></td></tr>
<tr><td>实训任务完成情况</td><td></td></tr>
<tr><td>5S 整理情况</td><td></td></tr>
</table>

子任务三　转向系统认识、使用与装调

汽车在行驶过程中，需按驾驶员的意志经常改变其行驶方向，即所谓汽车转向。就轮式汽车而言，实现汽车转向的方法是驾驶员通过一套专设的机构，使汽车转向桥（一般是前桥）上的车轮（即转向轮）相对于汽车纵轴线偏转一定角度。在汽车直线行驶时，往往转向轮也会受到路面侧向干扰力的作用，自动偏转而改变行驶方向。此时，驾驶员也可以利用这套机构使转向轮向相反的方向偏转，从而使汽车恢复原来的行驶方向。这一套用来改变或恢复汽车行驶方向的专设机构，称为汽车转向系统。因此，汽车转向系统的功用是保证汽车能按驾驶员的意志而进行转向行驶。

模块1　转　向　器

一、转向系统概述

汽车的转向系统按照能源的不同分为机械转向系统和动力转向系统。机械转向系统是以人的体力作为转向动力，其中所有传力件都是机械机构，包括转向器、转向操纵机构和转向传动机构共三个基本组成部分。

转向系统

1. 转向器

转向器是将转向盘的转动变为转向摇臂的摆动或齿条轴的直线往复运动，并对转向操纵力进行放大的机构。转向器一般固定在汽车车架或车身上，转向操纵力通过转向器后一般还会改变传动方向，一般有1～2级减速传动副。按传动副的结构形式分类，目前在汽车上广泛采用的有齿轮齿条式、循环球－齿条齿扇式、循环球-曲柄指销式和蜗杆曲柄指销式等几种结构形式。

（1）转向器的传动效率

转向器的输出功率与输入功率之比称为转向器传动效率。在功率由转向轴输入，由转向传动机构（如转向横拉杆或摇臂）输出的情况下求得的传动效率称为正效率；而传动方向与上述相反时求得的效率则称为逆效率。逆效率很高的转向器很容易将经转向传动机构传来的路面反力传到转向轴和转向盘上，故称为可逆式转向器。可逆式转向器有利于汽车转向结束后转向轮和转向盘的自动回正，但也能将坏路面对车轮的冲击力传到转向盘，发生“打手”情况。

逆效率很低的转向器称为不可逆式转向器。不平路面对转向轮的冲击载荷输入这种转向器，即由其中各传动零件（传动）承受，而不会传到转向盘上。同样，路面作用于转向轮上的回正力矩也不能传到转向盘，使得转向轮不可能自动回正。此外，路面对车轮的转阻力矩也不能反映到转向盘上，使驾驶员不能得到路面的反馈信息，丧失“路感”，无法根据面状况调节转向力矩。

逆效率略高于不可逆式的转向器称为极限可逆式转向器。其反向传力性能介于可逆式和不可逆式之间，接近于不可逆式。采用这种转向器时，驾驶员能有一定的路感，转向轮自动回正也可实现，而且只有在路面冲击力很大时，才能部分地传到转向盘。

现代汽车上一般不采用不可逆式转向器。经常在良好路面上行驶的汽车多采用可逆式转向器。极限可逆式转向器多用于中型以上越野汽车和矿用自卸汽车。

在整个转向系统中各传动件之间都必然存在着装配间隙，而且这些间隙将随着零件的磨损而增大，反映到转向盘上会产生空转角度，转向盘在空转阶段中的角行程称为转向盘自由行程。转向盘自由行程对于缓和路面冲击及避免使驾驶员过度紧张是有利的，但不宜过大，否则将使转向灵敏性降低。一般地，转向盘从相应于汽车直线行驶的中间位置向任一方向的自由行程不超过 10°～15°。当零件磨损严重到使转向盘自由行程超过 25°～30°时，则必须进行调整，主要通过调整转向器传动副的啮合间隙和轴承间隙来实现。

（2）齿轮齿条式转向器

如图 3-64 所示为捷达轿车的齿轮齿条式转向器。作为传动副主动件的转向齿轮用轴承支在壳体中，与水平布置的转向齿条相啮合。弹簧通过垫片、压块将齿条压靠在齿轮上，保证无间隙啮合。弹簧的预紧力可用调整螺钉调整，并且螺钉的端部可以起到限位作用，防止由于汽车颠簸等原因导致齿条跳动与齿轮脱离啮合而跳齿。转向齿条通过两支撑点在壳体上，一个支撑点是小齿轮与齿条的啮合处，另一点是右侧压制在壳体端部的橡胶撑套。

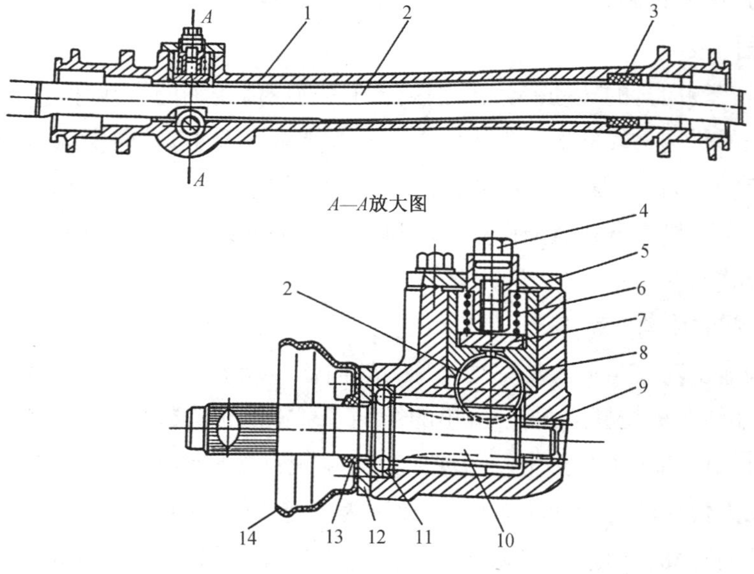

1—壳体；2—转向齿条；3—支撑套；4—调整螺钉；5—侧盖；6—弹簧；7—垫片；8—压块；
9—滚针轴承；10—转向齿轮；11—球轴承；12—压盖；13—油封；14—防尘罩

图 3-64　捷达轿车齿轮齿条式转向器

齿轮齿条式转向器结构简单、紧凑，质量轻，刚性大，转向灵敏，制造容易，成本低，正、逆效率都较高，而且省去了转向摇臂和转向直拉杆，使转向传动机构简化，特别适合与烛式和麦弗逊式悬架配用，因此它在轿车和微型、轻型货车上得到了广泛的应用。

(3) 循环球式转向器

循环球式转向器也是目前国内外汽车上应用较多的一种结构形式。循环球式转向器中般有两级传动副，第一级是螺杆螺母传动副，第二级是齿条齿扇传动副，如解放 CA1040 系列轻型载货汽车、北京 BJ1041 型、BJ2023 型、解放 CA1091 型和黄河 JN1181C13 型等汽车的转向器。

如图 3-65 所示为解放 CA1040 系列型载货汽车的循环球-齿条齿扇式转向器。转向虹杆的轴颈支撑在两个推力角接触球轴承上。轴承预紧度可用调整垫片调整。转向螺母外侧的下平面上加工成齿条，与齿扇轴（即摇臂轴）上的齿扇啮合。可见，转向螺母既是第一级传动副的从动件，也是第二级传动副（齿条齿扇传动副）的主动件（齿条）。通过转盘和转向轴转动转向螺杆时，转向螺母不能转动，只能轴向移动，并驱使齿扇轴转动。

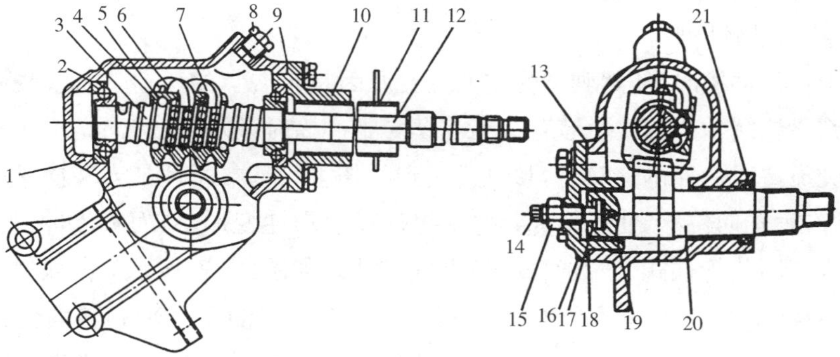

1—转向器壳体；2—推力角接触球轴承；3—转向螺杆；4—转向螺母；5—钢球；6—钢球导管卡；7—钢球导管；8—六角头锥形螺塞；调整垫片；10—上盖；11—转向柱管总成；12—转向轴；13—转向器侧盖衬垫；14—调整螺钉；15—螺母；16—侧盖；17—孔用弹性挡圈；18—垫片；19—摇臂轴衬套；20—齿扇轴（摇臂轴）；21—油封

图 3-65　解放 CA1040 系列轻型载货汽车转向器

为了减少摩擦，在转向螺杆和螺母上都加工出其轮廓由两段或三段不同心的圆弧组成的新面为近似半圆形的螺旋槽，二者相配合形成近似圆形断面的螺旋管状通道中装入许多钢球，使滑动摩擦变为滚动摩擦。螺母的侧面有两对通孔，可将钢球从此孔塞入螺旋形通道内。将两根 U 形钢球导管的两端插入螺母侧面的两对通孔中，导管内也装满钢球。这样，两根导管和螺母内的螺旋管状通道组合成两条各自独立的封闭的钢球“流道”。

转向螺杆转动时，通过钢球将力传给转向螺母，使螺母沿轴向移动。同时，在螺杆、螺母和钢球间的摩擦力偶作用下，所有钢球便在螺旋管状通道内滚动，形成“球流”。钢球在管状通道内绕行 1.5 周后，流出螺母进入导管的一端，再由导管另一端流回螺旋管状通道。因此，在杆转向器工作时，两列钢球只是在各自的封闭流道内循环滚动，而不致脱出。

与齿条相啮合的齿扇，其齿厚是在分度圆上沿齿扇轴线方向按线性关系变化的，故为变厚齿扇。只要使齿扇轴相对于齿条作轴向移动，即能调整二者的啮合间隙。调整螺钉旋转装在侧盖上，齿扇轴内侧端部有切槽，调整螺钉的圆柱形端头嵌入此切槽中。将调整螺钉旋入，则齿扇轴右移，啮合间隙减小；反之，则啮合间隙增大。

循环球式转向器的正效率很高(90%～95%)，故操纵轻便，使用寿命长，工作平稳、可靠。但其逆效率也很高，容易将路面冲击力传到转向盘。不过，对于前轴轴载质量不大而又经常在平坦路面上行驶的中、轻型载货汽车而言，这一缺点影响不大。因此，循环球式转向器得到广泛应用。

2. 转向操纵机构

转向操纵机构分为普通转向操纵机构、缓冲转向操纵机构和位置可调整转向操纵机构。

(1) 普通转向操纵机构

转向操纵机构主要由转向盘、转向节、转向轴等组成。转向轴连接转向盘和转向器，并传递它们之间的转矩。转向柱管安装在车身上，支撑着转向盘。转向轴从转向柱管中穿过，支撑在柱管内的轴承和衬套上。

(2) 缓冲转向操纵机构

汽车发生正面冲撞时，使驾驶员受伤的主要原因是转向盘的压迫，因此，现代汽车的转向操纵机构都设置缓冲式的安全装置。当汽车受到冲撞时，缓冲式转向操纵机构可以缓和转向盘对驾驶员造成的冲击，减轻驾驶员所受到的伤害。基本原理是当转向轴受到巨大冲击时，转向轴产生轴向位移，使支架或某些支撑件产生塑性变形，从而吸收冲击能量。缓冲转向操纵机构有网状管柱式、波纹管式、弯曲托架式。如图 3-66 所示为波纹管式缓冲转向操纵机构图。它的转向轴和转向管柱都被制造成上转向轴 5 和下转向轴 1，二者通过细齿花键接合，用以传递转矩，同时可以相对地作轴向滑动。在下转向轴的外边装有波纹管 8，波纹管在受到一定的轴向压力时能够产生轴向的压缩变形，消耗冲击能量上转向管柱 6 套在下转向管柱 9 的外面通过转向管柱压圈 2 和限位块 3 连接并定位。转向管柱压圈使上下转向管螺柱在径向紧密配合，但在轴向却很少有限制作用。限位块可以限制上下转向管柱的轴向相对移动，只有在一定的轴向压力下，限位块才会被剪断，使上下两段转向管柱产生轴向相对移动。

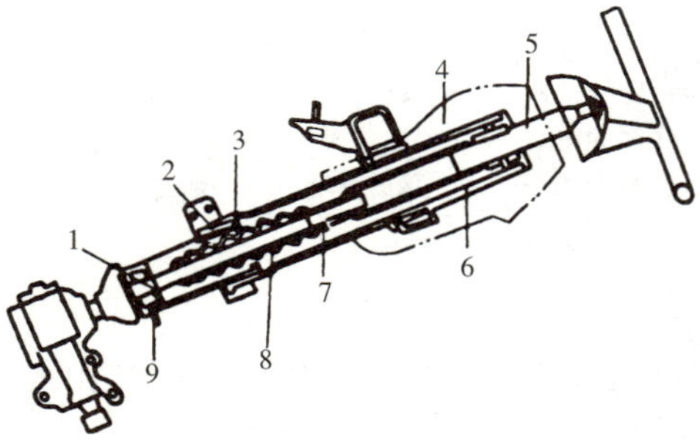

1—下转向轴；2—转向管柱压圈；3—限位块；
4—转向柱护管；5—上转向轴；6—上转向管柱；
7—细齿花键；8—波纹管；9—下转向管柱

图 3-66　波纹管式缓冲转向操纵机

当汽车受到碰撞产生第一次冲击时，下转向管柱倾斜向上移动，在冲击力的作用下，限位块首先被剪断，在剪断过程中消耗了能量，与此同时，转向管柱和转向轴都产生轴向的收缩。当驾驶员在惯性的作用下向前移动产生第二次冲击时，上转向轴在驾驶员身体的作用下向下移动，压缩波纹管，波纹管的收缩变形消耗了冲击能量，使驾驶员少受伤害。

为了满足各种身材驾驶员的操纵舒适性，现代汽车转向操纵机构，一般在转向盘的倾角和轴向位置采取措施，设计各种可调整机构。有些轿车转向操纵机构被设计成记忆式可调整的。即车主在设置好适合自己的转向盘操作位置后，记忆单元即可记住车主所设置的位置以后每次需要恢复转向盘的位置时，只需按动自动和转向盘倾角或轴向按钮就可以将转向盘调整到自己当初设置好的位置。记忆式可调整转向盘电动调整机构的特点是调整方法简便，利用控制单元可以记忆驾驶员所需要的转向盘操作位置信息，但机构成本高，维修比较困难。

3. 转向系统

转向系统中转向传动机构的作用是将转向器输出的力和运动传到转向桥两侧的转向节，使转向轮偏转并使两转向轮偏转角按一定关系变化，以保证汽车转向时车轮与地面的相对滑动尽可能小。汽车转向系统按转向能源的不同分为机械转向系统和动力转向系统两大类。

（1）机械转向系统

以驾驶员的体力为转向能源，又称为人力转向系统。目前，国内外生产的许多车型在转向操纵机构中采用了万向传动装置（包括转向万向节和转向传动轴），如图 3-67 所示。只要适当改变转向万向传动装置的几何参数，便可满足各种变型车的总布置要求，有助于转向盘和转向器等部件的通用化和系列化。即使在转向盘与转向器同轴线的情况下，其间也可采用万向传动装置，以补偿由于部件在车上的安装误差和安装基体（驾驶室、车架）变形所造成的二者轴线实际上的不重合。

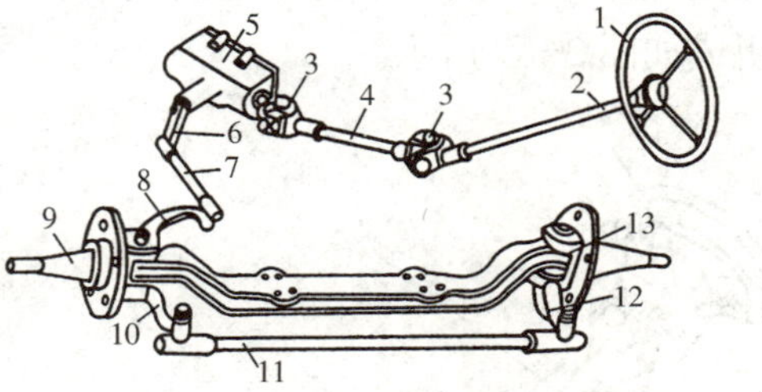

1—转向盘；2—转向轴 3—转向万向节；4—转向传动轴
5—转向器；6—转向摇臂，7—转向直拉杆；8—转向节臂；
9—左转向节；10、12—梯形臂；11—转向横拉杆；
13—右转向节

图 3-67　机械转向系统

如图 3-67 所示的转向系统是与非独立悬架相配合使用的。由转向器输出的力和运动通过转向摇臂、转向直拉杆和转向节臂传递至左转向节，使其绕主销转动。为使右转向节及其支撑的右转向轮随之偏转相应角度，还设置了转向梯形。转向梯形由固定在左、右转向节上的梯形臂和两端与梯形臂作球链连接的转向横拉杆组成。

机械转向系统的优点：结构简单、工作可靠、路感性好、维护方便，缺点：操纵较费力，多应用于中小型货车或轿车上。

（2）动力转向系统

动力转向系统是兼用驾驶员体力和发动机（或电动机）的动力作为转向能源的转向系统。在正常情况下，汽车转向所需的能量只有一小部分由驾驶员提供，而大部分能量由发动机（或电动机）通过转向加力装置提供。但在转向加力装置失效时，一般还应当能由驾驶员独立承担汽车转向任务。因此，动力转向系统是在机械转向系统的基础上加设一套转向加力装置而形成的。

对最大总质量在 50 t 以上的重型汽车而言，一旦动力转向装置失效，驾驶员通过机械传动系统加于转向节的力远不足以使转向轮偏转而实现转向。故这种汽车的动力转向装置应当特别可靠。

如图 3-68 所示为一汽轿车公司生产的马自达 6 型轿车的液压助力转向系统。其中属于动力转向装置的部件主要有转向油罐、转向液压泵、转向控制阀和转向动力缸(与机械转向器做成一体)。当驾驶员转动转向盘时,转向轴通过转向万向传动装置带动转向控制阀转动,使转向动力缸中活塞一侧的油腔接通液面压力为零的转向油罐,而另一侧油腔则接通转向液压泵的出油口,使高压油进入该油腔,于是转向动力缸的活塞受到液压力的作用,推动活塞杆(即机械转向器的齿条)移动,通过转向传动机构带动左、有转向轮偏摆实现转向。这样,驾驶员施于转向盘上很小的转向力矩,便可克服地面作用于转向轮上的转向阻力矩。

动力转向系统分为液压式动力转向系统、电子控制式动力转向系统(电动助力式转向系统)。液压动力转向系统是在机械式转向系统的基础上加一套动力转向装置而成的,一般组成如图 3-69 所示。

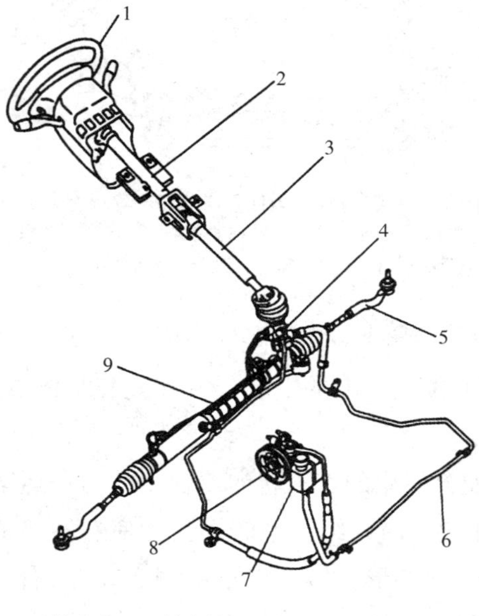

1—转向盘;2—转向轴;3—转向万向传动装置;
4—转向控制阀;5—转向横拉杆;6—油管;
7—转向油罐;8—转向液压泵:9—机械转向器

图 3-68 动力转向系统

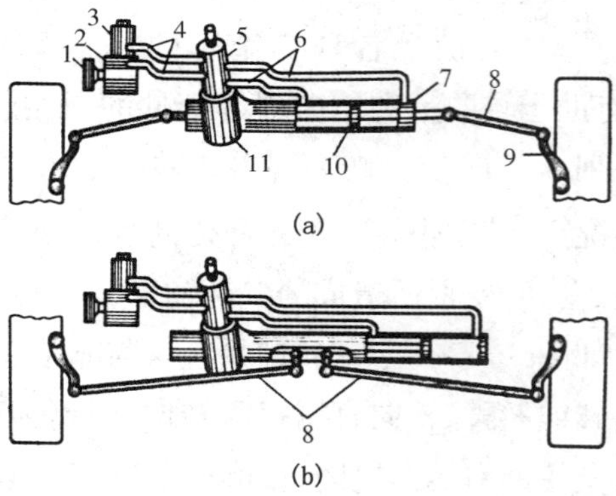

1—带轮;2—液压泵;3—储油罐;4—液压软管;5—转向控制阀;
6—金属油管;7—动力缸;8—横拉杆;9—转向向节臂;
10—动力缸活塞;11—齿轮齿条转向器

图 3-69 齿轮齿条式液压动力转向系统

储油罐用于储存、滤清和冷却油液,常与液压泵形成一体。储油罐 3 有进、出油管接头,通过油管分别与液压泵 2 和转向控制阀 5 连接。

液压泵安装在发动机上,由曲轴通过传动带驱动并向外输出液压油。

转向控制阀根据转向盘的操纵方向、转角范围与力矩大小来改变液压动力的传递路线及油液压力与通道面积的大小。转向控制阀与转向齿轮连接。

齿轮齿条转向器 11 与转向动力缸 7 轮条转向器的齿条上安有动力缸活塞 10,动力缸活塞将动力缸分成左右两个工作腔，它们分别通过油道与转向控制阀连接。转向动力缸是转向的加力机构，借助于液压及活塞对机械转向器起助力作用。机械转向器通常采用齿轮齿条式或循环球式转向器。

当汽车直线行驶时，转向控制阀将液压泵泵出来的工作液与储油罐接通，液压泵处于卸荷状态，动力转向器不起助力作用。汽车向右转向时，驾驶员向右转动转向盘转向控制阀将液压泵泵出来的工作液与左腔接通，将右腔与储油罐接通，在油压的作用下，活塞向右移动，通过传动机构 8、9 使左、右轮向右偏转，从而实现右转向。向左转向时，情况与上述相反。

ESP 是一种直接依靠电动机提供辅助转矩的电动助力式转向系统。该系统仅需要控制电动机电流的方向和幅值，不需要复杂的控制机构。该系统利用微机控制，为转向系统提供了较高的自由度，同时还降低了成本和重量，ESP 具有如下优点。

① 能耗降低式 ESP 只有转向时系统才工作，消耗能量少，因而与液压式动力转向系统相比，在各种行驶工况下均可节能 80%～90%。

② 轻量化显著式 ESP 无液压式 ESP 必须具有的液压缸、液压泵、转阀、液压管道等部件，因此其结构紧凑，重量减轻，无油渗漏问题，系统易于布置。

③ 优化助力控制特性式 ESP 由于采用电子控制，可以使转向系统的转向性能得到优化，增强随动性。

④ 系统安全可靠当式 ESP 出现故障时，可立即切断电动机与助力齿轮机构的动力传送，迅速转入人工—机械转向状态。

电动式动力转向系统由转矩传感器 3、车速传感器、电控单元 1、电动机 4 和减速器 5 组成，如图 3-70 所示。

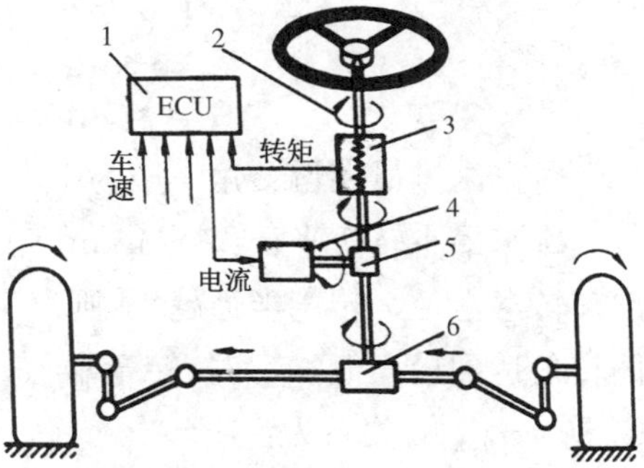

1—电控单元；2—转向轴；3—转矩传感器；
4—电动机；5—减速器；6—转向器

图 3-70　ESP 系统组成示意图

ESP 的助力源是电动机，ESP 的电控单元根据车速、转向力及转向角等参数计算得到最佳的转向助力转矩，并向转向助力机构输出控制信号，实现最佳的转向助力控制。当操纵转向盘时，装在转向盘轴上的转向力矩传感器不断地测出转向轴上的转向力矩信号，该信号与车速信号同时输入电控单元。电控单元根据这些输入信号，确定助力转矩的大小和方向，即选定电动机的电流大小和方向，调整转向辅助力的大小。电动机的转矩由安装在电动机上的电磁离合器接合，通过减速机构减速增扭后，加在汽车的转向机构上，使之得到一个与汽车工况相适应的转向作用力。

按汽车前轴负荷的不同，ESP 系统电机的安装位置有不同的方案，前轴负荷较轻（＜6 500 N）时，电机减速器总成通常安装在转向轴上，称为转向轴助力式 ESP（C-ESP）系统，前轴负荷稍重（6 500～12 000 N）时，电机减速器总成通常安装在转向齿轮上，称为转向齿轮助力式 ESP（P-ESP）系统；前轴负荷再重（＞12 000 N）时电机减速器总成通常安装在齿条轴上，称为齿条轴助力式 ESP（R-ESP）系统。目前，受车蓄电池的限制，ESP 电机的功率不能太大(<500 W),因此 ESP 在商用车上的应用受到一定限制。

二、最小转弯半径

当汽车转向时,内侧车轮和外侧车轮滚过的距离是不相等的,外侧车轮滚过的路程大于内侧车轮滚过的路程。为了减小附加阻力和轮胎磨损,汽车转向时各个车轮都应做纯滚动,因而要求所有车轮的轴线都相交于一点,此点 O 为转向中心,如图 3-71 所示。汽车转向时,内转向轮偏转角 β 应大于外转向轮偏转角 α。在车轮为绝对刚体的假设条件下,角 α 与角 β 的理想关系式为:

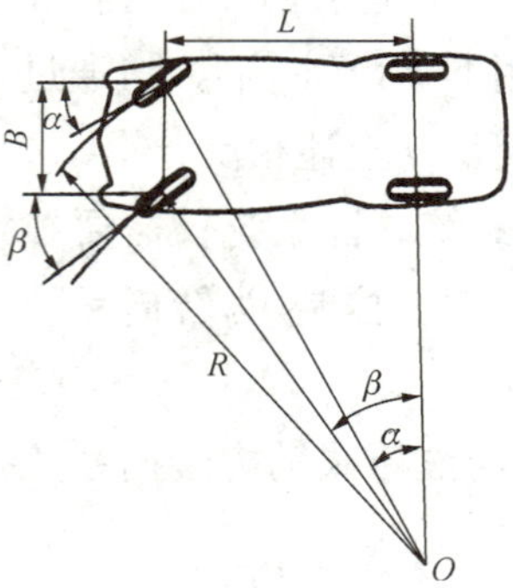

图 3-71　最小转弯半径

$$\cot\alpha = \cot\beta + B/L$$

式中　B——两侧主销轴线与地面交点之间的距离,称为轮距;

L——汽车轴距。电动机的转矩由安装在电动机上的电磁离合器接合,通过减速机构减速增扭后,加在汽车的转向机构上,使之得到一个与汽车工况相适应的转向作用力。

轿车内侧最大偏转角一般为 35°~42°;

货车最小转弯半径:7~13 m。由转向中心 O 到外转向轮与地面接触点的距离 R 称为汽车转弯半径。转弯半径越小,则汽车转向所需场地就越小,由图 3-71 可知,当外转向轮偏转角达到最大值 α_{max} 时,转弯半径 R 最小。在图 3-71 所示的理想情况下,最小转弯半径 R_{min} 与 α_{max} 的关系为:

$$R_{min} = \frac{L}{\sin\alpha_{max}}$$

模块 2　转向操纵机构

转向盘到转向器之间的所有零部件总称为转向操纵机构。转向轴从转向柱管中穿过,上部与转向盘固定连接,下部装有转向器。转向柱管固定在车身上,支承转向盘如图 3-72 所示。现代汽车的转向轴除装有柔性万向节外,有的还装有能改变转向盘工作角度(转向轴的传动方向)和转向盘高度(转向轴轴向长度)的机构,以方便不同体型驾驶员的操纵。转向操纵机构的作用是产生转动转向器所必需的操纵力,并具有一定的调节和安全性能。

一、转向盘

转向盘由轮缘 1、轮 2 和轮 3 组成(图 3-73)。轮一般为三条[图 3-73(a)]或四根辐条

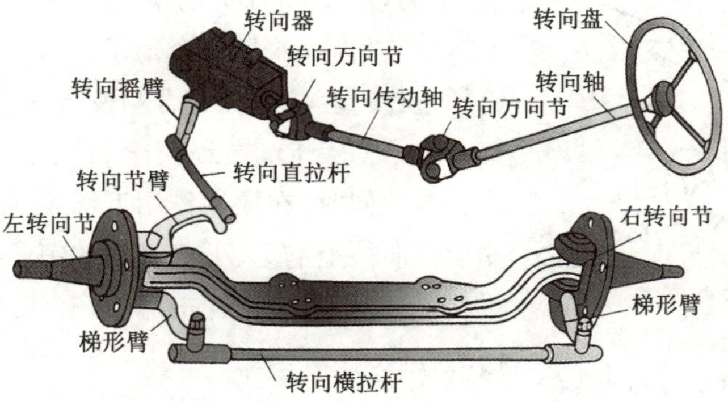

图 3-72 转向操纵机构

[图 3-73(b)],也有用两根辐条的。转向盘轮孔具有细牙内花键,借此与转向轴连接。转向盘内部由钢、铝合金或镁合金制成的金属骨架构成。骨架外面通过注塑的方法包有柔软的合成橡胶或树脂,也有包皮革的[图 3-73(c)],这样,既可改善操纵转向盘的手感,又可提高驾驶员的安全性。

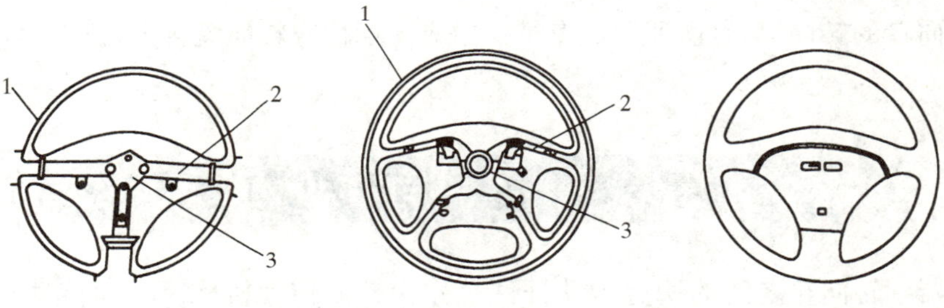

(a) 三根辐条　(b) 四根辐条　(c) 转向盘外观

1—轮缘;2—轮辐;3—轮毂

图 3-73 转向盘的构造

转向盘下方左侧面上装有转向信号灯和变光开关拨杆以及照明开关,其下方右侧面上装有紧急信号灯拨杆、风窗刮水器和洗涤器拨杆,中间装有喇叭开关。有些轿车的转向盘上还装有车速控制开关和撞车时保护驾驶员的安全气囊装置,现代汽车还将巡航系统控制开关和音响控制开关等也安装在转向盘上。

二、转向柱

转向柱套管安装在车身上支承着转向盘。安全转向柱从转向柱套管中穿过,支撑在转向柱套管内的轴承和衬套上。对于轿车,要求转向柱套管必须备有缓和冲击的吸能装置。安全转向柱和转向柱套管的吸能装置有多种形式。其基本结构原理是当受到巨大冲击时,安全转向柱产生轴向位移,使支架或某些支撑件产生塑性变形从而吸收冲击能量。

一汽红旗 CA7220 型轿车安全转向柱的吸能装置如图 3-74 所示。安全转向柱分为

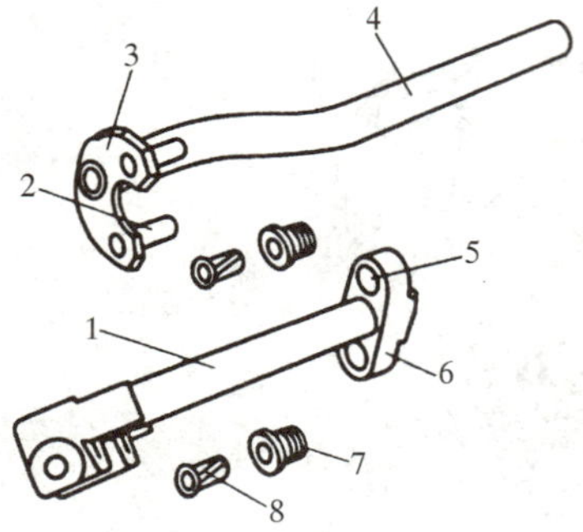

1—下安全转向柱；2—销子；3—上凸缘盘；4—上安全转向柱；5—销孔；6—下凸缘盘；7—橡胶衬套；8—聚乙烯衬套

图 3-74　安全转向柱吸能装置

上、下两段4、1，中间用柔性联轴器连接。联轴器的上、下凸缘盘3、6靠两个销子2与销孔5扣合在一起，销子通过衬套与销孔配合当发生猛烈撞车时，车身、车架产生严重变形，导致安全转向柱、转向盘等部件后移。与此同时，在惯性作用下驾驶员人体向前冲，致使安全转向柱上的上、下凸缘盘的销子与销孔脱开，从而缓和了冲击，吸收了冲击能量，有效地减轻了驾驶员受伤的程度。

上安全转向柱4的顶端制有螺纹和花键，它穿过转向盘中心安全转向柱装配在一起，下安全转向柱1下端连接转向器。

三、转向盘自由行程

转向盘在空转阶段的自由行程，这主要是由于转向系统各传动件之间的装配间隙和弹性变形所引起的，有利于缓和路面冲击以及避免驾驶员过于紧张。但过大的转向盘自由行程会影响转向盘的转向灵敏性，所以汽车维护中应定期检查转向盘自由行程。

模块3　转向传动机构

从转向器到转向轮之间的所有传动杆件总称为转向传动机构。转向传动机构的作用是将转向器输出的力和运动传到转向桥两侧的转向节，使转向轮偏转，并使两转向轮偏转角按一定关系变化，以保证汽车转向时车轮与地面的相对滑动尽可能小。转向传动机构的组成和布置因转向器位置和转向轮悬架类型而异。

转向传动机构由转向摇臂、转向直拉杆、转向节臂和转向梯形等零部件共同组成，其中转向梯形由梯形臂、转向横拉杆和前梁共同构成，如图3-75所示。当转向轮采用独立悬架时，为了满足转向轮独立运动的需要，转向桥是断开式的，转向传动机构中的转向梯形也必须断开。

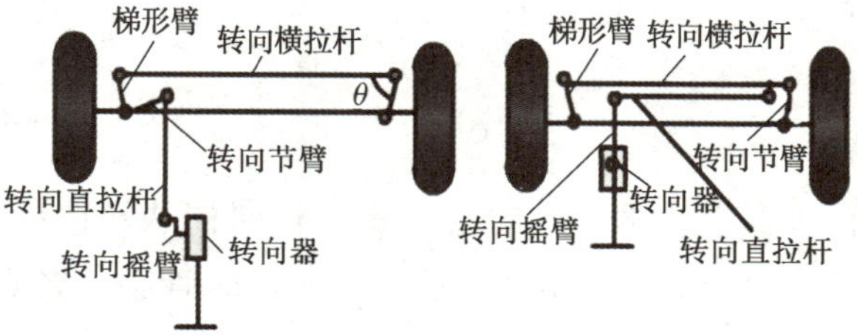

图 3-75　转向传动机构示意图

与独立悬架配用的多数是齿轮齿条式转向器，转向器布置在车身上，转向横拉杆通过球头销与齿条及转向节臂相连。

一、与独立悬架配用的转向传动机构

1. 转向横拉杆

通过调节横拉杆长度可调整前轮前束值。球头销连接可以有效防止横拉杆与车轮的运动干涉，保证在任何条件下顺利传递转向力。

2. 转向减振器

减振器缸筒一端固定在转向器壳体上，活塞一端则与转向横拉杆支架连接，利用减振器内液体流动的阻尼力来吸收道路不平而引起的冲击和振动。

3. 前桥转向臂

焊接在前桥柱式悬架支架上，转向臂与横拉杆之间用球头削连接。

二、与非独立悬架配用的转向传动机构

1. 转向垂臂

大端与转向垂臂轴连接，并用螺母固定。小端固定有球头销，然后与直拉杆作空间铰链。

2. 转向直拉杆

由两端扩大的钢管制成，在扩孔部位装有球头销、球头碗、弹簧及座、螺塞、开口销、油嘴等零件。

3. 转向横拉杆

旋转拉杆时，即可以改变横拉杆的工作长度，以调节前轮前束值。

4. 转向节臂和梯形臂

与横拉杆两端球头较链的左右梯形臂分别固定于左右转向节上。

5. 转向梯形机构

转向时，使内外转向轮获得不同的转向角，保证全车所有车轮按同一转向中心做纯滚动，以减小转向阻力并减少轮胎磨损，保证汽车顺利转弯。

模块 4　动力转向系统

动力转向系统是将发动机输出的部分机械能转化为压力能（或电能），并在驾驶员控制下，对转向传动机构或转向器中某一传动件施加不同方向的辅助作用力，使转向轮偏摆以实现汽车转向的一系列装置。采用这种动力转向系统的汽车转向所需的能量，在正常情况下，只有小部分是驾驶员提供的体能而大部分是发动机驱动的油泵、空气压缩机或发电机所提供的液压能、气压能或电能，从而减轻了驾驶员的转向操纵力。

液控式动力转向系统

按照系统内部的压力状态不同液压助力转向系统可分为常压式和常流式两种。

一、常压式液压助力转向系统

常压式液压助力转向系统由转向油泵、转向油罐、转向动力缸、转向控制阀组成，如图3-76所示。其工作原理为将一部分发动机动力输出转化成液压泵压力，对转向系统施加辅助作用力，从而使轮胎转向。

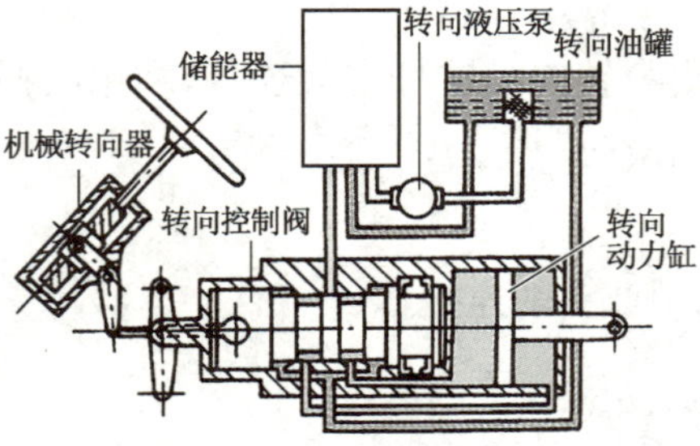

图3-76　常压式液压助力转向系统

常压式液压助力转向系统其特点是无论方向盘处于中立位置还是转向位置，也无论方向盘保持静止还是处于运动状态，系统工作管路中都总是保持高压。

常压式优点：储能器积蓄压力能，可以用小流量的油泵，而且可以在油泵不运转的情况下保持一定的转向加力能力，使汽车续驶一段距离（这一点对重型汽车很重要）。

二、常流式液压助力转向系统

常流式液压助力转向系统其特点是转向油泵始终处于工作状态，但液压助力系统不工作时，基本处于空转状态。常流式液压助力转向系统如图3-77所示，不转向时，转向控制阀保持开启。转向动力缸的活塞两边的工作腔，由于都与低压回油管路相通而不起作用。转向油泵输出的油液流入转向控制阀，又经回油管流回转向油罐。因转向控制阀的节流阻力很小，故油泵输出压力也很低，实际上处于空转状态。当驾驶员转动转向盘，通过机械转向器使转向控制阀处于与某一转弯方向相对应的工作位置时转向动力缸的相应工作腔才与回油管路隔绝转而与油泵输出管路相通，动力缸的另一腔则仍然通回油管路而与油泵输出管路相隔绝。地面转向阻力经转向传动机构传到转向动力缸的推杆和活塞上，形成比转向控制阀节流阻力高得多的油泵输出管路阻力。于是转向油泵输出压力急剧升高，直到足以推动转向动力缸活塞为止，从而实现转向助力作用。多数汽车都采用常流式液压助力转向系统。常流式液压助力转向系统主要由动力转向液压泵，动力转向油罐和转向控制阀组成，如图3-77所示。

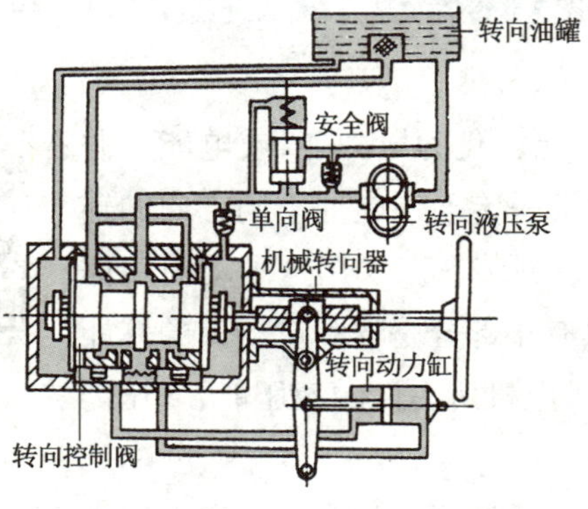

图3-77　常流式液压助力转向系统

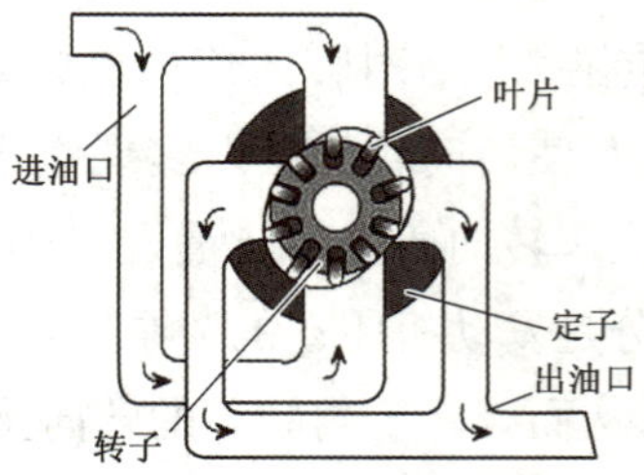

图3-78　动力转向液压泵工作原理

（1）动力转向液压泵

转向油泵是液压助力转向系统的供能装置，其作用是将输入的机械能转换为液压能输出。转向油泵的结构形式有齿轮式、叶片式、转子式、柱塞式等，其中外啮合齿轮式转向油泵应用最多。

（2）动力转向油罐

转向油罐的作用是储存、滤清并冷却液压助力转向系统的工作油液。单独安装或与油泵一起安装。

（3）转向控制阀

转向控制阀是在驾驶员的操纵下控制转向动力缸输出动力的大小、方向和增力快慢的控制阀。按阀体的运动方向，转向控制阀分为滑阀式和转阀式两种。

① 滑阀式转向控制阀：阀体沿轴向移动来控制油液流量的转向控制阀，称为滑阀式转向控制阀，简称滑阀。阀体沿轴向移动来控制油液流量的转向控制阀，称为滑阀式转向控制阀，简称为滑阀。如图 3-79(a)所示为常流式液压助力转向系统中的滑阀。当阀体处于中间位置时，其两个凸棱边与阀套的环槽形成四条缝隙。中间的两个缝隙分别与动力缸两腔的油道相通，而边的两个缝隙与回油道相通。当阀体向右移动时，右凸棱将右外侧的缝隙堵住，左凸棱将中间的左缝隙堵住，则来自油泵的高压油经通道和中间的右缝隙流入通道，继而进入动力缸的一个腔；而动力缸另一腔的低压油被活塞推出，经由通道和左凸棱外侧的缝隙流回储油罐。实际上阀体移动并未将缝隙完全堵住时，一侧缝隙增大，另一侧缝隙减小就可以在动力缸活塞两侧形成压力差，并实现助力作用。此压力差随阀体与阀套进一步的相对移动将变大。如图 3-79(b)所示为常压式液压助力转向系统中的滑阀结构。与常流式的滑阀相比较，它的凸棱较宽，阀体处于中间位置(图示位置)时，通向动力缸的油道都被关闭但工作原理基本相同。

② 转阀式转向控制阀：阀体绕其轴线转动来控制油液流量的转向控制阀，称为转阀式转向控制阀，简称转阀。阀体绕其轴线转动来控制油液流量的转向控制阀，称为转阀式转向控制阀，简称转阀，如图 3-80 所示。该转阀具有四个互相连通的进油道 A，通道 B、C 分别与动力缸的左、右腔连通，中空的阀体与储油罐相连。当阀体顺时针转过一个很小的角度时，通道 C 与进油道 A 相通，而与回油道 D 相隔断，来自油泵的压力油经通道 A 流入通

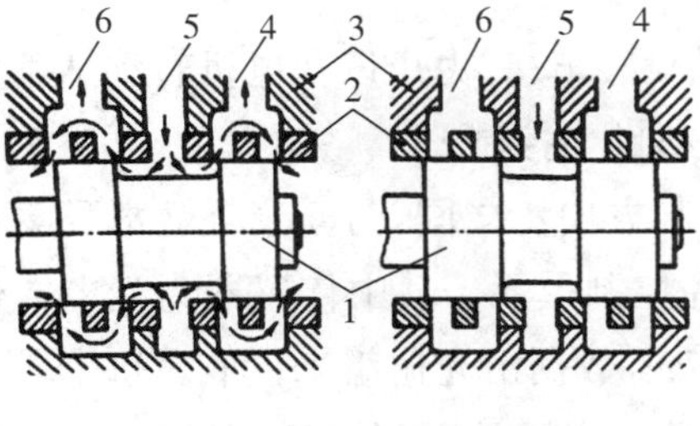

(a) 常流式滑网　　(b) 常压式滑网

1—阀体；2—阀套；3—壳体；4、6—动力缸左、右腔的通道；
5—油泵输出管路的通道

图 3-79　滑阀的结构和工作原理

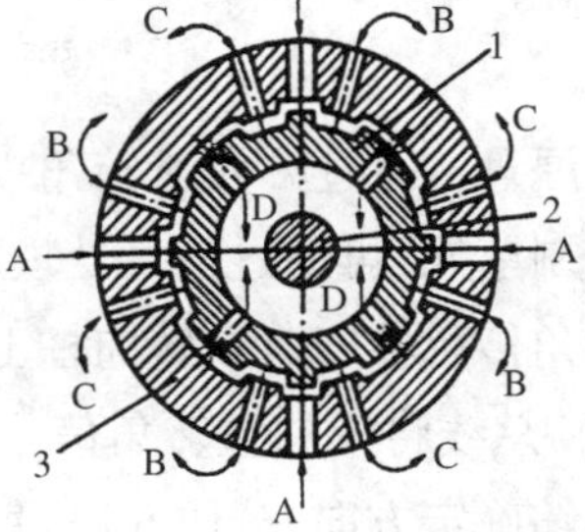

1—阀体；2—扭杆；3—壳体。
A—通油泵输出管路的通道；
B、C—通动力缸左、右腔的通道；
D—通储油罐的回油通道

图 3-80　转阀的结构和工作原理

道 C,继而进入动力缸的一腔内;同时,通道 B 与进油道 A 相隔断而与回油道 D 相通,动力缸另一腔的低压油在活塞的推动下经通道 B、回油道 D 和中空的阀体流回储油罐。

常流式优点:结构比较简单、油泵寿命长,泄漏少,消耗功率也较小,因此,目前除少数重型车采用常压式液压动力转向系统外,其余多采用常流式液压动力转向系统。

三、电子控制式动力转向系统

电子控制式动力转向系统是一种直接依靠电动机提供辅助转矩的电动助力式转向系统。由于此系统是利用微机控制电动机电流的方向和幅值,不需要复杂的控制机构,降低了成本,减少了质量。电动机、减速机构、转向柱和转向齿轮组成一个整体系统,小型轻量化,易于布置,零件数量小,无泄漏,故障率低。因为电动机只有在转向时才工作,所以节约能源。因此,电子控制动力转向系统是发展趋势。

特点:结构简单总重减轻、降低油耗和维修费用减少了能量消耗、各种工况提供最佳的转向助力、减小路面不平对转向系统的干扰提高汽车的主动安全性、不需加注液压油以及具有更好的通用性。

电子控制式动力转向系统基本组成如图 3-81 所示。

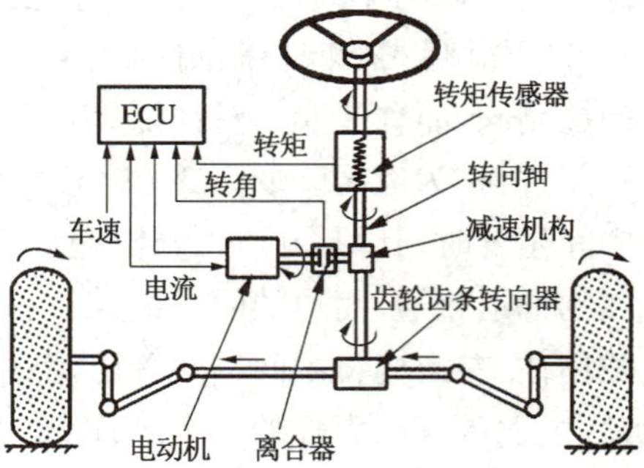

图 3-81　动力转向液压泵组成

根据电机安装位置分三类,分别是转向轴助力式、齿轮助力式以及齿条助力式,如图 3-82 所示。

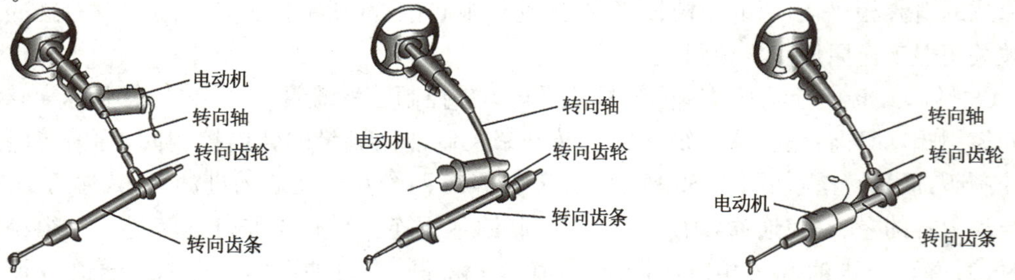

(a) 转向轴助力式　(b) 齿轮助力式　(c) 齿条助力式

图 3-82　电子控制式动力转向系统

工作原理:通过方向盘转角以及转动速度信号、车速、力矩以及电机转动速度信号等,传递至控制单元,再通过信号处理对转向系统进行助力控制。

转向角传感器安装在转向柱上,在转向开关与方向盘之间,与安全气囊滑环集成一体,通过 CAN 总线将方向盘转角信号传递给转向柱控制单元。其中传感器为光电式传感器,增量环能够确定方向,分成 5 段,每段之间间隔 72°,数据由光栅组来读取。每个段内,环的连接中断。在一个段内,断裂顺序是一样的,但是每个段的断裂顺序不同。由此可以对段编码。绝对环是确定了角度,并由 6 个光栅组来读取数据。转向角传感器可以识别 1044°的转向角度。它叠加转向角度,因此,超过 360°标记时,它认为方向盘转动已满。转向器的构造允许方向盘转满 2.76 次。

实训任务　多功能方向盘的使用

一、常用工量具

工具名称	图片
方向盘	

二、实训目的

1. 了解多功能方向盘功能。
2. 掌握多功能方向盘的操作方法。
3. 能积极主动参与任务的实施，能与小组成员团结协作，能执行 5S 管理。

三、实训实施

1. 学生分组

学生分 3～4 组，每组一名组长。

2. 任务分配

（1）根据任务进行组内分配，分别进行不同项目的实操，比如开启前雾灯、开启车道偏离预警以及开启自适应巡航系统。

（2）小组队员进行轮换实操。

3. 作业准备

（1）领取实训设备。

（2）各小组人员分工。

（3）查验实训设备。

4. 完成任务工单

任务工单

工作任务	多功能方向盘的使用	学时	2	组别	第______组
小组名单		班级		成绩	
实训设备	车辆、多功能方向盘				

（续表）

<table>
<tr><td>任务描述</td><td colspan="2">通过任务驱动法让学生熟悉汽车多功能方向盘的按键功能，培养良好的职业道德、工作态度、团队协作能力和责任感。</td></tr>
<tr><td>基础认知</td><td colspan="2">1. 填写下图方向盘各部件名称

(1) ______
(2) ______
(3) ______
(4) ______
(5) ______
(6) ______
(7) ______
(8) ______
2. 转向系统由转向______、______和______构成。
3. 转向器的功用是增大______传到转向节的力并改变力的传递方向。
4. 与非独立悬架配用的转向传动机构包括转______、______、______和______等。
5. 常用的动力转向油泵有______、______、______和______四种类型。
6. 转向系统按转向能源的不同分为______和______两大类。
7. 转向系统的作用是______。
8. 齿轮齿条式转向器传动副的主动件是______，从动件是______。
9. 液压动力转向装置按液流形式不同有______和______两种。
10. 动力转向器由______、______和______三部分组成。</td></tr>
<tr><td>多功能方向盘操作</td><td colspan="2">1. 请在车上完成小计里程的查找，并写出步骤：
______
______
______
2. 请在车上完成开启预碰撞系统并设置跟车距离为 2 m，并写出步骤以及作用：
______
______
______
3. 请在车辆上完成查找行车信息、胎压监测、报警查询以及行车公里数，并进行记录：
______
______
______
4. 请在车辆上完成自适应巡航的速度设置，在静止状态模拟加减速状态，先加速至 118 km/h，再调整为 80 km/h，记录步骤：
______
______
______
5. 请在车辆上完成行曲目/电台的切换，记录步骤：
______
______
______</td></tr>
<tr><td rowspan="4">总　评</td><td>项目内容</td><td>项目反馈</td></tr>
<tr><td>任务工单完成情况</td><td></td></tr>
<tr><td>实训任务完成情况</td><td></td></tr>
<tr><td>5S 整理情况</td><td></td></tr>
</table>

子任务四　制动系统认识、使用与装调

模块 1　制动系统概述

一、制动系统的分类及组成

制动系统的作用是根据需要使行驶中的汽车减速甚至停车，使下坡行驶的汽车的速度保持稳定，使已停驶的汽车保持不动。

1. 制动系统的分类

现代汽车制动系统可以从不同的角度进行分类。

(1) 按照制动系统的作用不同，一般应分为行车制动系统和驻车制动系统，同时包括应急制动系统和辅助制动系统。

① 行车制动系统：行车制动系统的作用是使正在行驶中的汽车减速甚至停车。它是由驾驶员用脚来操纵的，故又称脚制动系统。

② 驻车制动系统：驻车制动系统是使已经停在路面上的汽车驻留原地不动。它通常是由驾驶员用手来操纵的(目前部分汽车驻车制动系统用手来操纵)，故又称手制动系统。在紧急情况下，两套制动系统可以同时使用，以增加汽车的制动效果。

③ 应急制动系统：应急制动系统也称第二制动系统，当行车制动系统失效的情况下保证汽车仍能实现减速或停车的一套装置。在许多国家的制动法规中规定第二制动系统也是汽车所必须具备的。

④ 辅助制动系统：辅助制动系统是在汽车下长坡时用于稳定车速的一套装置。比如经常在山区行驶的汽车，若单靠行车制动系统来达到下长坡时稳定车速的目的，则可能导致行车制动系统的制动器过热而降低制动效能，严重时完全失效。因此需要用另外一套制动系统来控制车速，该系统称为辅助制动系统。故山区用汽车还应具备起缓速作用的辅助制动系统。

(2) 按照制动的能源不同，汽车制动系统又可以分为人力制动系统、动力制动系统和伺服制动系统。

① 人力制动系统：以驾驶员的身体作为唯一制动能源的制动系统；

② 动力制动系统：完全依靠发动机的动力转化而成的气压或者液压形式的势能进行制动的制动系统；

③ 伺服制动系统：兼用人力和发动机动力进行制动的制动系统。一般采用真空伺服制动系统。所谓的真空伺服制动系统主要是通过利用发动机的进气行程，把一个真空罐里面的空气吸掉，进气行程活塞下移的时候，吸气形成一定的真空度，真空度就和大气压力形

成了一定的压力差。制动时这个压力差就有了一定的推力作用来推动推杆。

(3) 按制动能量的传输形式分为：机械式、液压式、气压式、电磁式制动系统。

(4) 按照制动回路多少不同，汽车制动系统分为单回路制动系统和双(多)回路制动系统。

① 单回路制动系统：制动系统的传动机构采用单一的气压或液压回路的制动系统称为单回路制动系统。单回路制动系统中，只要有一处损坏而渗漏，整个制动系统即失效。

② 双(多)回路制动系统：管路分成多个彼此隔绝的回路制动系统。国内从 1988 年 1 月 1 日起就规定汽车制动系统必须是双回路系统。

2. 制动系统的基本组成

通过一个简单的制动系统来了解制动系统的基本组成和工作原理，如图 3-83 所示。

制动系统可以分成三个主要部分，分别是操纵机构、液压传动机构和制动器。

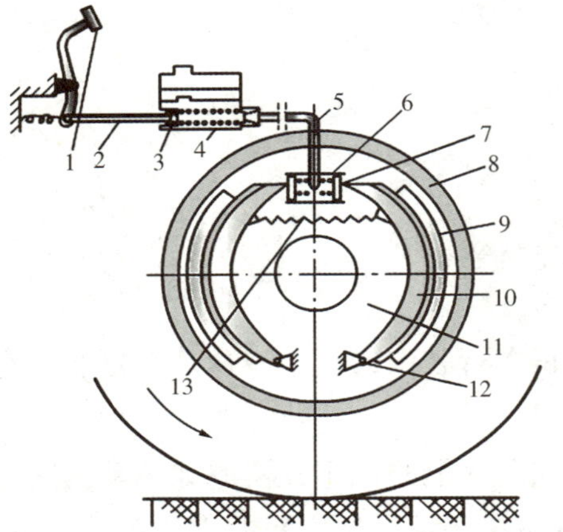

1—制动踏板；2—推杆；3—主缸活塞；4—制动主缸；5—油管；6—制动轮缸；7—轮缸活塞；8—制动鼓；9—摩擦片；10—制动蹄；11—制动底板；12—支承销；13—制动蹄复位弹簧

图 3-83　制动系统基本组成

(1) 操纵机构主要是制动踏板。

(2) 传动机构主要由推杆、制动主缸、油管、制动轮缸组成。制动主缸装在车架上，通过油管与制动轮缸相连通。

(3) 制动器主要由旋转部分、固定部分和张开机构组成。旋转部分是制动鼓，它固定在车轮轮毂上，随车轮一起旋转，它的工作表面是内圆柱面。固定部分是制动蹄和制动底板。在固定不动的制动底板上，有两个支撑销，支撑着两个弧形制动蹄的下端。制动蹄的外圆面上装有摩擦片，上端用制动蹄回位弹簧拉紧压靠在轮缸活塞上。张开机构是制动轮缸或是凸轮，它可以使制动蹄张开。液压轮缸也安装在制动底板上。

制动器的调节机构主要是制动主缸，用来调节前后车轮制动力的分配。

3. 制动系统的工作原理

制动系统不工作时，制动鼓的内圆面与制动蹄摩擦片的内圆面之间保留有一定的间隙，使制动鼓可以随车轮自由旋转。

制动时，踩下制动踏板，推杆便推动主缸活塞，使主缸中的油液以一定的压力流入制动轮缸，通过轮缸活塞使两制动蹄的上端向外张开，从而使摩擦片压紧在制动毂的内圆面上。这样，不旋转的制动蹄就对旋转着的制动毂产生一个摩擦力矩，其作用方向与车轮旋转方向相反，摩擦力矩大小取决于轮缸的张力、摩擦因数和制动毂及制动蹄的尺寸等。制动毂将该力矩传到车轮后，由于车轮与路面间的附着作用，车轮即对路面作用一个向前的周缘力，与此同时，路面给车轮作用一个向后的反作用力，即制动力。制动力由车轮经车桥和悬架传递给车架和车身，迫使整个汽车产生一定的减速度。制动力越大，减速度越大。当松开制动踏板时，制动蹄复位弹簧即将制动蹄拉回原位，摩擦力矩和制动力消失，制动作用即行解除。

二、制动系统要求与制动效能评价指标

1. 制动系统要求

为保证汽车在安全行驶的条件下发挥出高速行驶的能力，制动系统必须满足下列要求。

(1) 具有良好的制动效能

迅速减速甚至停车的能力，其评价指标有制动距离、制动减速度和制动时间。

(2) 操纵轻便

操纵制动系统所需的力不应过大。一般要求是施于踏板上的力为 200～300 N；紧急制动时，不超过 700 N，紧急制动的时候制动力可以大一些，但是制动力过大可能造成制动系统的损坏；施于手制动杆上的力为 250～350 N。

(3) 制动稳定性好

制动时，前后车轮的制动力分配合理，左右车轮上的制动力矩基本相等，使汽车在制动过程中不跑偏、不甩尾。

(4) 制动平顺性好

制动时，制动力应逐渐迅速的增加；解除制动时，制动作用应迅速消失。

(5) 散热性好

连续制动时，摩擦片的抗热衰退能力要好；鼓式制动器制动时，摩擦片被它的旋转元件包住，热量很难散发出去。而盘式制动器的旋转元件是一个金属圆盘，暴露在空气中，热量很容易散发掉，所以盘式制动器与较鼓式制动器相比，它的抗热衰退能力较好。同时要求水湿后制动效果恢复要快，制动系统水湿后制动力会下降，它应该具有迅速恢复到原来制动力的能力。对于挂车的制动系统，还要求挂车的制动作用略早于主车，否则挂车对主车会造成冲击；如果遇到紧急情况，挂车与主车脱离，就要求挂车具有自行制动的能力。

2. 制动效能的评价指标

(1) 制动距离

制动距离是衡量车辆制动性能的关键性参数之一，其为车辆处于某一时速的情况下，从开始制动到汽车完全静止时，车辆所驶过的路程，是汽车在一定的初速度下，从驾驶员急踩制动踏板开始，到汽车完全停止所驶过的距离。制动距离越小，汽车的制动性能就越好。由于它比较直观，因此成为广泛采用的评价制动效能的指标。正确掌握汽车制动距离对保障行车安全起着十分重要的作用。

(2)制动减速度

制动减速度是指车辆在行驶中迅速降低行驶速度直至停车的能力，是评价汽车制动性能的最基本指标，包括：汽车以一定的初速度制动，直至停车的制动距离；汽车以一定的初速度制动，直至停车的减速度；汽车在高速或长坡连续制动时的抗热衰退性能。汽车的动力性不同，对制动效能的要求也不同。行驶车速高的车辆对制动效能的要求也高。

(3) 制动时间

制动时间是指行驶中的汽车从开始刹车到汽车完全停下来所用的时间。

模块 2　制动器的作用、结构及分类

一、制动器的作用和组成

1. 制动器的作用

制动器是具有使运动部件(或运动机械)减速、停止或保持停止状态等功能的装置。常见的是摩擦式制动器。目前,一般汽车所使用的制动器的制动力矩都是源于固定元件和旋转元件工作表面之间的摩擦,即为摩擦式制动器。

2. 制动器的组成

常见的制动器主要由固定部分和旋转部分组成。

二、制动器的分类

汽车制动器可以分为摩擦式和非摩擦式。摩擦式制动器按照制动力矩产生的位置不同,分为车轮制动器和中央制动器,如图 3-84 所示。中央制动器的旋转元件固定在传动轴上,制动力矩需经驱动桥再作用于两侧车轮。按摩擦工作表面积可将制动器常分为鼓式制动器和盘式制动器,如图 3-85 所示。

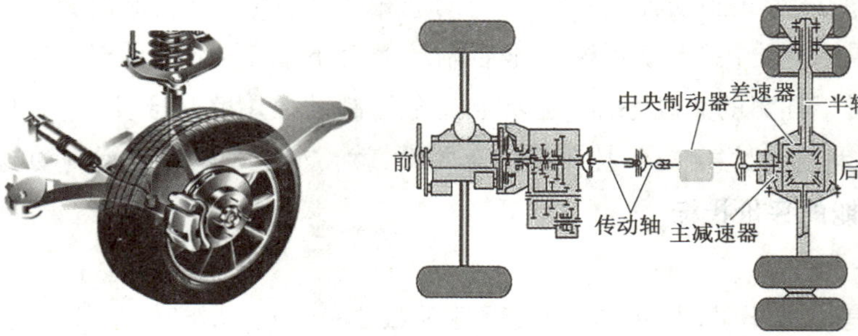

图 3-84　车轮制动器和中央制动器

图 3-85　鼓式制动器和盘式制动器

1. 鼓式制动器

(1) 鼓式制动器的基本结构

鼓式制动器基本结构如图 3-86 所示。

鼓式制动器分为领从蹄式制动器、双领蹄式制动器、凸轮式制动器、双从蹄式制动器、双向双领蹄式制动器,如图 3-87 所示。

(2) 鼓式制动器的工作原理

在轿车制动鼓上,一般只有一个轮缸,在制动时轮缸受到来自总泵液力后,轮缸两端活塞会同时顶向左右制动蹄的蹄端,作用力相等。但由于车轮是旋转的,制动鼓作用于制动蹄的压力左右不对称,造成自行增力或自行减力。因此,业内将自行增力的一侧制动蹄称为领蹄,自行减力的一侧制动蹄称为从蹄,领蹄的摩擦力矩是从蹄的 2～2.5 倍,两制动蹄摩擦衬片的磨损程度也不一样。

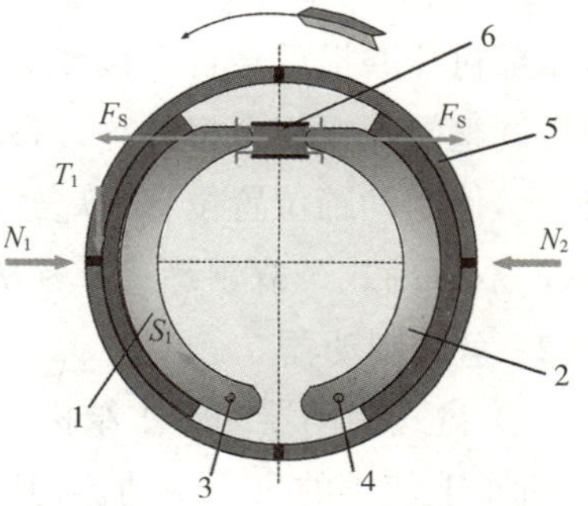

1—制动蹄(领蹄);2—制动蹄(从蹄);
3、4—支撑点;5—制动毂旋转元件;
6—制动轮缸

图 3-86　鼓式制动器的基本结构

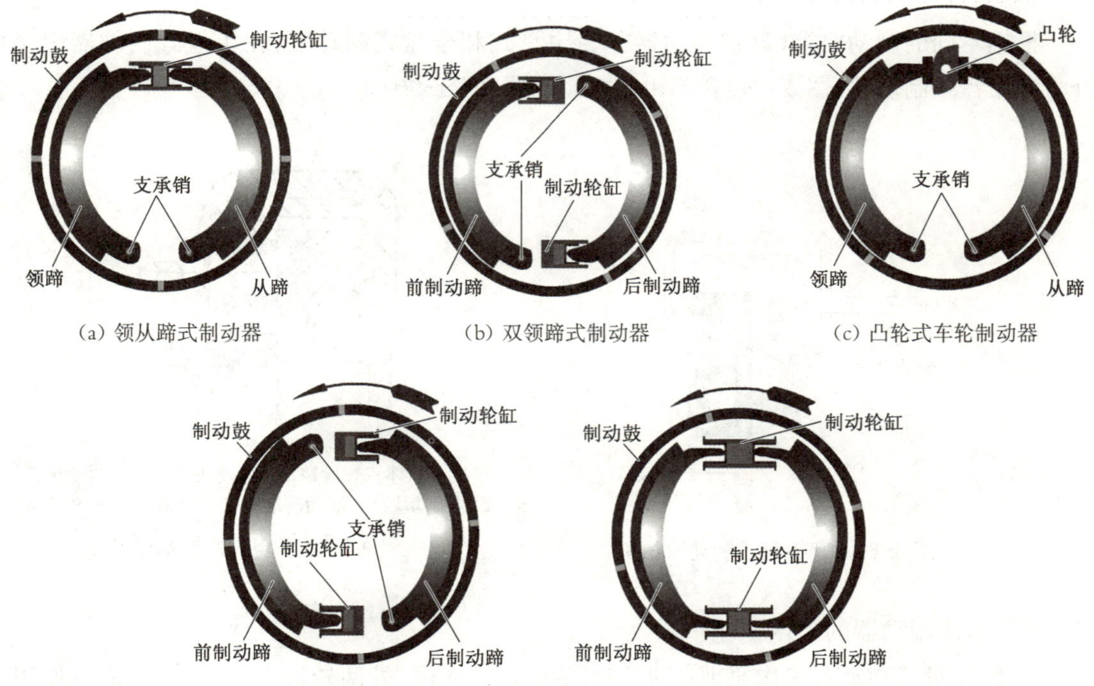

(a) 领从蹄式制动器　　(b) 双领蹄式制动器　　(c) 凸轮式车轮制动器

(d) 双从蹄式制动器　　(e) 双向双领蹄式制动器

图 3-87　不同类型的鼓式制动器

当驾驶员踩下制动踏板时,制动轮缸在制动总缸压力的作用下,制动轮缸活塞外移,制动蹄和压向制动鼓。相等的力使一个制动蹄张开时,固定支撑点的作用下,使制动蹄与制动鼓相互摩擦,产生制动力。

为了保持良好的制动效率，制动蹄与制动鼓之间要有一个最佳间隙值。随着摩擦衬片磨损，制动蹄与制动鼓之间的间隙增大，需要有一个调整间隙的机构。过去的鼓式制动器间隙需要人工调整，用塞尺调整间隙。改进之后的轿车鼓式制动器都是采用自动调整方式，摩擦衬片磨损后会自动调整与制动鼓间隙。当间隙增大时，制动蹄推出量超过一定范围时，调整间隙机构会将调整杆（棘爪）拉到与调整齿下一个齿接合的位置，从而增加连杆的长度，使制动蹄位置位移，恢复正常间隙。不同种类的鼓式制动器按制动效能高低排列为双向双领蹄式＞双领蹄式＞领从蹄式＞双从蹄式＞凸轮式。

2. 盘式制动器

(1) 盘式制动器的基本结构

汽车上使用的盘式制动器，其固定元件主要是工作面积不大的摩擦块与金属背板组成的制动块。这些制动块及其制动装置装在横跨在制动盘两侧的夹钳型架中，总称为制动钳。这种由制动钳与制动盘组成的制动器称为钳盘式制动器。盘式制动器的基本结构为制动钳、制动盘、制动活塞、制动块与摩擦块，如图 3-88 所示。

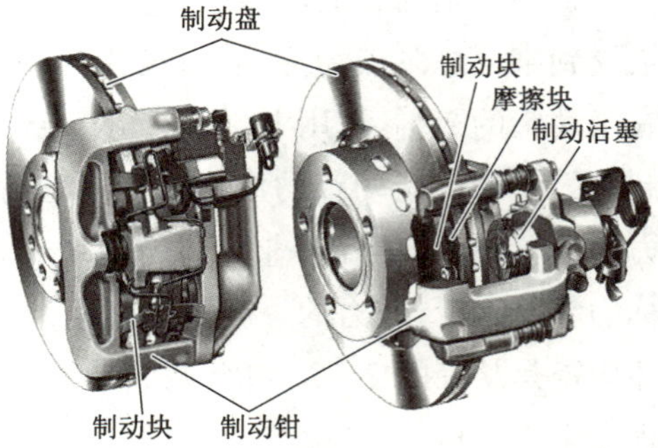

图 3-88　盘式制动器结构

根据不同的制动要求，盘式制动器分为钳盘式和全盘式制动器，在钳盘式制动器中又分为定钳盘式制动器(图 3-89)和浮钳盘式制动器(图 3-90)。

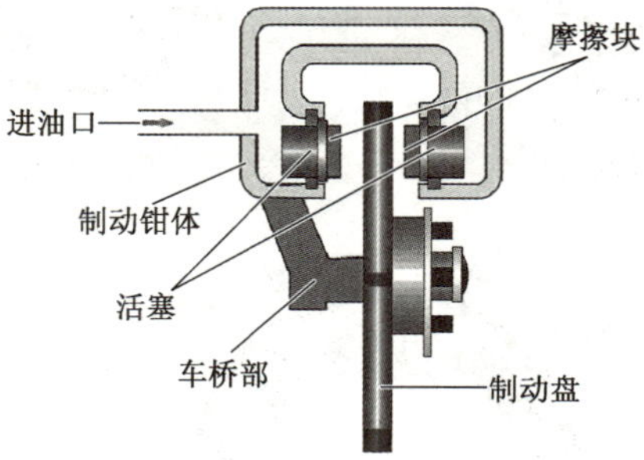

图 3-89　定钳盘式制动器结构

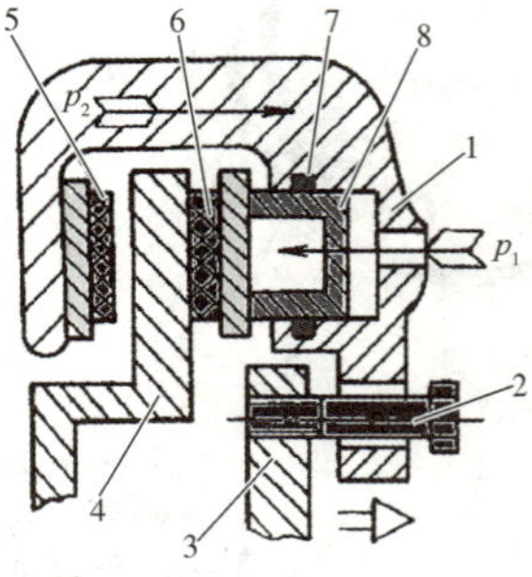

1—制动钳体；2—滑销；3—制动钳支架；4—制动盘；5—固定制动块；6—活动制动块；7—活塞密封圈；8—活塞

图 3-90　浮钳盘式制动器

(2) 盘式制动器的工作原理

① 定钳盘式制动器工作原理：制动时，油液被压入内、外两轮缸中、其活塞在液压作用下将两制动块压紧制动盘，产生摩擦力矩而制动。

放松制动时，活塞和制动块依靠密封圈的弹力和弹簧的弹力回位。由于矩形密封圈刃边变形量很微小，在不制动时，摩擦块与盘之间的间隙每边只有 0.1 mm 左右，它足以保证制动的解除。

② 浮钳盘式制动器工作原理：制动时，制动液被压入油缸中，在液压作用下活塞向左

移动，推动活动制动块也向左移动并压靠到制动盘上，于是制动盘给活塞一个向右的反作用力，使活塞连同制动钳体整体沿导向销向右移动，直到制动盘左侧的固定制动块也压到制动盘上。这时两侧制动块都压在制动盘上，制动块夹紧制动盘，产生阻止车轮转动的摩擦力矩，实现制动。

模块 3　液压伺服制动系统与驻车制动

一、人力制动系统

人力制动系统分为人力机械式制动系统和人力液压制动系统。人力机械式制动系统，其组成如图 3-91 所示。

人力液压式制动系统以制动液为介质，将驾驶员施加的控制力通过装在车架上的主缸由机械能转换为液压能，再通过装在车轮制动器内的轮缸将液压能转换为机械能，促使制动器进入工作状态，如图 3-92 所示。

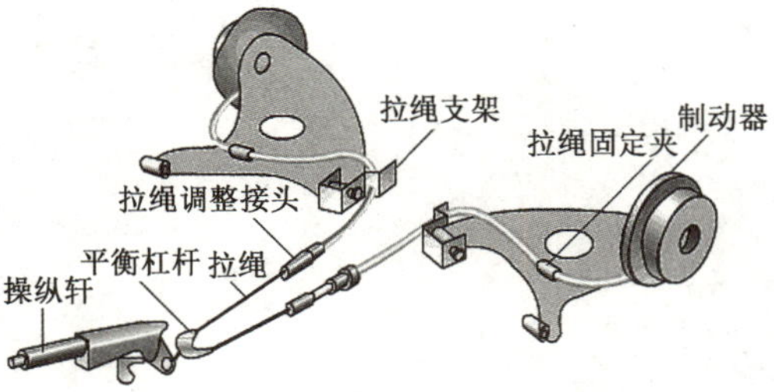

图 3-91　人力制动系统的组成

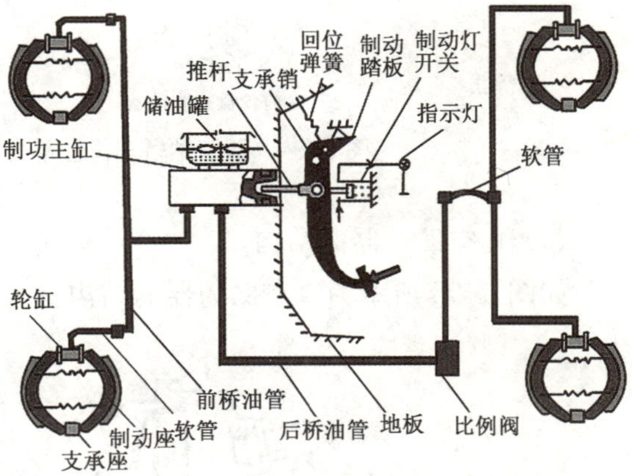

图 3-92　液压式制动传动装置的组成

二、液压伺服制动系统的组成

1. 液压制动传动装置的优缺点

液压制动传动装置的优点：制动柔和灵敏，结构简单，维护方便，不消耗发动机功率。

缺点：操纵较费力，制动力不足，制动液受温度影响而降低其制动效能。

液压制动传动装置已广泛应用在轿车和中型汽车上。为了提高汽车行驶的安全性，并根据交通法规的要求，现代汽车的行车制动系统都采用了双回路制动系统，如图 3-93 所示。

2. 真空助力器

常见伺服制动系统以发动机工作时在进气管中形成的真空（或利用真空泵产生的真空）为伺服能量。它可分为增压式和助力式两种形式。增压式是通过增压器将制动主缸的

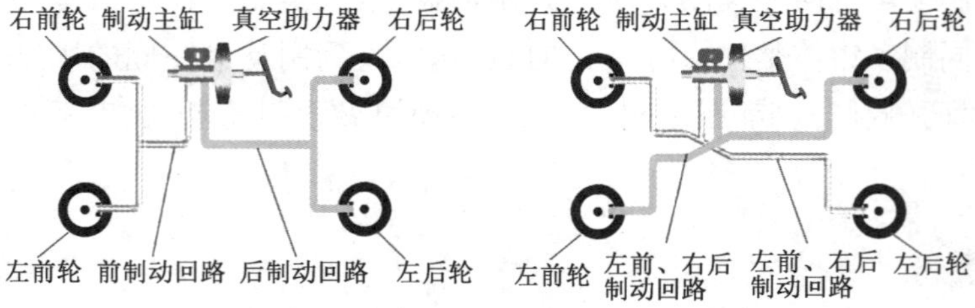

图 3-93　双回路液压制动传动装置布置

液压进一步增加，增压器装在主缸之后；助力式是通过助力器来帮助制动踏板对制动主缸产生推力，助力器装在踏板与主缸之间，如图 3-94 所示。

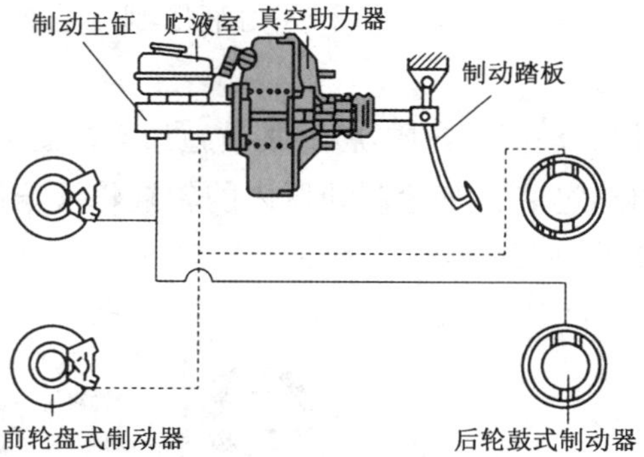

图 3-94　桑塔纳轿车真空助力式液压制动传动装置管路布置

(1) 真空助力器的结构

如图 3-95 所示为真空助力器的结构。

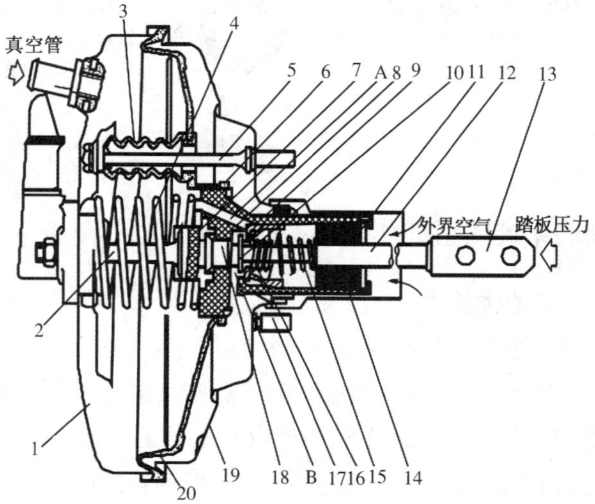

1—真空助力器壳体；2—制动主缸椎杆；4—膜片回位弹簧；6—控制阀；7—橡胶反作用盘；8—膜片座；9—真空阀；10—空气阀；12—控制阀椎杆；13—调整叉；15—控制阀椎杆弹簧；16—阀门弹簧；18—拧制阀柱塞；19—伺服气室后壳体；20—伺服气室膜片

图 3-95　真空助力器的结构

（2）真空助力器的工作原理

当踩下制动踏板时，空气阀打开，高压大气进入真空腔体内，帮助增加制动力，当松开制动踏板时，空气阀关闭，这时高压大气在回位弹簧的作用力下被排除真空腔体外，重复上述的踩踏和松开制动踏板，对制动系统起到助力的作用，如图 3-96 所示。

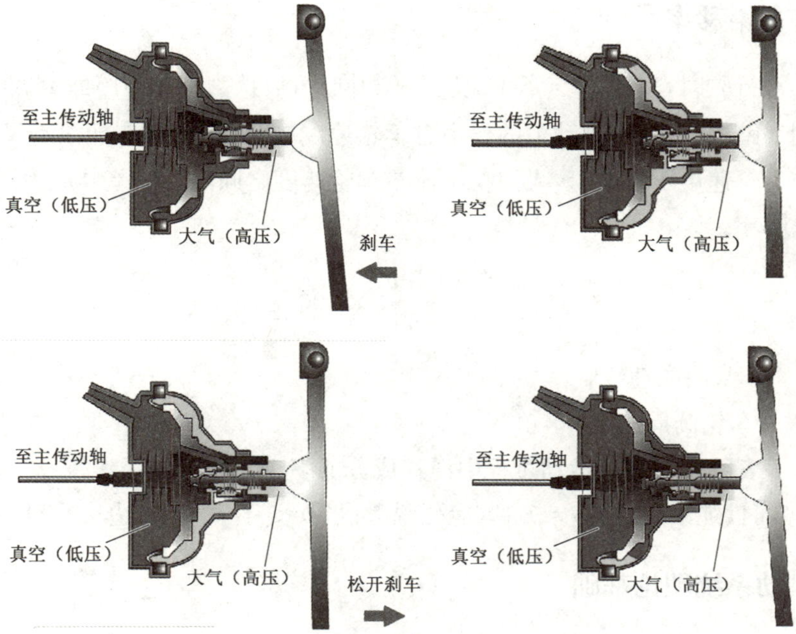

图 3-96　真空助力器的工作流程及原理图

三、驻车制动系统组成及工作原理

如图 3-97 所示为电子驻车制动中的主要部件，机械式驻车制动在车厢内有驻车制动的操纵杆，电子驻车制动在车内没有驻车制动操纵杆，只有一个电子开关进行控制。

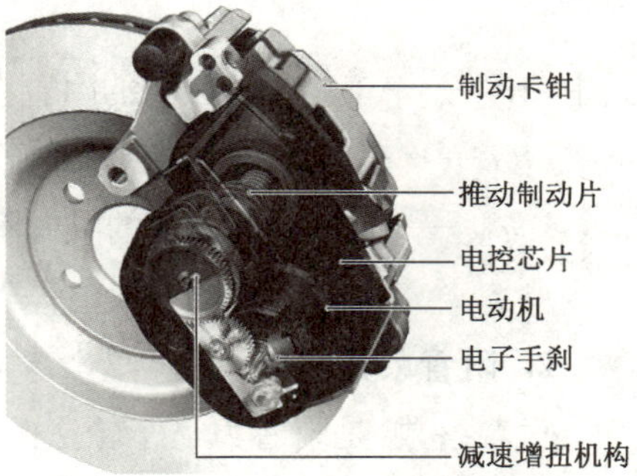

图 3-97　电子驻车制动的主要部件

无论是机械式还是电子式的驻车制动系统，其工作原理均相同，在车厢内拉起驻车制动的操纵杆或操纵电子开关时，机械式驻车制动器利用拉线将制动卡钳内的制动机构锁死，电子驻车制动是利用电机和分泵将制动卡钳的制动机构锁死。二者只是利用不同的控制机构让刹车卡钳进行工作。

模块 4　汽车电控制动系统

一、车轮滑移率

汽车正常行驶时，车速 V 与车轮速度 V_w 相同，可以认为车轮在路面上做纯滚动。当驾驶员踩下制动踏板时，地面制动力的作用时车轮速度减小，车轮处在即滚动又滑动的状态，实际车速与车轮速度不再相等，人们将车速与车轮速度之间出现的差异成为滑移率。

车轮滑移率

$$S=\frac{v-v_c}{v}\times 100\%$$

式中　v——车身瞬时速度；

v_c——车轮圆周速度；

S——表明了车轮在运动过程中滑移成分的多少。

当 $S=0$ 时，纯滚动；当 $S=1$ 时，抱死脱滑；当 $0<S<1$ 时，边滚边滑。

二、制动系统理论基础

1. 制动效能

制动性能是汽车的主要性能之一。评价制动性能的指标主要有制动效能和制动稳定性。由汽车理论可知，制动效能主要取决于制动力的大小，而制动力 F_t 不仅与制动器的摩擦力矩有关，而且还受车轮与地面的附着系数的制约，即

$$F_t\leqslant F_\mu=G\varphi_B$$

式中　F_μ——车轮与路面间的附着力；

G——车轮对路面的垂直载荷；

φ_B——轮胎与路面间的纵向附着系数，与车轮相对地面的滑移率 S 有关(图 3-98)。即制动力的最大值等于附着力。

2. 附着系数

附着系数，是附着力与车轮法向(与路面垂直的方向)压力的比值。附着系数是指轮胎在不同路面的附着能力大小。附着系数的数值主要决定于道路的材料、路面的状况与轮胎结构、胎面花纹、材料以及汽车运动的速度等因素。一般来说，干燥、良好的沥青或混凝土路面的附着系数最大，为 0.7～0.8。而冰雪路面的附着系数最小，最容易打滑。

3. 制动稳定性

汽车制动稳定性指汽车在制动时仍能按指定的方向行驶，即不发生跑偏、侧滑和失去转向能力。当 $S=100\%$，即车轮抱死时，横向附着系数 φ_S 下降至接近于零。此时，车轮在

极小的侧向外力的作用下即产生侧滑。转向轮抱死后将失去转向操纵能力。因此，车轮抱死将导致制动时汽车的方向稳定性变坏。

从以上分析可知，制动时车轮抱死，制动效能和制动时的方向稳定性均将变差。而如果制动时将车轮滑移率 S 控制在图 3-98 中的 S_{opt} 处，此时纵向附着系数 φ_B 最大，可得到最大的制动力。同时横向附着系数 φ_S 也保持较大值，使汽车具有良好的抗侧滑能力及制动时的转向操纵能力，因而得到最佳的制动效果。

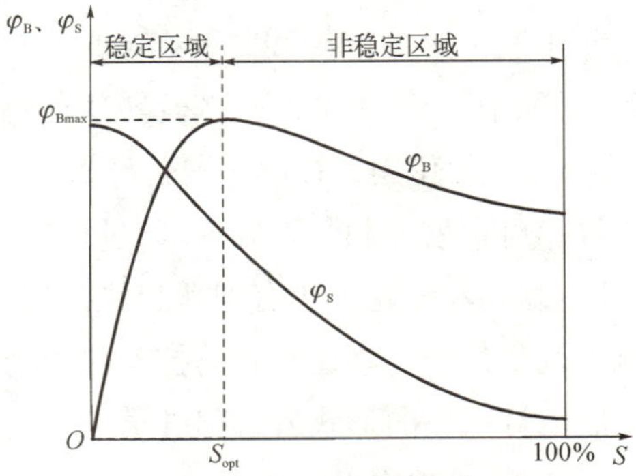

图 3-98　滑移率与附着系数关系

三、ABS 系统概述

1. ABS 系统

制动防抱死系统（Antilock Brake System，ABS）可以提高车辆紧急制动的安全系数。在汽车制动时，没有装设 ABS 装置的汽车，如果在行驶中用力踩踏制动踏板，车轮会急速降低转速，最后车轮停止，但车身依然保持惯性向前滑动。如果车轮抱死滑移，车轮与路面间的侧向附着力将完全消失。

ABS 系统的作用是在汽车制动时，自动控制制动器制动力的大小，使车轮不被抱死，处于边滚边滑（滑移率在 20%左右）的状态，以保证车轮与地面的附着力为最大值。

ABS 系统增加了制动时的方向稳定性；制动时仍有转向能力；在部分路面上制动可以缩短制动距离；改善轮胎的磨损状况；使用方便，工作可靠。

ABS 系统由车速传感器、ECU 和执行器三部分组成，如图 3-99 所示。

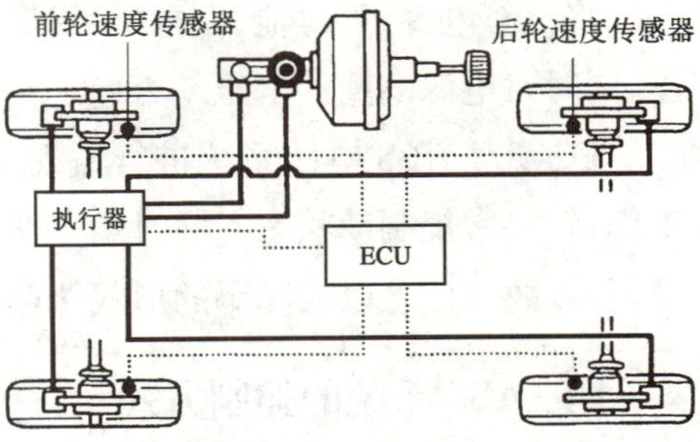

图 3-99　ABS 系统组成

车速传感器作用是检测车轮的转速，并将转速信号输入电子控制单元，以控制车轮状态。车速传感器包括电磁感应式轮速传感器如图 3-100 所示，霍尔轮速传感器具体安装位置如图 3-101 所示。

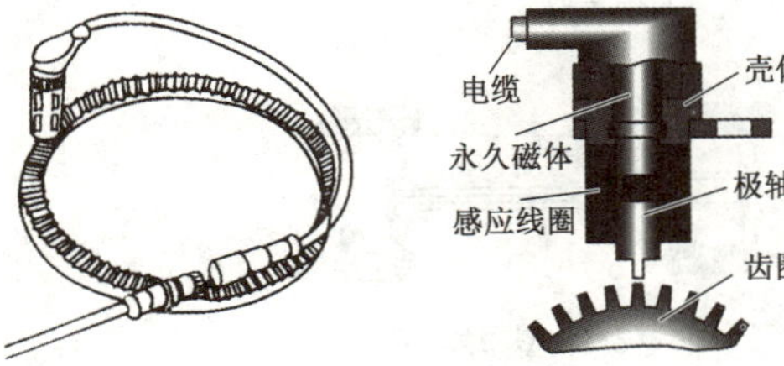

图 3-100　电磁感应式轮速传感器

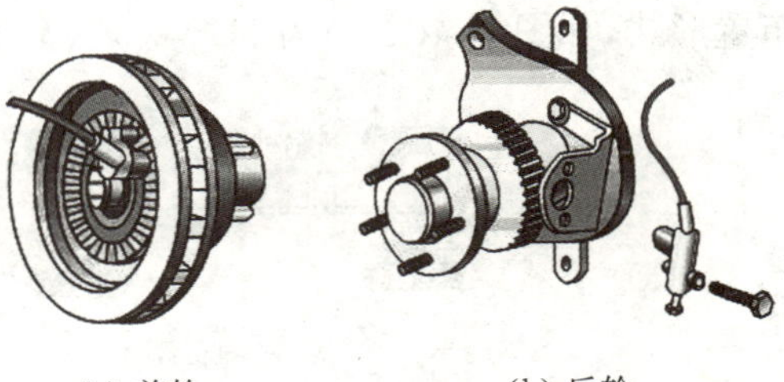
(a) 前轮　　(b) 后轮

图 3-101　安装位置

如果车速传感器损坏，电子控制单元接收不到转速信号，ABS 系统将停止工作，并点亮 ABS 警告灯，此时车辆仅有常规制动。

车速传感器的导线、插接器或传感头松动，电磁线圈等出现接触不良、断路、短路或脏污、间隙不正常，都会影响车轮转速传感器的工作，从而造成 ABS 系统工作异常。

ECU 的作用是接收车速传感器及其他传感器输入的信号，对这些输入信号进行测量、比较、分析、放大和判别处理，通过精确计算，得出制动时车轮的滑移率、车轮的加速度和减速度，以判断车轮是否有抱死趋势。ECU 输出级发出控制指令，控制制动压力调节器执行压力调节任务。它还具有监控和保护功能，当系统出现故障时，能及时转换成常规制动，并以故障灯点亮的形式警告驾驶员。

ECU 的结构组成如下。

（1）输入级电路

将轮速传感器输入的正弦波信号转换成脉冲方波信号，经整形放大后输入运算电路。

（2）运算电路

进行车轮转速、初始速度、滑移率、加速度和减速度的运算，调节电磁阀控制参数的运算和监控运算。

（3）电磁阀控制电路

接受运算电路输入的电磁阀控制参数信号，控制大功率三极管向电磁阀提供控制电流。

（4）安全保护电路

将汽车电源（蓄电池、发电机）提供的 12 V 电压变为 ECU 内部所需的 5 V 标准稳定电压，同时对电源电路的电压是否稳定在规定的范围进行监控。

ECU 对 ABS 电路系统进行监视。当出现故障信号时，关闭继电器，停止 ABS 系统的工作，转入常规制动状态。同时点亮仪表盘上的 ABS 警告灯，提示驾驶员 ABS 系统出现故障，并将故障信息以故障码的形式储存在存储器中，在诊断时调取。

四、ABS 系统的控制方式

1. 四通道 ABS

对应于双制动管路的 H 型（前后）或 X 型（对角）两种布置形式，四通道 ABS 也有两种布置形式，如图 3-102(a)为 H 型布局，3-102(b)为 X 型布局。

(a) H 型布局　　(b) X 型布局

▯控制通道　L 轮速传感器

图 3-102　四通道 ABS

为了对四个车轮的制动压力进行独立控制，在每个车轮上各安装一个转速传感器，并在通往各制动轮缸的制动管路中各设置一个制动压力调节分装置（通道）。由于四通道 ABS 可以最大限度地利用每个车轮的附着力进行制动，因此汽车的制动效能最好。

2. 三通道 ABS

四轮 ABS 大多为三通道系统，而三通道系统都是对两前轮的制动压力进行单独控制，对两后轮的制动压力按低选原则一同控制，其布置形式如图 3-103 所示。

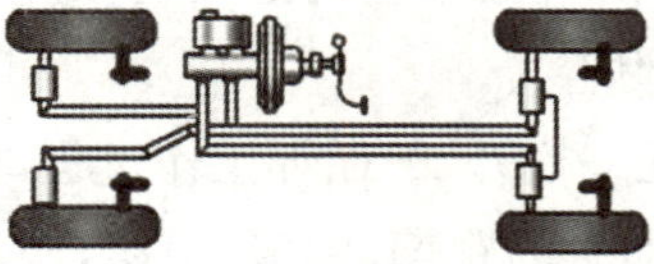
(a) X 型布局

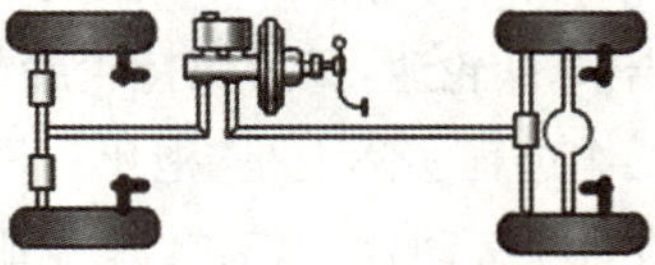
(b) H 型布局

图 3-103　三通道 ABS

由于三通道 ABS 对两后轮进行一同控制，后轮驱动的汽车可以在变速器或主减速器中只设置一个转速传感器来检测两后轮的平均转速，如图 3-104 所示。

三通道 ABS 对前轮制动压力进行独立控制，可充分利用两前轮的附着力对汽车进行制动，有利于缩短制动距离，汽车的转向稳定性得到很大改善，如图 3-105 所示。

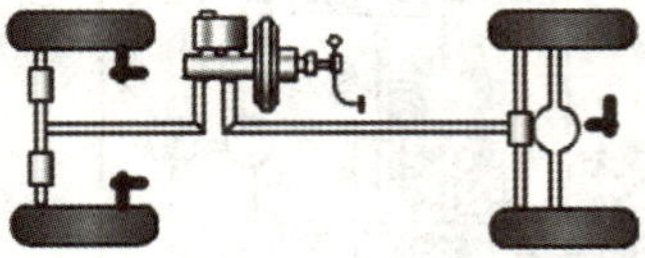
图 3-104　三通道 ABS 形式

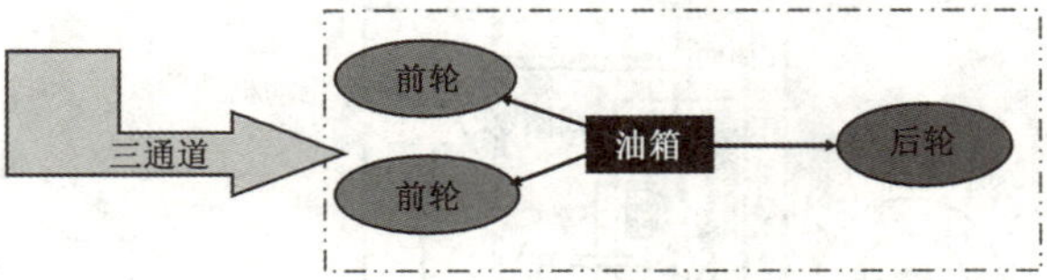

图 3-105　三通道 ABS 布置形式原理

3. 双通道 ABS

如图 3-106 所示的双通道 ABS 多用于制动管路对角布置的汽车上，两前轮独立控制，制动液通过比例阀（P 阀）按一定比例减压后传给对角后轮。

由于双通道 ABS 难以在方向稳定性、转向操纵能力和制动距离等方面得到兼顾，因此目前很少被采用。

4. 单通道 ABS

所有单通道 ABS 都是在前后布置的双管路制动系统的后制动管路中设置一个制动压力调节装置，对于后轮驱动的汽车只需在传动系统中安装一个转速传感器，如图 3-107 所示。

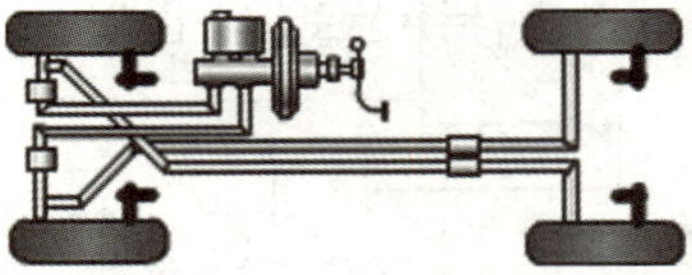
图 3-106　双通道 ABS 置形式原理

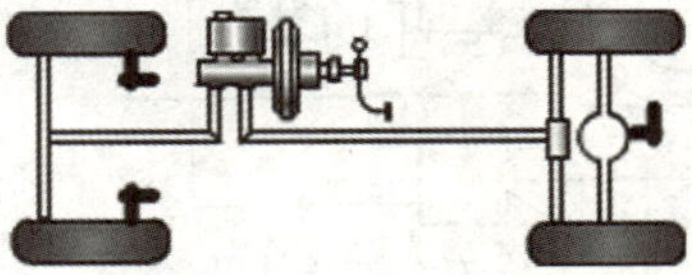
图 3-107　单通道 ABS 置形式原理

由于单通道 ABS 能够显著地提高汽车制动时的方向稳定性，又具有结构简单、成本低的优点，因此在轻型货车上广泛应用。

五、ABS 系统的工作原理

车速传感器监测车轮的转速，监测信号汇集到电子控制器内分析，一旦监测到车轮即将抱死，电子控制器会给电磁调节器发出指令，由它控制油压分配阀调节各个车轮的制动分泵，以“一放一收”的点放形式来控制刹车摩擦片，解除车轮的抱死现象。用点放形式来制动，即可急剧降低轮速，又可保持轮胎与地面的附着力。

ABS 的工作过程实际上是“抱死—松开—抱死—松开”的循环工作过程，使车辆始终处于临界抱死的间隙滚动状态，有效地克服紧急制动时的跑偏、侧滑、甩尾，防止车身失控等情况的发生。

ABS 的工作过程可以分为常规制动、制动压力保持、制动压力下降和制动压力上升阶段，如图 3-108 至图 3-109 所示。

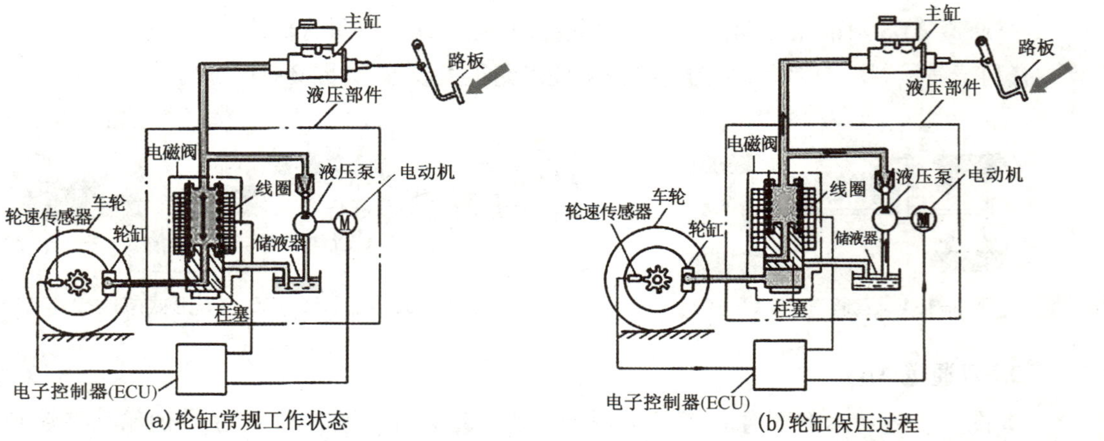

图 3-108　ABS 系统常规制动和制动压力保持阶段

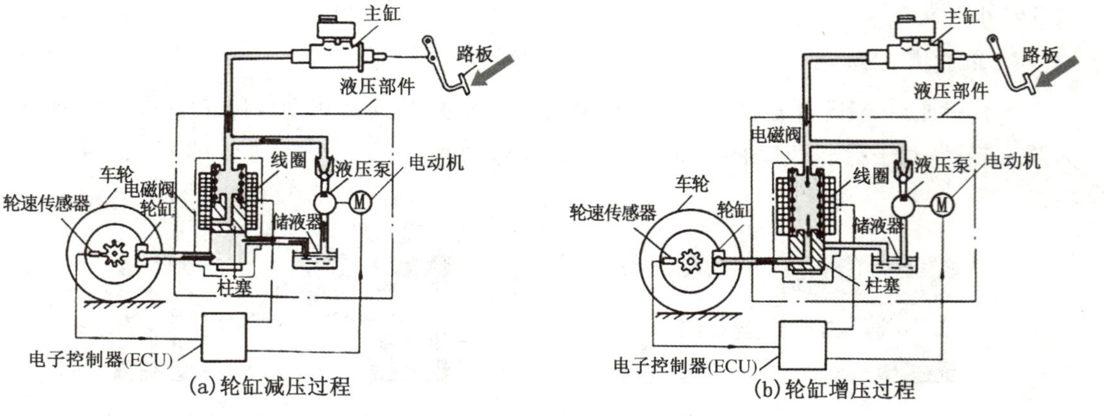

图 3-109　ABS 系统制动压力下降过程和制动压力上升阶段

六、ESP 系统概述

1. ESP 系统的定义

ESP(Electronic Stability Programe)为电子稳定程序，在丰田车系中也被称为 VSC(Vehicle Stability Control)系统，即车辆稳定性控制系统。

ESP 属于车辆的主动安全，也称为动态驾驶控制系统。ESP 以 ABS 制动防抱死系统与 TCS 牵引力控制系统为基础，增加方向盘转角传感器、侧向加速度传感器等信息，通过对车轮制动器和发动机动力的控制，实现对侧滑的纠正。因此，ESP 整合了 ABS 和 TCS 的功能，并大大拓展了其功能范围。

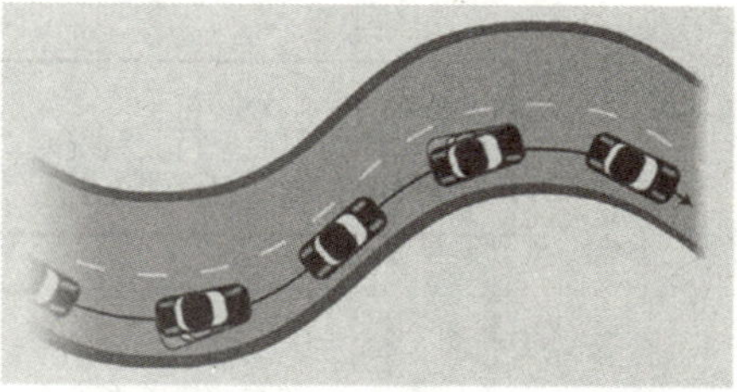

图 3-110　急转弯车道上高速行驶

2. ESP 典型工作状况

① 在急转弯车道上高速行驶(图 3-110)。

② 躲避前方突然出现的障碍物(图 3-111)。

③ 在地面附着力不同的路面行驶(图 3-112)。

图 3-111　躲避前方突然出现的障碍物

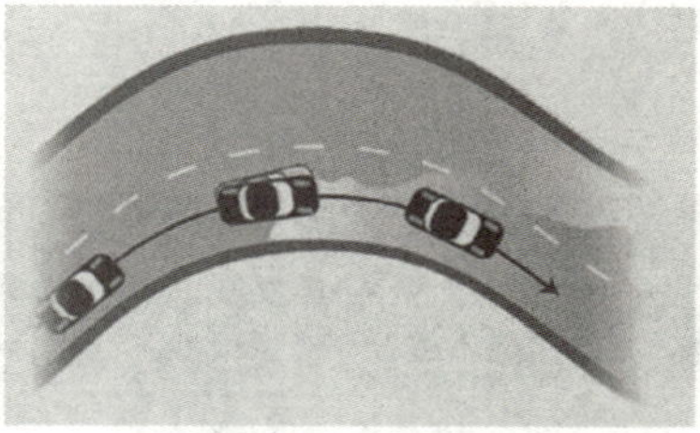

图 3-112　地面附着力不同的路面行驶

3. ESP 系统的基本组成及传感器的功用

ESP 系统由传感器、电子控制单元(ECU)、执行器三个部分组成。

转向传感器的功用是监测方向盘的转向角度，帮助确定汽车行驶的方向；车轮传感器的功用是监测每个车轮的转动速度，帮助确定车轮是否打滑；侧滑传感器的功用是监测车体绕垂直轴线转动的状态，横向加速度传感器的功用是监测汽车转弯时的离心力，这两个传感器是帮助车辆确定车辆是否发生打滑。ESP 的组成如图 3-113 所示。

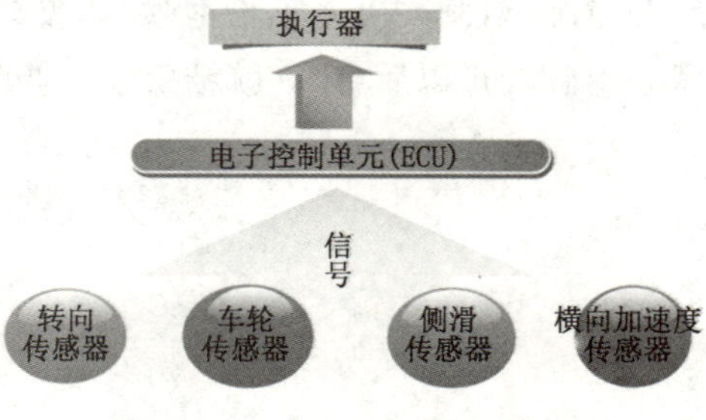

图 3-113　ESP 系统的组成

4. ESP 系统的工作原理

ESP 系统的工作流程如图 3-114 所示。ESP 在对危急驾驶情况作出反应前，必须获得两个问题的应答，进而开始调节。

如图 3-115 所示为装有 ESP 的车在相同情况下汽车避障的表现，车辆在试图躲避障碍物

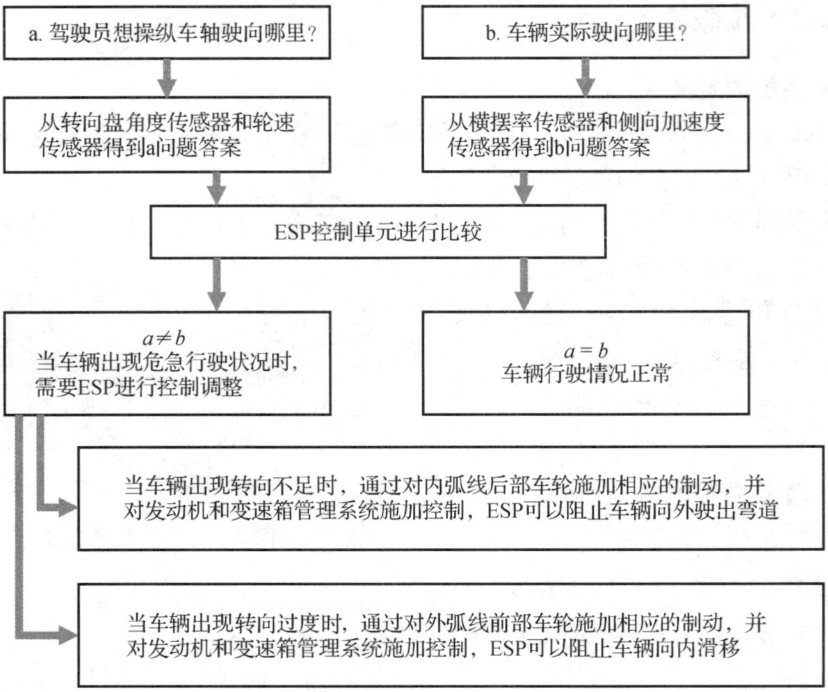

图 3-114　ESP 系统工作流程

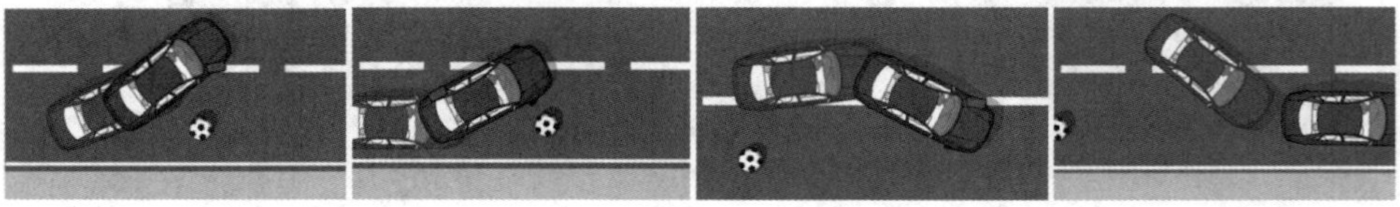

图 3-115　ESP 系统工作原理

时，ESP 根据传感器传来的数据判断出现在是不稳定状态，并计算出应对措施。ESP 对左后车轮实施制动，于是车的转动得到了加强，前车轮的侧导向力仍保持着。当车左转弯行驶时，驾驶员向右转向，为加强这个反转向，右前轮被制动，后车轮可自由旋转，以保证在后桥产生最佳侧向力。

这种轮迹变化导致车轮绕垂直轴线的转动，为避免车甩尾，左前轮被制动。在特别紧急的情况下，制动可将车轮抱死，以便能限制前桥侧向力的形成(摩擦圆)。车辆的不稳定状态得到校正以后，ESP 就结束了其调节工作。

实训任务　汽车刹车片的更换

一、常用工量具

序号	工具名称	图片
1	工具车	
2	力矩扳手	
3	游标卡尺一套	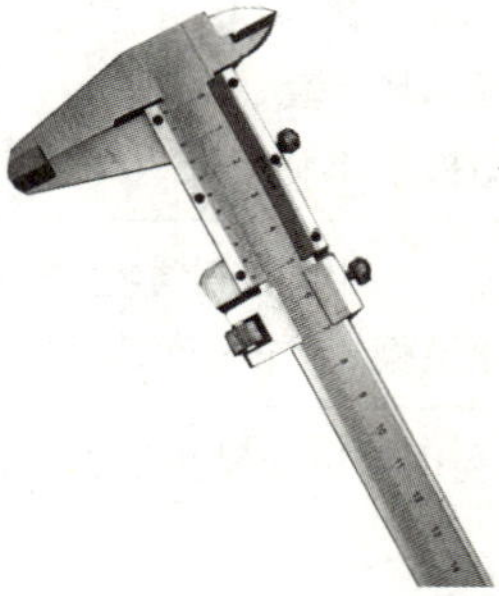

二、实训目的

1. 了解汽车制动原理。
2. 掌握举升机的操作方法。
3. 正确使用工量具。
4. 能积极主动参与任务的实施，能与小组成员团结协作，能执行 5S 管理。

三、实训实施

1. 学生分组

学生分 3～6 组，每组一名组长。

2. 任务分配

(1) 根据任务进行组内分配，轮胎拆装 2 人、车辆举升 1 人，刹车片检查 1 人，刹车片拆装 1 人，1 人记录数据并填写工单。

(2) 小组队员进行轮换实操。

3. 作业准备

(1) 领取工具车、工量具、实训防护装备及实训设备；

(2) 各小组人员分工；

(3) 穿戴实训防护装备；

(4) 查验实训设备。

4. 完成任务工单

任务工单

<table>
<tr><td>工作任务</td><td>汽车制动摩擦片的更换</td><td>学时</td><td>2</td><td>组别</td><td>第______组</td></tr>
<tr><td>小组名单</td><td></td><td>班级</td><td></td><td>成绩</td><td></td></tr>
<tr><td>实训设备</td><td colspan="5">常用工具 1 套；
车辆 1 台；
举升机 1 台；
刹车片 1 套(适配相应车辆)；
游标卡尺 1 套；
力矩扳手 1 套。</td></tr>
<tr><td>任务描述</td><td colspan="5">通过任务驱动法让学生熟悉汽车制动系统的基本知识，汽车制动摩擦片的更换，培养良好的职业道德、工作态度、团队协作能力和责任感。</td></tr>
<tr><td>基础认知</td><td colspan="5">1. 利用游标卡尺测量刹车片厚度，检测是否需要更换。
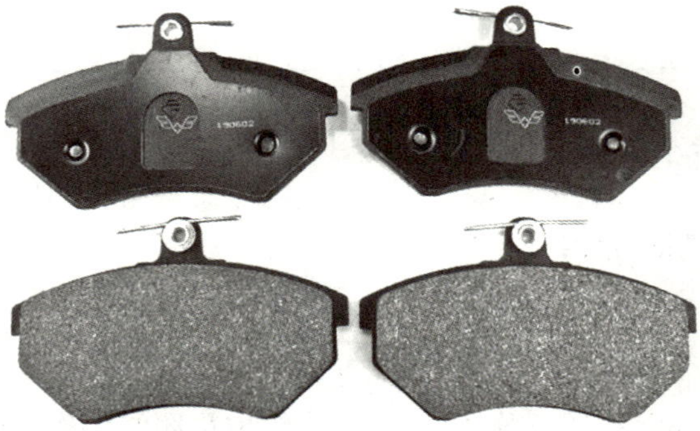
记录测量数据__________ mm。
2. 举升机在使用前应接通__________和__________。
3. 检查轮胎气压是否达到规定值，轿车轮胎气压一般__________。</td></tr>
</table>

（续表）

刹车片更换的步骤	1. 把车辆停在举升机能够举升车辆的位置。 2. 在举升车辆前，打开举升机电源和气源并将车轮上的螺栓预松。 3. 在举升前应观察周围情况，举升车辆时随时观察举升机左右是否同时升起，举升到适当位置。 4. 选用合适的工具进行车轮的拆卸，并将车轮螺栓和车轮摆放好。 5. 选用工具拆卸车辆的制动摩擦片。 6. 利用游标卡尺测量制动摩擦片的厚度是否满足更换的条件。 7. 如制动摩擦片不满足更换条件，取出与车辆适配的制动摩擦片进行更换，安装时，注意制动摩擦片卡簧的安装位置，有些车辆的制动摩擦片更换还需要安装传感器插头。 8. 安装车轮及车轮螺栓后，操纵举升机将车辆落至地面。 9. 利用力矩扳手，将车轮螺栓拧紧至 150 N/m。 10. 关闭举升机电源和气源，执行现场 5 S 管理。	
总评	项目内容	项目反馈
	任务工单完成情况	
	实训任务完成情况	
	5S 整理情况	

任务四

汽车车身结构的认识与车辆使用

学习目标

1. 掌握车身外壳结构特点并进行部件拆装。
2. 会正确使用车辆。

典型工作任务

拆卸红旗 H9 车辆后尾灯。

任务分析

本任务主要完成车身结构的学习，熟悉车辆部分功能的使用，掌握车辆正确使用方法。学习方式采用观看多媒体课件、实物展示、现场教学等方式。

任务准备

掌握车身基本结构，能够正确使用拆装工具，能看懂车辆维修手册。

模块1　车身外壳与车辆零部件

一、车身外壳

汽车外部部件认知

在制造过程中，车身外壳主要指白车身，白车身是完成焊接但未涂装之前的车身，不包括四门两盖等运动件。涂装后的白车身加上内外饰（包括仪表板、座椅、风挡玻璃、地毯、内饰护板等），电子电器系统（音响、线束、开关等），底盘系统（包括制动、悬架系统等）和动力总成系统（包括发动机、变速箱等）就组成了整车。

车身各种结构件、覆盖件完成焊接后，要进行涂装。涂装是一个比较复杂的过程，在喷涂面漆前，要先完成电泳这道程序，所以涂装完成后焊接总成的外观颜色呈灰白色，故称为白车身，如图4-1所示。

二、汽车外部零部件

汽车发动机舱零部件认知

轿车一般分为前、中、后三部分，前部为发动机仓部分，包括发动机、变速器等车辆动力系统部件，中部为乘坐区域，包含驾驶员驾驶区域和乘客的乘坐区域，后部为后备箱区域。

车身前部包含车辆灯光系统（日间行车灯、近光灯、远光灯、雾灯），大灯清洗装置，以及车辆的前保险杠、车辆的翼子板、发动机舱盖。前保险杠为塑料材质，翼子板与发动机舱盖为金属材质。

车身中部包含前风挡玻璃，车辆侧窗，车辆天窗和后风挡玻璃，其前风挡玻璃上有雨刷器，后风挡玻璃有加热功能，同时车辆的A、B、C柱也在车辆中部。位于车辆前风挡玻璃两侧的部位是A柱，位于前后车门之间的部位是B柱，位于后门位置的部位是C柱，如图4-2所示，一些旅行车或MPV车型还有D柱。SUV车型后风挡玻璃上有雨刷器，而轿车的后风挡玻璃上没有雨刷器。

图4-1　车辆白车身

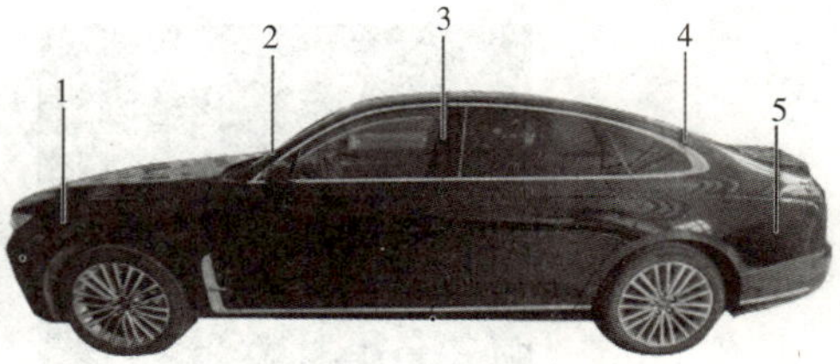

1—车辆前翼子板；2—A柱；3—B柱；
4—C柱；5—后翼子板

图4-2　车辆侧面

车身后部包含倒车灯、制动灯，后保险杠、后翼子板以及后油箱盖、后备箱盖。一些随车工具与备胎均装在后备箱里面，后保险杠为塑料材质，后翼子板与后备箱盖均为金属材质。对于新能源汽车来讲，充电口一般位于车辆油箱盖位置与车辆前部位置。

车身侧面还包含了汽车车轮总成，车轮总成指的是车轮与轮胎，车轮包含轮辋、轮毂与轮辐，目前大多数车辆车轮采用铝合金材质，部分汽车出于成本考虑采用铸铁车轮，车辆轮胎一般按照使用季节分为四季轮胎与冬季轮胎。车轮里面装有车轮制动器。

模块 2　汽车的基本操作与使用

一、转向盘与后视镜的调节与使用

汽车基本操作 1　　汽车基本操作 2

本模块以红旗 H9 车型为例，进行汽车基本操作学习。

1. 转向盘的调节

红旗 H9 转向盘有四项调节，分别为上移、下移、前移、后移，如图 4-3 所示。

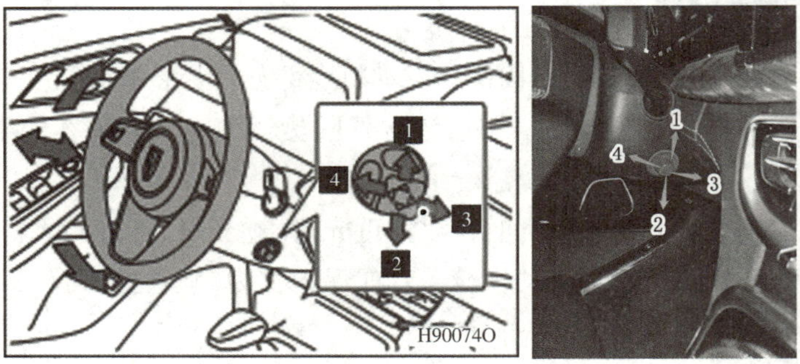

1—上移；2—下移；3—前移；4—后移

图 4-3　红旗 H9 方向盘调节

2. 后视镜的调节

当发动机点火开关处于“IG-ON”模式时，可调节外后视镜角度，按下相应侧外后视镜选择按键，按键指示灯点亮，如图 4-4 所示。

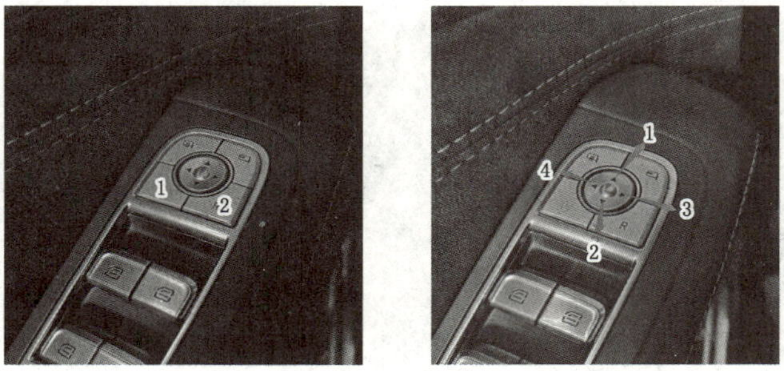

1—左侧；2—右侧　　1—上移；2—右移；3—下移；4—左移

图 4-4　红旗 H9 后视镜调节

二、灯光的调节与使用

拨动转向灯控制手柄向上到自锁位置，打开右转向灯，拨动转向灯控制手柄向下到自锁位置，打开左转向灯。如图 4-5 所示，向下拨动雾灯开关，打开后雾灯，再次拨动雾灯开关，关闭后雾灯。雾灯开启条件：发动机开关处于 ON 档，且前照灯开启时。

各灯光控制图标及含义如下：

前位置灯、后位置灯、牌照灯和仪表板背光灯点亮；

前照灯（近光）和以上所有车灯点亮；

AUTO 前照灯（近光）、位置灯、牌照灯和仪表板背光灯自动点亮和熄灭；

OFF 关闭。

三、风窗玻璃刮水与清洗

如图 4-6 所示为红旗 H9 前风窗玻璃刮水和清洗器控制，可以控制清洗前风窗玻璃，机仓盖打开时，即使扳动控制手柄，刮水器也不会工作。

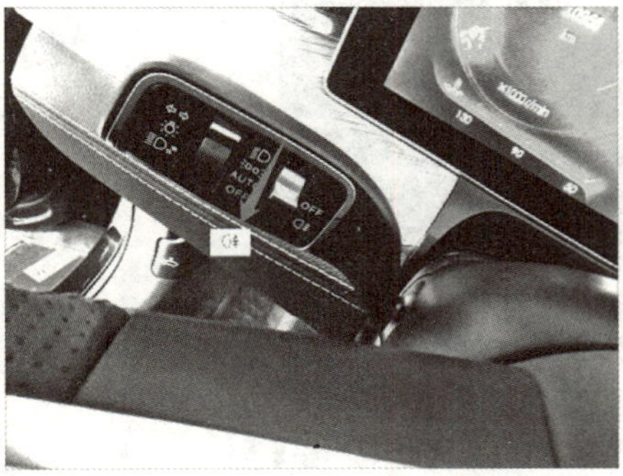

图 4-5　红旗 H9 灯光控制

图 4-6　红旗 H9 前风窗玻璃刮水和清洗器控制

各刮水挡含义如下：

刮水 AUTO 挡——根据雨量自动调节刮水速度（配备光线雨量传感器）；

刮水 INT 挡——间歇刮水（未配备光线雨量传感器）；

刮水 LO 挡——低速刮水；

刮水 HI 挡——高速刮水；

刮水 MIST 挡——低速刮水 1 个循环。

四、空调系统的使用

红旗 H9 车型配备四温区空调系统，可根据设定的温度，结合当前车内温度、阳光强度、车速、水温等环境参数，通过自动调节出风温度、空调风量、出风模式、进风模式，为驾驶员提供所需的驾驶环境。

触按【更多功能】按键后，可展开更多空调功能按键，包括内/外循环按键、AUTO 按键、前风窗强制除霜/除雾按键、后风窗加热按键与 A/C 按键等，如图 4-7、图 4-8 所示。

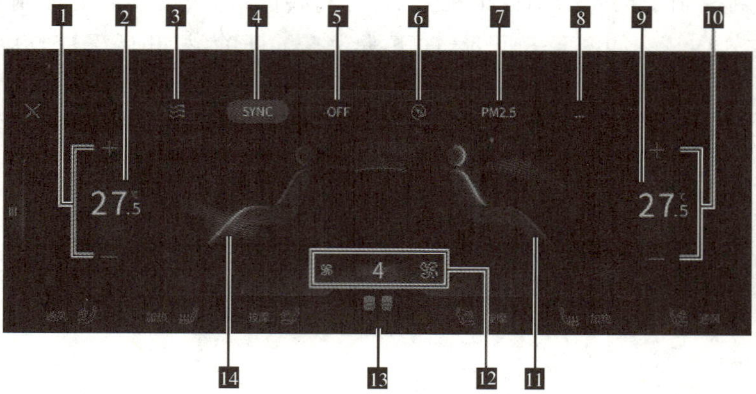

1—驾驶员侧温度设定按键；2—驾驶员侧温度显示；3—自然通风按键；4—同步按键；5—OFF 按键；6—离子净化按键；7—PM2.5 按键；8—更多功能按键；9—副驾驶员侧温度显示；10—副驾驶员侧温度设定按键；11—副驾驶员侧出风模式按键；12—风量设定按键；13—前/后排切换按键；14—驾驶员侧出风模式按键

图 4-7　红旗 H9 空调控制面板

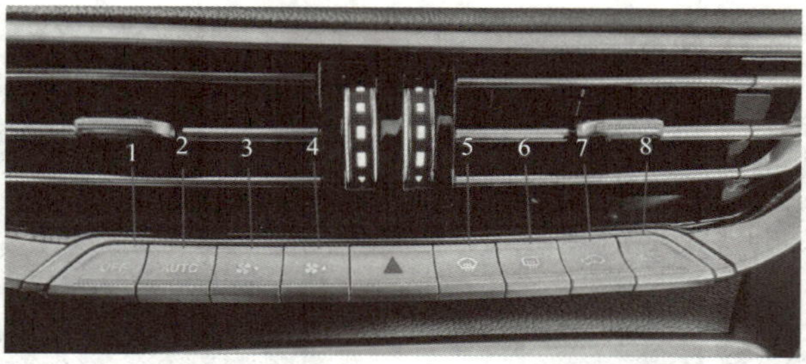

1—OFF 按键；2—AUTO 按键；3—风量设定按键(减小)；4—风量设定按键(增大)；5—前风窗强制除霜/除雾按键；6—后风窗加热按键按键；7—内/外循环按键；8—A/C 按键

图 4-8　红旗 H9 空调操作按键

五、挡位功能

红旗 H9 车型挡位如图 4-9 所示。

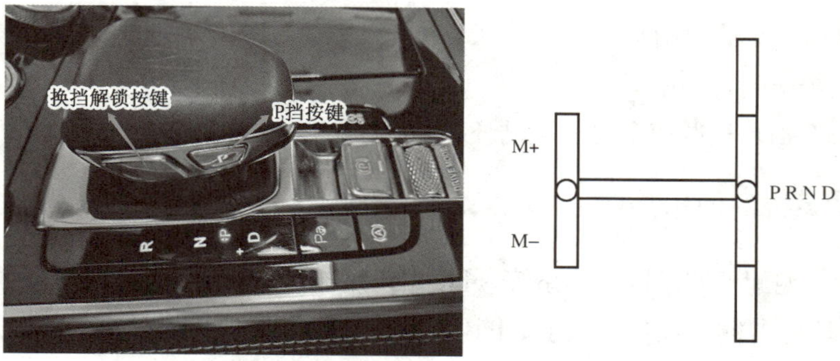

图 4-9　红旗 H9 挡位

R(倒车)挡——处于 R 挡时,车辆仅可向后移动;

N(空)挡——处于 N 挡时,变速器未锁定。在较缓坡道上停车时要踩住制动路板或施加驻车制动,否则车辆会自由滑行;

D(前进)挡——D 挡是行驶时通常使用的挡位,控制车辆向前行驶 M(手动)挡;

M(手动)挡——M 挡是手动换挡模式,仅在 D 挡时才可以切换至 M 挡,当挡位为 D 挡时向左移动换挡杆即进入 M 挡,通过移动换挡杆可在 M1~M7 之间进行升挡或降挡。

右侧轨道为自动模式,前后两个方向各有两段行程。左侧轨道为手动模式,前后两个方向各有一段行程。左右移动换挡杆可实现左右轨道切换,仅在挡位位于 D 挡时,才可切换到手动模式。

注:如果在非 D 挡情况下,换挡杆处于手动位置时不能换挡,需按照组合仪表提示将换杆移动到自动挡位置。

实训任务　车辆后尾灯更换

一、常用工具

序号	工具名称	图片
1	套筒工具	

二、实训目的

1. 掌握汽车内部、外部各零部件名称。
2. 能对汽车尾灯正确的拆卸与更换。
3. 能积极主动参与任务的实施,能与小组成员团结协作,能执行 5S 管理。

三、实训实施

1. 学生分组

学生分 3~6 组,每组一名组长。

2. 任务分配

(1) 组内成员进行分工。

(2) 制订拆装计划。

① 打开后备箱盖与尾灯侧面盖板;

② 断开尾灯线束插头;

③ 用套筒工具拆下尾灯固定螺母;

④ 拆下车灯,进行检查;

⑤ 更换新尾灯;

⑥ 对新尾灯进行装配。

(3) 填写任务工单并总结,做好 5 S 管理。

3. 作业准备

(1) 文件准备:车辆尾灯更欢工单。

(2) 场地设施:满足拆装车辆尾灯的空旷场地。

(3) 设备设施:实训车辆、零件摆放车、垃圾桶。

4. 完成任务工单

任务工单

<table>
<tr><td>工作任务</td><td>车辆尾灯更换</td><td>学时</td><td>1</td><td>组别</td><td>第______组</td></tr>
<tr><td>小组名单</td><td></td><td>班级</td><td></td><td>成绩</td><td></td></tr>
<tr><td>实训设备</td><td colspan="5">实训车 1 辆;
套筒工具、零件摆放车。</td></tr>
<tr><td>任务描述</td><td colspan="5">通过对车辆内外部零部件学习,了解车辆后尾灯的位置,采用分组讨论法,引导学生梳理车辆尾灯拆装正确流程,培养良好的职业道德、工作态度、团队协作能力和责任感。</td></tr>
<tr><td>基础认知</td><td colspan="5">1. 设计拆装流程。

2. 拆卸尾灯固定螺栓所用套筒大小?

3. 本次实训中你所承担的任务与心得体会?

</td></tr>
</table>

（续表）

<table>
<tr><td>拆装步骤</td><td colspan="2">1. 打开后备箱，拆下尾灯侧板；

2. 断开尾灯线束接头；
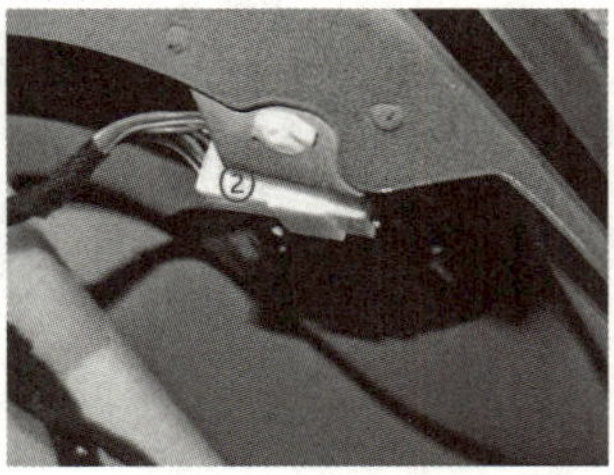

3. 用 8 号套筒拆下尾灯固定螺母；

4. 拆下后尾灯；
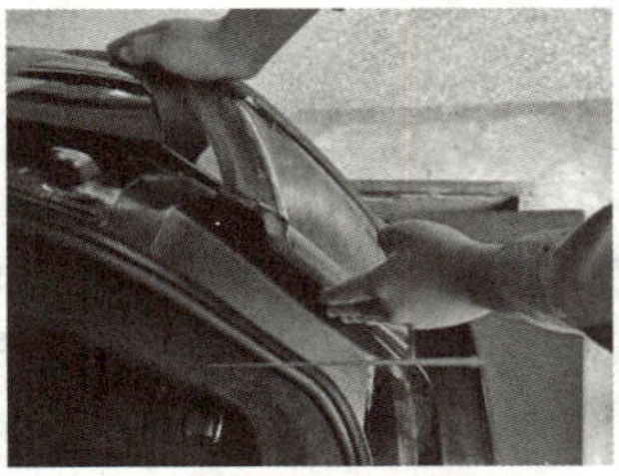
5. 安装新尾灯并调试；
6. 对新尾灯进行装配。</td></tr>
<tr><td rowspan="4">总　评</td><td>项目内容</td><td>项目反馈</td></tr>
<tr><td>任务工单完成情况</td><td></td></tr>
<tr><td>实训任务完成情况</td><td></td></tr>
<tr><td>5S 整理情况</td><td></td></tr>
</table>

任务五

汽车电气辅助系统的认识与使用

学习目标

1. 能够掌握照明系统的组成与作用。
2. 能够掌握信号系统组成与作用。
3. 能够掌握仪表类型、组成与作用。

典型工作任务

1. 进行照明系统在车上的位置识别和各种开关的操作。
2. 识读仪表系统电路。

任务分析

本任务主要学习汽车电气及辅助系统的作用、组成、结构型式。通过理论学习和实际操作，使学生掌握汽车电控设备的结构及工作原理；熟悉汽车电气及辅助系统各组成零件的结构和装配关系。

学习方式采用观看多媒体课件、相互讨论、现场教学等方式。

任务准备

汽车电气辅助系统主要向舒适、娱乐、安全保障等方面发展，汽车上的辅助电器除汽车用音响设备、通信器材和汽车电视等服务性装置外，都是一些与汽车本身使用性能有关的电器设备。汽车电气辅助系统包括照明与信号系统、电控车窗系统、中央门锁系统、电控后视镜系统、电控座椅系统、仪表、报警及电子显示系统、刮水器系统。

模块 1　汽车照明系统

为了保证汽车夜间行驶的安全，以及提高其行驶速度，在汽车上装有多种照明设备和灯光信号装置，俗称灯系，它已成为汽车上不可缺少的一部分。汽车照明系统是为了保证汽车在夜间及能见度较低的情况下安全、高速行驶，改善车内驾乘环境，便于交通安全管理和车辆使用检修等。

照明与信号系统

汽车行车时的道路照明用以保证汽车能在夜间使用和确保行车安全。前照灯应保证车前有明亮而均匀的照明，使驾驶员能看清车前 100 m 以内路面上的任何障碍物。随着高速公路的建成以及汽车行驶速度的提高，要求相应增加汽车前照灯的照明距离，现在有些汽车的前照灯照明距离为 200～250 m。另外，前照灯还应具有防止眩目的装置，确保夜间两车迎面相遇时，不使对面驾驶员因产生眩目而造成事故。

汽车倒车的特殊照明让驾驶员在夜间倒车时能看清车后的情况，顺利地完成倒车；雾天行车的特殊照明用以确保雾天行车的安全；牌照照明用于在夜间行车时，能让其他行驶车辆驾驶员和行人看清车牌号，以便于安全管理；车内照明是为驾驶员观察仪表、操纵车辆和乘员上下车等提供的照明。

一、汽车照明系统组成及要求

1. 外部照明灯

外部照明灯主要包括：前照灯，用于夜间行车的道路照明；倒车灯，装于汽车的尾部两侧（两个倒车灯）或一侧（单个倒车灯），用于夜晚倒车时车后的场地照明，通常采用发光强度为 32 cd 左右的照明灯泡；牌照灯，装于汽车尾部牌照的上方或两侧，用以照明车牌号码；雾灯，也被称为防雾灯，前雾灯装在前照灯附近或比前照灯稍低的位置，灯泡为单灯丝，光色为黄色或琥珀色，功率为 35～45 W，用于雾天、雪天、暴雨或尘土弥漫时行车的道路照明。

2. 内部照明灯

内部照明灯主要包括：仪表照明灯，装在汽车仪表面板处，用于夜间行车时照亮汽车仪表面板，使驾驶员能看清各个仪表的指示情况。其他内部照明灯还有操作开关照明灯、顶灯、阅读灯、踏步灯、门灯、行李舱灯等。

二、前照灯

前照灯俗称“大灯”，装在汽车头部两侧，用来照明车前道路，有双灯制、四灯制之分。四灯制前照灯并排安装时，装于外侧的一对应为近、远光双光束灯；装于内侧的一对应为远光单光束灯。

（双灯制是两侧大灯内各有两个灯丝，四灯制是两侧有四个大灯，一个单灯丝，一个双灯丝，灯的安装位置对上下左右有要求。）

前照灯的上缘距地面高度不大于 1.2 m，外缘距车外侧不大于 0.4 m。汽车的前照灯应

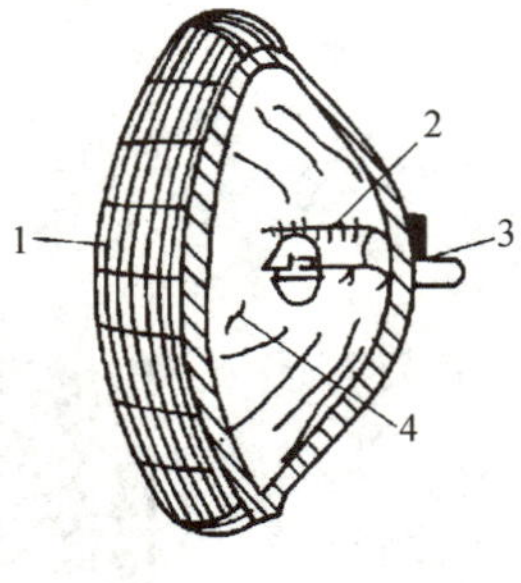

1—配光镜；2—光源；
3—插片；4—反光镜

图 5-1　前照灯的结构

有远、近光变换装置，并且当远光变为近光时，所有远光灯应能同时熄灭。

1. 前照灯的组成

汽车前照灯一般由光源（灯泡）、反光镜、配光镜（散光镜）与插片组成，如图 5-1 所示。

（1）光源

汽车前照灯使用的光源有白炽灯泡、卤钨灯泡、新型高亮度弧光灯等。灯泡的灯丝由功率大的远光灯丝和功率较小的近光灯丝组成，由钨丝制作成螺旋状，以缩小灯丝的尺寸，有利于光束的聚合。前照灯灯泡如图 5-2 所示。

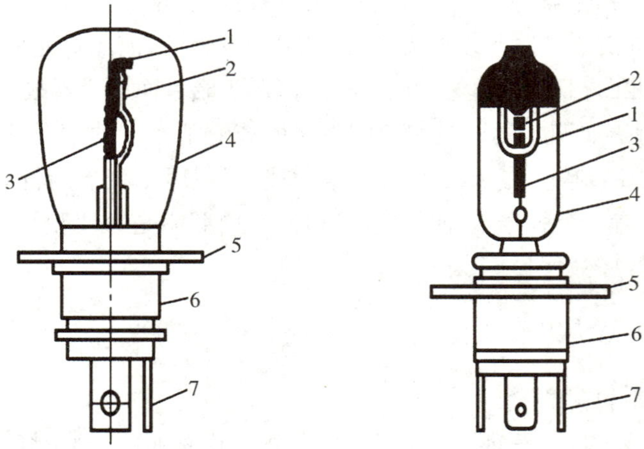

(a) 白炽灯泡　　(b) 卤钨灯泡

1、5—配光屏；2、4—近光灯丝；3、6—远光灯丝；7—泡壳

图 5-2　前照灯灯泡

（2）反光镜

反光镜一般用 0.6～0.8 mm 的薄钢板冲压而成，反光镜的表面形状呈旋转抛物面，其内表面镀银、铝或铬，然后抛光，如图 5-3 所示。由于镀铝的反射系数可以达到 94%以上，

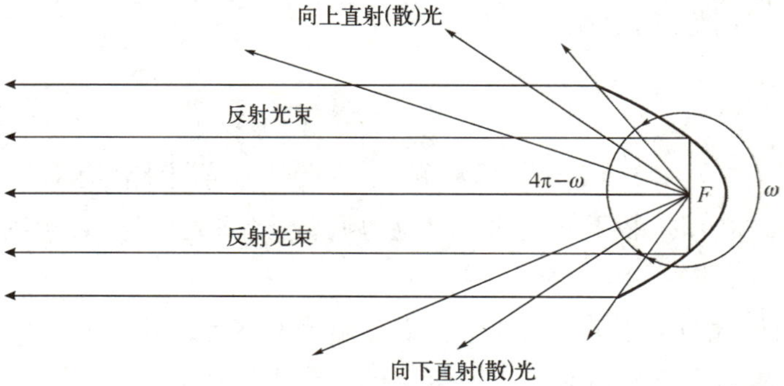

图 5-3　反光镜的作用

机械强度也较好，所以现在一般采用真空镀铝。由于前照灯灯泡灯丝发出的光度有限，功率仅 45～60 W。如无反射镜，那只能照清汽车灯前 6 m 左右的路面。而有了反射镜之后，使前照灯照距可达到 150 m。

(3) 配光镜

配光镜又称散光玻璃，由透光玻璃压制而成，是多块特殊棱镜和透镜的组合，外型一般为圆形和矩形，如图 5-4(a)所示。其作用是将反射镜反射出的光束进行散射和折射，以扩大光线的照射范围，使车前 100 m 以内的路面有良好而均匀的照明，如图 5-4(b)和图 5-4(c)所示。

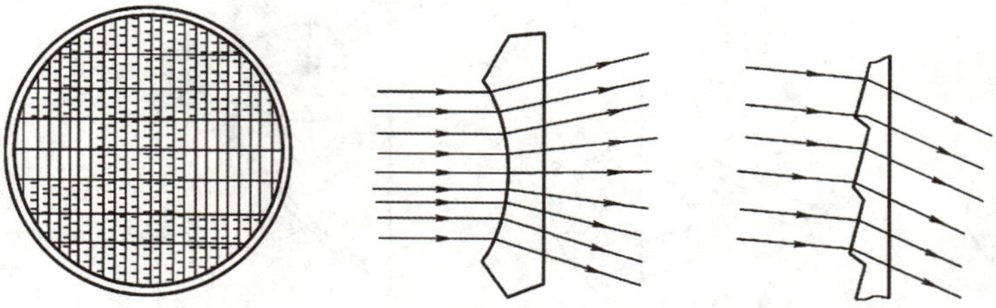

(a) 配光镜外观　(b) 散射作用　(c) 折射作用

图 5-4　配光镜的散射和折射作用

2. 前照灯的分类

前照灯按结构形式可分为半封闭式和全封闭式两种类型。半封闭式前照灯气密性差，反射镜易受湿气和尘埃污染而降低反射能力，严重降低照明效果，目前很少采用，如图 5-5 所示。全封闭式前照灯又称真空灯，反射镜的镜片为镀铝，如图 5-6 所示。

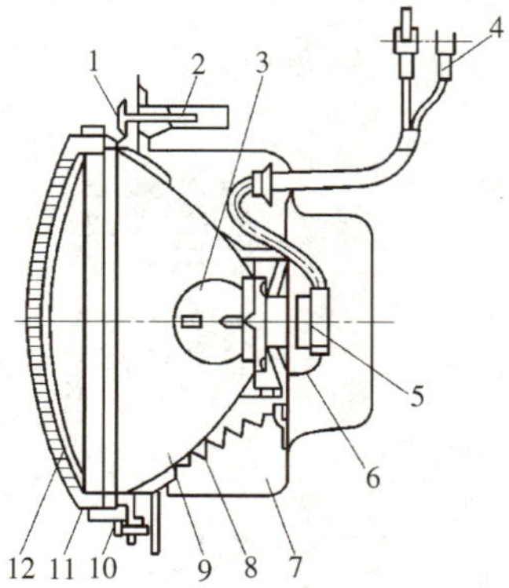

1—调整螺栓；2—调整螺母；3—灯泡；4—接线片；5—插座；6—防尘罩；7—灯壳；8—拉紧弹簧；9—反射镜；10—调整圈；11—固定圈；12—配光镜

图 5-5　半封闭式前照灯的结构

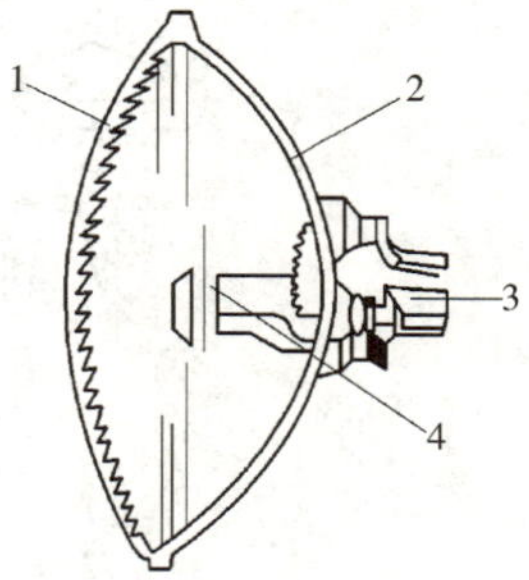

1—近光灯丝；2—远光灯丝；3—配光屏；4—配光镜

图 5-6　全封闭式前照灯的结构

3. 前照灯的防眩目

(1) 普通双丝灯泡

远光灯丝位于反光镜旋转抛物面的焦点，而近光灯丝位于焦点的上方，如图 5-7 所示。

当对面来车时，使用近光灯，由于光线较弱，经反射后的光线大部分射向车前的下方，所以可避免使对面驾驶员眩目。

(2) 具有配光屏的双丝灯泡

当使用近光灯时，遮光罩能将近光灯丝射向反射镜下部的光线遮挡住，无法反射，增强防眩目效果，目前这种双丝灯泡广泛使用在汽车上，如图 5-8 所示。

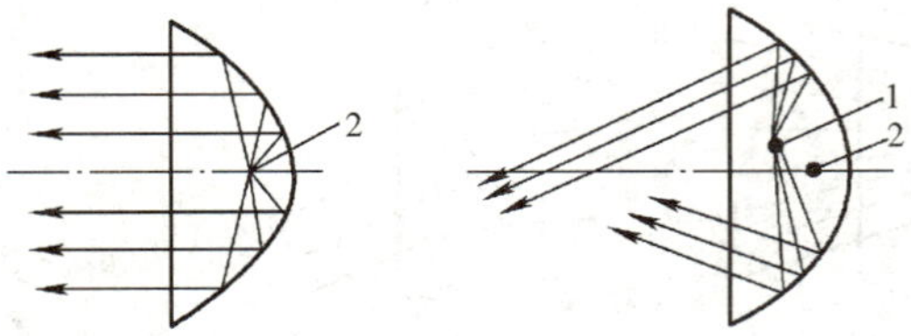

(a) 远光灯　(b) 近光灯

1—近光灯丝；2—远光灯丝

图 5-7　普通双丝灯泡照射情况

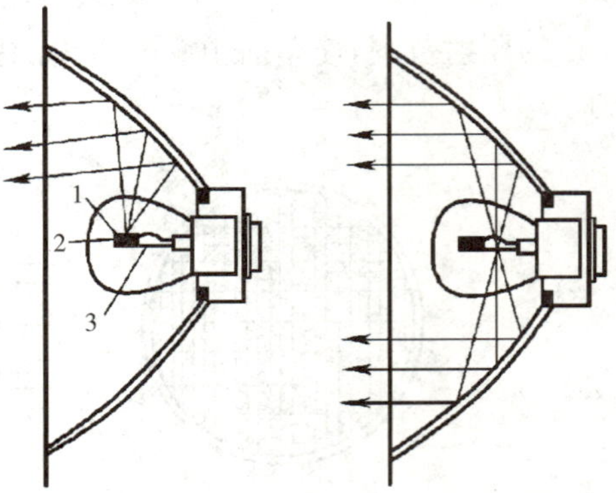

(a) 近光灯　(b) 远光灯

1—近光灯丝；2—遮光罩；3—远光灯丝

图 5-8　带遮光罩的双丝灯泡

(3) 非对称式配光的双丝灯泡

如图 5-9(a)所示为安装时将遮光罩区别于标准型偏转一定的角度，使其近光的光形分布不对称，将近光灯右侧光线倾斜升高 15°，如图 5-9(b)所示。为防止对面来车驾驶员与非机动车人员眩目，Z 形光形是目前较先进的光形，如图 5-9(c)所示。

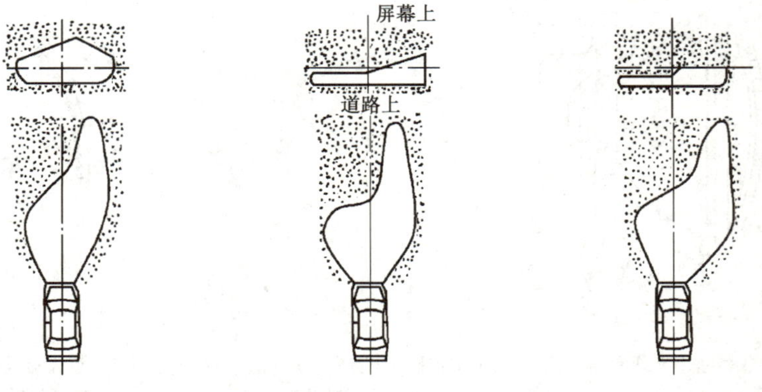

(a) 标准型　(b) 非对称型　(c) Z 形

图 5-9　非对称配光屏双丝灯光形

4. 前照灯的控制电路

为了提高汽车夜间行驶的速度，确保行车安全，不少汽车上采用了前照灯电子控制装置，对前照灯进行自动控制。常用的控制装置有：前照灯自动变光器、前照灯状态控制装置、前照灯昏暗自动发光器、前照灯关闭自动延时器等。

（1）典型控制电路

当前照灯、前小灯、后位灯或其线路中发生搭铁故障时，熔断器立即熔断，如图 5-10 所示。

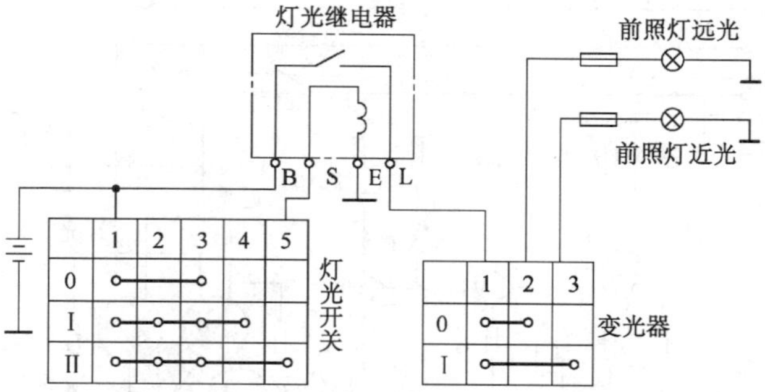

图 5-10　前照灯典型控制电路的基本组成

（2）前照灯延时关闭控制电路

前照灯延时关闭控制电路可使前照灯在电路被切断后，仍继续点亮一段时间后自动熄灭，为驾驶员离开黑暗的停车场所提供照明，如图 5-11 所示。

（3）提醒关灯电路

白天忘记关灯，提醒驾驶员在停车时及时关闭车灯。在行车时开灯，由于点火开关在接通状态，V 的基极电位高而保持截止，蜂鸣器不会通电发声，如图 5-12 所示。

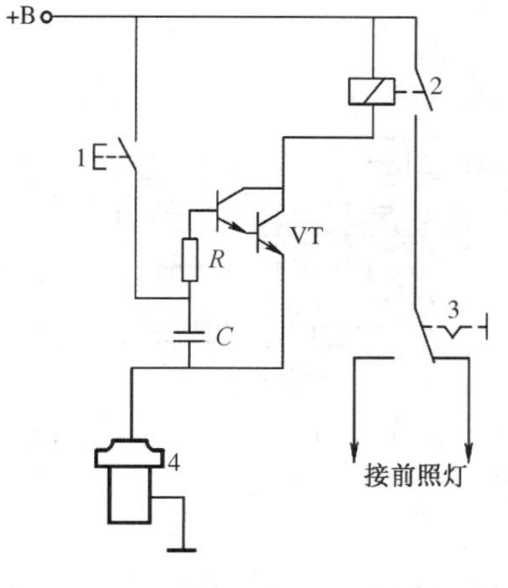

1—前照灯延时按钮；2—延时控制继电器；
3—变光开关；4—机油压力开关

图 5-11　前照灯延时关闭控制电路的基本组成

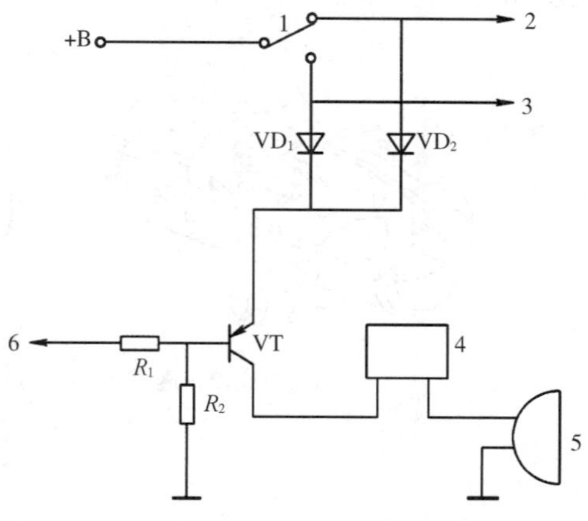

1—灯开关；2—接前照灯；3—接其他照明灯；
4—蜂鸣器控制器；5—蜂鸣器；6—接点火开关

图 5-12　提醒关灯电路的基本组成

（4）前照灯自动变光器电路

前照灯自动变光器使汽车在夜间行车时能自动进行远、近光切换，以保证会车时的行车安全，如图 5-13 所示。使用该变光器电路，在夜间两车相对行驶相距 150～200 m 时，对方的灯光照射到自动变光器上，就立即自动变远光为近光，从而有效地避免了远光给对面驾驶员带来的眩目，待两车相会后，变光器又自动变近光为远光。自动/手动变光转换开关可以让驾驶员选择自动或手动变光，在自动变光器失效的情况下，通过此开关仍可以实现人工操纵变光。

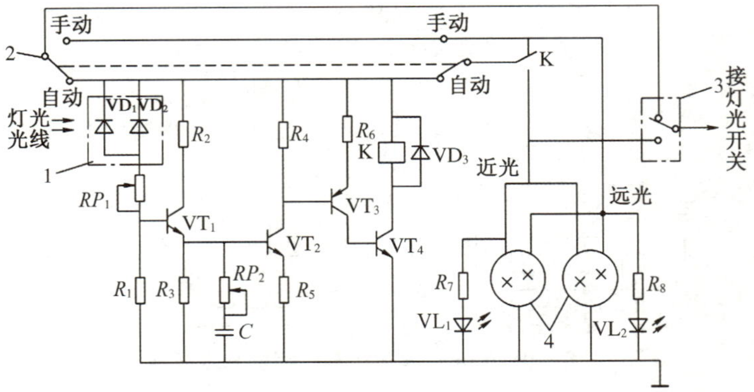

1—灯光传感器；2—自动/手动变光转换开关；3—变光开关；4—前照灯

图 5-13　前照灯自动变光器电路的基本组成

5. 照明系统新技术

(1) 氙气灯

在抗紫外线水晶石英玻璃管内填充多种化学气体，如氙气等惰性气体，然后再透过增压器将车载 12 V 电源瞬间增至 23 000 V，在高电压下，氙气会被电离并在电源两极之间产生光源，其结构如图 5-14 所示。

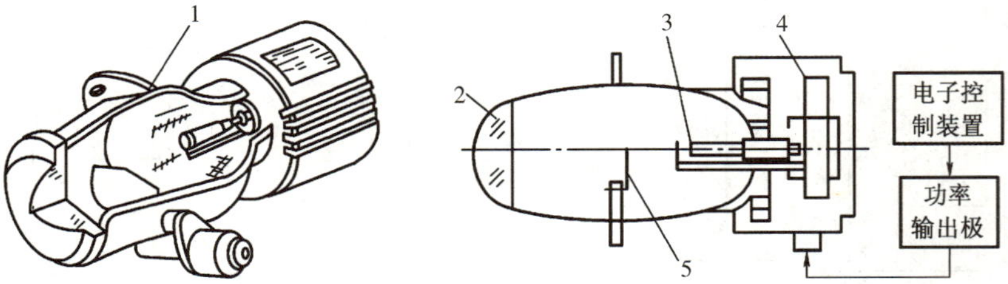

1—总成；2—透镜；3—弧光灯；4—引燃及稳弧部件；5—遮光板

图 5-14　氙气灯的结构

氙气灯的性能优点：亮度高，一般的 55 W 卤素灯只能产生 1 000 lm 的光，但 35 W 氙气灯能产生 3 200 lm 的强光，亮度提升 300%；寿命长，HID 氙气灯利用电子激发气体发光，无钨丝，因此寿命较长，约为 3 000 h，而卤素灯的寿命只有 500 h；节电性强，氙气灯只有 35 W，而其亮度在 55 W 卤素灯的 3.5 倍以上，大大减轻汽车电力系统的负荷，电力损耗节省 40%；色温范围适宜，其色温范围为 4 300～12 000 K，6 000 K 接近日光，而卤素灯只有 3 000 K，光色暗淡发红；输出恒定，安全可靠，当汽车的供电系统和电池出现故障时，镇流器会自动关闭停止工作。氙气大灯出现故障时往往是逐渐变暗，而不是突然不亮，可以给驾驶者以反应时间。

（2）发光二极管车灯

发光二极管（LED）是能发光的半导体电子元件。20 世纪 90 年代初期，有些新型的汽车仪表上开始采用发光二极管，主要用于充电指示灯、发动机转速显示等。20 世纪 90 年代中期，开始利用 LED 做高位制动灯，转向指示灯等，并在汽车上得到广泛应用。LED 车灯的优点：寿命长，一般可达几万乃至 10 万 h；高效率、低能耗；电能利用率高达 80%以上；光线质量高，基本上无辐射；结构简单，抗震性能好；亮灯响应速度快（纳秒级），适用于移动速度快的物体；适用低电压工作；占用体积小，设计者可以随意变换灯具模式，令汽车造型多样化。

（3）随动转向前照灯

随动转向前照灯能使汽车大灯随行驶状况的变化而实时变化，将会出现具有 10～15 种不同光束的大灯，相对行驶速度和路面而“随机应变”，如图 5-15 所示。例如当方向盘转向时，会有传感器立即探明车辆要转弯，电脑接到信息后立即发指令指挥大灯内的活动组灯，随方向盘的角度变化来更改灯光的投射角度。

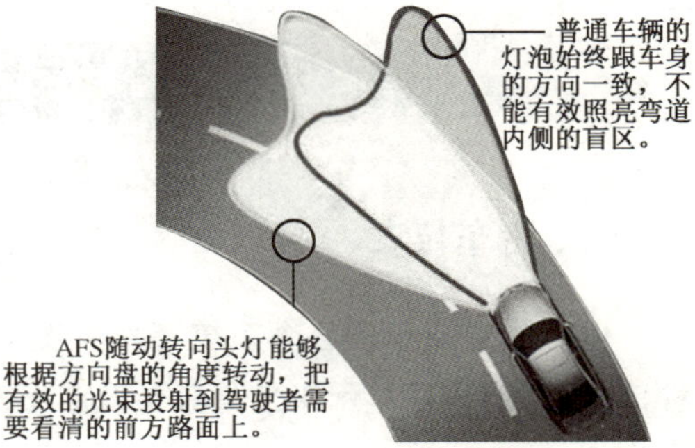

图 5-15　随动转向前照灯

三、其他照明系统

远光灯会使对面车辆和行人眩目，法律规定城市街道不允许开启远光灯。仪表盘上有远光指示灯，提醒驾驶员远光灯已经开启。超车时，所谓的超车灯是利用手柄将远光灯短时开启，手柄开关闭合时远光灯亮，松手后远光灯熄灭。

前雾灯，装于汽车前部比前照灯稍低的位置，用于在雨雾天气行车时道路的照明，功率为 45～55 W，光色为橙色或黄色。后雾灯用于保证雾天高速行驶的汽车向后方车辆或行人提供本车位置信息，以降低交通事故发生率，光色为红色。雾灯不但受雾灯开关控制，其电源电路还受车灯开关控制。

常见内部灯具有顶灯、阅读灯、行李厢灯、门灯、踏步灯、仪表照明灯、报警及指示灯和工作灯等。

① 顶灯：轿车及载货车一般仅设一只顶灯，除用作车室内照明外，还可兼起监视车门是否可靠关闭的作用。在监视车门状态下，只要还有车门未可靠关紧，顶灯就发亮。功率一般为 5～15 W，公共汽车顶灯有向荧光灯发展的趋势。

② 阅读灯：装于乘员席前部或顶部，聚光时乘员看书不会给驾驶员产生眩目现象，照明范围较小，有的还有光轴方向调节机构。

③ 行李厢灯：装于轿车或客车行李厢内，当开启行李厢盖时，灯自动发亮，照亮行李厢内空间。功率为 5 W。

④ 门灯：装于轿车外张式车门内侧底部，开启车门时，门灯发亮，以告示后来行人、车辆注意避让。功率为 5 W，光色为红色。

⑤ 踏步灯：装在大中型客车乘员门内的台阶上。夜间开启乘员门时，照亮踏板。

⑥ 仪表照明灯：装在仪表面板反面，用来照明仪表指针及刻度板，功率为 2 W。仪表照明灯一般与示位灯、牌照灯并联。有些汽车仪表照明灯发光强度可调节。

⑦ 报警及指示灯：常见的有机油压力报警灯、水温过高报警灯、充电指示灯、转向指示灯、远光指示灯等，报警灯一般为红色、黄色，指示灯一般为绿色或蓝色。

⑧ 工作灯：车辆维修时可以移动使用的一种随车低压照明工具，电源来自汽车发电机或蓄电池。功率一般为 20 W，常带有挂钩或夹钳，插头有点烟器式和两柱插头式两种。

模块 2　汽车仪表和信号系统

一、汽车仪表

仪表系统

仪表是反映车辆各个系统工作状况的装置，不仅能迅速、准确地处理各种信息，还能通过显示来使驾驶员及时了解汽车运行状态并妥善处理各种状况汽车。

组合仪表主要有机油压力表、水温表、发动机转速表、燃油表、车速里程表等。按工作原理分为机械式仪表、电气式仪表、模拟电路电子式仪表以及数字式仪表。按安装形式分为组合式仪表和分装式仪表。

仪表系统主要由机油压力表、水温表、燃油表、车速里程表和发动机转速表等组成。

现代汽车大多采用组合仪表，组合仪表一般有面罩、边框、表芯、印制电路板、插接器、报警灯、指示灯及仪表灯等部件组成，有些仪表还带有电源稳压器和报警蜂鸣器。不同汽车的组合仪表中的仪表个数不同。

1. 机油压力表

机油压力表是指示发动机润滑系统主油道内机油压力的大小，以防因缺机油而造成拉缸、烧瓦的重大故障发生。其由机油压力传感器和机油压力指示表两部分组成。常见的有电热式、电磁式和动磁式三种。最常用的为电热式机油压力表。

电热式机油压力表也称双金属片式机油压力表，其基本结构如图 5-16 所示。

当油压降低时，传感器膜片变形小，触点压力小，闭合时间短，打开时间长，变化频率低，电路中平均电流小，双金属片弯曲变形小，指针偏摆角度小，指向低油压；反之，当油压升高时，指针偏摆角度大，指向高油压。发动机低速运转时，机油压力不应小于 0.15 MPa，发动机高速运转时，机油压力不应超过 0.5 MPa。正常压力应为 0.2～0.4 Mpa。

2. 冷却液温度指示表

冷却液温度表用来检测和显示发动机冷却液的温度。其由温度指示表和冷却液温度

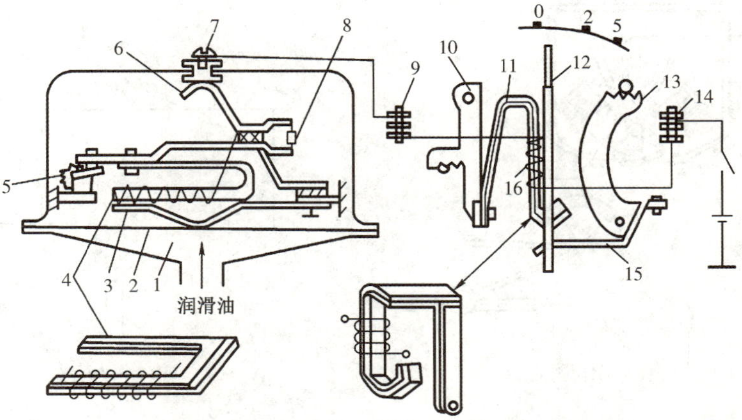

1—油腔；2—膜片；3—弹簧片；4、11—双金属片；5—调节齿轮；6—接触片；7—机油压力传感器接线柱；8—校正电阻；9、14—机油压力表接线柱；10、13—调节齿扇；12—指针；15—弹簧片；16—加热线圈

图 5-16　机油压力表及机油压力传感器的基本结构

传感器组成。温度指示表分为双金属片式和电磁式。冷却液温度传感器分为双金属片式和热敏电阻式。双金属片式温度指示表和冷却液温度传感器的工作原理与机油压力表相同。电磁式冷却液温度指示表与热敏电阻式传感器组合使用。

电磁式冷却液温度指示表内有两个互成一定角度的铁芯，铁芯上分别绕有磁化线圈，其中磁化线圈 L_2 与冷却液温度传感器串联，磁化线圈 L_1 与冷却液温度传感器并联，两个铁芯的下端设置带指针的偏转衔铁，如图 5-17 所示。

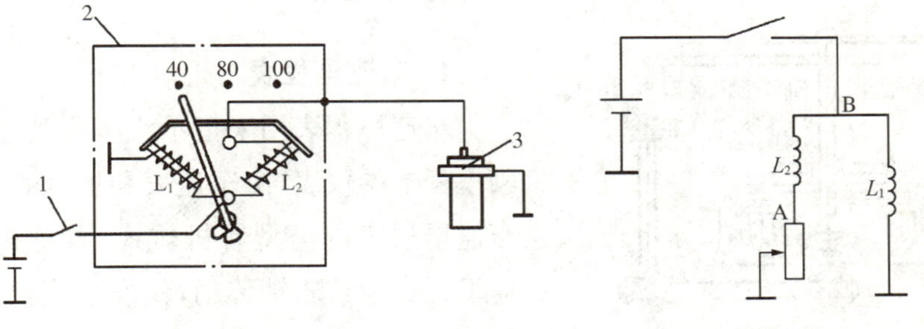

(a) 工作原理　　(b) 等效电路

1—点火开关；2—电磁式冷却液温度指示表；3—热敏电阻式传感器

图 5-17　电磁式冷却液温度指示表与热敏电阻式传感器组合使用的工作原理

3. 燃油表

燃油表用来指示汽车燃油箱内储存的燃油量。燃油表由燃油指示表和油箱内的传感器两部分组成。燃油表有电磁式和动磁式，传感器均为可变电阻式。

(1) 电磁式燃油表

浮子随油面的高低而改变位置，从而改变电阻大小，如图 5-18 所示为电磁式燃油表。

(2) 动磁式燃油表

动磁式燃油表没有铁芯，磁滞性小，指示精度高。油面低时，左线圈磁场强，右线圈磁场弱，指针左偏，如图 5-19 所示。

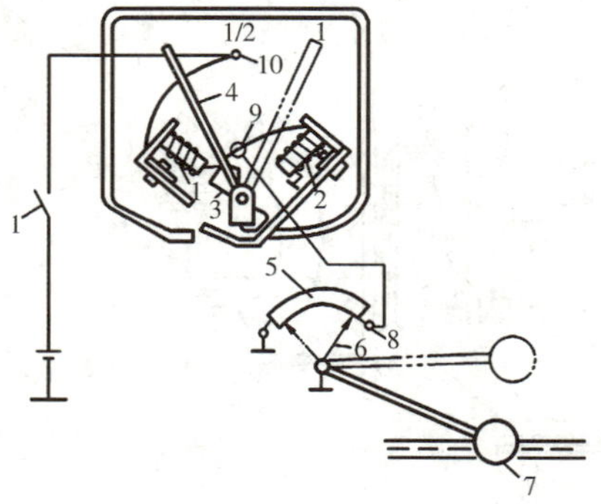

(a) 工作原理

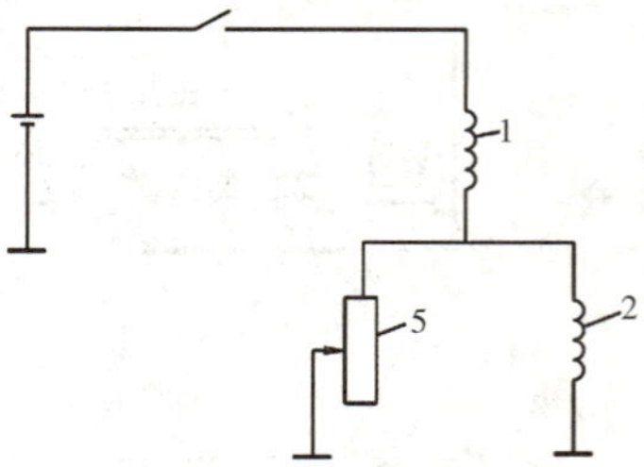

(b) 等效电路

1—左线圈；2—右线圈；3—转子；4—指针；5—可变电阻；6—滑片；
7—浮子；8—传感器接线柱；9、10—燃油表接线柱

图 5-18　电磁式燃油表

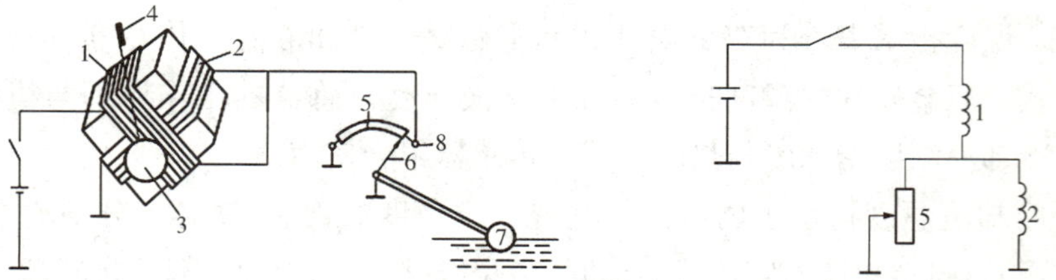

1—左线圈；2—右线圈；3—永久磁铁转子；4—指针；5—可变电阻；6—滑片；7—浮子；8—传感器接线柱

图 5-19　动磁式燃油表

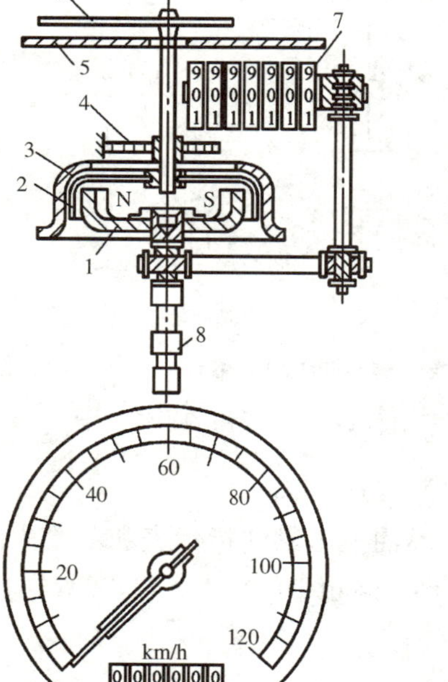

1—永久磁铁；2—铝罩；3—罩壳；4—盘形弹簧；
5—刻度盘；6—指针；7—里程表数字轮；8—主动轴

图 5-20　机械式车速里程表结构

4. 车速里程表

车速里程表用来指示汽车行驶速度和累计行驶里程数的仪表，由车速表和里程表两部分组成。车速里程表的类型有机械式、电子式。电子式车速里程表无须软轴传动，仪表示值较为稳定，在现代汽车上使用较多。

（1）机械式车速里程表

磁感应式车速里程表也称永磁式车速里程表，其结构如图 5-20 所示。

（2）电子式车速里程表

电子式车速里程表主要由车速传感器、电子电路、车速表和里程表四部分组成。其中车速传感器由变速器驱动，能够产生正比于汽车行驶速度的电信号。车速传感器由一个舌簧开关和一个含有八对磁极的转子组成，如图 5-21 所示。

电子电路的作用是将车速传感器传来的具有

一定频率的电信号，经整形、触发，输出一个与车速成正比的电流信号。该电子电路主要包括稳压电路、恒流电源驱动电路、64 分频电路和功率放大电路，如图 5-22 所示，车速表上是一个磁电式电流表。

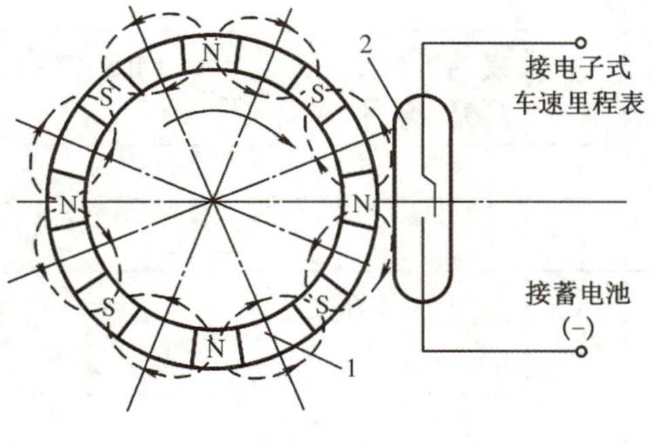

1—塑料环；2—舌簧开关

图 5-21 舌簧开关式车速传感器结构

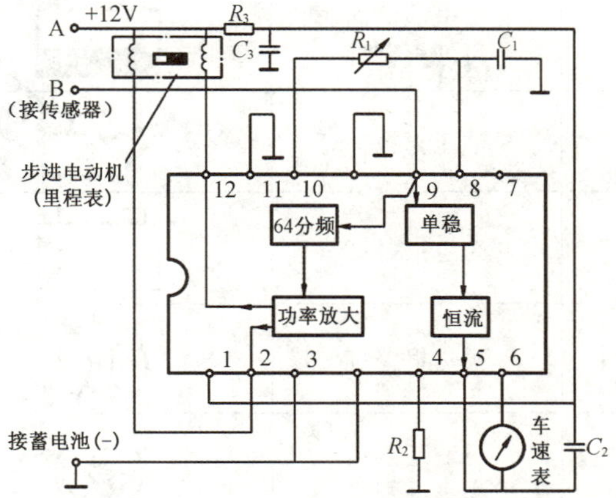

图 5-22 奥迪 100 型轿车电子式车速里程表电路

里程表由数字轮和步进电动机组成。数字轮是一个 6 位数字的 10 进位齿轮计数器。步进电动机是一种脉冲电流驱动，按步转动且转动步长恒定的特殊电动机。

5. 发动机转速表

发动机转速表用于显示发动机的转速，驾驶员可根据发动机转速表的示值监视发动机的工作状况，更好地把握换挡时机和利用经济车速等。

电子式转速表获取转速信号的方式有三种：取自点火系统、发动机的转速传感器或发电机。

柴油机的转速信号源于安装在发动机飞轮壳上的电磁感应式转速传感器或与发动机曲轴连接的测速发电机。汽油发动机电子式转速表大多是用点火系统的初级电路为触发信号。

发动机转速表的原理为当点火控制器使一次侧电路导通时，三极管 VT 处于截止状态，电容 C_2 被充电。当点火控制器使初级电路截止时，三极管 VT 的基极得到正电位而导通，此时 C_2 放电，从而驱动电流表，如图 5-23 所示。

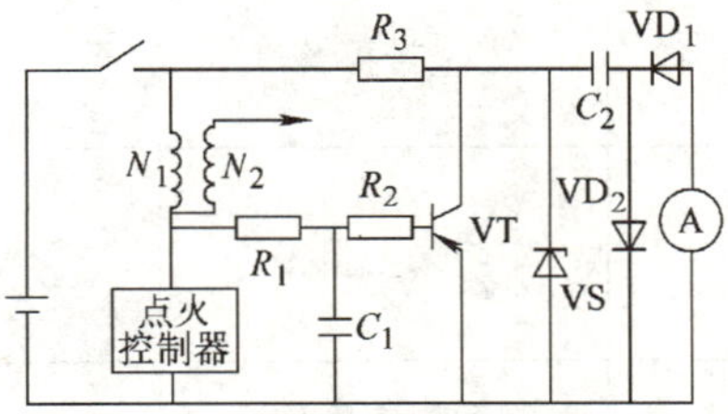

图 5-23 桑塔纳轿车电子式发动机转速表电路原理

当发动机工作时，点火系统初级电路不停的导通与截止，电容 C_2 不停地充放电。因为初级电路通断的次数与发动机转速成正比，所以电流表中电流平均值与发动机转速成正比，从而可用电流平均值标定发动机的转速。

二、指示报警灯系统

指示报警灯通常安装在仪表上，灯泡功率一般为 1～4 W，在灯泡前设有滤光片，使报警灯发出红光或黄光，滤光片上通常有标准图形符号，常见的报警灯图形符号见表 5-1。

表 5-1　常见的报警灯及作用

序号	名称	图形	颜色	作用
1	蓄电池液面过低报警灯	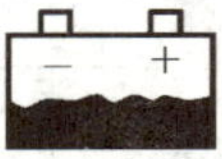	红	蓄电池的液面比规定量低时,灯亮
2	机油压力报警灯		红	发动机机油压力在 0.03 MPa 以下时,灯亮
3	充电报警灯	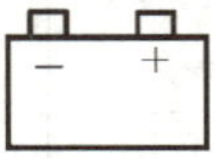	红	硅整流发电机不发电时,灯亮
4	预热报警灯	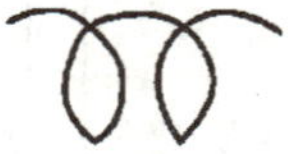	黄	点火开关闭合时灯亮,预热结束时灯灭
5	燃油滤清器积水报警灯		红	燃油滤清器内积水时灯亮
6	远光指示灯		蓝	使用前照灯远光时灯亮
7	散热器液量不足报警灯		黄	散热器的液量比规定的少时灯亮
8	转向指示灯	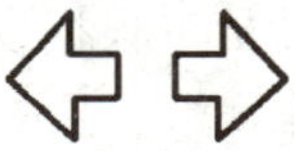	绿	开转向灯时灯亮
9	驻车制动器报警灯	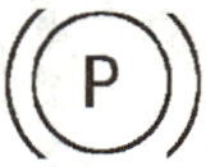	红	驻车制动器起作用时灯亮
10	车轮制动器失效报警灯		红	制动器失效时灯亮
11	燃油不足报警灯		黄	燃料余量约在 10 L 以下时,灯亮
12	安全带报警灯		红	不管是否装上安全带扣,发动机起动后约 7 s 灯灭
13	车门未关报警灯		红	车门打开或半开时灯亮
14	制动灯或后位灯失效报警灯		黄	制动灯或后位灯断路时灯亮
15	冷却液温度过高报警灯		红	冷却液温度过高报警灯灯亮
16	安全气囊报警灯		黄	安全气囊失效时灯亮

（续表）

序号	名称	图形	颜色	作用
17	制动防抱死失效报警灯		红	ABS 电控部分有故障时灯亮
18	发动机故障报警灯		红	发动机电控系统有故障时灯亮

1. 机油压力过低报警灯

机油压力过低警告灯作用是在发动机润滑系统机油压力低于允许值时，点亮报警灯，以提醒驾驶员。机油压力报警装置主要由报警开关和报警灯及其线路组成，如图 5-24 所示。

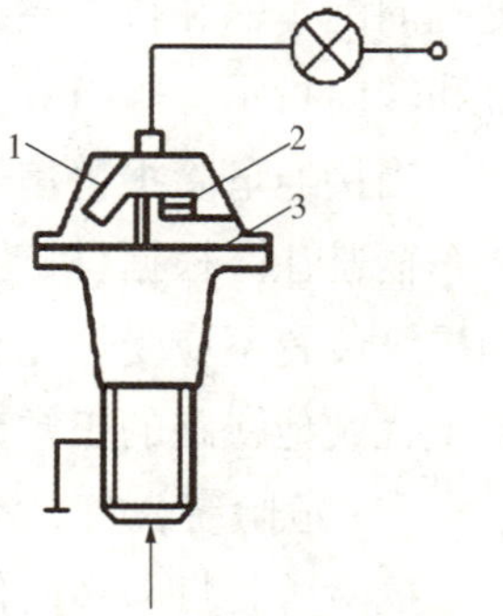

1—弹簧片；2—触点；3—膜片；4—润滑主油道机油压力

图 5-24　膜片式机油压力报警开关控制电路

2. 燃油量不足报警灯

燃油量不足报警灯用于指示油箱内燃油已快耗尽，以提醒驾驶员及时加油。燃油量不足报警灯电路由仪表板上的报警灯和安装在油箱内的液面传感器组成，制动液面不足报警灯控制电路如图 5-25 所示。

3. 冷却液温度过高报警灯

冷却液温度过高报警灯用于发动机过热报警。冷却液温度过高报警灯控制电路由仪表板上的温度报警灯和安装于发动机缸体冷却水道处的温度开关组成，其报警开关为双金属片式温度开关，如图 5-26 所示。

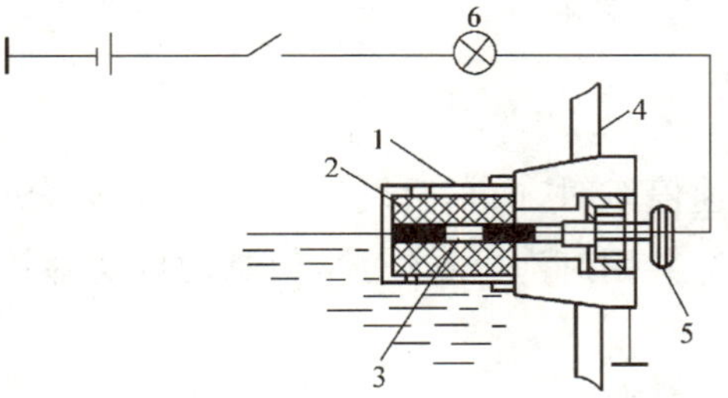

1—舌簧开关外壳；2—接线柱；3—舌簧开关；4—永久磁铁；5—浮子；6—制动液面；7—制动液面不足报警灯；8—点火开关

图 5-25　制动液面不足报警灯控制电路

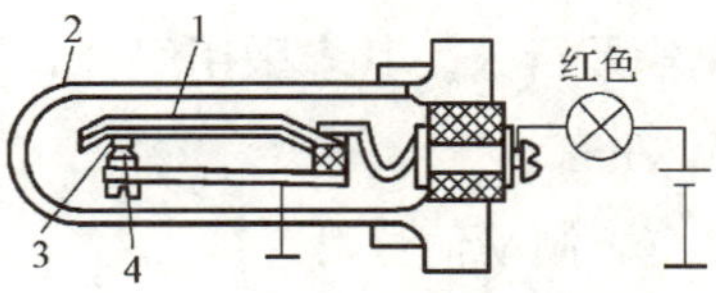

1—双金属片；2—壳体；3—动触点；4—静触点

图 5-26　冷却液温度过高报警灯控制电路

三、信号系统

以指示其他车辆或行人的灯光信号标志，称为信号灯。

信号灯也分为外信号灯和内信号灯，外信号灯指转向指示灯、危险警告灯、示宽灯、尾灯、制动灯、制动信号灯、倒车灯，内信号灯泛指仪表板的指示灯，主要有转向、机油压力、充电、制动、关门提示等仪表指示灯。

(1) 转向信号灯

转向信号灯简称转向灯，由转向开关控制。在汽车起步、超车、转弯和停车时，左侧或右侧的转向灯会发出明暗交替的闪光信号，以示汽车改变行驶方向。汽车的转向信号灯大都采用高橙色，功率一般为 20 W，闪烁频率一般为 60～95 次/min。

转向信号系统一般由转向信号灯、转向指示灯、转向开关和闪光器(电控单元)等组成。

转向信号系统要求转向信号灯应具有一定的频闪，亮暗时间比 3∶2 为佳。

在汽车起步、转弯、变更车道或路边停车时，需要打开转向信号灯以表示汽车的趋向，提醒周围车辆和行人注意。转向信号灯系统由闪光继电器(简称闪光器)、转向开关、转向灯和转向指示灯等组成。

当接通危险报警信号开关时，所有转向信号灯同时闪烁，表示车辆遇紧急情况，请求其他车辆避让。根据《机动车运行安全技术条件》(GB 7258—2017)规定，危险报警信号装置的操纵装置不应受灯光总开关的控制。机动车照明和信号装置的任一条线路出现故障，不应干扰其他线路的正常工作。

(2) 危险警告灯

危险警告灯与转向信号灯共用同一套灯具。当车辆在路面上遇到紧急情况处理时，按下危险警告灯开关，全部转向灯同时闪亮，提醒后方车辆避让。

(3) 示宽灯

示宽灯包括装于汽车前部两侧边缘的小灯、车后部两侧边缘的尾灯。示宽灯大多数是白色，用于标识汽车夜间行驶或停车时的宽度轮廓。

(4) 尾灯

尾灯装于汽车尾部，左右各一只。尾灯一般为红色，用于在夜间行驶时向后面的车辆或行人提供位置信息。

(5) 制动灯

制动灯装于汽车后面，用于当汽车制动或减速停车时，向车后发出灯光信号，以警示随后车辆及行人。其多采用组合式灯具，一般与尾灯共用灯泡(双丝灯)，但制动灯功率较大，20 W 左右。

(6) 制动信号灯

制动信号灯是与汽车制动系统同步工作的，它通常由制动信号灯开关控制。气压制动系统的制动信号灯通常由安装在制动系统管路中或制动网上的制动信号灯开关控制；液压制动系统的制动信号灯一般由与制动踏板直接连动的机械行程开关控制，也有采用安装在制动回路上的液压式开关来控制的。

(7) 倒车灯

倒车灯装于汽车尾部，左右各一只。倒车灯一般为白色。它用于照亮车后路面，并警示车后的车辆和行人，表示该车正在倒车，提高倒车时的安全性。倒车灯由装在变速器上的倒车灯开关控制，当选挡杆拨至倒挡时，倒车灯开关将倒车信号电路接通，倒车灯点亮。

倒车雷达系统在倒车时起辅助报警功能，使安全性大大提高。当驾驶员挂入倒挡后，倒车雷达侦测器进入自我检测。当自我检测通过后，就开始检测汽车后部障碍物，在汽车后部50 cm处检测到物体表面积为25 cm以上的障碍物，就会发出报警声，以提醒驾驶员注意。

(8) 扬声器

扬声器的作用是警示其他车辆驾驶员和行人注意安全。扬声器有气扬声器和电扬声器两种。电扬声器具有操作方便、结构简单、检修容易、声音悦耳等优点，故被广泛应用。

模块3　汽车辅助电气

一、电动刮水器、风窗洗涤器和电动座椅

1. 电动刮水器

(1) 电动刮水器的作用

电动刮水器功能是清除掉附着在挡风玻璃上的雾、霜、雨、雪、泥、尘埃及其他污物，使驾驶员具有良好的视线，保障行车安全。

(2) 电动刮水器类型

① 根据风窗刮水器的安装位置的不同分为前风窗刮水器和后风窗刮水器；

② 根据风窗刮水器的驱动机构的不同分为机械式、真空式、气压式、液压式和电动式；

③ 根据刮臂总成数量分为单刮臂、双刮臂和三刮臂式；

④ 根据刮臂的摆动方向不同分为平行连动式、对向连动式和单臂式。

(3) 电动刮水器组成

电动刮水器主要由电动机、减速机构、传动机构(包括、曲柄、连杆和摆杆)、刮水片和控制装置组成。此外，还包括开关、间歇继电器等附属件，如图5-27所示。

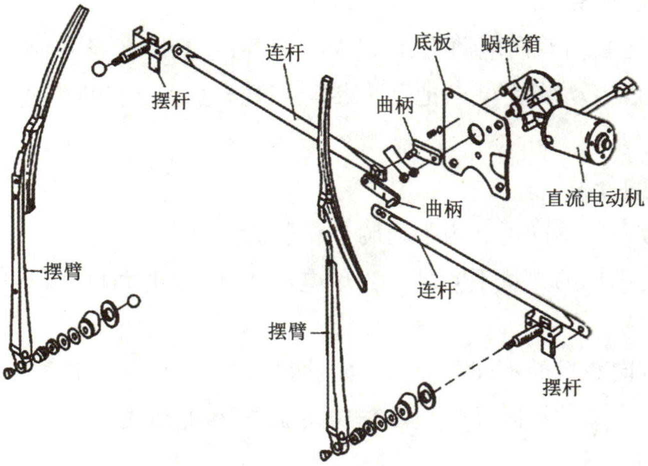

图5-27　电动刮水器的组成

2. 风窗洗涤器

(1) 风窗洗涤器的组成

为了更好地消除附在风窗玻璃上的污垢，汽车在设计了风窗洗涤器，配合刮水器进行工作，保证驾驶员有良好的驾驶视野。

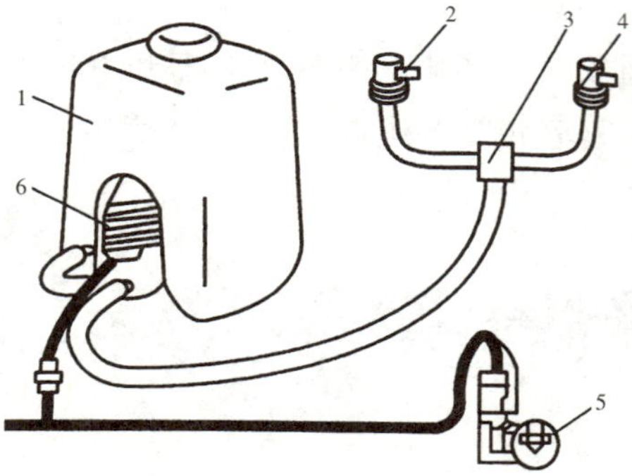

1—洗涤液罐；2—喷嘴；3—三通接头；
4—软管；5—喷水开关；6—洗涤泵

图 5-28 风窗洗涤器的组成

风窗洗涤器主要组成为洗涤液罐、喷嘴、三通接头、洗涤泵、软管及刮水开关等，如图 5-28 所示。

(2) 风窗洗涤器使用维护

在选择洗涤剂时要保证洗涤液清洁，以免堵塞喷嘴，应根据不同的天气温度选择合适的温度的洗涤液，选择不正确会造成管路和储液罐损坏。

喷嘴的喷射方向可以调整，可以使喷嘴喷出的洗涤液更好的清洁风窗玻璃。如喷嘴堵塞可以用细针进行疏通。洗涤泵的连续工作时间最好不要超过一分钟。

3. 电动刮水系统使用

为了满足不同情况下的使用，刮水器控制开关一般并设有低速(LO)、高速(HI)、空挡(OFF)、间歇(INT)、喷水刮水(PULL)及点动刮水档(MIST)共 6 个挡。

在进行元件更换时，要注意洗涤剂加注位置。在对雨刮片的更换要注意与车辆要求型号保持一致。

4. 电动座椅

(1) 电动座椅的作用

电动座椅是指以电动机为动力，通过传动装置和执行结构来调整座椅的各种位置，使驾乘人员乘坐舒适的座椅。电动座椅和手动座椅的主要区别是调整装置以及调整的功能不同。

(2) 电动座椅的组成

电动座椅一般主要由双向电动机、传动装置和控制电路(包括控制开关)组成。双向电动机用于产生动力，传动装置可以把动力传至座椅，通过控制开关实现座椅不同位置的调节。

(3) 电动座椅的分类

① 根据调节方向的不同可分为手动调节和电动调节；

② 根据使用电动机的数量不同可分为单电动机式、双电动机式、三电动机式和四电动机式等；

③ 根据调节方向数目的不同可分为两向、四向、六向、八向和多向可调；

④ 根据按照动力源的不同又分为真空式、液压式和电动式。

(4) 电动座椅的使用

电动座椅可以实现加热、通风和按摩，控制面板如图 5-29 所示。

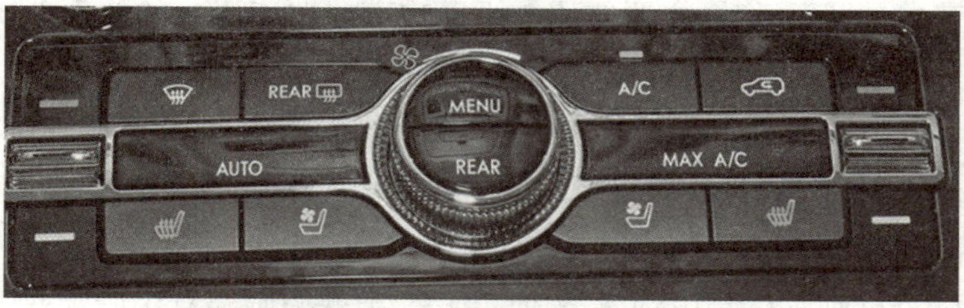

图 5-29 电动座椅功能的控制面板

电动座椅的调节面板如图 5-30 所示。

二、车窗升降及后视镜系统

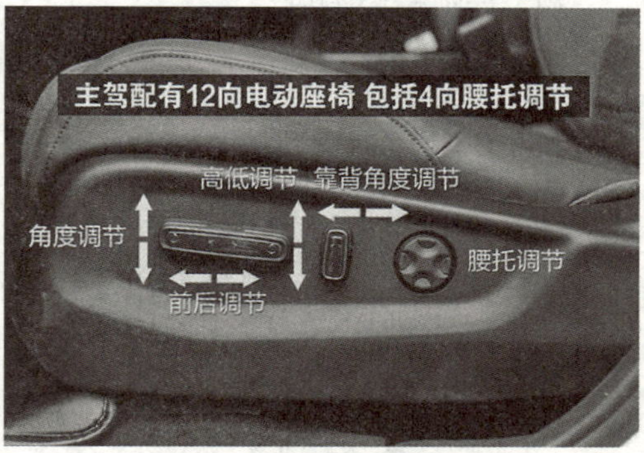

图 5-30 电动座椅的调节面板

1. 车窗作用

① 保证车内驾驶员及乘客的视野，确保安全；

② 确保车身流线和曲面连续，减小空气阻力；

③ 前风窗用多层加胶玻璃保证乘客安全；

④ 当车辆发生意外时，方便乘客逃生；

⑤ 车窗升降便于自然通风。

2. 车窗升降系统的组成

车窗升降系统主要由车窗玻璃、车窗玻璃升降器、电动机、继电器和控制开关等组成。其中电动机一般采用双向转动永磁电动机，驾驶乘员通过车窗开关控制电动机正反转，电动机带动升降器驱动玻璃升降，如图 5-31 所示。

车窗玻璃升降器一般由操纵机构（摇臂或电动控制系统）、传动机构、玻璃升降机构（升降臂）、玻璃托架及止动弹簧、平衡弹簧组成。玻璃升降器的基本工作路线：操纵机构→传动机构→升降机构→玻璃托架。其中平衡弹簧用以平衡玻璃的重力，当车窗下降时螺旋弹簧收缩吸收能量；当车窗上升时螺旋弹簧伸展而释放能量，以减轻电动机的负荷。故无论车窗上升或下降，操纵机构的负荷都基本相同。

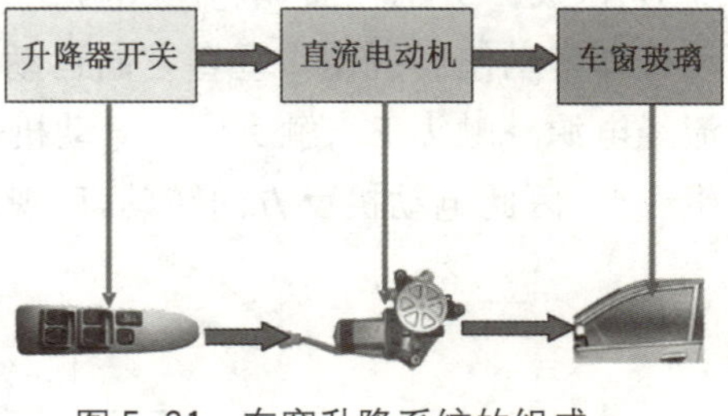

图 5-31 车窗升降系统的组成

3. 车窗玻璃升降器的类型

车窗玻璃升降器根据升降机构不同分为绳轮式、叉臂式、软轴式。其中绳轮式和交臂式电动车窗升降机构使用较为广泛。

臂式玻璃升降器的传动机构为齿轮齿板啮合传动，除齿轮外其主要构件均为板式结构，加工方便，成本低。但由于其采用悬臂式支承结构及齿轮齿板机构，故工作阻力较大，且臂式升降器基本是平面运动，主要应用与平面玻璃或曲率不大的曲面玻璃，目前臂式玻璃升降器主要应用于载货汽车。

软轴式电动机的输出部分小齿轮与一根软轴上的齿条啮合，软轴装在轴套内且与传动掣相连接。电动机驱动小齿轮旋转来带动软轴在轴套内移动，从而使传动掣在导轨中上下运动，达到升降玻璃的目的。

该玻璃升降器软轴主体是由钢丝绕成的弹簧，弹簧内圆穿有多股钢丝绳，在钢丝绳上缠绕高出表面 2 mm 的羊毛，并涂以润滑脂，以降低齿轮与弹簧啮合时的摩擦力。在弹簧外圈上套有导向管，以保证弹簧式软轴的运动轨迹和运动顺畅。

4. 后视镜的组成及工作原理

（1）后视镜的组成

后视镜主要由永磁式电动机、传动机构和控制开关等组成。每个后视镜有两套电动机，由电动后视镜开关进行操纵，其中一个电动机用于后视镜水平方向的转动，另一个电动机用于后视镜垂直方向的转动，如图 5-32 所示。

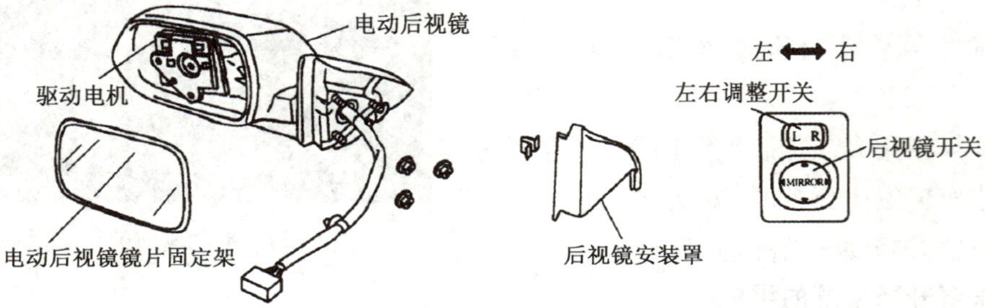

图 5-32 电动后视镜的组成

（2）后视镜的工作原理

电动后视镜控制系统的基本原理如图 5-33 所示。当控制开关向下扳时，触头 B 与触头 D、C 及 E 分别相通，电流经电源→触头 E→触头 C→电动机→触头 B→触头 D→接地，电动机即转动使后视镜作垂直方向运动；当开关向上扳时，触头 B 与 E，C 与 D 分别接触，电流经电源→触头 E→触头 B→电动机→触头 C→触头 D→接地，由于流过电动机的电流发生改变，因此电动机反方向转动，后视镜做水平方向运动，如图 5-33 所示。

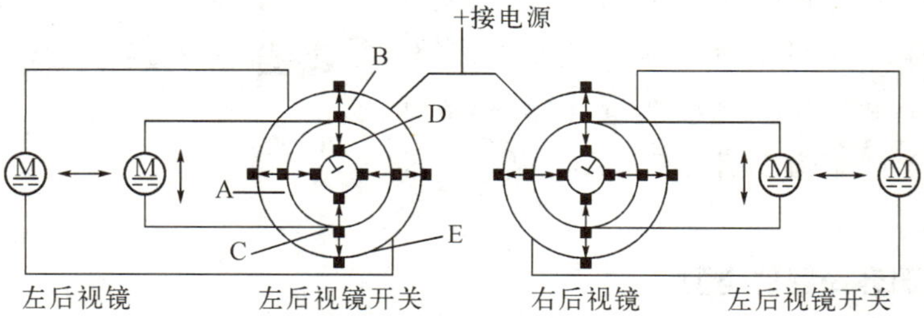

图 5-33　电动后视镜的工作原理

5. 电动后视镜的功能和使用

车辆外侧左右的后视镜，是一项重要的安全配置，有手动调节和自动调节两种，目前市面上多数车型都配备了电动调节外后视镜，除此之外还有电动折叠、后视镜记忆、后视镜加热、倒车自动下翻、锁车自动折叠、自动防眩目等，如图 5-34 所示。

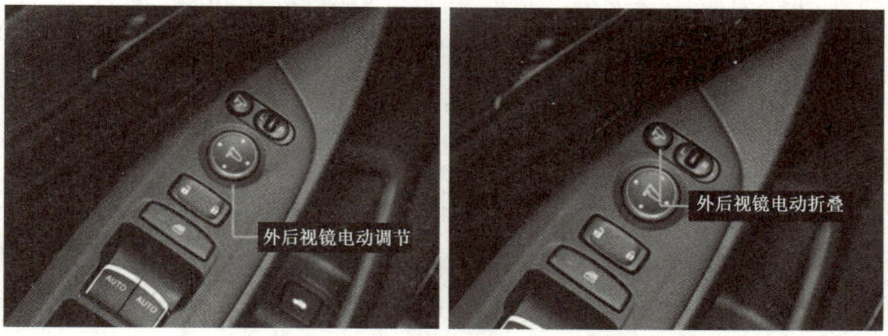

图 5-34　电动后视镜的控制台

三、汽车空调系统

1. 汽车空调系统的功能

（1）调节车内温度

汽车空调利用制冷装置和加热装置调节车内空气温度。

（2）调节车内的湿度

采用冷暖一体化空调器才能对车内的湿度进行适量的调节，它通过制冷装置冷却降温去除空气中的水分，再由采暖装置升温以降低空气的相对湿度。在汽车上目前还没有安装加湿装置，只能通过打开车窗或通风设施，靠车外新风来调节。

（3）调节车内的空气流动

空气的流速和方向对人体舒适性影响很大。夏季，气流速度稍大，有利于人体散热降温，但过大的风速直接吹到人体上，会使人感到不舒服。舒适的气流速度一般为 0.25 m/s 左右。冬季，风速大了会影响人体保温，因而冬季采暖希望气流速度尽量小一些，一般为 0.15～0.20 m/s。根据人体生理特点，头部对冷比较敏感，脚部对热比较敏感，因此，在布置空调出风口时，应让冷风吹到乘员头部，暖风吹到乘员脚部。

（4）过滤净化车内空气

由于车内空间小，乘员密度大，车内极易出现缺氧和二氧化碳浓度过高的情况。汽车发动机废气中的一氧化碳和道路上的粉尘、野外有毒的花粉都容易进入车内，造成车内空气污浊，影响乘员的身体健康，因此必须要求汽车空调具有补充车外新鲜空气、过滤和净化车内空气的功能。

2. 汽车空调系统的特点及要求

（1）空调系统的特点

汽车空调的制冷热负荷较大，包括通风换气热负荷、传导热负荷、辐射热负荷、乘员热负荷。制冷压缩机要由汽车发动机来驱动；制冷性能受发动机转速影响；冷凝压力偏高；制冷剂容易泄漏；其流量变化范围较大。

(2) 对汽车空调系统的要求

根据国家标准,要保证汽车空调在任何条件下,车厢内部都具有舒适的温度和气流平均速度;控制机构和操纵机构要灵活、方便、可靠;零部件要求可靠、体积小、质量轻、安装维修方便;应具有快速制冷和快速采暖的能力;空调工作时,对汽车的动力性和经济性的影响要尽可能小;汽车空调在汽车上的结构布局要紧凑合理,零部件安装要有防振措施。

(3) 对空调制冷剂的要求

要求空调制冷剂与冷冻机油互溶,不起化学反应,不改变润滑油的特性;不易燃烧,不易爆炸;无毒、无刺激性,不腐蚀金属和橡胶件;在蒸发器内容易蒸发,蒸发温度低。蒸发压力应该稍高于大气压力;冷凝压力不宜太高;制冷剂在高温下不易分解,化学性质稳定。

制冷剂 R12(CF_2Cl_2 二氯二氟甲烷),制冷剂 R12 具有很好的热力学、物理化学和安全性质,无色、气味很弱,只有一点芳香味,毒性小,不燃烧、不爆炸,在标准大气压下,温度在 -29.8℃时开始蒸发为气体。制冷剂 R12 对天然橡胶和塑料有膨润作用,制冷剂 R12 系统使用的密封材料应为耐腐蚀的丁氰橡胶或氯醇橡胶。制冷剂 R12 对大气臭氧层有破坏作用,有使全球变暖的温室效应,被蒙特利尔议定书列为第一批禁用物质。R134a 与 R12 相近的热力性质,安全性好,无色、无味、不燃烧,不爆炸化学性能稳定,无腐蚀性,不破坏大气层,蒸汽压力 -26.48℃。

3. 空调系统的组成

空调系统的组成包括制冷系统、加热系统、通风系统、操纵控制系统、空气净化系统。

4. 汽车空调系统的工作原理

汽车空调系统的工作原理如图 5-35 所示。

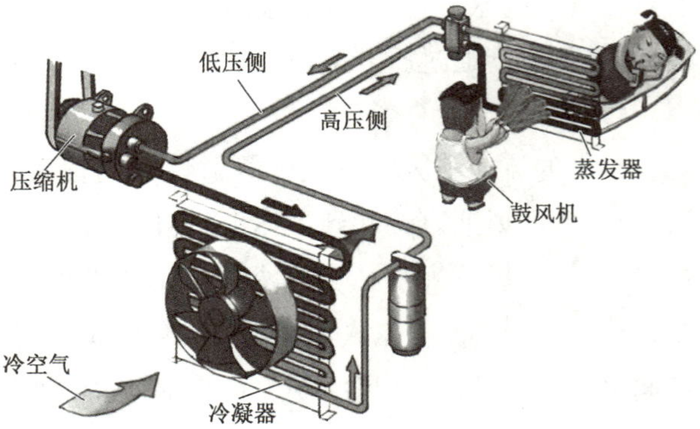

图 5-35　汽车空调系统的工作原理

(1) 压缩过程

在压缩过程中压缩机将从蒸发器低压侧(0℃、0.15MPa)的低温低压气态制冷剂压缩成高温高压气态制冷剂(70～80℃,1.5 MPa),送往冷凝器冷却降温。

(2) 冷凝过程

在冷凝过程中送往冷凝器里过热气态制冷剂受到到空气冷却,冷凝过程的后,制冷剂变成中温(约 40℃,1.0～1.2 MPa)过冷液态制冷剂,流经冷凝器的空气温度上升。

(3) 膨胀过程

在膨胀过程中,冷凝后的液态制冷剂经过膨胀阀后体积增大,其压力和温度急剧下降,变成低温、低压(-5℃,0.15 MPa)的湿蒸气,进入蒸发器中迅速吸热蒸发。

(4) 蒸发过程

在蒸发过程中,湿蒸气(-5℃、0.15 MPa)不断吸收热量而汽化,转变成气态制冷剂(0℃,0.15 MPa),使流过蒸发器的空气温度下降。

四、汽车防盗系统及音响系统

1. 汽车防盗系统作用

汽车防盗系统的目标是必须达到使偷盗者放弃偷盗汽车的企图。理想的防盗装置应能使偷盗者不能开动汽车，并能发出一种报警信号。警报一般以灯光闪烁与发生报警形式发出，警报发生后持续时间约为 1 min，但发动机起动电路直到车主用车钥匙打开汽车门锁之前都始终处于断路状态。

2. 汽车防盗系统分类

① 按照机械式汽车防盗系统分为轮胎锁、方向盘锁、变速挡杆锁，如图 5-36 所示。

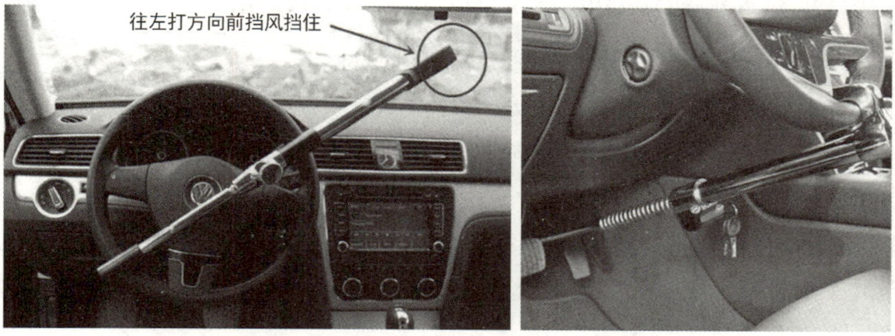

图 5-36　机械式防盗系统安装位置

② 按照电控式汽车防盗系统分为只安装电控中央门锁和报警装置的防盗系统；装有电控中央门锁和红外监控的防盗系统；装有电控中央门锁、超声波传感器、倾斜传感器监控的防盗系统；电子止动防盗系统（防盗点火锁）。

3. 汽车防盗系统组成及工作原理

随着电子技术的发展，在轿车上电子门锁应用也越来越广泛。汽车电子防盗系统是在原有中央门锁的基础上加设了防盗系统的控制电路，以控制汽车移动的同时并报警。电子防盗是目前较为理想的防盗装置。第一代电子式防盗产品现在还是市场的主流产品之一。车主通过遥控器来控制汽车，但车辆的真实状况却无法反馈回车主。

（1）组成

汽车防盗系统由汽车遥控钥匙、防盗天线、车身控制模块 BCM、发动机控制模块 ECM、网络线、报警装置等组成。

（2）工作原理

当电子式防盗系统起动（激活）之后，如有非法移动汽车，打碎玻璃，破坏点火开关锁芯，拆卸轮胎和音响，非法打开车门、燃油箱加注口盖、行李箱门或非法接通点火开关等，防盗系统均会立即报警。报警的方式有灯光闪烁、警笛长鸣、发射电波报警。有些车型在报警的同时切断起动机电路、切断燃油供给、切断点火系统、切断喷油控制电路、切断发动机 ECU 接地电路，甚至切断变速器控制电路，从而使汽车发动机不能起动和运转，变速器不能换挡，使汽车处于完全瘫痪的状态。有些车型在报警的同时切断起动机电路、切断燃油供给、切断点火系统、切断喷油控制电路、切断发动机 ECU 接地电路，甚至切断变速器控制电路，从而使汽车发动机不能起动和运转，变速器不能换挡，使汽车处于完全瘫痪的状态。

第二代可视防盗产品最早在韩国出现，与第一代相比更为直观，不仅可以使车主遥控车辆，还能将车辆状态传递给车主，让车主知道汽车现实情况，具有被盗报警、寻车防抢等功能。当车有异动报警时，如有一侧的车门被开启或车窗玻璃被破坏等，遥控器上的液晶显示器会显示汽车遭遇的状况。同时遥控有效距离比第一代防盗器远，可分为两类，一类为 100 m 左右，另一类为 400～500 m，但反馈信息距离却可以达到 1 000 m。

4. 汽车音响的特点

(1) 外形体积受到限制

汽车音响的体积规定为 183 mm×50 mm×153 mm，汽车音响一般使用高密度贴装元件，采用多层立体装配方式。

(2) 采用蓄电池低压直流供电

汽车音响采用蓄电池低压直流供电，这样电压变化将直接影响汽车音响的功率输出，所以要求汽车音响线路的阻抗尽量小。

(3) 抗干扰能力强

在整个汽车电器中，发动机的点火装置以及各种电器设备对汽车音响的信号输入产生很大干扰。

(4) 具有夜间灯光照明

为了方便夜间操作，汽车音响都设有透光照明按键，用内部光源照明各个按键的操作字符和旋钮的位置等。

(5) 配用功率大、阻抗小、体积小的扬声器

与汽车音响配用的扬声器的阻抗多为 4 Ω，口径一般在 102～152 mm。

(6) 防盗

某些汽车音响有防盗功能，其类型有两种，一是在被盗时汽车音响的主要部分变为不可拆卸，或强行拆下即损坏，通常利用电磁铁及其他机械锁定装置；二是设定密码，当驾驶员设定密码并进入防盗状态后，音响系统被拆下重新使用时必须输入驾驶员设定的密码，这种音响系统可较容易地拆下，但密码不正确时，音响系统不工作。

(7) 输出特征

部分高档汽车音响还具有多功能液晶显示屏，线路输出(LINEOUT，可接大功率汽车音响功放)端口，还有激光唱机输入(CDIN)端口，遥控电源等。

5. 汽车音响的组成

汽车音响的组成包括天线、接收装置、音源与媒体、激光唱片、线材、功率放大器及扬声器等。

6. 汽车音响的新技术

① 执行语音指令；

② 采用数字调谐技术；

③ 采用全逻辑控制的磁带放音机芯；

④ 多片连续播放式汽车 CD 唱机；

⑤ 新型的数字磁带录音机/数码盒式录音机汽车音响。

五、汽车安全气囊

1. 汽车安全气囊的作用

安全气囊是辅助安全系统(Supplemental Restraint System，SRS)。统计结果表明，当汽车发生正面碰撞时，胸部以上受伤的概率达 75%以上。所以 SRS 主要是为保护驾驶员和乘员的头部和颈部而设计的，并成为轿车的标准配置，如图 5-37 所示。

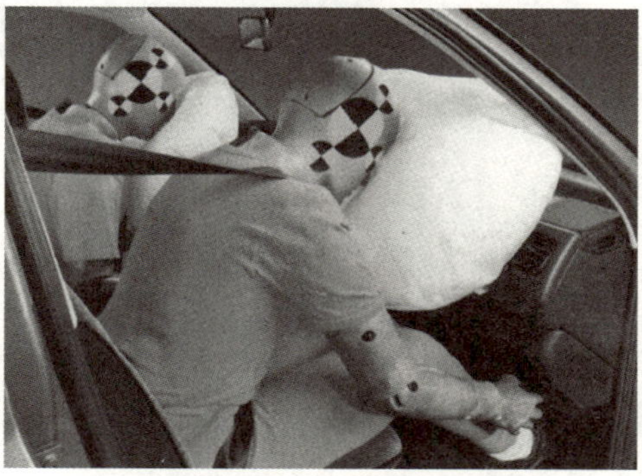

图 5-37　安全气囊的保护

安全气囊需要配合安全带一起使用才能做到对乘员保护。根据有关机构统计，在所有可能致命的车祸中，如果正确使用安全带，可以挽救约 45%的驾乘人员生命；如果同时使用安全气囊，这一比例将上升到 60%。

2. 汽车安全气囊的类型

按照气囊的数量分为单气囊系统、双气囊系统和多气囊系统。按充气装置点火系统分为电子式与机械式。按保护对象的不同分为驾驶员防撞安全气囊；前排乘员防撞安全气囊；后排乘员防撞安全气囊；侧面防撞安全气囊。

3. 汽车安全气囊的组成

汽车安全气囊的组成如图 5-38 所示。

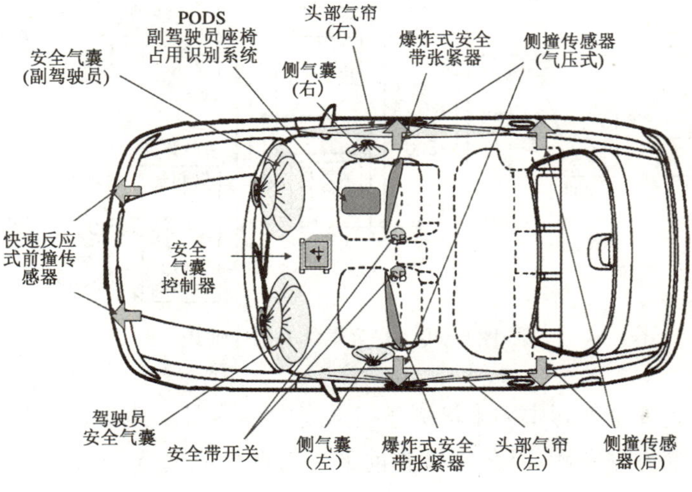

图 5-38　安全气囊的组成

安全气囊的组成：碰撞传感器、气囊组件(SRS 气囊、点火器、气体发生器)、指示灯(SRS 指示灯)、电控装置(ECU)等。安全气囊的安装位置如图 5-39 所示。

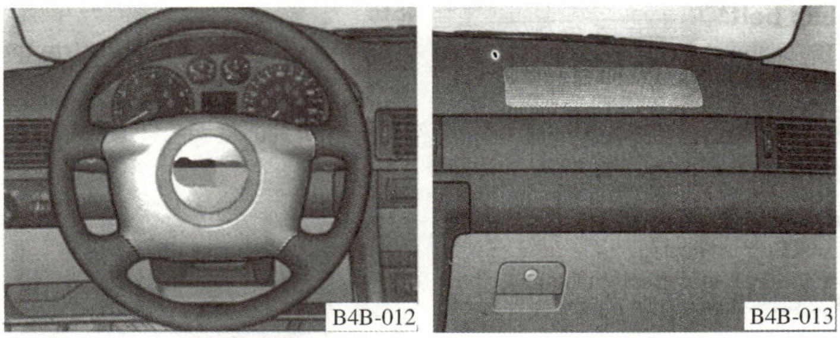

图 5-39　安全气囊的安装位置

4. 汽车安全气囊的工作原理

当传感器开关启动后，控制线路即处于开始工作状态，并借助侦测回路来判断是否真有碰撞发生。如果信号是同时来自两个传感器，才会使安全气囊开始作用。由于汽车的发电机及蓄电池通常都处于车头易损部位，因此，安全气囊控制系统都具有自备的电源以确保安全气囊的正常工作。汽车的安全性分为主动安全和被动安全。主动安全是指汽车防止发生事故的能力；被动安全是指在事故发生时汽车保护乘员的能力。安全气囊属于被动安全。

在判定施放安全气囊正确后，控制回路便会将电流送至点火器，接着瞬时快速加热，将内含的氮化钠推进剂点燃。同时点火器总成中的金属网罩可冷却快速膨胀的气体，随即气囊可由设计好的小排气口排气，以发挥逐渐缓冲功能，并避免在车身仍继续移动时阻碍碰撞的实现。根据试验数据，安全气囊必须在汽车发生碰撞后 0.01 s 内处理器开始工作，0.03 s 内点火装置启动，0.05 s 内高压气体进入气囊，0.08 s 内气囊向外膨胀，0.11 s 内气囊完全胀大，之后，驾驶员才会撞上气囊。通过一定的程序可以将故障码从 PCM 中读出，如图 5-40 所示。

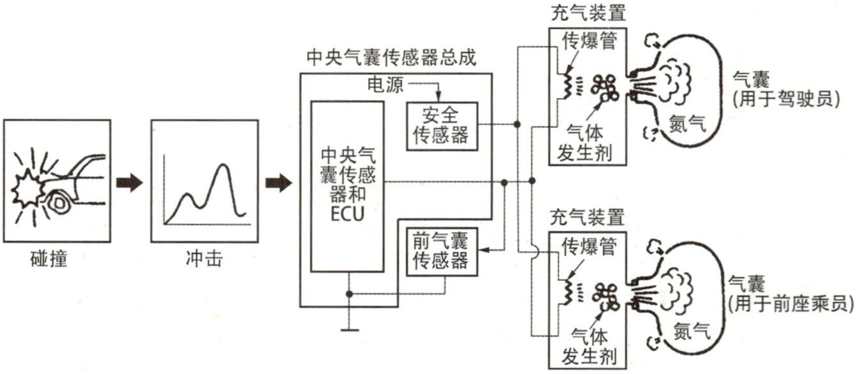

图 5-40　安全气囊的工作原理

碰撞传感器是安全气囊中用来检测碰撞强度的传感器。其安装位置依厂家设计而定，一般安装在汽车前方左右侧，以分别检测前方左右两侧纵向 30°范围内的撞击。碰撞传感器种类很多，有偏心锤式、应变片式、水银开关式、永久磁铁式等。

中央传感器装在中央控制器内，用来感测发生高速冲撞信息，并将其输送到电子控制器，引爆气囊电雷管，使气囊张开。

安全传感器用来防止系统在非冲撞状况引起气囊误动作，装在中央控制器内。

实训任务　汽车雨刷片更换

一、实训目的

1. 了解雨刷器的工作原理及雨刷片何时需要更换。
2. 掌握雨刷片的更换方法。
3. 能积极主动参与任务的实施，能与小组成员团结协作，能执行 5S 管理。

二、实训实施

1. 学生分组

学生分 3～4 组，每组一名组长。

2. 任务分配

（1）根据任务进行组内分配，分别进行不同项目的实操，比如拆卸雨刷、保护前风挡玻璃以及安装雨刷等。

（2）小组队员进行轮换实操。

3. 作业准备

（1）领取实训设备；

（2）各小组人员分工；

（3）查验实训设备。

4. 完成任务工单

任务工单

工作任务	多功能方向盘的使用	学时	2	组别	第______组
小组名单		班级		成绩	
实训设备	雨刷片				
任务描述	通过任务驱动法让学生掌握雨刷片更换方法，培养良好的职业道德、工作态度、团队协作能力和责任感。				
基础认知	1. 下图中雨刷控制器上面的五个挡位分别代表什么？ 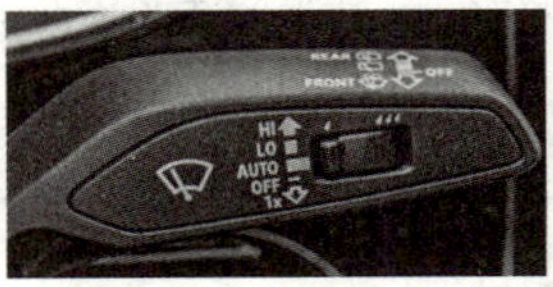 ____________________ ____________________ ____________________				

（续表）

<table>
<tr><td>基础认知</td><td colspan="2">2. 雨刷片分为__________、__________和__________。
3. 雨刷器根据安装位置的不同分为__________和__________。
4. 雨刷片应在何时进行更换？
____
____
______________________________</td></tr>
<tr><td>雨刷片更换的具体步骤及注意事项</td><td colspan="2">1. 在更换雨刷片前，应检查是否需要跟换，如果雨刷片表面出现破损开裂等现象应需要更换，如果雨刷片在工作时出现异响应及时更换，如果雨刷片在工作时，在风挡玻璃上留下弧形水印应需要更换，如果雨刷片在工作时出现大面积的水停留在风挡玻璃时应需要更换；
2. 准备好一对需要更换的雨刷片和车用毛巾；
3. 将雨刷臂抬起后，找到雨刷片锁止键，用手扣开，如左下图所示；
4. 打开锁止键后，将雨刷片向上或向下推，将雨刷片和雨刷臂完全脱离，如右下图所示；
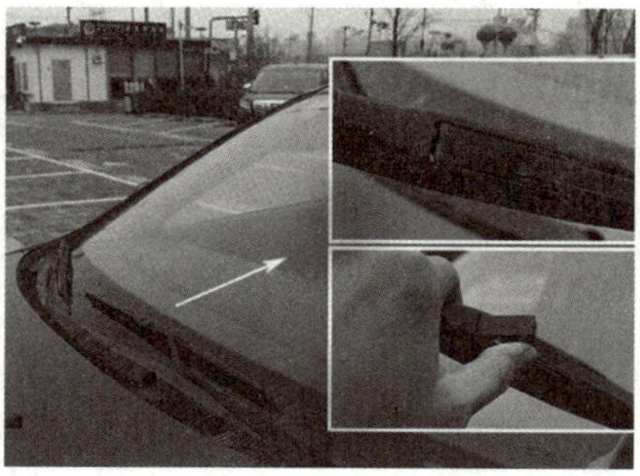 
5. 用毛巾将雨刷臂头包住，并放回原位，如下图所示；

6. 拿出新的雨刷片进行安装，安装过程为逆向重复拆卸过程即可。</td></tr>
<tr><td rowspan="4">总　评</td><td>项目内容</td><td>项目反馈</td></tr>
<tr><td>任务工单完成情况</td><td></td></tr>
<tr><td>实训任务完成情况</td><td></td></tr>
<tr><td>5S 整理情况</td><td></td></tr>
</table>

任务六

新能源及智能网联汽车技术认识

学习目标

1. 掌握新能源汽车动力与传统能源汽车动力的区别；
2. 明确新能源汽车动力供给路线；
3. 了解智能网联汽车技术分类。

典型工作任务

1. 分辨电机控制器位置；
2. 分辨高压电源线电力传递路线；
3. 正确认知智能网联汽车。

任务分析

本任务主要学习智能网联新能源汽车技术。通过学习，学生能够掌握新能源汽与智能网联汽车的定义、组成及分类；能正确分辨车辆类型；熟悉智能网联新能源汽车常见结构及工作原理。

学习方式采用观看多媒体课件、动画视频、相互讨论、现场教学和自学等方式。

知识准备

新能源汽车是指采用非常规的车用燃料作为动力来源（或使用常规的车用燃料、采用新型车载动力装置），综合车辆的动力控制和驱动方面的先进技术，形成的技术原理先进，具有新技术、新结构的汽车。

智能网联汽车(Intelligent Connected Vehicle,简称 ICV),是指车联网与智能车的有机联合,最终可替代人来操作的新一代汽车。智能网联车辆搭载有先进的车载传感器、控制器、执行器等装置,融合现代通信与网络技术,实现车与人、路、后台等智能信息交换共享,具有安全、舒适、节能、高效的特点。

本任务主要学习新能源汽车与智能网联汽车技术。

模块 1　新能源汽车技术

一、新能源汽车概述

1. 新能源汽车的定义

新能源汽车是指采用非常规车用燃料作为能源,或者使用常规车用燃料、但同时采用新型车载动力装置的新型汽车。2009 年 6 月,工业和信息化部〔工产业(2009)第 44 号〕公告发布了《新能源汽车生产企业及产品准入管理规则》(2009 年 7 月 1 日正式实施),明确指出新能源汽车是指采用非常规的车用燃料作为动力来源(或使用常规的车用燃料、采用新型车载动力装置),综合车辆的动力控制和驱动方面的先进技术,形成的技术原理先进、具有新技术、新结构的汽车。非常规的车用燃料指除汽油、柴油、天然气(NG)、液化石油气(LPG)、乙醇汽油(EG)、甲醇、二甲醚之外的燃料。

2. 新能源汽车的特点

新能源汽车从技术的角度,具有传统汽车无法通过改进内燃机或变速器来获取的基本性能。

① 节省燃油;

② 良好的动力输出性能;

③ 实现自动停机与自动启动控制性能;

④ 能量利用率更高。

3. 新能源汽车类型

新能源汽车主要包括混合动力汽车、纯电动汽车、燃料电池汽车、氢动力汽车。

(1) 混合动力汽车

广义上说,混合动力汽车(Hybrid Vehicle)是指车辆驱动系统由两个或多个能同时运转的单个驱动系统联合组成的车辆,车辆的行驶功率依据实际的车辆行驶状态由单个驱动系统单独或共同提供。

通常所说的混合动力汽车,一般是指油电混合动力汽车(Hybrid Electric Vehicle,简称HEV),如图 6-1 所示,即采用传统的内燃机(柴油机或汽油机)和电动机作为动力源,也有的发动机经过改造使用其他替代燃料,例如压缩天然气、丙烷和乙醇燃料等。

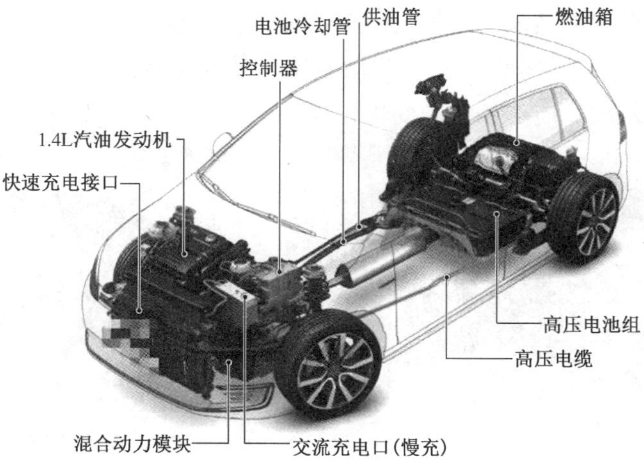

图 6-1　混合动力汽车结构

混合动力汽车所使用的系统根据混合动力驱动的联结方式，一般把混合动力汽车分为三类：串联式混合动力汽车(SHEV)主要由发动机、发电机、驱动电机三大动力总成用串联方式组成 HEV 的动力系统；并联式混合动力汽车(PHEV)的发动机和驱动电机都是动力总成，两大动力总成的功率可以互相叠加输出，也可以单独输出；混动式混合动力汽车(PSHEV)综合了串联式和并联式的结构而组成的电动汽车，主要由发动机、电动发电机和驱动电机三大动力总成组成。

根据在混合动力系统中混合度的不同，混合动力系统还可以分为以下四类：微混合动力系统(代表的车型是标致雪铁龙的混合动力版 C3)、轻混合动力系统(代表车型是通用的混合动力皮卡车)、中混合动力系统(本田旗下混合动力的 Insight，Accord 和 Civic)、完全混合动力系统(丰田的 Prius 和未来的 Estima)。

(2) 纯电动汽车

纯电动汽车(Battery Electric Vehicle，BEV)是以车载电源为动力，用电机驱动车轮行驶，符合道路交通、安全法规各项要求的车辆，如图 6-2 所示。与传统汽车相比，纯电动汽车对环境的影响较小；与混合动力汽车相比，纯电动汽车以电作为能源，通过电机与动力电池组成动力系统，驱动整车行驶，而不使用传统的内燃机提供动力，这是其与混合动力汽车的最大不同。动力电池和电机作为纯电动汽车的关键部件，虽然当前电池技术尚未发展成熟，但纯电动汽车完美的排放特性使它的前景被广泛看好。

(3) 燃料电池汽车

燃料电池汽车(Fuel Cell Vehicle，FCV)，是使用燃料电池作为能源的汽车。燃料电池是将燃料和氧化剂的化学能直接转化为电能的发电装置。燃料电池汽车最大的特点就是不经过燃烧过程，而是直接通过电池将化学能转化为电能。燃料电池所使用的燃料主要有氢、甲醇和汽油等，由于氢燃料电池零排放的特点，当前研究的重点主要是氢燃料电池。

与传统汽车相比，燃料电池汽车与传统的内燃机驱动汽车在构造及动力传输等方面的不同，为汽车的整体设计提出了新的要求。如图 6-3 所示，传统内燃机汽车的发动机——

变速器动力总成在燃料电池汽车中不复存在，取而代之的是燃料电池反应堆、蓄电池、氢气罐、电动机、DC/DC 转化器等设备。而制动系统和悬架也相应变化。因此，根据燃料电池汽车自身特点，在设计时，应作相应的变化和改进。

图 6-2　纯电动汽车结构

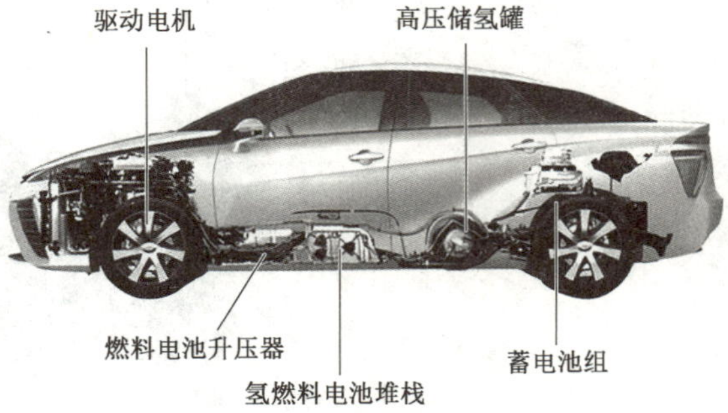

图 6-3　氢燃料电池汽车结构

（4）氢动力汽车

氢动力汽车就是对现有的发动机加以改造，通过氢气（或其他辅助燃料）和空气的混合燃烧产生能量为汽车提供动力。与氢燃料电池汽车不同的是，氢动力汽车使用的是内燃机，而氢燃料电池汽车是电机，没有氢的燃烧过程。

二、新能源汽车结构认识

1. 部件分布

（1）机舱内部

如图 6-4 所示，打开机舱盖，能够看到舱内的车载充电机、电机控制器和分线盒。

（2）车底部件

如图 6-5 所示，通过举升机升起车辆，明显部位能够找到驱动电机和动力电池。

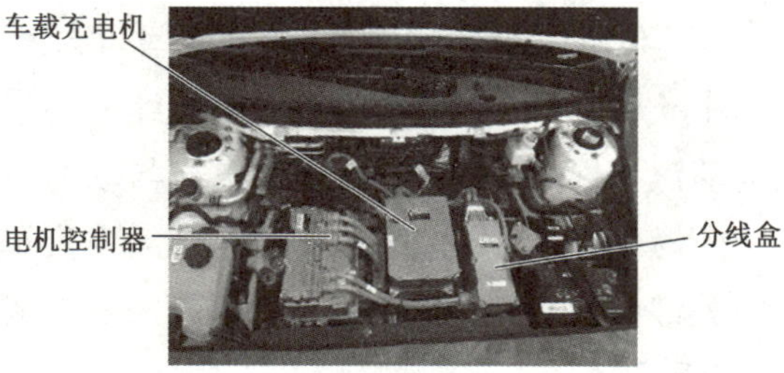

图 6-4　机舱内主要部件

图 6-5　车底主要部件

（3）充电接口

通过驾驶舱内扳手打开充电口盖，如图 6-6 所示，左侧为快充接口：将快充桩提供的直流高压电输送给动力电池组；右侧为慢充接口：将慢充桩提供的交流电输送给车载充电机。

（4）仪表自检

如图 6-7 所示为吉利 EV300 车辆内仪表，能够看到仪表上的指示灯。表 6-1 列出了常见的仪表指示灯。

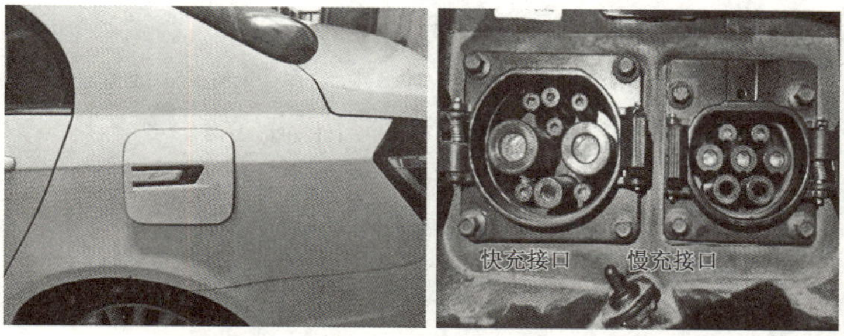

图 6-6　充电口位置

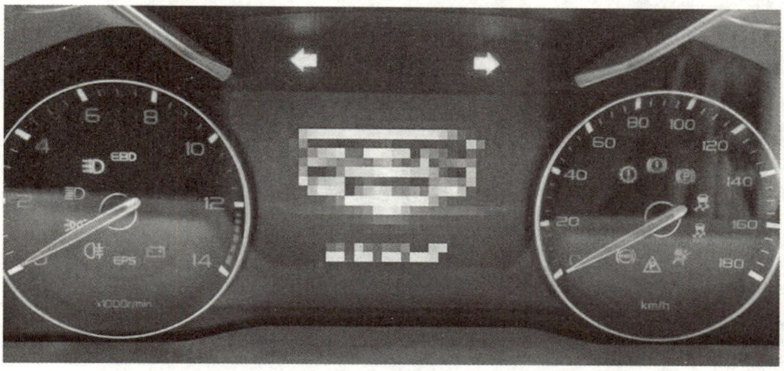

图 6-7　仪表指示灯

表 6-1　仪表指示灯

灯符号	指示灯名称	颜色	灯符号	指示灯名称	颜色
EBD	EBD 故障指示灯	黄色		制动系统故障指示灯	红色
	动力电池充电状态指示灯	黄色		驻车制动指示灯	红色
	系统故障指示灯	红色		ESP 故障指示灯	黄色
	充电线连接指示灯	红色		功率限制指示灯	黄色
READY	READY 指示灯	绿色		安全气囊故障灯	红色
	电机及控制器过热指示灯	红色		驻车系统故障指示灯	黄色
	蓄电池充放电指示灯	红色		ABS 故障报警灯	黄色
	动力电池故障灯	红色			

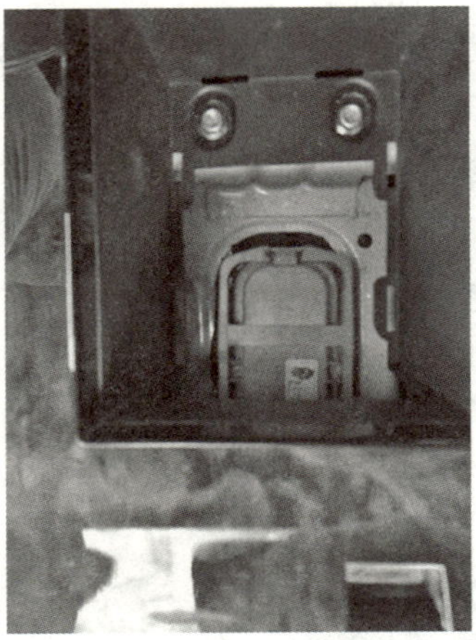

图 6-8　高压维修开关

(5) 换挡杆

纯电动汽车的电子换挡装置，任意挡位换挡后，手松开，换挡杆会自动返回至中间位置。整车启动、READY 灯点亮后，默认初始为 N 挡状态，当第一次换入 D 挡或 R 挡之前，须踩下制动踏板；后续换挡之前则无需踩制动踏板。当换挡杆处于 R 挡状态或 D 挡状态，向前推动换挡杆或向后推动换挡杆，则挡位均切换为 N 挡状态。

(6) 维修开关

位于动力电池总成中间表面位置，打开驾驶室内副仪表手套箱开关，可操作维修开关。在高压零部件检查和维护前，断开维修开关可以确保切断高压，如图 6-8 所示。

(7) PTC 加热器

加热器由电阻膜和散热元件组成，在一定电压范围内，加热器的功率随电流变化而变化，电阻膜的电阻随温度变化的影响较小，因此电加热器可输出稳定的功率，从而为制热系统提供稳定的热源，如图 6-9 所示。

2. 部件认识

(1) 电机控制器

电机控制器安装在发动机舱，驱动电机上部，其主要特征为 5 根橙色的高压线，如图 6-10所示。

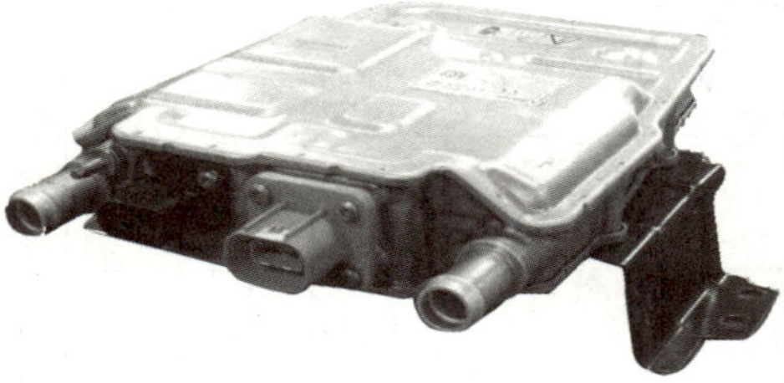

图 6-9　PTC 加热器

图 6-10　实训车电机控制器

① 铭牌信息，见表 6-2。

表 6-2　实训车电机控制器参数

电机控制器铭牌信息			
制造厂	UAES	型号	INVCON2. 3-CN
额定输入电压	336V	持续输出电流	190A
冷却方式	液冷	防护等级	IP6K7

② 基本作用：如图 6-11 所示，电机控制器安装在前舱内，采用 CAN 通信控制，控制动力电池组到电机之间能量的传输，同时采集电机位置信号和三相电流检测信号，精确地控制驱动电机运行。

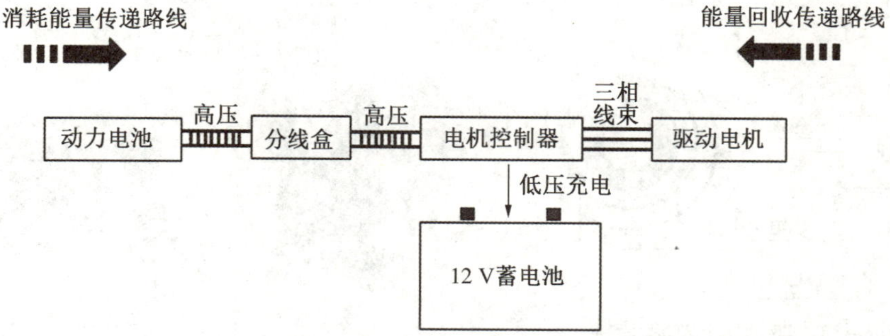

图 6-11　电机控制器工作流程

电机控制器是一个既能将动力电池中的直流电转换为交流电以驱动电机，同时具备将车轮旋转的动能转换为电能（交流电转换为直流电）给动力电池充电的设备。DC-DC 集成在电机控制器内部，其功能是将电池的高压电转换成低压电，提供整车低压系统供电。

车辆制动或滑行阶段，电机作为发电机应用。它可以完成由车轮旋转的动能到电能的转换，给电池充电。

图 6-12　实训车驱动电机外部结构

(2) 驱动电机

安装在发动机舱，与变速箱连接，如图 6-12 所示。

① 铭牌信息，见表 6-3。

表 6-3　实训车驱动电机参数

额定功率	45 kW	额定电压	137 V
额定转速	4 000 rpm	峰值功率	95 kW
峰值转速	11 000 rpm	防护等级	IP67
绝缘等级	H	冷却方式	水冷
相数	3 相	重量	55 kg
出厂编号	G3S000035		

② 基本作用：当三相交流电被接入定子线圈中，即产生了旋转的磁场，这个旋转的磁场牵引转子内部的永磁体，产生和旋转磁场同步的旋转扭矩。使用旋转变压器检测转子的位置和电流传感器检测线圈的电流，从而控制驱动电机，如图 6-13 所示。

(3) 车载充电机

① 结构：如图6-14所示，车载充电机，具有为电动汽车动力电池，安全、自动充满电的能力，充电机依据电池管理系统(BMS)提供的数据，能动态调节充电电流或电压参数，执行相应的动作，完成充电过程。

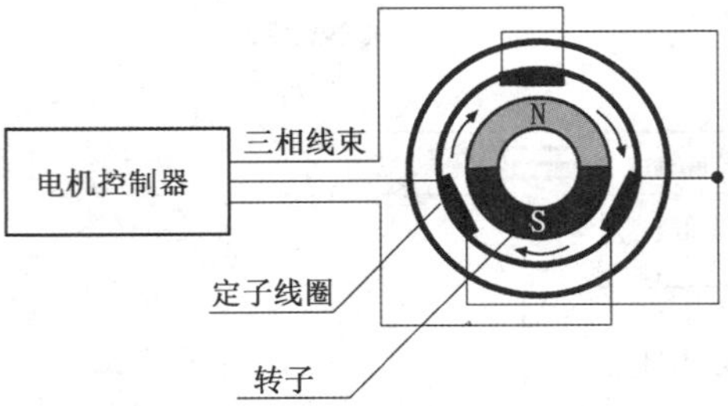

图6-13　驱动电机工作原理

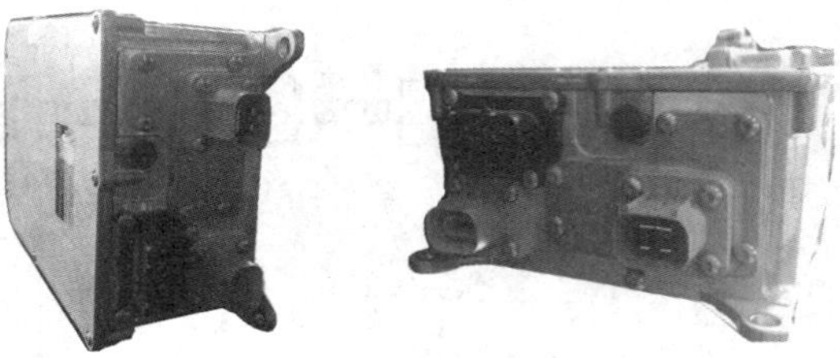
图6-14　实训车车载充电机外部结构

② 基本作用：如图6-15所示，具备高速CAN网络与BMS通信的功能，判断电池连接状态是否正确；获得电池系统参数、及充电前和充电过程中整组和单体电池的实时数据。

可通过高速CAN网络与车辆监控系统通信，上传充电机的工作状态、工作参数和故障报警信息，接受启动充电或停止充电控制命令。

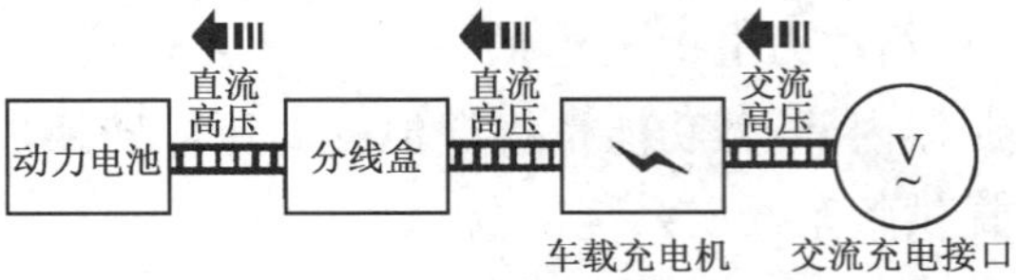

图6-15　实训车车载充电机工作流程

(4) 分线盒

① 结构：如图6-16所示为分线盒外部结构，安装在发动机舱。

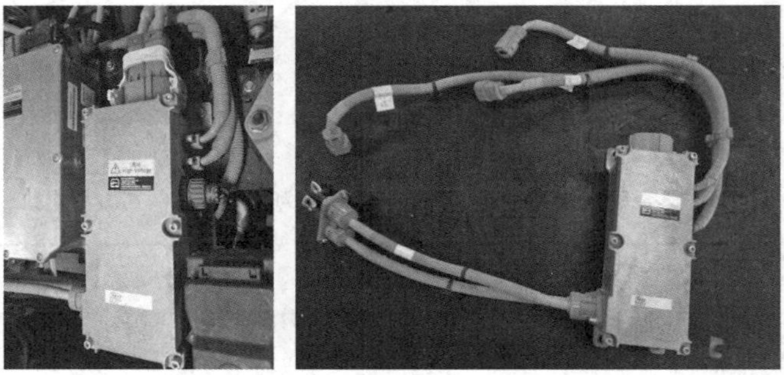
图6-16　分线盒外部结构

② 基本作用：分线盒的作用类似于低压供电系统中的保险丝盒。高压接线盒功能包括高压电能的分配；高压回路的过载及短路保护；分线盒将动力电池总成输送的电能分配给电机控制器、空调压缩机和PTC加热器。此外，交流慢充时，充电电流也会经过分线盒流入动力电池为其充电，如图6-17所示。

分线盒内对电动压缩机回路、PTC加热器回路、交流慢充回路各设有一个30 A的熔断器。当上述回路电流超过90 A时，熔断器会在15 s内熔断；当回路电流超过150 A时，熔断器会在1 s内熔断，保护相关回路。

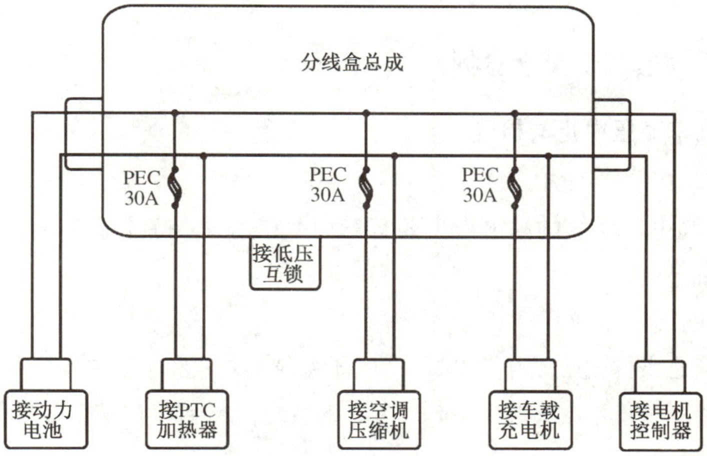

图 6-17 分线盒工作原理

(5) 动力电池

① 结构：如图 6-18 所示，动力电池总成安装在车体下部。动力电池的组成部件包括：电池模组总成、数据采集系统及高压维修开关等部件(图 6-19)。

图 6-18 实训车动力电池外部结构

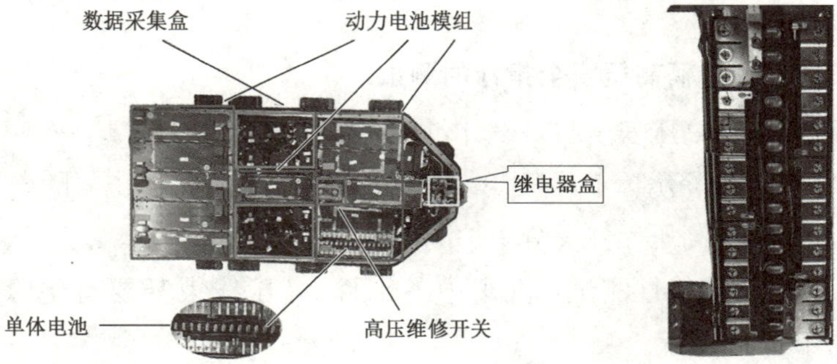

图 6-19 实训车动力电池内部结构拆分

② 铭牌信息，见表 6-4。

表 6-4 实训车动力电池参数

类型	三元锂离子电池	产品执行标准	QC/T 743—2006
标称电压	359.7 V	电池容量	126 Ah
重量	390 kg	生产日期	2015 年 12 月 14 日
产品序号	1155112001233		

③ 基本作用：电池管理系统 BMS 能够对动力电池组总电压、总电流、每个测点温度和电池单体的电压参数进行实时监控，并进行故障诊断、SOC(剩余电量比)计算、短路保护、漏电监测、报警显示、充放电模式选择等。BMS 可以将动力电池相关参数上报 VCU，由

VCU 控制动力电池的充电和放电功率。

三、新能源汽车高压安全检测

1. 新能源汽车高压中止与检验

(1) 高电压存在形式

新能源汽车高电压系统的高电压主要有三种存在形式：持续存在、运行期间存在、充电期间存在。

(2) 高电压的接通与断开

① 接触器接通条件：点火开关 ON；高电压系统自检；没有存在漏电等故障。

② 接触器断开条件：点火开关 OFF；高电压系统检测到存在安全事件。

(3) 手动切断动力

当该开关被断开后，整车的高压部件将不再具有高压，同时，动力电池的总输出正负极端口也不再有高压。

(4) 断开与检验

在维修带有高电压的新能源汽车前，务必执行高电压的断开和检验操作，避免因意外高压触电。高电压系统的断开与检验操作步骤主要分为以下两个部分：高电压的断开与高电压的检验。

2. 车辆高压安全指标的测试

(1) 高压安全防护设计包括

安全警示标示及高压线缆、绝缘防护、接地保护、电气隔离、自动断路功能、预充电保护。

(2) 高压元件安全防护测试

① 绝缘性测试：汽车中各部件、高压线束都要有绝缘防护，不能出现漏电问题，如图 6-20 所示。

② 接地测试：使用接地电阻表对车载充电机接地电阻进行测量，标准值应小于等于 0.1 Ω，如图 6-21 所示。

图 6-20 测量端子与充电机壳体间电阻

图 6-21 测量车载充电机接地电阻

模块 2 智能网联汽车技术

一、智能网联汽车概述

智能网联汽车(Intelligent Connected Vehicle,简称 ICV),是指搭载先进的车载传感器、控制器、执行器等装置,并融合现代通信、网络与人工智能技术,实现车与车、车与路、车与行人及互联网智能信息交换、共享,具备复杂环境感知、智能决策、协同控制等功能,可实现替代并最终超越人工驾驶的新一代汽车。

广义上讲,智能网联汽车是以车辆为主体和主要节点,融合现代通信和网络技术,使车辆与外部节点实现信息共享和协同控制。由车辆、道路基础设施、通信设备、交通控制系统以及数据与处理系统等共同构成的综合协调系统,是实现车辆安全、有序、高效、节能行驶的新一代多车辆系统。

智能网联汽车关键技术包含:环境感知技术、定位与导航技术、汽车网络与通信技术、汽车底盘线控技术及汽车先进辅助驾驶技术。

二、环境感知技术

环境感知是指利用车载传感器技术获取道路、车辆、障碍物等环境信息,并将获取的信息传输给智能决策中心,为智能决策和控制执行提供依据,使车辆最终实现智能驾驶,是智能网联汽车实施自动驾驶的关键环节。

环境感知技术的本质是信息的收集、处理、传输,智能网联汽车的环境感知系统包含信息收集单元、信息处理单元、信息传输单元三部分。

车载环境感知传感器主要包括毫米波雷达、激光雷达、视觉传感器、超声波传感器等组成,如图 6-22 所示。

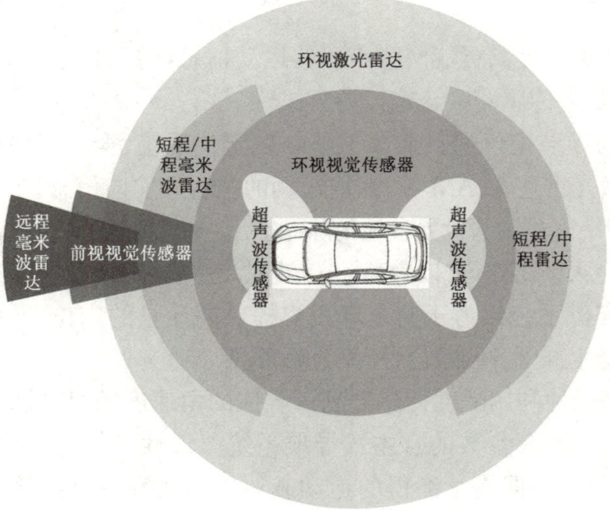

图 6-22 环境感知传感器布置

① 毫米波雷达(图 6-23)能测量目标的速度、距离和角度,在智能网联汽车上应用于自适应巡航控制、前向碰撞预警系统、自动制动辅助系统、盲区监测系统、自动泊车辅助系统、变道辅助系统等先进驾驶辅助系统。

② 激光雷达(图 6-24)探测范围广、分辨率高、信息量丰富、可全天候工作等特点,主要应用于车辆高精度定位、障碍物识别及目标跟踪、自动泊车系统、自动紧急制动系统等。

③ 视觉传感器(图 6-25)在无人驾驶汽车上的应用主要是环境感知,以摄像头的方式出现。通过视觉传感器实现的感知功能有车道线识别、障碍物识别、交通标志和地面标志识别、可通行空间检测及交通信号灯识别。

④ 超声波传感器(图 6-26)具有相对成本低、体积小、低功耗、安装维护方便等特点,主要应用于自动泊车辅助系统。

图 6-23　毫米波雷达实物

图 6-24　激光雷达实物

图 6-25　视觉传感器实物

图 6-26　超声波传感器实物

组合导航系统按导航组合方式分类,有北斗与惯性导航系统组合、GPS 与惯性导航系统组合、双差分 GPS 与惯性导航系统组合,这些组合方式能实现智能网联汽车高精定位。

三、定位与导航技术

导航定位是负责实时提供智能网联汽车的运动信息,包括位置、速度、姿态、加速度、角速度等,一般采用的是多传感器融合定位的方式。

智能网联汽车的导航定位通过北斗卫星导航定位系统、全球卫星定位系统、惯性导航系统、视觉 SLAM、激光雷达 SLAM 等,获取车辆的位置和航向信息。

全球卫星定位系统能连续为世界各地的陆海空用户提供精确的位置、速度和时间信息,最大优势是覆盖全球,全天候工作,可以为高动态、高精度平台服务,目前得到普遍应用。

北斗卫星导航定位系统致力于向全球用户提供高质量的定位、导航和授时服务,其建设与发展则遵循开放性、自主性、兼容性、渐进性原则。

惯性导航系统是一种利用惯性传感器测量载体的角速度信息,并结合给定的初始条件实时推算速度、位置、姿态等参数的自主式导航系统。惯性导航系统属于一种推算导航方式,即从一已知点的位置根据连续测得的运动载体航向角和速度推算出其下一点的位置,因而可连续测出运动体的当前位置。

SLAM 中文译作“即时定位与地图构建”。它是指搭载特定传感器的主体，在没有环境先验信息的情况下，在运动过程中建立环境的模型，同时预测自身运动。如果这里的传感器为相机，则为视觉 SLAM；如果传感器为激光雷达，则为激光 SLAM。

四、汽车网络与通信技术

1. 智能网联汽车网络与通信技术概述

智能网联汽车的网络系统是由车载网络(车内总线通信)、车载自组织网络(短距离无线通信)和车载移动互联网(远距离通信)融合而成。车载网络按速率划分为 5 种类型，分别为 A 类低速网络(LIN)、B 类中速网络(低速 CAN)、C 类高速网络(高速 CAN)、D 类多媒体网络和 E 类安全网络。车载自组织网络分为 V2V、V2I、V2P 通信，车载移动互联网是 V2N。

2. 车载网络

车载网络主要类型有控制器局域网(Controller Area Network，简称 CAN)、局域互联网(Local Interconnect Network，简称 LIN)、FlexRay、面向媒体的系统传输(Media Oriented System Transport，简称 MOST)、以太网等。

汽车 CAN 总线有高速 CAN 总线和低速 CAN 总线。高速 CAN 总线主要连接发动机、自动变速器、ABS/ASR、ESP、电控悬架、电池管理、动力转向等，对通信实时性有较高要求的系统；低速 CAN 总线主要连接灯光、电动车窗、自动空调、喇叭、雨刮器、电动座椅及信息显示系统等，多为低速电动机和开关量器件，对实时性要求低而数量众多。

LIN 网络主要应用于车窗、门锁、开关面板、后视镜等。

FlexRay 网络具有速度快、效率高、容错性强等特点，可用于汽车动力和底盘系统的控制数据传输，自适应巡航控制、图像处理、车距控制等。

MOST 可以实现实时传输声音和视频，以满足高端汽车娱乐装置的需求，主要用于车载电视、车载电话、车载 CD、车载互联网、DVD 导航等系统的控制中，也可以用在车载摄像头等行车系统。

以太网具有数据传输速率高、容易与信息网络集成、支持多种物理介质和拓扑结构等特点。采用标准的以太网协议可以帮助简化布线，节约成本，减少线束质量和增加行驶里程。

3. 车载自组织网络

车载自组织网络是一种自组织、结构开放的车间通信网络，能够提供 V2V、V2I、V2P 等无线通信。以近距离无线通信为基础，为高速移动的车辆提供高速率的数据接入服务，使车辆具有行驶环境感知、危险辨识、智能控制等功能。是智能交通系统发展的通信基础，也是智能网联汽车安全行驶的保障。

V2V 通过 GPS 辅助定位，建立暂时的数据通信，能够提供行车信息、行车安全等服务。V2I 通过接入互联网获得更丰富的信息与服务。目前关于 V2P 的研究刚刚起步，主要通过智能手机中的特种芯片获取行人和交通状况等信息。

4. 车载移动互联网络

车载移动互联网是以车辆为终端，使用远距离无线通信技术构建的车与互联网之间的网络,包括移动终端、移动网络和应用服务三个要素。移动网络主要是指 5G 网络,它是车载移动互联网络的基础。

五、汽车底盘线控技术

1. 线控技术介绍

线控技术源于飞机的控制系统,其将飞行员的操纵命令转化成电信号通过控制器控制飞机飞行。智能网联汽车底盘线控技术采用同样的控制方式,可利用传感器感知驾驶员的驾驶意图,并将其通过导线输送给控制器,控制器控制执行机构工作,实现汽车的转向、制动、驱动等功能,从而取代传统汽车靠机械或液压来传递操纵信号的控制方式。

图 6-27　线控底盘展示

汽车底盘线控系统(图 6-27)主要由五大部分组成,分别为线控转向、线控制动、线控驱动、线控换挡、线控悬挂。

2. 汽车底盘线控技术特征

① 线控底盘的操纵机构和执行机构没有机械联结和机械能量的传递。

② 线控底盘的操纵指令由传感元件感知,以电信号的形式由网络传递给电子控制器及执行机构。

③ 线控底盘的执行机构是用外来能源完成操纵指令及相应的任务操作的,其执行过程和执行结果受电子控制器的监测和控制。

六、智能网联汽车先进辅助驾驶技术

驾驶辅助技术基于车辆环境感知、车辆控制和人机交互等技术,来帮助司机提高行车安全、舒适性和便利性。目前这类技术已经变得越来越智能化。

(1) 自适应巡航(ACC)

如图 6-28 所示,在车辆行驶过程中,安装在车辆前部的车距传感器(雷达)持续扫描车辆前方道路,同时轮速传感器采集车速信号。当与前车之间的距离过小时,ACC 控制单元可以通过与制动防抱死系统、发动机控制系统协调动作,使汽车适当制动,并使发动机的输出功率下降,以使车辆与前方车辆始终保持安全距离。

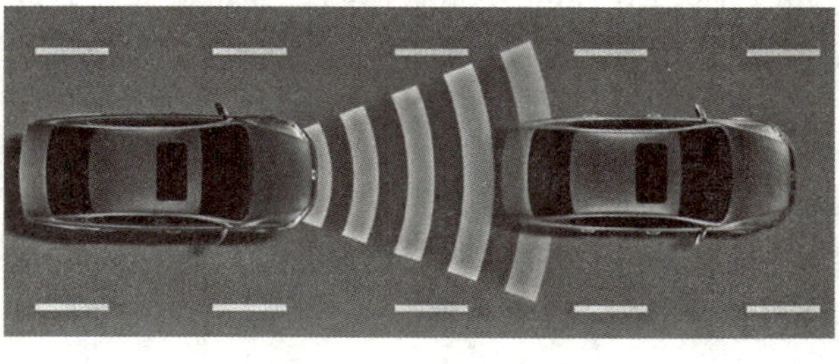

图 6-28　自适应巡航

(2) 车道偏离预警(LDW)

如图 6-29 所示,在驾驶员无意识偏离原车道时发出警报,为驾驶员提供更多的反应时间,大大减少了因车道偏离引发的碰撞事故,该系统其主要功能是提醒过度疲劳或解决长时间单调驾驶引发的注意力不集中等问题。

图 6-29 车道偏离预警

(3) 前方碰撞预警系统(FCW)

如图 6-30 所示,能够通过雷达系统时刻监测前方车辆,判断本车与前车之间的距离、方位及相对速度,当存在潜在碰撞危险时对驾驶员进行警告。FCW 系统本身不会采取任何制动措施去避免碰撞或控制车辆。

(4) 行人探测(PDS)

如图 6-31 所示,该系统探测前方的行人,可以在系统能力范围内,主动地帮助驾驶员避免或减轻碰撞行人并相应地减少事故发生的可能性。

图 6-30 前方碰撞预警

图 6-31 前方碰撞预警

(5) 车道保持辅助系统(LKA)

如图 6-32 所示,在车道偏离预警系统(LDWS)的基础上对制动的控制协调装置进行控

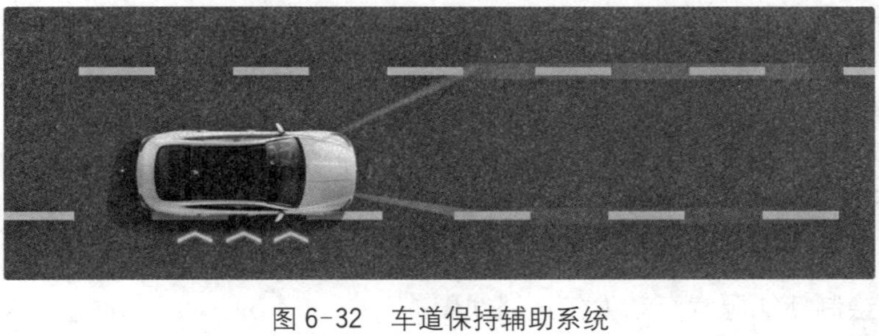

图 6-32 车道保持辅助系统

制。对车辆行驶时借助一个摄像头识别行驶车道的标识线将车辆保持在车道上提供支持。如果车辆接近识别到的标记线，则通过方向盘的振动、蜂鸣等方式来提醒驾驶员。

（6）自动紧急制动系统（AEB）

采用雷达测出与前车或者障碍物的距离，然后利用数据分析模块将测出的距离与警报距离、安全距离进行比较，小于警报距离时就进行警报提示，而小于安全距离时即使在驾驶员没有来得及踩制动踏板的情况下，系统也会启动，使汽车自动制动，从而为安全出行保驾护航。

（7）自动泊车系统（AP）

使用安装在保险杠上的摄像头或雷达来检测已停好的车辆、停车位的大小以及与路边的距离，然后将车辆驶入停车位。

（8）盲区监测系统（BSD）

如图 6-33 所示，通过雷达传感器、摄像头等装置，在车辆行驶时对车辆两侧的盲区进行探测，当探测到盲区有车辆进入时，会在后视镜或其他指定位置对司机进行提示，提醒驾驶员此时不宜变道，从而大幅度降低了因变道而发生的事故。

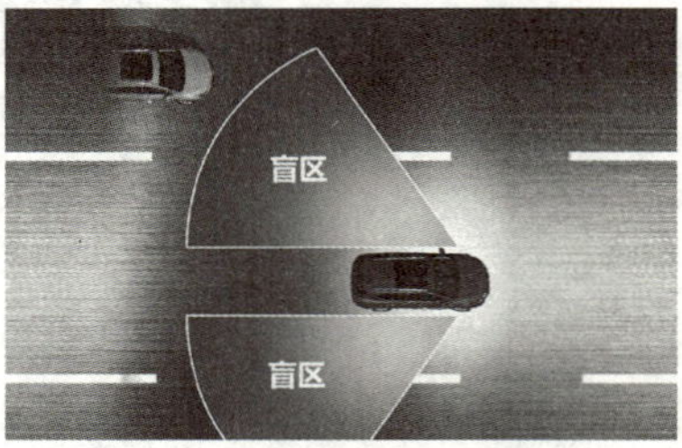

图 6-33　盲区检测系统

（9）驾驶员疲劳检测系统（DSM）

通过分析驾驶员的生理疲劳特征（如打哈欠、闭眼等），对疲劳行为及时发出疲劳驾驶预警，及时唤醒驾驶员，避免严重事故发生。

（10）全景泊车系统（SVC）

由安装在车身前后左右的四个超广角鱼眼摄像头，同时采集车辆四周的影像，经过图像处理单元处理，形成一幅车辆四周无缝隙的 360°全景俯视图，辅助驾驶员进行车辆操作。

实训任务　新能源汽车结构认知

一、实训目的

1. 知道新能源汽车前发动机舱各部分名称；
2. 能手绘新能源汽车动力传递路线图；
3. 能积极主动参与任务的实施，能与小组成员团结协作，能执行 5S 管理。

二、实训实施

1. 学生分组

学生分 3～6 组，每组一名组长。

2. 任务分配

（1）记录新能源汽车各部件名称；

（2）尝试绘制新能源汽车动力传递路线图。

每项任务有一名辅导教师负责学生的学习和讲解。

3. 作业准备

(1) 领取工具车、工具、实训防护装备及实训设备；

(2) 各小组人员分工；

(3) 实训前工具盘点；

(4) 穿戴实训防护装备；

(5) 查验实训设备。

4. 完成任务工单

任务工单

<table>
<tr><td>工作任务</td><td>新能源汽车结构认知</td><td>学时</td><td>4</td><td>组别</td><td>第______组</td></tr>
<tr><td>小组名单</td><td></td><td>班级</td><td></td><td>成绩</td><td></td></tr>
<tr><td>实训设备</td><td colspan="5">新能源汽车 3～5 辆</td></tr>
<tr><td>任务描述</td><td colspan="5">通过教师实车讲解，记录查找新能源汽车结构及其与传统能源汽车结构区别。</td></tr>
<tr><td rowspan="5">新能源汽车结构认知</td><td colspan="5">1. 发动机舱部件认知。</td></tr>
<tr><td colspan="5">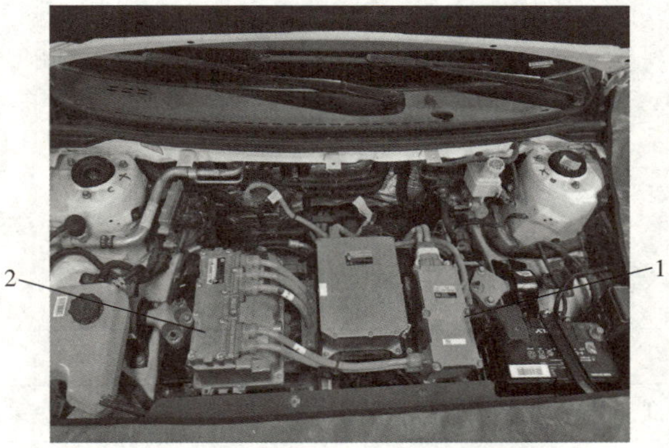

<table><tr><td>序号</td><td>部件名称</td></tr><tr><td>1</td><td></td></tr><tr><td>2</td><td></td></tr></table></td></tr>
<tr><td colspan="5">2. 其他部件认知。</td></tr>
<tr><td colspan="2">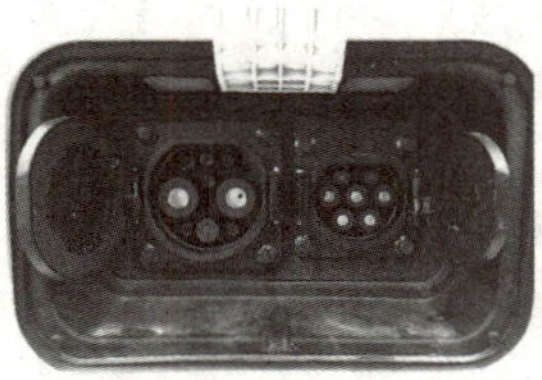</td><td colspan="3">部件名称：______
基本作用：______
______
______</td></tr>
</table>

（续表）

<table>
<tr><td rowspan="4">新能源汽车
结构认知</td><td></td><td>部件名称：________________
基本作用：________________
____
________________________</td></tr>
<tr><td></td><td>部件名称：________________
基本作用：________________
____
________________________</td></tr>
<tr><td colspan="2">3. 绘制电动汽车动力传输路线图。</td></tr>
<tr><td colspan="2"></td></tr>
<tr><td rowspan="4">总　评</td><td>项目内容</td><td>项目反馈</td></tr>
<tr><td>实训任务完成情况</td><td></td></tr>
<tr><td>任务工单完成情况</td><td></td></tr>
<tr><td>5S 整理情况</td><td></td></tr>
</table>

参考文献

[1] 郭新华. 汽车构造[M]. 2 版. 北京：高等教育出版社，2008.

[2] 李春明. 汽车发动机燃油喷射技术[M]. 4 版. 北京：北京理工大学出版社，2013.

[3] 李春明. 汽车构造[M]. 北京：北京理工大学出版社，2021.

[4] 姚为民. 汽车构造[M]. 7 版. 北京：人民交通出版社，2021.

[5] 惠有利. 汽车构造(发动机部分)[M]. 北京：人民邮电出版社，2009.

[6] 王东光. 新能源汽车概论[M]. 北京：机械工业出版社，2018.

[7] 孙旭. 新能源汽车概论[M]. 2 版. 北京：机械工业出版社，2023.

[8] 崔胜民. 智能网联汽车技术[M]. 北京：机械工业出版社，2021.